2016
泰兴年鉴

泰兴市年鉴编纂委员会　编

方志出版社
Publishing House of Local Records

图书在版编目（CIP）数据

泰兴年鉴. 2016/ 泰兴市年鉴编纂委员会编. --北京：方志出版社，2016.10
ISBN 978-7-5144-2177-4

Ⅰ. ①泰… Ⅱ. ①泰… Ⅲ. ①泰兴－2016－年鉴
Ⅳ. ①Z525.33

中国版本图书馆CIP数据核字(2016)第267360号

泰兴年鉴（2016）

编　　者： 泰兴市年鉴编纂委员会
责任编辑： 陈　效

出 版 人： 冀祥德
出 版 者： 方志出版社
地址　北京市朝阳区潘家园东里9号（国家方志馆4层）
邮编　100021
网址　http://www.fzph.org
发　　行： 方志出版社发行中心
电话（010）67110500
经　　销： 各地新华书店
印　　刷： 扬州市机关彩印中心

开　　本： 889×1194毫米　1/16
印　　张： 16.5
字　　数： 614千字
版　　次： 2016年10月第1版　2016年10月第1次印刷
印　　数： 001～700册

ISBN 978-7-5144-2177-4　　**定价：** 150.00元

泰兴市年鉴编纂委员会

主任委员	刘志明
副主任委员	张　坤　王中先　周桂香　顾爱军
委　　员	（以姓氏笔画为序）
	王长健　王向群　尹松林　孔　兵
	叶　兵　刘新华　孙红东　孙晓健
	李　飞　李宝泉　吴成剑　何文军
	沈国富　张　河　张　敢　张建新
	茅建亚　周建国　赵建东　顾为成
	徐菊红　董剑东　惠　星　焦国庆
	管国堂

《泰兴年鉴（2016）》编纂人员

主　　编	周桂香
副 主 编	王向群　翁　进　黄杜鹃　沈国富
	翁元锋
编　　辑	鞠志祥　辛　仕　蒋淑颖　冯　莉
英文翻译	蒋军铁
编　　务	徐菊红　常　莹　李国华　何春龙
	徐文光　张留红　陆　进　徐琳琳
	梅新生　李　蓓　封　慧　吉　梅
	凌长富　白玉清　杨　勇　姚天鹏
	房　震　黄樵桦　芦　鑫

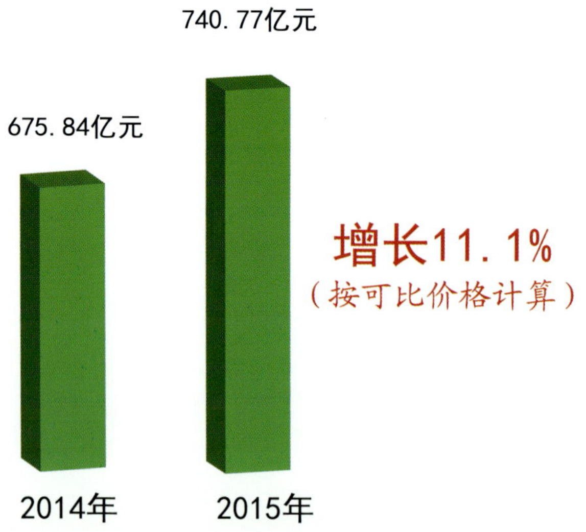

地区生产总值

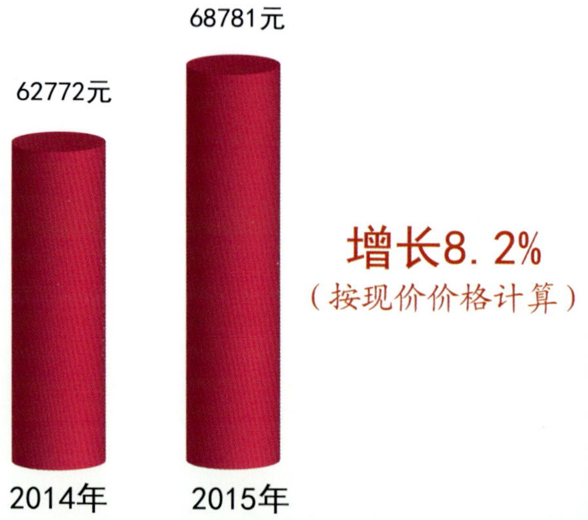

年人均地区生产总值

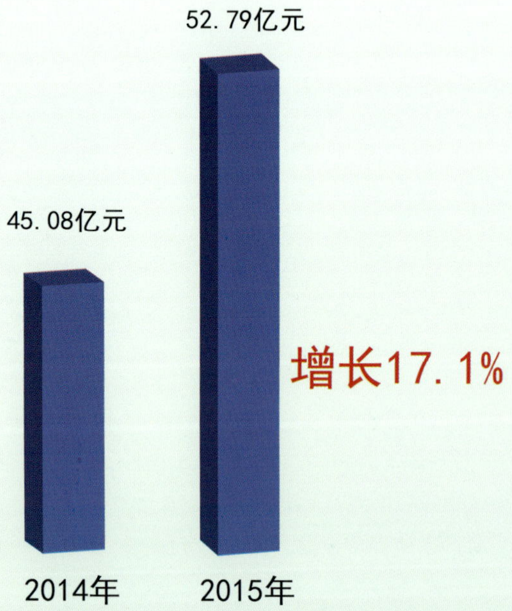

公共财政预算收入

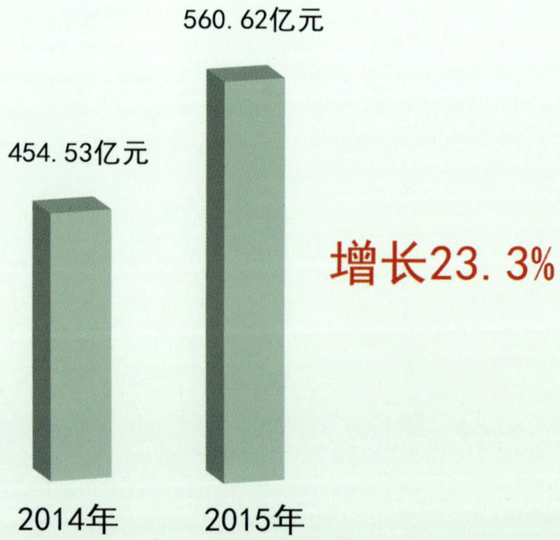

固定资产投资

社会消费品零售总额

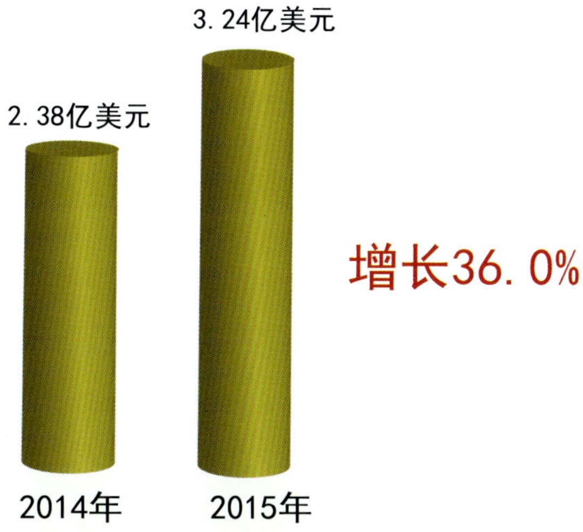

实际利用外资

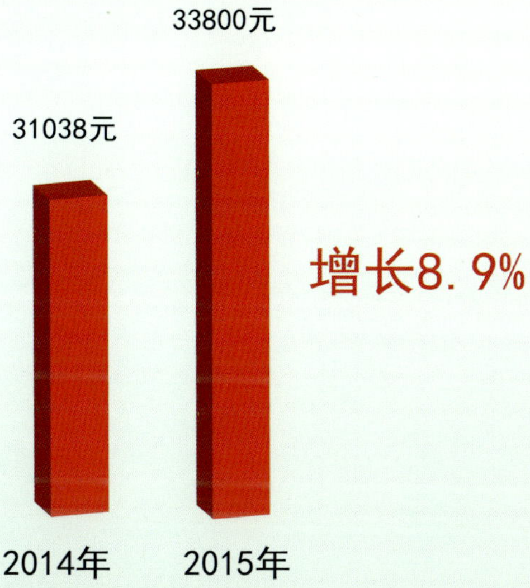

城镇常住居民人均可支配收入

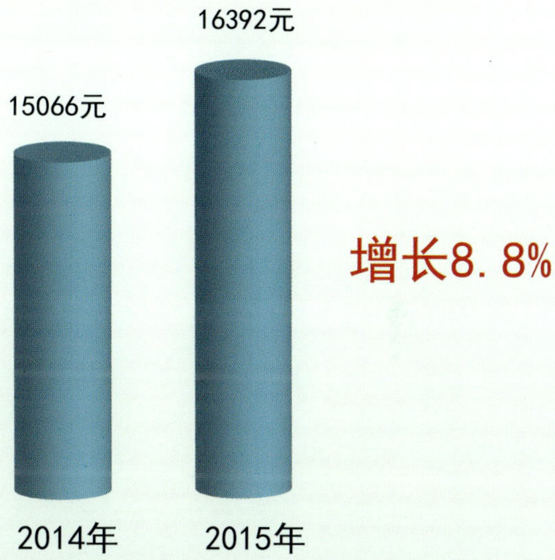

农村常住居民人均可支配收入

地区生产总值构成

10月27日 省委常委、省纪委书记弘强听取何健忠介绍预防邮路工作开展情况。

（周 冰 摄）

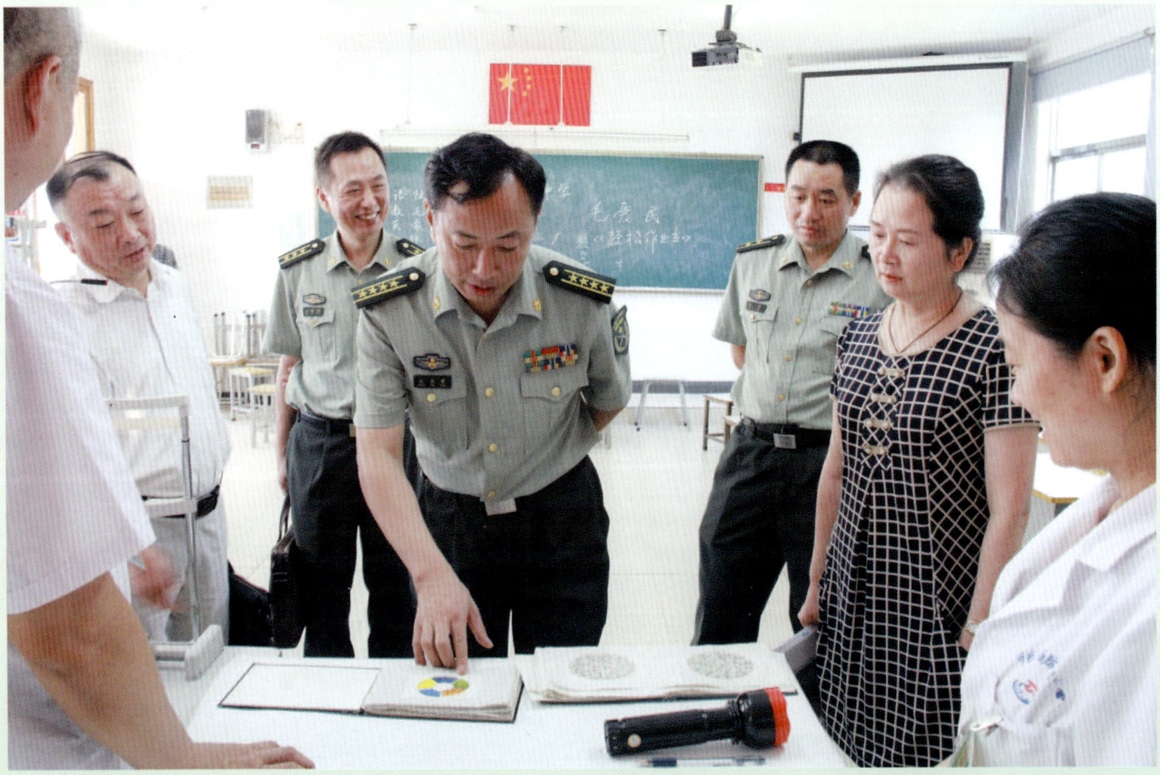

8月4日 省征兵巡视组到泰兴市检查征兵体检工作。 （封志龙 摄）

7月9日 泰州市委书记蓝绍敏在泰兴经济开发区观摩项目建设情况。　（蒋　凯　摄）

6月4日 泰州市委副书记、市长陆志鹏在黄桥镇小翠采摘园了解种植情况。　（周　冰　摄）

2月15日 泰州市委副书记史立军了解济川药业党建工作。 （蒋 凯 摄）

1月25日 泰州市委常委、常务副市长何榕了解金江化学项目。 （蒋 凯 摄）

11月23日 省老区开发促进会、省扶贫基金会、省扶贫开发协会换届合署大会。

（张 伦 摄）

7月9日 中共泰州市委工作会议在泰兴市委党校召开。 （蒋 凯 摄）

2015中国泰兴金秋经贸科技洽谈会。 （张宏伟 摄）

3月24日 市长张育林在安徽省当涂县接受卫生城市授牌。 （张宏伟 摄）

▶11月27日 总投资60亿元的环氧丙烷项目开工现场

（经济开发区　供稿）

◀7月29日 黄桥乐器文化产业园项目集中开工。（黄桥工业园区　供稿）

▶2月8日 泰兴高新区重大项目集中开工。　　　　（高新区　供稿）

泰兴经济开发区
Taixing Economic Development Zone

江苏省泰兴经济开发区
中国精细化工（泰兴）开发园区

泰州市委书记蓝绍敏视察开发区

泰州市市长陆志鹏视察开发区

2015年，泰兴经济开发区获批“国家知识产权试点园区”，蝉联泰州市省级以上开发区绩效管理考核第一名，在全国381家化工园区排名跃升至第8位。实现地区生产总值195.8亿元，一般公共预算收入11.6亿元，工业国税开票销售收入635亿元，工商税收收入24.28亿元，实际利用外资2.53亿美元，外贸进出口总额16.9亿美元。新签约项目24个，总投资约280亿元，其中50亿元以上项目2个，外资项目9个，总投资18亿美元。实现物流税收8100万元，建筑业施工产值25.6亿元。工业国税开票销售、一般公共预算收入、实际利用外资等主要经济指标在泰州市省级以上开发区中总量位居第一，实际利用外资在全省89家省级经济开发区中总量位列第一。

全年实施亿元以上重大产业项目69个：在建项目28个，其中10亿元以上项目10个，总投资194亿元；在批项目28个，其中10亿元以上项目8个，总投资214亿元；新开工亿元以上工业项目15个，其中5亿元以上项目7个，10亿元以上4个；新竣工亿元以上工业项目12个。

园区五大类58项重点基础设施工程有序推进，全年预征土地3191亩，完成拆迁961户，安置1228户，回购1755户，过船老镇区征收动迁任务全面完成，竣工交付安置房1080套。福泰大桥、文化路西延等在建工程加快推进，洋思港北路、疏港路西延、院士路等道路建成通车，“六横五纵”道路框架基本形成。过船港务公司通用码头改扩建工程和万吨级通用码头、三木码头加固改造工程、金燕仓储液体化工码头、沙桐洋思港码头等项目竣工验收，天星洲整治开发取得新的进展。污水处理二期二阶段工程竣工投运，大气环境监测与预警系统建成并试运行，济川污水专管专线工程全线贯通；老A区13家小化工企业基本关停并拆除4家，回购盘活存量工业建设用地33.33公顷。

开发区行政服务中心

总投资 60 亿元的环氧丙烷项目开工现场

园区新貌

石桥花园安置小区

码头之夜

魅力滨江

江苏省泰兴虹桥工业园区

2015 年 7 月 23 日，泰兴市委书记孙耀灿到虹桥工业园区调研

2015 年 6 月 28 日，举行虹桥工业园区重大项目集中开工典礼

2015 年 5 月 14 日，长江泰兴航道管理处(筹备组)、长航公安局镇江分局泰兴派出所(筹备组)在虹桥镇揭牌

2015 年 10 月 30 日，虹桥工业园区举行重大项目集中开工仪式

2015 年，园区成功创建“江苏省两化融合试验区”、“江苏省知识产权试点园区”，荣获目标管理综合考核一等奖，项目建设第一名，囊括了物质文明、精神文明、政治文明、农业农村工作单项奖，实现了各类奖项的大满贯。

稳中求进、稳中奋进，综合实力迈上新台阶。全年实现 GDP109 亿元，增长 16.5 %；完成固定资产投资 92.7 亿元，增长 32.6 %；完成工业国税开票销售 224.5 亿元，工商税收收入 6.43 亿元，同比分别增长 26.1% 和 23.5%；完成注册协议利用外资 1.6 亿美元，实际利用外资 8761 万美元；新增规上企业 6 家。

迎难而上、危中寻机，项目建设实现新突破。全年新签约亿元以上项目 24 个，总投资 159 亿元，其中 30 亿元以上 2 个；新开工亿元以上项目 16 个，总投资 49.1 亿元，其中 10 亿元以上 2 个，5 亿元以上 1 个；结转在建和新竣工亿元以上项目各 10 个。净增服务业列统企业 5 家；新办物流企业 67 家，完成物流业税收 7098 万元，增长 370%，净增 5714 万元。

聚焦重点、统筹推进，城乡建设呈现新面貌。虹桥实验学校建成招生，邻里中心正式运营，1800 户近 22 万平方米安置房全部安置到位，新增安置人口 5500 人，新城人口已达 2 万人；供电生产大楼、边检营房等重点工程加快建设。红星路东段、兴业路建成通车；临港产业大道即将竣工通车，通用码头群项目加快审批进程；铺设各类管道、管线 45 千米；新增绿化 15 万平方米，改造提升 20 万平方米。

以人为本、发展惠民，民生建设取得新成效。实现农民人均纯收入 23795 元，同比增长 11%；完善社会保障体系，职工医疗、养老保险参保率达 98%，城乡居民养老保险参保率达 100%；中心幼儿园创成省级优质园；虹桥医院正式营运，食品安全监管网络实现全覆盖；持续深化平安虹桥、法治虹桥建设，社会大局平稳可控，公众安全感和满意度明显提高。

虹桥镇

HONGOIAOZHENG

2015 年 3 月 6 日，召开 2015 年度虹桥园区镇工作会议

2015 年 4 月 30 日，举办虹桥镇“庆五一迎五四”青少年才艺展示活动

霞飞虹桥

扬子鑫福造船竣工船舶离开船坞

泰兴市第五高级中学

竣工交付的安置房

虹桥新城广福小区

虹桥新城广福小区

江苏省泰兴黄

2015年5月8日，黄桥工业园区组织重大项目集中开工仪式

2015年7月18日，黄桥工业园区与上海沪南实业集团签订总部经济合作协议

2015年，园区实现全部工业现价总产值158.2亿元，销售155.4亿元，利税21.34亿元，利润11.8亿元，同比分别增长27.7%、29.8%、33.0%、33.4%；完成工业国税开票销售80.4亿元，同比增长34%；两税入库5.6亿元，同比增长27.7%，高于全市平均增幅16个百分点，净增1.2亿元；完成规模以上固定资产投资65.4亿元，同比增长29.9%，工业投资48.2亿元；工业用电量17326万千瓦时，同比增长22.9%；协议利用外资1310万美元；实现自营进出口5841万美元，同比增长10.3%。

2015年，黄桥工业园区深化“项目大突破”，全力推进项目开发，先后组织、参加上海招商会、北京央企合作恳谈会、上海乐器专题招商会等专题招商活动。全年开发实施1000万元以上项目53个，总投资65亿元，其中亿元以上项目27个，5亿元以上项目3个，江阴籍落户企业累计达16家，全部竣工达产后可形成国税开票销售78亿元，税收3.2亿元。同时，大力推进项目建设，实现当年开

桥经济开发区

发当年开工建设项目22个，总投资25.6亿元，其中，亿元以上11个，总投资19.8亿元，外资项目2个，总投资3100万美元，形成“开工在建一批、建成投产一批、签约储备一批”的滚动开发势头。

黄桥工业园区与江阴国家级高新区南北合作共建以，承接苏南产业转移步伐不断加快，已有惠尔信机械、九天光电、中迪节能等16家江阴籍企业落户园区，投资总额达30亿元，这些项目均为现代装备制造和新材料产业项目，提升了园区产业档次。“共建园”首次参加全省南北共建园考核中进入前20名，逐渐成为苏南产业转型升级、扩张发展的优选之地。

2015年，园区累计投入近6亿元，实施军民路东延、友谊路南延、致富路南延、姜八公路改造等道路工程，吴韩、王韩、韩庄、顾何等安置工程；配套完善道路绿化、路灯、强弱电、雨污水管网建设，新增绿化面积20万平方米，投入80余万完善新建道路亮化设施,安装路灯80余盏；全年动迁250多户，园区承载能力进一步增强，项目落户和企业聚集步伐不断加快。

2015年7月29日，黄桥乐器文化产业园正式成立

2015年9月20日，无锡政协、江阴高新区领导调研黄桥工业园区

2015年11月20日，黄桥工业园区在上海举办韩国企业招商推介会

黄桥工业园区鸟瞰图

泰兴市农产
泰兴市新竹

泰州市市委书记蓝绍敏调研园区企业

泰州市市长史立军视察园区企业

市委书记孙耀灿调研农产品园区

园区重大项目开工典礼

园区鸟瞰图

品加工园区
科技工业园

2015年，农产品加工园区抢抓新时期“黄桥决战”重大发展机遇，以“项目大突破”活动开展为契机，以招商引资、项目推进为重点，以壮大税源、提升实力为目标，积极应对下行压力，努力破解发展难题，园区经济保持了稳中快进的良好态势。

提质增效取得新成效。全年实现工业现价产值38.7亿元，同比增长26.5%；销售收入38.3亿元，同比增长29.1%；利税4.67亿元，同比增长25.5%；国税开票33亿元，同比增长43.5%；工商税收4700万元，同比增长46.9%。

招商引资取得新突破。园区狠抓项目招引这个龙头，高度注重税源型项目的招引。全年招引并签约亿元以上重大工业项目10个，投资总额35.4亿元，当年新开工项目6个，为园区良性滚动发展奠定基础。

基础设施建设取得新进展。园区围绕提档升级，不断完善基础设施建设，总投资1.2亿元。全年完成兴园大道、创园路道路建设及绿化、亮化、美化，完善粮食仓储库、内港池码头、标准厂房及配套设施工程，元竹新街污水管网接入园区污水处理厂等工程。

龙洋木业

江苏百汇农业发展有限公司

江苏永盛生物科技有限公司

园区外景

江苏省泰兴高新

全国政协经济委员会副主任，工业和信息化部原部长李毅中到园区视察

泰州市长陆志鹏（右二）一行听取朗肯空气空调项目介绍

泰兴高新区始建于2008年，总规划面积28平方千米。先后创成江苏省泰兴环保科技产业园、江苏省特色产业集群、江苏省企企通建设示范园区、江苏省首批众创集聚区试点基地、国家级环保服务业试点园区。2016年5月获批江苏省泰兴高新技术产业开发区。

园区坚持互联网+节能环保产业、新材料新能源产业和装备制造服务业发展方向，重点以高新技术产品、高层次人才团队、高端合作平台为招引目标，推进“产业创新、企业创新、载体创新、机制创新”，提升人才科技创新的核心竞争力。

全面优化创业环境，基础设施建设累计投入近50亿元，形成“六横十纵”的道路框架，绿化面积达170万平方米，建成近66.67公顷的融“清水、近绿”为一体的凤栖湖景观带。

加快创新平台建设，18万平方米的人才科技广场投入运营，成功与上海交大合作建设泰

1000 亩的融“清水、近绿”为一体的凤栖湖景观带

技术产业开发区

兴慧谷科技产业园、与东南大学合作成立科技转移中心、与中科院上海高研院合作成立产学研合作中心、与西北工大、西安交大合作共建了西安高校产业园，目前拥有博士以上高层次人才119个和创新创业团队18个，其中长江学者特聘教授3名，国家创新创业“千人计划”领军人才5名。

创新资本运作模式，出台促进高新产业发展的政策意见，设立苏科贷发展基金，与中科院上海高研院合作设立泰兴高研基金，与中商财联合作设立泰兴高端装备制造产业基金，与中兴通讯合作设立中兴环保产业基金，提升智光环保科技有限公司资信等级并在资本市场直接融资12亿元。成立创业投资有限公司、中小企业担保公司、资产管理公司，促进资源高效化、资金股权化，资本证券化。

推动企业上市进程，重点骨干企业蓝电环保股份有限公司将在主板上市；晟楠电子、汉皇印象在新三板挂牌；亚太泵阀、雅淑国际成功在场外市场挂牌。

中国绿色工业发展企业论坛在城东高新区召开

人才科技广场

江苏南极机械有限责任公司

江苏科兴电器有限公司

江苏晟楠电子科技有限公司

国家级科技企业孵化器

汉皇印象江苏生物科技股份有限公司

泰兴市城区工业园区

2015年中国（泰兴）中小企业集聚区授牌

2015年园区被授予江苏省军民结合产业示范基地

2015 年，城区工业园区开展“项目突破年”“改革深化年”“作风提升年”活动，全力以赴推进各项重点工作，经济社会发展保持良好势头，获评中国(泰兴)中小企业集聚区、国家技术转移东部中心泰兴分中心，创成江苏省军民结合产业示范基地，努力向国家级军民结合产业示范基地迈进。

全年完成地区生产总值 126.5 亿元，完成两税收入 7.98 亿元，规模以上固定资产投资 60 亿元。完成农业总产值 5.8 亿元，实现农业增加值 3.3 亿元，农民人均纯收入达 21964 元，同比增加 1800 元。完成全部工业产值 560.56 亿元、销售 550.6 亿元、利润 45.04 亿元，实现国税开票销售收入 105.02 亿元、自营进出口总额 1.97 亿美元。实现服务业增加值 80 亿元，税收 17 亿元，新增规模以上企业 11 个，新增限额以上企业 23 个。

全年工业总投资 33 亿元，顺利实现 10 亿元以上重特大项目零的突破。新签约项目 39 个，其中亿元以上工业项目 10 个，总投资 56.1 亿元，年可新增销售 216 亿元。新开工项目 43 个，总投资 25.2 亿元，其中亿元以上工业项目 7 个，3000 万元以上工业项目 7 个，年可新增销售 35.4 亿元。新竣工项目 24 个，总投资 6 亿元，其中亿元以上工业项目 1 个，3000 万元以上工业项目 3 个，年可新增销售 8. 8 亿元。

园区发展规划纳入市城市发展总体规划；老泰常路顺利封闭、根思路与襟江北路实现贯通、向荣路北延工程进入扫尾阶段、向荣桥建设工程实现竣工；完成进区龙门架和园区标识工程，连接区内外的公交线路运行开通；根思西路、龙河路东首等路段亮化绿化工程加快实施，区内消防栓增补、根思西路富泓机械地块自来水管铺设、根思西路及向荣北路红绿灯增设全部到位，朗瑞标房办公楼和陆桥小区人才公寓的装修工程完成竣工验收。

2015年园区项目集中开工

2015年园区重大项目签约

编辑说明

一、《泰兴年鉴》是由泰兴市人民政府主办，泰兴市年鉴编纂委员会组织编纂的地方性综合年鉴。旨在全面、系统记述泰兴市自然、政治、经济、文化和社会等方面的情况，为领导决策提供依据，为中外人士了解和研究泰兴提供信息，为续修《泰兴市志》积累史料。

二、《泰兴年鉴（2016）》主要记述2015年泰兴各项事业发展状况和最新成就。收录范围以地域为界，凡在泰兴市境域内的部门单位、各行各业，不论其性质、隶属关系和级别，均在收录之列。

三、《泰兴年鉴（2016）》采用分类法编纂。全书设类目、分目、副分目、条目4个层次，类目、分目、副分目用不同字体加以区别，类目同时标于书眉，分目以楷体字前加“·”表示，条目标题均用黑体字加“【】”表示，《大事记》中△表示“同日”。

四、本年鉴设特载、大事记、专记、概况、外向型经济、沿江开发、党政机关、民主党派·群众团体、地方武装·政法、工业、农业·水务、商贸流通业、财税·金融、城乡建设·环境保护、建筑业·房地产业、交通·电力·邮政·电信、综合经济管理与服务、科技·教育·体育、文化·新闻·卫生、社会生活、街道·镇乡概况、小康路上领头雁、道德论坛、统计资料等24个类目；有分目134个、副分目95个、条目733个、随文照片16幅、彩页66幅、表格86个、索引350条、补白7篇。

五、为便于检索，卷首有目录、英文要目，卷末有主题分析索引。

六、本年鉴资料由全市各乡镇、各部门供稿，并由单位领导审稿，经泰兴市年鉴编纂委员会成员审核，撰稿人随文署名，以尊重其劳动成果并文责自负。“统计资料”由市统计局提供，文中数据及有关内容经市统计局和市委机要保密局把关。

七、撰稿人姓名加“（）”列于所写正文之后，同一类目内相邻条目为同一撰稿人的，则列于末条正文之后。

八、《泰兴年鉴》所登载的照片或文字稿件若署名遗漏或有误，请摄影者或撰稿人与编辑联系，以免稿酬发放错漏。

九、本年鉴的编辑出版，得到了全市各乡镇、各部门、各单位及有关人士的大力支持，也得到省、市地方志办领导和专家的指导帮助，在此谨表诚挚谢意。

外向型经济

沿江开发

党政机关

民主党派·群众团体

地方武装·政法

工　业

农业·水务

商贸流通业

财税·金融

城乡建设·环境保护

建筑业·房地产业

交通·电力·邮政·电信

综合经济管理与服务

科技·教育·体育

文化·新闻·卫生

社会生活

街道·镇乡概况

小康路上领头雁

道德论坛

统计资料

附　录

CONTENTS

Special Records

Records of Major Events

Special Reports

Profile

Export-oriented economy

Development along the Yangtze River

Governmental Leading Body

Non-governmental Parties & Associations & Mass Groups

Local Military & Politics & Law

Industry

Agriculture & Water Affairs

Commerce Circulation

Finance & Tax & Banking

Rural and Urban Construction & Environment Protection

Real Estate & Building Industry

Traffic & Electric Power & Post & Telecom

Comprehensive Economy

Science & Education & Sport

Culture & News &Sanitation

Social Life

Surveys ofthe Local Towns

Leaders on the Way to Being Well-off

Ethical Forum

Statistical Information

Appendix

特　载

■编辑　沈国富

践行五大发展理念　丰富“三大战役”内涵 全力确保“十三五”开局良好首战必胜

——在市委十二届十三次全会上的讲话

市委书记　孙耀灿

（2016年1月8日）

同志们：

这次会议的主要任务是，认真贯彻落实党的十八届五中全会、中央经济工作会议精神和省委、泰州市委部署要求，回顾总结2015年以及“十二五”发展成就，研究今后五年总体发展目标要求，重点部署今年工作，动员全市上下自觉践行“五大发展理念”，进一步丰富拓展“三大战役”内涵，解放思想，凝心聚力，团结进取，接续奋斗，全力实现“十三五”良好开局，确保2016年首战必胜。下面，根据市委常委会研究的意见，讲六个方面的问题。

一、全市“稳中快进、持续向好”的势头得到巩固提升，“十二五”圆满收官，为“十三五”科学跨越发展打下了坚实基础

2015年，全市上下紧紧围绕“全面领先苏中、加快融入苏南”总目标，克难攻坚、创新实干，年度主要目标任务圆满完成，各项事业迈上了新的台阶。一是综合实力不断攀升。科学应对经济下行压力加大的宏观形势，始终保持抓经济、谋跨越的战略定力，牢牢把握发展主动权，主要经济指标增幅继续高于泰州、好于周边、快于全省。预计实现地区生产总值731.66亿元，增长11.1%；完成一般公共预算收入52.8亿元,增长17.1%;完成工业国税开票销售1100亿元,增长10%;完成实际利用外资3.24亿美元。二是产业结构明显优化。预计完成固定资产投资560.62亿元,增长23.3%。全年新开工亿元以上项目60个,其中10亿元以上项目7个;新竣工亿元以上项目44个;实施新兴产业项目38个,总投资194.3亿元。实现新兴产业产值583亿元,增长25%,占规上工业比重达23%;高新技术产业产值突破千亿,占规上工业比重达43%。农业现代化进程在全省前移12位,服务业增加值占GDP比重提高3.5个百分点;三是城乡面貌日益改善。城区文江桥、羌溪桥、文江北路、镇海路北延等建成通车,济川路南延、兴南路一期、东润路南延等顺利竣工,“九纵九横”道路框架基本成形。加快推进城市水环境综合整治,实施了羽惠河北闸站等9项控制工程,全面完成10条黑臭河道整治任务,如泰运河以南提前实现“控水、活水”目标。新区医院主体封顶,宝塔湾佛教文化保护项目一期工程、福利中心一期工程按期完工,泰兴中学搬迁项目实质性启动。城乡垃圾收运一体化、农村道路提档升级等工程全面实施,村庄环境整治工作顺利通过省全域性考核验收。获得国家级卫生城市授牌,国家生态市通过环保部考核验收;黄桥镇成功申报国家建制镇示范试点镇、江苏省国家新型城镇化综合试点镇。四是改革创新深入推进。大力简政放权,晒出“5张清单”,完善行政权力网上公开透明运行机制,打造阳光便捷的服务平台;深入开展全国综合行政执法体制改革试点工作,加快推进行政许可权相对集中改革试点。金融改革创新步伐加快,服务区域经济发展能力增强,荣获全省金融生态环境优秀市称号。五是民生工程加快实施。城乡居民收入水平不断提升,预计城镇和农村常住居民人均可支配收入分别达33800元和16392元,增长8.9%和8.8%;社保全民参保登记工作圆满完成,被征地农民社会保障政策实现平稳过渡,新增参保11925人;全市新增创业1.5万人,被命名为江苏省创业型示范市;富民强村行动成效明显,新增村集体经营性收入超过20万元的村126个,超过30万元的村52个;教育、文化、卫生、体育等社会事业协调发展,文明指数进一步提升;社会管理服务平台进一步向村居延伸,社会治安综合治理不断深化,安全隐患排查治理体系日益完善,社会大局保持和谐安定。六是党的建设全面加强。深入开展“三严三实”专题教育,引导全市党员干部修身做人、律己用权、干事创业。严格执行从严管理干部规定,以上率下强化各级党组织建设和领导干部队伍建设。认真落实党风廉政建设主体责任和监督责任,扎实抓好省委巡视组巡视泰州反馈意见整改落实工作,进一步健全改进作风长效机制。支持纪委加大纪律审查工作力度,保持正风反腐高压态势,全市政治生态风清气正。切实加强党对人大、政协工作的领导,统战、群团、人武、双拥、老干部等各项工作取得新成效。

2015年全市经济社会发展各项目标任务的胜利完成,为“十二五”发展画上了圆满句号。前五年,在宏观经济形势复杂多变、总体步入新常态的大背景下,能够取得如此发展成绩,主要得益于我们凝心聚力,科学确立目标追求,点燃了奋发有为的创业激情。全市上下牢固确立“全面领先苏中、加快融入苏南,建设更高水平小康社会”的目标追求,以思想再解放、快解放、真解放来认清大势、应对局势、引领走势,积极谋求泰兴发展“弯道超越、跨越赶超”。坚持“稳中奋进、更好更快”总基调,提振精气神、汇聚正能量,奋勇争先、众志成城,唱响了加快发展的主旋律。园区、乡镇(街道)、部门单位之间“比学赶超”氛围浓厚,各级干部队伍精神面貌昂扬奋发。泰兴在泰州市年度绩效考核中不断进位,全国县域经济基本竞争力百强排名从2011年的56位提升至51位。得益于我们开拓创新,优化完善发展思路,找准了切合市情的发展路径。立足发展现状,坚持问题导向,全市各层各级在深化改革、扩大开放、推进创新上做到先人一拍、快人一步。大力实施新一轮“渡江战役”、新阶段“城建会战”、新时期“黄桥决战”,在引领新常态、把握新机遇、争创新优势上抢得了先机、赢得了主动。加快推进沿江转型发展,全市产业布局和产业结构得到进一步优化,“1+5+N”的工业经济发展格局基本形成。加快推进中心城市建设,规划修编、道路畅通、清水活水、百姓安居、公共服务功能提升、生态人文景观打造等六大重点工程深入实施,城市人居环境明显改善。加快黄桥老区“富民强镇、全面小康”步伐,黄桥副中心自身造血功能显著增强,振兴老区龙头作用凸显,老区乡镇主要经济指标增速持续高于全市平均水平,所有建档立卡的低收入农户全部实现脱贫。得益于我们崇尚实干,坚持鲜明工作导向,营造了干事创业的良好环境。全市广大党员干部始终保持清醒头脑,坚定信心、锐意进取,紧密联系思想实际、工作实际,创造性地解决发展过程中遇到的矛盾问题,把发展的困难期、攻坚期变成蓄能期、加速期。破除“为官不易”的认识误区,抵制“为官不为”的消极状态,树立“有为才有位”的理念,人心思进、干事创业。各级领导班子以身作则、率先作为,务实创新、迎难敢为,团结干事、奋发有为,全市上下戮力同心、同频共振,有力推动了经济社会发展再攀新高。

在充分肯定成绩的同时,我们也要看到:全市经济实力、综合竞争力、创新能力还不够强,发展不充分、不协调的问题仍然十分突出,制约发展的体制机制障碍需要加紧突破;城乡居民持续增收难度加大,基本公共服务供给还不足,改善民生需要付出长期努力;公民文明素质和社会文明程度有待提高,法治建设需要进一步加强;干部发展能力水平有待提升,作风建设需要常抓不懈。对此,我们必须高度重视,切实加以解决。

二、坚持以新理念引领新发展,以新目标焕发新干劲,确保“再创一个发展黄金期”起步扎实、旗开得胜

谋划“十三五”特别是开局之年的发展,首先要善观全局、善谋大势。我们必须清醒地认识到,未来五年,经济形势依然严峻,经济运行中周期性矛盾与结构性矛盾相互叠加,短期问题和长期问题相互交织,下行压力仍然较大,发展的艰巨性不容低估。我们更要充分把握好,我国经济发展长期向好的基本面没有变,经济韧性好、潜力足、回旋空间大的基本特质没有变,经济持续增长的良好支撑基础和条件没有变,经济结构调整优化的前进态势没有变。总的来看,机遇与挑战同在,优势与风险并存,危中有机、事在人为。面对“十三五”发展任务,我们既要头脑清醒、正视问题,把困难估计得更充分一些,把措施准备得更周密一些;更要保持定力、主动作为,牢固树立并切实贯彻创新、协调、绿色、开放、共享“五大发展理念”,大力倡导“发展决定一切、创新改变一切、民生高于一切、实干拥有一切”工作导向,始终坚定“弯道超越”的信心和决心,全力保持“十三五”期间经济社会发展的延续性、稳定性和协调性,再创一个泰兴科学跨越发展的黄金期。

2016年是“十三五”发展的开局之年,也是决胜全面小康的首战之年。五年看头年,做好今年工作具有特殊重要的意义。今年工作总的要求是:以党的十八届五中全会精神为指引,深入贯彻落实省委、泰州市委决策部署,践行创新、协调、绿色、开放、共享“五大发展理念”,落实去产能、去库存、去杠杆、降成本、补短板“五大任务”,紧紧围绕“全面领先苏中、加快融入苏南,建成更高水平小康社会”总目标,坚持“稳中奋进、更好更快”总基调,以深入实施“三大战役”为总抓手,以增进人民群众福祉为总追求,着力推进“项目大突破、城建新提升、民生更幸福、作风快转变”,加快建设“经济强、百姓富、环境美、社会文明程度高”的新泰兴,全力确保“十三五”开局良好首战必胜。

2016年主要指标安排:地区生产总值增长10%以上;一般公共预算收入增长15%以上;国税开票销售增长15%以上;固定资产投资增长20%以上;实际利用外资4亿美元以上;城乡居民人均可支配收入增长9%以上。

实现“十三五”的美好愿景,落实2016年的目标任务,需要我们自觉坚持以五大发展新理念引领科学跨越新发展,以“再创发展黄金期”新目标焕发干事创业新干劲。对明确的发展总目标、总基调、总抓手、总追求,全市广大党员干部要结合新的形势、新的要求,进一步深化认识、强化共识:

一要始终坚持“全面领先苏中、加快融入苏南,建成更高水平小康社会”总目标不动摇。近年来,全市上下在发展总目标指引下,深入实施“三大战役”,发展成效和累积优势不断显现;持续推进项目大突破,为保持经济增长提供了有力支撑;切实加大改革创新力度,发展活力不断释放;广大党员干部提振干事创业精气神,发展动力持续增强。“十三五”时期实现“全面领先苏中、加快融入苏南,建成更高水平小康社会”总目标,我们有信心、有底气、更有条件。在新的历史阶段,我们要进一步强化争先、率先、领先意识,在更高的参照系中调高工作标准和发展标杆。把“建成更高水平小康社会”作为“十三五”时期最紧要目标和最核心任务,实现小康建设覆盖领域的全面、覆盖人口的全面、覆盖区域的全面。把“全面领先苏中、加快融入苏南”作为矢志不渝的追求,不仅要在总量指标上全面领先,更要谋求均量指标、质量效益上的全面领先;不仅是时空距离、产业互补上的加快融入,更是探索发展新路子、开辟发展新境界的加快融入,是加大改革攻坚力度、破除体制机制束缚的加快融入,是扩大开放空间、构筑特色优势的加快融入。

二要始终坚持“稳中奋进、更好更快”总基调不动摇。“稳中奋进、更好更快”既是对增长速度和发展质量的要求,更是对广大党员干部精神状态和工作标准的要求。我们要把区域发展的“小逻辑”放到认识新常态、适应新常态、引领新常态的“大逻辑”中来把握,既要增强理性自觉,顺势而为,在理念思路、发展方式、工作方法上实现新的转变;更要坚定发展信心,奋发有为,牢牢把握发展主动权,促使泰兴经济保持中高速增长、产业迈向中高端水平。结合泰兴实际,如何有力有效地贯彻践行“五大发展理念”;面对发展新常态,如何摆脱“速度情结”、“换挡焦虑”的思维定势;针对矛盾问题,如何落实好供给侧结构性改革“五大任务”;围绕从严要求,如何在“治不正”与“治不为”上两手齐抓、同向发力,既是今后一个阶段泰兴发展的现实需要,更是对全市党员干部的一次严峻考验。我们必须与时俱进、强化担当,继续保持奋发有为的精神状态,敢于争先、勇立潮头,奋力推进泰兴各项事业向上攀登。坚定不移地把工作重心放在稳增长、促转型、调结构、防风险、惠民生上,在有质量和效益的前提下,自我加压、高点定位,能快则快、能超则超,尽最大的努力、争取最好的结果,确保发展速度快于、发展质态优于、生态环境好于、人民生活高于苏中乃至全省平均水平。

三要始终坚持深入推进“三大战役”总抓手不动摇。牢固树立并切实贯彻“五大发展理念”,是关系发展全局的一场深刻变革。推进泰兴新一轮跨越发展,再创一个发展黄金期,我们既要注重工作的延续性,埋头打基础,务实抓推进;更要注重工作的开拓性,顺应新形势,把握新要求,坚定不移地以“五大发展理念”引领“十三五”发展,进一步丰富拓展“三大战役”内涵。“十三五”时期的渡江战役,就是要全力推进以沿江地区为龙头的“创新转型攻坚战”,突出创新发展、绿色发展,坚持把抓创新、促转型摆在全市经济工作的重要位置, 加快发展动力转换, 着力推进产业迈向中高端水平。“十三五”时期的城建会战,就是要加快组织着眼全市域的“城建交通大会战”,突出开放发展、统筹发展,构建“1+2+N”城镇化体系,形成内外联畅大交通格局,同步推进新型城镇化、城乡一体化和农业现代化。“十三五”时期的黄桥决战,就是要打响打赢以黄桥老区为重点的“全面小康决胜战”,突出协调发展、共享发展,着力解决好城乡居民增收、精准脱贫攻坚、公共服务均等化等重点难点问题,在缩小东西部地区发展差距、加快推进黄桥老区振兴、让老区人民共享改革发展成果上取得新的更大的成效。

四要始终坚持“增进群众福祉”总追求不动摇。保障改善民生、增进群众福祉是我们全部工作的出发点和落脚点。必须始终坚持以人民为中心的发展思想,坚守入党初心、不忘根本宗旨,为了群众、造福群众,让改革发展成果更多、更公平、更实在地惠及广大人民。采取切实有效的举措,着力解决城乡区域不平衡的问题、平均数背后的大多数问题、指标外的群众真切感受问题,让泰兴的发展更有“温度”,群众的幸福更有“质感”,让泰兴的小康有更广代表性和更高满意度。按照更好地保障和改善民生、促进社会公平正义的要求,加快八大公共服务体系建设,着力提高百姓富裕程度、人民群众生活质量。全力加快黄桥老区“富民强镇、全面小康”进程,提前实现全市全面小康目标,提前实现城乡居民收入比 2010 年翻一番,并确保小康路上困难群众“一个不少、一户不落”。

三、聚焦“项目大突破”,全力推进以沿江地区为龙头的“创新转型攻坚战”

“项目大突破”是推进创新转型的根本抓手,是稳定经济增长的重要举措。全市上下要始终坚持把项目招引建设放在经济工作的突出位置,一天不松,一着不让,着力在精准招商上聚焦聚神,在项目推进上发力加力,以增量优化带动存量调整,全力保持经济稳增长、快调整,全面打赢创新转型攻坚战。

要持续突破优质增量项目,加紧培育“新动能”。项目开发永远是经济工作的“牛鼻子”,稳增长的基础在项目,快转型的关键在项目,区域竞争的焦点更是在项目。全市上下要牢固确立“年年都是项目突破年”的理念,从头从早、从紧从快、从严从实抓好项目招引建设工作,全年新开工亿元以上项目 80 个,其中 10 亿元以上项目 10 个,年内新竣工亿元以上项目 50 个。要以更大的力度招引项目。各园区、各乡镇要围绕年度目标,着力在招商引资上想新招、出实招,有的放矢地开展产业链招商、专业招商、机构招商,不断扩大项目招引成果。要精心组织好北京、上海、深圳、境外等重点招商活动和中国(泰兴)银杏节,以及泰州 4 月份水城水乡国际旅游节、9 月份金秋经贸洽谈会等重大活动,洽谈一批投资合作项目,集中签约一批成熟度高的项目,使之成为各地各部门招商成效的大检阅。要以更高的标准优选项目。我们强调抓项目、抓招商,要的是优质项目、优质增量,要的是有效投入、有效产能。要突出精准招商,充分发挥大项目、好项目的引领和支撑作用,着力在培育发展战略性新兴产业和做大做强园区、乡镇特色产业上实现新突破。今年, 市委市政府将聚焦新能源、新材料、节能环保、高端装备制造等战略性新兴产业,优选 10 个代表性、龙头型项目进行重点培育、重点扶持,着力把战略性新兴产业的发展抓实、抓具体。要严格执行国家有关调控政策,坚决把好项目准入关,进一步提高节能降耗门槛、生态保护门槛、安全生产门槛, 从源头上严防形成新的产能过剩。要以更快的速度推进项目。稳定经济增长,项目是根本,增量是关键。今年全市项目推进的重中之重就是抓竣工投产达效。要严格执行市领导挂帅、定期会办督办等重大项目跟进服务制度,突出项目资金到账、开工建设、竣工投产、产能释放等关键环节,实时掌控项目推进情况,及时化解各类矛盾问题。建立健全部门之间重大项目联动服务机制,强化信息共享,形成工作合力,全力推动项目早开工、早建设、早竣工、早投产,切实转化为新的经济增长点。坚持并不断完善项目观摩、项目过堂、项目述职、项目点评、项目考核等行之有效的方法,着力营造比学赶超、全力抢拼的浓厚氛围,真正比出动力、赛出干劲, 努力使全市的项目推进工作抓得更实、效果更好。

服务业项目包括城市功能性项目, 一直是我市项目建设中的“软肋”,我们必须高度重视并切实加以突破。今年,要认真研究并组织开展服务业提速发展“双十”行动,重点开发建设 10 个服务业重大项目、培育 10 个服务业重点企业。并以此为引领,大力开展服务业、城建项目招商引资,特别是在新兴服务业、现代服务业、城市功能性项目的招引上取得新突破、快突破、大突破。引导社会资本投入特色旅游资源开发,打造黄桥古镇、国家古银杏森林公园等旅游品牌,提升乡村旅游影响力。大力招引开发设施农业项目,全年新增设施农业 1.5 万亩以上。着力构建以家庭农场为主体,专业大户、农业企业为支撑,社会化服务组织为保障的新型农业经营体系,促进农业生产集约化、高效化。

要引导企业主动开发新项目、新产品, 积极稳妥“去产能”。越是产能过剩,转型升级越紧迫,如果不主动转、加快转,绝没有出路。对企业而言,就是要勇于创新、敢于投入。广大企业要舍得在科技创新上下大本钱,通过新项目、新产品、新技术研发和科技成果转化加快转型升级,进一步增强发展动能,积极稳妥化解过剩产能、落后产能。强化企业创新主体地位和主导作用,加快企业、高校、科研机构“优势叠加”,产业链、资金链、创新链“多重融合”,形成开放式集聚创新要素、高效配置创新资源的产学研合作模式。大力实施传统产业改造升级“十佳”培育计划,重点扶持10个规模企业加大技改投入力度,加快推进企业制造装备的数字化更新换代和管理手段的信息化改造,扩大关键岗位机器人应用,培育发展一批智能车间、智能工厂,推进传统产业企业转型升级、培大育强。着力推进企业互联网化提升计划,积极开展基于互联网的各类技术创新、产品创新、服务创新和商业模式创新,加快实现研发、生产、销售、服务全流程的互联网化转型,不断增强企业核心竞争力。对政府而言,就是要强化服务、优化环境。积极打造营商环境新优势,由过去拼资源、拼优惠,转向营造政府职能转换的优势、符合国际惯例商务环境的优势。抓紧研究制定降低实体经济企业成本行动计划,降低制度性交易成本、降低人工成本、降低企业税费负担、降低社会保险费、降低企业财务成本、降低电力价格、降低物流成本,切实把该降的全部降到位、能降的先降下来、能用的政策全部用足用好。统筹处理好稳增长、调结构、防风险的关系,切实应对好“去杠杆”,加强金融、企业联保、非法集资等重点领域风险防控,坚决守住不发生系统性和区域性风险的底线。鼓励企业接受外来资本整合重组,吸引股权融资实现债转股,提高权益资本的比重,增强企业资本实力,降低负债率,降低经营风险。加快金融创新,完善制度化、常态化的金融服务机制,不断深化政银企对接,推进信用体系建设,维护金融市场秩序,营造更加良好的金融生态环境。同时,认真实施企业上市三年行动计划,积极推动企业通过资本市场募集发展资金,力争2016年主板挂牌1家,“新三板”挂牌4家,区域性场外市场挂牌8家。

要增强吸附项目的核心竞争优势,全面提升园区发展能级。园区是项目建设的主力军、创新转型的主阵地。“一区五园”包括各乡镇工业集聚区,要充分认识在新一轮发展中的职责使命,努力构建“投资最省、配套最全、运行成本最低”的比较优势,着力在项目招引实施、产业培育发展、资源要素保障、功能完善提升等方面实现新的突破,努力增强园区项目吸引力、承载力,全力提升园区发展能级。经济开发区要紧扣国家级经济技术开发区创建和“千亿级”发展目标,进一步夯实项目基础、产业基础,提升配套能力、服务能力,加快建设“国内一流、国际有名”的专业化、特色化园区。虹桥工业园区要主攻高端装备制造、新材料、电子信息、港口物流等产业,在大项目、大企业、大产业、大园区上谋求更大突破;积极打造临江产业特色,在加快沿江一体化发展进程中发挥好积极作用。黄桥工业园区要充分发挥振兴老区发展的龙头作用,以新型工业化为主引擎,加大项目招引建设力度,不断深化南北共建成果,全力做大园区经济总量,尽快创成省级经济技术开发区。城东高新区要加快省级高新技术产业园区创建进程,做好产城深度融合发展这篇大文章,努力成为高新技术产业的集聚区、新兴产业的引领区、转型升级的示范区和产城融合的样板区。城区工业园区要把做大做强做优城市经济作为重要任务,加快园区资源整合利用和产业转型升级,在军民融合产业、现代服务业等方面培育新亮点、培植新优势。农产品加工园区要加快农副产品和食品加工类项目引进,进一步做大总量、做出品牌、做强特色,努力成为泰兴北部地区重要增长极。各乡镇要着力培育发展工业集聚区,加快补上工业化“短板”,以新型工业化引领新型城镇化和农业现代化融合发展。

四、紧扣“城建新提升”,加快组织全市域范围的“城建交通大会战”

认真贯彻落实中央城市工作会议精神,着力构建“1+2+N”城镇体系,切实加快新型城镇化进程。坚持以城市品质提升主导城建工作,不断完善主城区、小城市、特色镇生产生活配套功能,扎实推进新一轮城建交通大会战。

要不断提高中心城市首位度。今年是三年城建会战的“决胜之年”,全市上下要围绕确保实现“三年再来一个大变化”的目标,坚定信心决心,全力冲刺攻坚。着力优化城市交通环境,进一步提升如泰运河以南地区主干道通行能力,加快构建如泰运河以北地区骨干道路网络,实现“九纵九横”全面贯通。加快改善城市水环境,全面消灭城区黑臭河道,南部地区加大截污力度,北部地区实现污水管网全覆盖,全面实现主城区“清水、活水”目标。全面推进城市生态人文景观打造,加快城市北部龙河湾生态公园、南部人工湖、西部防空林和如泰运河风光带建设。大力实施沿河沿路绿化造林工程,重点实施节点改造、游园、街旁绿地项目,确保新增绿化面积47万平方米。强化城市文化的挖掘和打造,加紧修复一批泰兴历史文化遗存。全面完成房屋征收扫尾工作,加紧启动主城区新一轮房屋动迁。加快安居工程建设,全年新增保障性住房面积4.8万平方米。持续改善人居环境,完成10个背后街巷整治和7个老小区改造任务。加快实施凤凰文化广场、新能源昌建广场、中南商业综合体、佳源商业中心等重点工程。加大城建招商力度,在招引实施五星级酒店等城市功能型项目上取得突破。改进拆迁安置方式、实施货币化安置,有序推进农民市民化进程,加大外来人才定居激励力度,有效扩大需求;同时把握好土地上市时序,有序消化库存，促进房地产市场平稳健康发展。坚持建管并重,在打造精品城建工程的同时,积极创新城市治理方式，着力推进城市精细化管理。在决胜三年城建会战的基础上,及早谋划下一轮城建新提升推进计划,促进城乡和交通建设再来一个大变化。

要统筹推进小城市、特色镇建设。把黄桥、虹桥两个小城市作为构建新型城镇体系的关键节点,强化规划衔接和政策扶持,健全完善城镇功能,打造促进城乡区域协调发展的增长极。黄桥镇要加快国家建制镇示范试点和江苏省国家新型城镇化综合试点镇建设,加快建设新城、保护开发古镇,提升社区功能,完善基础设施和公共服务配套,加快建成泰兴的经济、文化、交通、商贸“副中心”,东部地区“中心”。虹桥镇要加快完善城市功能,提高产业集聚能力,着力打造港产城一体的滨江工贸小城市，在沿江一体化发展进程中更好地发挥支撑作用。各乡镇都要坚持宜工则工、宜农则农、宜商则商、宜游则游,因地制宜打造各具特色小城镇。启动实施新一轮农村实事工程,着力完善镇村道路、绿化、公共服务设施。整体打造特色鲜明的新农村建设示范片区，提升全市新农村建设水平。深化全面小康村示范创建活动,强化村级“四有一责”建设,力争建成省级美丽乡村 4 个。

要加快形成内外联畅的大交通格局。迅速完善路网规划,加强与省和泰州市的交通体系对接,确保重点项目顺利推进实施。围绕全面融入国家高铁大通道,配合做好盐泰锡宜城际铁路和泰常城际铁路建设前期准备工作;扎实推进泰常过江通道前期工作,加快京沪高速泰兴段改建扩容,抓紧实施城市东部、北部两个出口的互通工程，着力打造快捷高效的对外通道。完成 334 省道分黄段改扩建工程,尽快实现全线贯通;加快推进 335 省道北部东西干线、232 省道泰州中部干线、东部南北干线等主干道建设。加快实施乡镇 10-15 分钟接入市域骨干路网工程，进一步缩短区域时空距离。大力推进“以港兴市”战略,完成天星洲综合整治工程,建成滨江港口 7 万吨级通用码头、虹桥仓储通用码头群。加快如泰运河、古马干河、姜黄河等内河航道建设,构建干支相通、通江入海的干线航道网。强化体制机制创新,发挥政府投入的基础性、导向性作用,创新投融资方式,探索市场化、多元化投入路径,吸纳社会资本全面参与交通体系建设,迅速掀起城建交通建设新高潮。

要着力提升城乡生态建设水平。大力弘扬生态文明主流价值观,不断增强公众环保意识、生态意识、节约意识,努力形成人人、事事、时时崇尚生态文明的良好氛围。启动实施全国生态文明建设示范区、国家健康城市创建,深入推进国家环保模范城市、国家园林城市创建。加大环境执法监管力度,完善环境基础设施,进一步改善区域生态环境质量。加快城乡污水、固废处理设施和垃圾收运体系建设，严格落实大气污染防治“国十条”“省十条”,加大落后产能淘汰力度,确保全面完成 PM2.5 压降任务。大力实施农村环境改善提升行动,持续抓好秸秆禁烧禁抛工作,开展乡镇河道清淤整治,加强农业面源污染治理,完成 10 家规模畜禽养殖场和 8 个试点村的畜禽粪污治理任务。加强新型社区建设和管理,推进落实“五位一体”长效管护机制,推动镇村环境面貌和生活条件持续改善。

五、着眼“民生更幸福”,打响打赢以黄桥老区为重点的“全面小康决胜战”

我们要像抓经济建设一样抓民生保障，像落实发展指标一样落实民生任务，坚持共建共享与利民惠民相统一,做到既尽力而为又量力而行,着力破解民生发展难题,补齐民生急需短板,加快建成惠及全市人民的更高水平小康社会。

要精准推进脱贫帮困工作。当前,扶贫开发已进入“啃硬骨头”、“攻坚拔寨”的关键阶段,必须坚持“标准再提高、重点再聚焦、内涵再丰富、底线再织牢”的工作要求,聚焦黄桥老区这个关键地区,加强整体帮扶,精准施策发力。坚持“以项目促增收”理念,推广整镇推进村级增收模式,因地制宜发展物业经济,大力发展为农服务实体和各类经营企业。贯彻实施国家“六大脱贫行动”,健全低收入人口精准脱贫工作机制,对低收入农户逐户制定和落实帮扶措施,扎实推进创业脱贫、就业脱贫、政策性兜底脱贫,真正做到既治标又治本。2016 年,确保 70%的行政村(居)集体经营性收入达 30 万元以上,解决 1.5 万相对贫困人口脱贫问题。

要大力发展社会事业。抓紧制定实施“八大公共服务体系”建设行动计划,将更多的政策资源、资金项目、工作精力向民生倾斜。科学布局城乡公共文化体育设施,探索设立“文化惠民券”,提高各类设施对外开放程度。坚持教育的公益性、普惠性,全面提高教育教学质量,提升群众对教育的满意度,今年要建成泰师附小东润校区并投入使用,力争完成泰中新校区主体工程。深化医药卫生体制改革,探索构建“基层首诊、双向转诊、急慢分治、上下联动”的分级诊疗体系,加强乡镇卫生院和村居卫生室标准化建设,完成 50 个村卫生室提升工程。建立政府扶持、技能培训和就业服务机制,鼓励创业带动就业，统筹推进农村转移劳动力和城镇就业困难人员就业,确保年内新增创业 1 万人以上,创业带动就业 3 万人,免费创业培训 2000 人。统筹推进城乡社会保障体系建设,推动城乡居民基本养老、基本医疗政府补贴均等化,实现社会保险参保全覆盖。建立企业退休人员基本养老金和城乡居民基础养老金正常调整机制,切实保障被征地农民的生活和长远生计。加快扶持社会养老机构建设,创新养老服务体制机制,促进医养融合对接。大力发展社会福利和慈善事业，加强城乡困难群体救助政策的配套衔接，让困难弱势群体共享发展红利。

要积极构建和谐安定的社会环境。树立系统治理、依法治理、综合治理、源头治理的新型社会治理理念，建立健全党委领导、政府负责、社会协同、公众参与的社会管理工作格局。深入推进依法治市，把全民普法和守法作为长期性基础性工作，大力实施市民素质提升工程，积极营造讲文明、重诚信、守法纪的良好氛围。加强社会服务三级平台规范化建设，激发社会组织活力，拓宽社情民意表达渠道，加快形成社会共治。坚持领导干部定期接访制度，完善多元融合调处机制，减少信访增量；坚持依法治访，引导信访群众依法表达诉求；定期会办信访积案，重点化解征地拆迁、房地产、非法集资等领域的疑难问题，压降信访存量。加强社会治安综合治理，完善立体化社会治安防控体系，加大互联网管理力度，严密防范、严厉打击各类违法犯罪活动。严格落实安全生产责任制，强化“党政同责、一岗双责、失职追责”，突出危化品、建筑施工、交通运输、食品药品等重点领域的安全监督，坚决遏制重大事故发生，全力保障群众生命财产安全。

六、围绕“作风快转变”，着力营造干事创业、风清气正的良好发展环境

立足新起点，谋求新跨越，再创一个发展黄金期，关键在党，关键在人，关键在落实。全市上下必须进一步提振精气神、树立好作风、增强执行力，在推进工作落实上下功夫、作表率、创实绩，为“十三五”发展良好开局提供有力保障。

要在管干部、抓队伍上更加严格。干部是党的各项路线方针政策的落实者、组织者、推动者，是“全面领先苏中、加快融入苏南，建成更高水平小康社会”的核心力量，是深入推进“三大战役”的中坚骨干。今年是换届之年，我们既要坚持以严的标准选拔干部。严格执行好干部“20字标准”，旗帜鲜明地选拔那些工作面前敢为人先、雷厉风行的人，考验面前敢于亮剑、挺身而出的人，难题面前敢于负责、勇往直前的人，矛盾面前敢于攻坚、善于突破的人，确保选出来的人对党忠诚、个人干净、勇于担当。要通过换届，换出风清气正的好生态，换出团结干事的好局面，换出一支为泰兴的长远发展、为人民的幸福生活薪火相传、接续奋斗的好队伍。更要坚持以严的要求管理干部。全面落实从严管理干部“五个要”规定，实施关键岗位重点管理，特别是要抓住领导干部“关键少数”，管理环环紧扣，责任层层压实。注重能力提升，大力开展具有实践性和适岗性的专业化能力培训，全面提高各级领导干部抓经济促发展的能力。综合运用教育引导、制度约束、考核评价、监督检查等手段，及时做好对党员干部的防微杜渐、纠错纠偏工作。

要在抓改革、促创新上更加深入。按照“解决问题有成效、省内创新有位置、全国推广有影响”的工作要求，把各项改革任务抓早、抓细、抓实，以改革的率先发力再造发展的先发优势。进一步增强改革的针对性。坚持问题导向推进改革，影响经济发展的体制性机制性问题在哪里，改革的着力点就要聚焦到哪里；制约社会活力和创造力激发的薄弱环节在哪里，改革的发力点就要放到哪里；阻碍改革举措推进的“第一道卡口”、“最后一公里”在哪里，工作的落脚点就要跟进到哪里。在抓好全面谋划的同时，突出抓好重点领域和关键环节的加快突破。抓紧设立行政审批局，将分散在各部门的审批权剥离出来，实现“一个单位管审批、一枚公章管审批”。加大中介机构清理规范力度，集中清理中介评估事项，降低中介机构收费标准，全面完成“红顶中介”清理整顿，切实减轻企业负担。进一步增强改革的创新性。在改革方案的设计上，要体现创新精神，做到与时俱进。特别要摆脱思维惯性、突破路径依赖，变中求新、变中求进、变中求突破。着力推进各类改革试点工作，力求改出实效，做出品牌。深入推进综合行政执法体制改革试点，着力解决权责交叉、多头执法等问题，建立权责统一、权威高效的行政执法体制，进一步提升政府治理能力和行政执法水平。进一步增强改革的可操作性。市深改办和各专项小组要深入研究和谋划改革工作，坚持吃透上情与把握市情相结合，进一步量化、细化、实化各项改革措施，做到“成熟一个，审议一个，出台一个，推行一个”，以钉钉子的精神推动各项改革举措落地见效。

要在重执行、抓落实上更加主动。一分部署、九分落实。做好今年工作，实现“十三五”良好开局，关键要提高工作的组织化程度。全市各级领导班子、领导干部要严格执行“一线工作法”，以更强的执行力确保各项工作高效有序推进、落到实处。整体工作要责任化。既要按照分工安排，将任务分解到人，明确工作主体、工作目标、工作要求、工作期限；更要坚持分工不分家，相互协作、互帮互助，形成工作合力。具体工作要项目化。对发展任务进行分解落实，具体细化到每一项、每一条，排出时间表，挂好作战图，以项目化确保工作持续推进、善作善成。协调推进要常态化。坚持问题导向，进一步健全完善工作协调推进机制。对影响项目推进、工程建设的矛盾问题，定期组织协调化解，确保办就办好、干则必成。实绩考评要刚性化。不断优化考核体系，完善考评办法，强化结果运用，严肃工作问责，着力构建新常态下的科学精准考评机制，进一步激发各级各部门及广大干群务实奋进、创先争优的工作热情。同时，要加大对先进典型的宣传力度，广泛开展“学赶先进”活动，在全社会营造“崇尚实干、狠抓落实”的浓厚氛围。

要在严纪律、正风气上更加坚决。不断加强党性教育,提高理论武装工作的针对性和实效性,引导广大党员干部自觉践行“三严三实”,持之以恒推进党的作风建设,驰而不息纠治“四风”突出问题。认真学习贯彻中央新修订的《廉洁自律准则》、《纪律处分条例》和《地方党委工作条例》,始终把纪律挺在前面,把政治纪律和政治规矩作为最大规矩、头等大事来抓,做到既树立道德“高线”,又守住纪律“底线”。严格落实党风廉政建设党委主体责任,各级党组织书记要切实强化“第一责任人”责任,班子其他成员要切实履行“一岗双责”责任,把党风廉政建设责任牢牢扛在肩上、抓在手上。各级纪检监察组织要切实履行监督责任,准确把握和运用“四种形态”,从严从紧立规执纪。在严厉惩治腐败的同时,更加注重治本抓源头,突出查处不收敛、不收手和群众身边的腐败问题,着力构建不敢腐、不能腐、不想腐的有效机制,实现干部清正、政府清廉、政治清明。

同志们,泰兴发展正站在新的历史起点上,美好愿景令人向往,光荣使命催人奋进。功崇惟志,业广惟勤。让我们在党的十八大和十八届五中全会精神指引下,以改革创新的精神、立说立行的作风、敢于负责的担当,坚定信心,迎难而上,咬定目标,克难奋进,为实现“全面领先苏中、加快融入苏南,建成更高水平小康社会”目标作出新的更大的贡献!

政府工作报告

——在市第十四届人民代表大会第五次会议上

市长 张育林

(2016年1月10日)

各位代表:

现在,我代表市人民政府向大会作工作报告,请予审议,并请市政协委员和其他列席人员提出意见。

一、2015年和“十二五”时期工作回顾

过去的一年,在中共泰兴市委的正确领导下,在市人大和市政协的监督支持下,我们紧紧围绕“全面领先苏中、加快融入苏南”的目标追求,坚持“稳中奋进、更好更快”的总基调,全面推进“三大战役”,统筹做好政府各项工作,较好地完成了市十四届人大四次会议确定的目标任务。

1.经济运行稳中快进,综合实力不断提升。主动适应新常态,积极应对下行压力,及时采取对策措施,推动经济行稳致远。经济运行延续了“稳中快进、持续向好”的良好态势,连续15届跻身全国县域经济与县域基本竞争力百强县(市)行列。预计实现GDP731.66亿元,增长11.1%。完成一般公共预算收入52.8亿元,增长17.1%,税占比83%,增幅和质量均列泰州三市第一。预计完成协议利用外资3.64亿美元,实际利用外资3.24亿美元,外经营业额3亿美元,总量均占泰州市三分之一左右;完成进出口总额24.3亿美元。农业现代化指标监测得分全省排名前移12位。粮食总产14.78亿斤,实现“十二连增”。新增高效设施农业2.42万亩、高标准农田4万亩。泰兴银杏栽培系统入选中国重要农业文化遗产。预计完成工业国税开票销售1100亿元,增长10%;实现规上工业产值2541.88亿元、增加值602亿元、利润216亿元,分别增长

22%、16%和16%，总量和增幅在泰州市继续保持领先。净增规上工业企业60家，新增年主营业务收入过10亿元企业5家、过50亿元企业2家。预计完成建筑业施工产值560亿元，增长16.7%。获得鲁班奖1项、国家优质工程奖2项。预计实现服务业增加值329.24亿元，增长11.7%；完成社会消费品零售总额191.2亿元，增长12.2%。物流业实现税收2亿元，增长26.7%，新增A级以上物流企业11家。旅游业发展取得新成绩。黄桥镇祁巷村获评中国乡村旅游模范村。

*2.转型升级步伐加快，经济结构逐步优化。*出台和落实工业经济加快转型升级政策措施，推动生产要素、政策资源和政府服务向实体经济集聚，促进经济发展量质并进。扎实开展"项目突破年"活动，新开工亿元以上项目60个，其中10亿元以上项目7个。新竣工亿元以上项目44个。预计完成固定资产投资560.62亿元，增长23.3%，其中产业投资435亿元，增长25%。制造业固定资产申报抵扣4.5亿元、新增抵扣4.1亿元，分别增长45.8%和38.8%，总量均占泰州市三分之一。工业用电业扩报装申请容量62.3万千伏安，增长97.6%，增幅居泰州之首。预计实现新兴产业产值583亿元，增长25%，占规上工业比重达23%，比上年提高1.5个百分点。预计实现高新技术产业产值1090亿元，增长25%，占规上工业比重达43%。全社会研发投入占GDP比重达2.4%。完成专利授权1500件，其中发明专利授权70件，被确认为江苏省知识产权强省建设区域示范市。新增国家级高新技术企业23家、省科技小巨人企业2家、省企业技术中心3家，新增省两化融合转型升级示范企业2家、省首批示范智能车间1个。新增中国驰名商标1件、省著名商标7件，参与制(修)订国家、行业标准8个。实施节能技改项目30个，年节约标煤2.26万吨。淘汰落后产能设备246台(套)，压缩船舶过剩产能23万载重吨。

*3.改革开放深入推进，发展动能持续增强。*顺应国家"一带一路"、长江经济带等重大战略，深入推进以港兴市，加快沿江一体化发展。完成沿江开发总规、泰兴港总规和天星洲控制性详规编制，天星洲综合整治工程扎实推进。新建万吨级以上泊位5个，其中7万吨级泊位2个，对外开放5万吨级泊位2个。泰兴港区完成货物吞吐量3500万吨，增长24.3%。一区五园完成基础设施投入83亿元，经济开发区创建国家级开发区有序推进、创成国家知识产权试点园区，虹桥工业园被列为省两化融合试验区，黄桥工业园在省南北共建园区考核中取得佳绩，城东高新区创成省高新技术众创集聚区，农产品加工园创建全国农产品加工示范园区取得积极进展，城区工业园创成省军民品结合产业示范基地、被认定为国家级中小企业集聚区。行政管理体制改革持续深化，综合行政执法体制改革试点阶段性目标顺利完成。五张清单制度进一步完善，工商登记制度改革全面推行，"一长四多"和"红顶中介"专项整治行动扎实开展。公车改革实施到位。政府机构改革有序推进，市卫计委、民宗局、建工局等机构调整到位。深化金融改革，创新投融资方式。成功发行企业债券6亿元，PPN项目募集发展资金10亿元。蓝电环保主板上市完成股改进入辅导期，7家企业分别在"新三板"、区域性场外市场成功挂牌。市镇两级农村产权交易平台建成投入使用，农村土地承包经营权确权登记颁证工作全面推开。要素瓶颈有效破解。土地计划上争成效显著，办理农用地转用和土地征收5735亩，争取土地利用规划流量指标1.6万亩。新设金融机构2家，存款增量、贷款增量、贷款增速、银行数量等主要金融指标均居泰州三市之首，不良贷款比率为各市区最低，被评为省金融生态环境优秀县(市)。

*4.城乡统筹协调发展，环境面貌明显改善。*准确把握新型城镇化内涵，积极探索新型城镇化和城乡一体化发展新路径。中心城市建设加快。城市总规完成修编。城建交通188个重点项目建设任务基本完成。文江路全线贯通，羌溪桥、镇海路北延建成通车，济川路南延、兴南路一期、东润路南延、龙河路、银杏路、兴南东路顺利竣工，"九纵九横"框架基本成型。民安广场、宝塔湾佛教文化保护、福利中心一期等项目按期竣工。新启动拆迁已完成90%以上，历年拆迁扫尾完成99.5%，完成四个地块3500户拆迁安置工作。城市环境综合整治有序推进。济川街道五里墩社区创成省城市管理示范社区。城北片区污水主管网实现全覆盖，如泰运河以南片区水系基本沟通。滨江污水处理二期二阶段工程建成投运，完成大生垃圾填埋场封场工程。新334省道城区至姜八线段绿色通道全面建成，城区新增绿化面积55万平方米。被授予国家卫生城市称号，国家生态市创建通过环保部考核验收。小城市和重点镇建设加快推进，黄桥、虹桥被列为泰州市重点发展的小城市，黄桥镇被列为国家建制镇示范试点镇、江苏省新型城镇化综合试点镇。开展覆盖拉网式农村环境综合整治，城乡生活垃圾收运体系覆盖所有村居，农村环境"五位一体"长效管理机制基本形成。秸秆禁烧禁抛工作成效明显。富民强村行动深入推进，新增村集体经营性收入超过20万元的村126个、超过30万元的村52个。

*5.民生福祉继续增进，社会保持和谐稳定。*不断加大保障和改善民生投入，财政用于民生支出占一般公共支出的比重达75%。城乡居民人均可支配收入达33800元、16392元，分别增长8.9%和8.8%。建档立卡低收入农户全面脱贫。新公共就业服务中心建成投运，新增创业1.5万人，城镇新增就业1.8万人，年末城镇登记失业率1.9%。被命名为省创业型示范城市。

社会保险覆盖面持续扩大,全民参保登记顺利完成,城乡居民养老保险参保 26.85 万人,领取基础养老金 21.48 万人。被征地农民社会保险政策实现平稳过渡,新增参保 3.7 万人。困难群体和优抚对象保障标准进一步提高,社会救助体系日趋完善。农村敬老院提档升级工程全面完成。全市医疗卫生机构布局完成规划编制,新区医院、市二院加快建设。民营医疗机构医保定点报销政策全面落实,城乡医保经办管理机构整合到位。城镇职工、城镇居民和新农合医保政策范围内报销比例分别在 89%、71%和 75%以上。教育现代化工作扎实推进,25 所学校通过义务教育现代化学校验收。创成省职业教育创新发展实验区。高考、对口单招本科进线人数、进线率再创新高。黄桥中学新校区建成投入使用,泰兴中学新校区建设启动。建成省公共体育服务体系示范区。公共文化服务体系进一步完善,群众文化活动蓬勃开展。全民科学素质建设扎实推进,被命名为省科普示范市。依法推进社会治安综合治理,“六五”普法通过省考核验收。平安泰兴建设深入推进,公众安全感指数达 96%。国防教育和双拥共建扎实开展。信访工作责任体系进一步完善,依法逐级走访权益保障监督卡试点工作扎实推进。安全生产形势总体平稳。民生十件实事全面完成。统计、档案、供销、物价、电信、外事、侨务、气象、海事、海关、国检、边检、保险、老干部、关心下一代、妇女儿童、红十字、残疾人等工作取得新成绩。

过去的一年,我们围绕建设人民满意政府,大力转变工作作风,行政效率进一步提升。巩固党的群众路线教育实践活动成果,扎实开展“三严三实”专题教育。全面建立政府法律顾问制度,严格实施重大执法决定法制审核制度。加强行政执法监督,“两法衔接”机制不断完善。强化行政监察和审计监督,廉政建设和反腐败工作深入推进。加快推进阳光政务,主动公开政务信息 4631 条。用好“12345”政风行风热线、市长信箱两大平台,及时梳理解决群众反映强烈的突出问题。自觉接受市人大和市政协监督,政府部门办理的 372 件建议、提案均按时办结,满意和基本满意率 97.8%,落实解决率 83.6%。

各位代表,2015 年是“十二五”规划的最后一年,这一年取得的各项成绩为“十二五”发展画上了圆满的句号。回顾过去的五年,我们经历了很不平凡的发展过程,在复杂局面的考验中,顺利完成了既定的目标任务。综合实力迈上新台阶。主要经济指标增幅在泰州名列前茅,人均 GDP 突破 1 万美元,一般公共预算收入、工业国税开票销售年均分别增长 18.3%、18.5%,总量均比“十一五”末翻了一番多。县域经济基本竞争力在全国百强县(市)中排名从期初第 56 位前移至第 51 位。发展质量获得新提升。三次产业结构由期初的 8.2∶55.1∶36.7 调整为 6.7∶48.3∶45.0。累计实施亿元以上新兴产业项目 66 个,高新技术产业产值占规上工业的比重上升至 43%,三大主导产业规模占规上工业的 78%,高效农业比重达 50%。被确定为省首批创新型试点城市和国家知识产权试点城市。城乡统筹取得新进展。中心城市功能品位不断提升,公共服务设施布局进一步优化,城市生态环境明显改善,创成国家卫生城市、国家生态市、省园林城市,国家环保模范城市创建取得实质性进展;黄桥老区加快发展,黄桥镇产业集聚和公共服务功能持续提升,园区南北共建工作成效明显。改革开放迈出新步伐。行政管理体制改革扎实推进,行政综合执法改革试点、省直管县改革试点、黄桥扩权强镇与新型城镇化改革试点不断深化。“1+5+N”工业经济发展格局基本形成,项目承载能力显著增强,项目开发水平明显提升。累计实际利用外资 13.1 亿美元,比“十一五”多 4.3 亿美元。社会事业实现新发展。教育现代化水平全面提升,全国义务教育发展基本均衡市通过验收。公共卫生服务能力不断增强,文化体育事业加快发展,生态文明建设深入推进。社会主义核心价值观广为弘扬,群众性精神文明创建富有成效。人民群众得到新实惠。城乡居民收入水平和社会保障水平大幅提升,城乡居民社会养老保险实现全覆盖,基础养老金水平稳步提高。连续 11 年上调企业退休人员基本养老金。农村饮水安全工程全面完成,120 万人民饮水安全问题得到根本解决。

回顾“十二五”的工作,我们不仅取得了超出预期的发展成果,创造了泰兴弯道超越、进位争先的一个发展黄金期,而且提高了在经受考验中砥砺奋进、在创新思路中破解难题的能力,积累了在复杂环境下科学发展、后发赶超的宝贵经验,为“十三五”再创一个发展黄金期奠定了坚实基础。回顾“十二五”发展,我们深深体会到:必须始终把加快发展作为第一要务,顺应发展大势,遵循发展规律,全力以赴抓项目,凝心聚力谋发展,坚定不移调结构、转方式、促转型,促进经济社会发展不断迈上新台阶。必须始终把解放思想作为强大动力,自我加压,敢闯敢试,以思想大解放推进经济社会大发展,以改革的思路统揽全局,以开放的姿态融入世界,以创新的举措破解难题,不断增创发展新优势。必须始终把协调发展作为重要取向,统筹推进经济、政治、文化、社会、生态建设,统筹推进提高中心城市首位度与加快城乡一体化进程,统筹推进沿江发展与黄桥老区发展,实现发展速度与发展质量、经济效益与社会效益、眼前增长与长远发展的有机统一。必须始终把为民惠民作为最大责任,坚持以人为本,正确处理好改革的力度、发展的速度、社会可承受程度之间的关系,确定长远和阶段民生工作目标、重点,持之以恒地办实事、解难事,努力让发展成果更多地惠及全市人民。必须始终把务实落实作为根本要求，坚持高点定位目标与务求工作落实相结合，建立目标化管理、项目化推进的工作机制，求真务实、埋头苦干、顶真碰硬，把心思用在干事业上，把精力放在抓落实上，把功夫下在求实效上，形成干事创业的浓厚氛围和强大合力。

各位代表，五年来取得的成绩，深深凝聚了全市人民的心血和汗水，也离不开各位人大代表、政协委员的监督、支持与帮助。在此，我代表市人民政府，向各位代表、委员，向全市工人、农民、知识分子、离退休老同志，向政法公安干警、驻泰部队和武警官兵，以及所有关心、支持泰兴发展的社会各界人士表示崇高的敬意和衷心的感谢！

肯定成绩的同时，我们也清醒地认识到，成绩面前还有许多不足和差距，前进道路上还面临许多困难和问题。主要表现在：经济下行压力加大，部分企业生产经营困难增多；供给体系与需求结构变化不相适应，新的增长动力生成不快；资源要素、生态环境约束加剧，项目规模、质量、结构和推进速度有待进一步提升；经济发展不够充分、不够协调，城乡区域发展不够均衡，黄桥老区脱贫奔小康仍有大量艰巨工作要做；社会治理面临许多新情况新问题，风险挑战日益增多；政府职能和工作作风转变须下更大功夫，提高依法行政水平任重道远，等等。对此，我们将高度重视，采取有效措施，切实加以解决。

二、"十三五"时期的目标任务

各位代表，"十三五"时期是我市推进"全面领先苏中、加快融入苏南"的关键阶段，是全面建成更高水平小康社会的决胜时期。我们既面临经济下行、市场需求不振、有效供给不足、资源环境制约等诸多挑战，也具备近几年来泰兴发展的累积优势、项目开发的现实优势、功能配套的载体优势和多重国家战略叠加的政策优势等有利条件。我们要把本地发展的"小逻辑"放到新常态下的"大逻辑"中来把握，抢抓机遇、克难奋进、顺势而为。今后五年，全市经济社会发展的指导思想是：全面贯彻党的十八大、十八届三中、四中、五中全会精神和习近平总书记系列重要讲话精神，坚持"四个全面"战略布局，紧紧围绕"全面领先苏中、加快融入苏南，建成更高水平小康社会"目标任务，以深入实施"三大战役"为总抓手，全面推进创新、协调、绿色、开放、共享发展，加快实现"经济强、百姓富、环境美、社会文明程度高"的美好愿景，再创一个发展黄金期。主要奋斗目标是：加快推动经济强。经济保持中高速增长、产业向中高端迈进，地区生产总值年均增长 10%，一般公共预算收入突破 100 亿元。加快实现百姓富。深入实施民生幸福工程，提前实现城乡居民收入比 2010 年翻一番，八大公共服务体系更加健全。加快打造环境美。生态文明建设取得重大进展，努力实现空气清新、水质清澈、环境清洁。加快促进社会文明程度高。建设更具特色魅力的文化强市，打造思想文化建设高地和道德风尚高地，打牢平安建设和法治建设的基础，建设更有安全感和更高满意度的城市。

实现"十三五"发展目标，必须深刻理解、准确把握、自觉践行"五大发展理念"，认真贯彻中央提出的"六个坚持"原则，丰富拓展和调整优化发展战略。必须把创新摆在泰兴发展全局的核心位置，大力推进制度创新、科技创新、文化创新；必须正确处理发展中的重大关系，促进城乡区域和经济社会协调发展；必须坚持节约资源和保护环境的基本国策，坚定不移地走绿色发展之路；必须顺应区域经济深度融入世界经济的趋势，主动融入国家全方位对外开放总布局，在扩大开放中增创发展新优势、拓展发展新空间；必须深入推进重点领域和关键环节改革，着力破解制约经济社会发展的体制机制障碍，进一步解放和发展社会生产力、解放和增强社会活力；必须把全面依法治市要求落实到经济社会发展全过程各方面，更好地发挥法治的引领、规范和保障作用；必须坚持发展为了人民、发展依靠人民、发展成果由人民共享，引领 120 万泰兴人民在共建共享发展中增进团结，增强动力，朝着共同富裕、文明和谐的方向加快前进。

三、2016 年主要工作

2016 年是"十三五"发展的开局之年，也是决胜全面小康的首战之年。我们将牢固树立、认真践行"五大发展理念"，按照市委十二届十三次全会部署，围绕"稳中奋进、更好更快"总基调和去产能、去库存、去杠杆、降成本、补短板"五大任务"，深入推进"三大战役"，协调做好各项工作，加快建设"强富美高"新泰兴，为"十三五"再创一个发展黄金期开好局、起好步。主要预期目标是：GDP 增长 10%，一般公共预算收入增长确保 11%、力争 15%以上，固定资产投资增长 20%以上，城乡居民人均可支配收入分别增长 9%和 9.5%，单位生产总值能耗下降、主要污染物排放等指标完成省定目标，全面完成更高水平小康社会建设年度任务。具体抓好六个方面工作：

*1.更加注重稳增长促发展，确保经济健康运行。*把顶住经济下行压力、力保经济稳定增长作为首要任务，坚持速度、质量、效益并重，促进经济实现中高速增长。以实体经济稳健运行为支撑夯实发展根基。坚持月调度、季分析制度，对苗头性和倾向性问题做到早发现、早预警、早协调、早应对。强化政策导向，有效引导土地、资金、人才、技术等要素流向实体经济。开展降低实

体经济企业成本行动,强化对涉企收费的监督和管理,打好“组合拳”,为企业“松绑助力”,做到该降的全降到位、能降的先降下来、能用的政策全部用足用好。切实应对好“去杠杆”,加强对金融、企业联保、社会集资等方面风险防控,确保不发生系统性和区域性风险。完善服务企业、挂钩联系等制度,提高服务效率,推动骨干企业扩大行业优势,引导优质企业加快固本强身,帮助困难企业摆脱经营困境,确保工业国税开票销售增长15%以上,规上工业产值、增加值、利润分别增长18%、14%和16%。以去产能为抓手调整供给端结构。以壮士断腕的决心,因地制宜、分类有序处置产能相对过剩问题,在严格执行项目预评估制度,把好安全环保、节能降耗关的同时,严把过剩产能关,坚决不让过剩产能向泰兴转移。积极运用市场机制、经济手段、法治办法化解产能过剩,支持骨干企业加强新产品开发,进行技术改造,主动转型升级,加快淘汰小造船、小化工、低端机电等落后产能;对资不抵债、扭亏无望的僵尸企业,尽可能通过兼并重组变包袱为财富,让存量资产成为优势企业跨越的“弹跳板”;无法重组的,通过依法破产实现市场出清。以调优调强为方向加快新型工业化进程。研究制定中国制造2025泰兴行动纲要,深入推进两化融合,实施“互联网+”行动计划,逐步实现生产制造智能化、生产组织网络化、产品服务个性化,促进制造业规模、质态双提升。推动三大主导产业向高新化、信息化、绿色化发展,积极培育非化工支柱产业。大力发展新能源、新材料、新医药、高端装备制造、节能环保等新兴产业,重点扶持、培育10个代表性、龙头型项目,力争新兴产业产值占规上工业比重达26%。加快推进高成长性企业培育,确保净增规上工业企业40家以上。大力实施传统产业改造升级“十佳”培育计划,重点扶持10个规模企业实施制造设备的数字化更新换代、管理手段信息化等改造,加快培育一批智能型、两化融合型示范项目、示范车间(工厂)。以生产性服务业为重点大力发展现代服务业。构建以研发设计、现代物流、电子商务等为主的产业体系,加快建设电商产业园,全面推进服务型制造业发展,促进生产性服务业与现代制造业深度融合。合理布局和加快引进中高档百货、星级酒店、大型区域性物流中心等城市功能性项目,重点发展家庭服务、健康养老、文化娱乐等生活性服务业,提升供给水平,引导居民消费。大力开展服务业提速发展“双十”行动,重点开发建设10个服务业重大项目、培育10个服务业骨干企业。积极做好商品住宅去库存工作,有效释放住房刚性需求和改善性需求。以黄桥古镇和古银杏主题公园旅游开发为重点,开发复合型旅游产品,增强景点吸引力。确保服务业增加值占GDP比重提高1个百分点以上,社会消费品零售总额增长10.5%,净增规上服务业企业、限上批零住餐企业各10家。以强农富农为核心加快建设现代农业。大力发展高效规模农业,推动农产品品种改良、品质改进、品牌创建,精心打造优质稻米、弱筋小麦产业,巩固提升“亩产吨粮县”建设水平,确保新增设施农业1.5万亩、高标准农田3.8万亩。积极推进农业园区设施化改造,全面提高建设质量。大力培育新型农业经营主体,坚持以家庭农场为重点,发展多种形式的适度规模经营。健全完善农业保险体系,扩大高效农业保险覆盖面。推动农业生产与农产品加工、流通、服务有机结合,大力发展农村电子商务,促进农村一二三产业融合发展,延伸农业产业链和价值链。鼓励和扶持建筑企业积极探索建筑工业化生产方式,加快模式创新、资质升级、质量创优、人才培养,确保建筑业施工产值、税收均增长12%以上。

2.*更加注重开放创新“双轮驱动”,推动产业加快向中高端迈进。*坚定不移地推进转型升级,以开放拓展发展空间,以创新激发发展动力,着力厚植发展优势。全面推进科技创新。实施科技型企业培育发展行动计划,新建泰州市级以上企业研发机构10家,大中型工业企业研发机构建有率90%以上,全社会研发投入占GDP比重达2.35%。加大科技型企业、高新技术企业、创新型企业培育力度,新增国家级高新技术企业20家。高新技术产业产值占规上工业比重达44%。大力推进国家知识产权试点城市建设,力争发明专利申请量超1600件,确保发明专利授权70件,力争100件。发挥科技镇长团优势,深入实施“百企百校(院所)”协同创新活动,新建校企联盟20个以上。实施科技创新券、高层次人才创业券、购房券等政策,促进更多人才资源集聚创新创业,力争引进高层次人才250名。积极推进大众创业、万众创新,着力打造众创、众包、众扶、众筹支撑平台,加快形成创业创新热潮。深入开展全国质量强市示范市创建工作,推进黄桥提琴产业全国知名品牌示范区建设。力争新创中国驰名商标1件,省名牌产品1个、著名商标4件,参与制(修)定国家、行业标准3个。加快开放型经济转型升级。优化利用外资结构,加大引进世界500强企业项目落户力度,鼓励现有外资企业增资扩股和利润再投资,支持骨干企业与外资企业嫁接重组,确保完成实际利用外资3.4亿美元,力争4亿美元。认真落实外贸扶持政策,健全综合服务体系,全力实现进出口正增长。积极参与“一带一路”建设,支持企业设立境外机构、销售网络和生产加工基地,确保实现外经营业额3亿美元。深入推进沿江一体化发展。紧紧抓住长江经济带建设机遇,大力实施以港兴市战略,全力打好沿江发展“创新转型攻坚战”。主动对接长江12.5米深水航道建设,策应泰州核心港区规划建设,谋划集疏运体系建设,促进疏港交通一体化。实施天星洲综合整治二期工程,启动天星洲大桥及连接线工程、洲体码头群报批工作,推进东夹江内港池一期和七圩作业区公用码头工程建设,建成滨江港口2个7万吨级通用码头、2个5万吨级化工码头和虹桥仓储通用码头群,沿江港口力争完成货物吞吐量4200万吨。完善口岸查验机构基础设施,加快推进一类独立开放口岸报批工作。以天星洲港口物流园建设为载体,努力提高沿江物流业发展水平。持续推进项目大突破。高度重视有效投入对稳增长、调结构的关键作用,坚持年年都是"项目突破年",从供给侧和需求侧两端发力,持续开展项目大突破、突破大项目活动。立足产业定位,围绕补链长链强链和特色优势产业集聚,紧盯世界500强、央企、上市公司和行业龙头,广泛开展精准招商,精心组织北京、上海、深圳等专题招商活动,办好中国(泰兴)银杏节,全力招引一批产业层次高、带动能力强、税收贡献大的大项目、好项目,重点在招引落户亿元以上特别是10亿元以上项目和新兴产业项目、现代物流业项目、外资项目上取得新进展,力争30亿元、50亿元以上项目有新突破。紧扣"签约落户、开工建设、竣工达产"三个关键环节,完善目标考评、责任落实、督查推进、考核激励等机制,以目标倒逼进度加快,以时限倒逼程序简化,进一步形成项目滚动开发的良好态势。全年完成产业投资500亿元以上,新开工亿元以上项目确保60个,力争80个,10亿元以上项目确保8个,力争10个;新竣工亿元以上项目确保50个。在抓好重大项目招引的同时,鼓励企业瞄准行业标杆开展技术改造,确保技改投入较快增长。积极推进园区提档升级。经济开发区要加快国家级经济技术开发区创建步伐,扎实做好规划调整工作,尽快启动区域调整范围和安全卫生防护距离内动迁安置工作,重点打造"12345"五大百亿产业集群,切实提高非化工产业比重和现代服务业的贡献度。虹桥工业园要加快引进培育高端装备制造、信息技术、新材料、港口物流等产业,努力实现总量快增长、产业新提升。黄桥工业园要扩大南北共建成果,尽快获批省级经济开发区,重点打造现代装备制造、新能源新材料、乐器制造等特色产业,推动园区融合发展、链式发展、集群发展。城东高新区要围绕创建省级高新区和高端节能环保装备特色产业基地,提高核心竞争力,加快打造成为高新技术产业集聚区、新兴产业引领区、转型升级示范区和产城融合样板区。农产品加工园要调高目标定位,大力发展食品加工、现代农产品物流和税源性项目,打造产业特色,迅速做大园区经济规模。城区工业园要大力发展军民结合产业、医疗健康产业和中小型科技企业,积极引进高就业率、高科技、高税收、高附加值项目,全力打造新增长极和城市创业就业基地。非园区乡镇要加强工业集聚区建设,抓好功能提升,加强项目招引,积极盘活存量,重点实施一批1000万元以上项目,确保每个乡镇每年净增规上企业2家以上。

*3.更加注重统筹协调,促进城乡融合发展。*全面推进"城建交通大会战",进一步优化城乡区域发展结构,加快形成良性互动、协调共进、融合发展的新局面。大力推进中心城市建设。认真落实中央城市工作会议精神,进一步提升城市规划建设管理水平。以新一轮城市总体规划为依据,围绕《城建会战三年推进计划》,突出年度目标,有力有序推进6大类21项工程,全面提升中心城市首位度。以解决"断头路"为重点,突出抓好根思路、银杏路、东阳路、长征路等道路建设,确保"九纵九横"全面贯通。以提升城市功能为抓手,加大招商力度,在招引实施城市商业综合体、五星级酒店等城市功能性项目上取得突破。以济川药业"健康产业园"为依托,进一步完善西区控规和城市设计,启动动迁安置工程和西郊公园建设工作,积极打造生态、文化、养生、宜居的健康科技城。按照"水清、坡绿、面洁"要求,开展城区水系畅通和整治达标工作,实施污水管网工程和截污工程。完成长征路北延、松林公司、羌溪路桥闸工程等地块动迁工作。大力实施老小区改造,推进物业管理改革创新,不断提高城市物业管理服务水平。加快实施龙河湾公园、澄江路与济川路、大庆路与济川路等节点绿化工程,新增绿化面积47万平方米,为创建国家园林城市奠定坚实基础。结合城市重点景观工程建设,修复或重建泰兴历史文化遗存2处以上。着力构建大城管格局,扎实开展省级优秀管理城市创建工作,继续抓好城市环境综合整治,重点打击出摊经营、乱堆乱放、乱搭乱建、乱扔乱抛等行为,不断提升城市管理水平。加快构建"大交通"格局。围绕国省干线与市乡道路实现有效的互联互通,加快启动355省道(北部东西干线)、232省道(中部南北干线)、356省道江平线改造(镇海路南延)和504省道(沿江大道)等国省干道建设,确保新334省道分黄段上半年建成通车,做好江广高速扩容工程服务保障,大力实施乡镇10-15分钟接入市域骨干路网工程,推进东部南北干线、曲霞镇至靖江336省道连接线、阳江路东延等工程建设。加快农村公路提档升级,力争两年内完成改造任务。积极推动盐泰锡常宜和北沿江城际铁路、泰常过江通道等重大交通工程规划建设,争取早日实现全市人民的"高铁梦"、"大桥梦"。有序推进城乡一体化进程。推进小城市、重点镇、新社区因地制宜、错位竞争、竞相发展,加快形成城乡一体、布局科学、功能配套、各具特色、协调发展的城镇发展格局。统筹推进黄桥古镇和新城建设,重点抓好教育、卫生、文化、体育、金融等工程建设,不断提升小城市功能和品位。加快虹桥新城产城融合发展步伐,持续推进基础设施和功能性项目建设,进一步提升新城产业配套及现代商贸功能。引导各乡镇特别是重点镇完善规划,加大公共基础设施配套力度,加强集镇和

副中心建设管理，因地制宜打造特色小城镇。加快新型农村社区和新农村示范村建设，深入实施“美好乡村”行动，加大“五位一体”长效管理力度，持续推进村级“四有一责”建设。启动实施浑水管线复线工程，大力实施沿江排涝能力提升工程，加快推进马甸水利枢纽改建工程，扎实推进农村河道疏浚整治、小农水重点县等农村水利项目，有效发挥农田水利基础设施效益。积极推进黄桥老区发展。更大力度推进以黄桥老区为重点的“全面小康决胜战”，补齐补强老区发展这块短板。支持黄桥镇依托现有产业基础和优势资源，推进产业集聚和集群发展，增强对老区发展的辐射带动能力。坚持“四化同步”，以基础设施建设和改善民生为重点，加快老区乡镇发展，逐步缩小区域公共服务差距，努力提高统筹协调发展水平。全力实施脱贫攻坚。按照“标准再提高、重点再聚焦、内涵再丰富、底线再织牢”的要求，认真落实产业扶持、转移就业、教育培训、医疗救助等精准脱贫措施，确保70%以上的行政村(居)集体经营性收入超过30万元，解决1.5万相对贫困人口脱贫问题。

4.*更加注重绿色发展，扎实推进生态文明建设*。始终坚持“生态立市，环保优先”，坚守生态底线，加快推动发展方式和生活方式绿色转型。大力发展绿色低碳循环经济。注重招引、培育节能环保绿色企业，大力发展循环经济。严格实行项目能评和环评制度，坚决不上高能耗、高污染项目。完善绿色发展评估制度，逐步扩大“绿评”范围。实施重点园区生态化改造，扎实开展化工园区环保专项整治，基本完成经济开发区老A区和马甸化工集中区小化工企业关停拆除工作。强化前置管理，全面推进排污许可证核发工作。组织实施一批污染减排工程，全面落实排污权交易、环保信用评价制度，在国控、省控企业率先推行刷卡排污。加强环境建设和综合治理。巩固提高国家生态市创建成果，启动全国生态文明建设示范区创建，国家环保模范城市创建力争通过验收。开工建设垃圾焚烧二期工程，推进城乡污水处理设施、污水收集管网建设、畜禽养殖污染治理和土壤修复试点等工作，扎实开展全域性农村生活污水治理，继续实施覆盖拉网式农村环境综合整治。全力推进化工企业挥发性有机物污染治理，全面淘汰小型燃煤锅炉，推进黄标车淘汰、扬尘污染防治，加强秸秆综合利用和禁烧禁抛工作。积极推行环境污染第三方治理模式，提高治污成效。提高监管执法水平。全面实行环境监管网格化管理，坚持铁拳铁规治污，对各类环境违法行为“零容忍”，始终保持打击环境违法行为的高压态势。依法采取“限期整改一批、停产整治一批、取缔关闭一批”等措施，分类处理环保大检查排查出的问题。大力推进环境公益诉讼，严惩污染环境、破坏生态等损害公众环境权益的行为。启动建设实时在线环境监控系统，提高环境监管科技支撑能力。

5.*更加注重共建共享，不断增进人民福祉*。坚守底线、突出重点、完善制度、引导预期，深入实施民生幸福工程，着力构建八大公共服务体系，巩固基本性，增强保障性，注重累积性，提高均衡性。实施居民收入倍增计划，拓宽“五大增收渠道”，进一步落实居民增收政策措施。实施更加积极的创业就业政策，加快完善适应“互联网+创业”的体制机制，形成全方位、多层次创业带动就业新格局。健全社会保障制度，完善农民工工资管理模式，加强劳动保障监察和争议调解仲裁，完善全民参保登记工作长效机制，推进机关事业单位养老保险制度改革。加快社会福利中心二期工程建设，大力发展医养融合型养老机构和居家养老服务。推进更高水平教育现代化建设，促进学前教育优质化、义务教育均衡化、高中教育特色化、职业教育品牌化、民办教育规范化、社区教育网络化。加快泰兴中学新校区主体工程建设。启动国家健康城市创建，深化医药卫生体制改革，加快人口健康信息化系统建设，努力构建分级诊疗体系。市人民医院新区分院、市二院建成投运，启动建设新中医院和新妇幼保健院，加快建设社区卫生服务中心，推动村卫生室标准化建设。落实好计划生育利益导向机制，做好全面二孩政策衔接。加大投入、整合资源，不断完善现代公共文化服务体系。加强和创新社会治理。完善领导干部定期接访、下访制度，全面推行群众依法逐级走访权益保障监督卡制度，及时妥善解决群众合理诉求。深化平安泰兴建设，发挥“天网工程”效益，推广“流动警务室”模式，全力构建立体化社会治安防控体系，严密治安防范，依法惩治各类违法犯罪活动。积极推进“政社互动”、“社区减负”和“网格化”试点工作，夯实基层基础，实现社会治理重心下移。强化安全生产红线意识，严格落实安全生产责任制和责任追究制，加大隐患排查治理和打非治违力度，坚决杜绝重特大事故发生。强化全程监管，提升食品药品安全保障水平，创成省级食品安全城市。加强应急管理工作，提高预防和处置突发公共事件的能力。

各位代表，今年我们将继续办好民生十件实事。1.实施沿江排涝能力提升工程，增加排涝能力16立方米/秒，完成四桥港闸站和东夹江排涝站站身工程；完成戴窑洼地治理工程，建成闸站2座、控制涵闸6座、排涝站4座。2.完成10家规模畜禽养殖场和8个试点村畜禽养殖污染治理任务。3.完成农村公路提档升级100公里；新建农桥150座、泵站200座、硬质渠道300公里；完成古马干河桥梁升级改造。4.建成泰师附小东润校区并投入使用，建成根思初中；建成人口健康信息化系统；完成50个村卫生室提升工程；提高新农合补偿和农村居民大病保险补偿标准。5.实现主城区主要公共区域免费无线网(WiFi)全覆盖;完成城市公共自行车服务设施选址布点工作并启动建设。6. 开工建设保障性住房4.8万平方米;完成城区7个老小区和10个背后街巷整治改造;城区新建公厕10个,新建、改建垃圾中转站8座。7. 完成成片造林3000亩,新建完善农田林网8万亩;城区新建社区游园、街旁绿地、滨河景观等绿地8个,节点提升5项,新增绿化面积47万平方米。结合绿地建设,城区新增停车位300个。8. 大力实施城乡水环境治理工程。实施第二批中小河流重点县治理和村庄河塘疏浚整治,疏浚整治农村中小河流200条;彻底消灭城区黑臭河道;如泰运河以南地区污水截污基本到位,基本实现全天候"活水、清水"目标;实施如泰运河以北地区水系沟通工程,东北片区水系全面沟通。9. 新增创业1万人,创业带动就业3万人,免费创业培训2000人,培植省级创业孵化示范基地1个。10. 实现农村公益性公墓全覆盖,新建经营性公墓并投入使用,建成市殡仪服务中心并投运。

*6.更加注重深化改革和推进法治,建设阳光高效政府。*坚持全面深化改革和全面依法治市双轮驱动、同步推进,推动政府职能转变,降低制度成本。推动重点领域改革。认真落实中央和省、市委改革总体部署,科学把握重点、优先顺序和主攻方向,突出问题导向,用改革的精神、创新的思路、务实的举措,破解瓶颈,激发活力。创新投融资机制,探索PPP、BOT、TOT等模式,加大省政府债券置换上争力度,有效降低债务成本,减轻偿债压力。深化农村金融改革,推进"两权"抵押融资工作。加大政银企合作力度,确保新增贷款突破110亿元,主要金融指标继续领先泰州各市(区)。推进企业上市三年行动计划,力争主板挂牌1家、"新三板"挂牌4家、区域性场外市场挂牌8家。全面落实深化国税、地税征管体制改革要求,降低征纳成本,提高征管效率。扎实推进同一乡镇范围内村庄布局调整试点工作,着力做好用地上争、耕地占补平衡、存量土地盘活、低效用地再开发、高标准厂房建设等工作,缓解用地压力。加快推进土地确权登记颁证工作,加速推动农村产权交易市场建设。积极推进黄桥镇国家建制镇示范试点和江苏省国家新型城镇化综合试点工作,力争形成可复制、可推广的经验。切实转变政府职能。深入推进简政放权,坚持放管结合、优化服务,把该"放"的彻底放开、该"减"的彻底减掉、该"清"的彻底清除。持续推进行政管理体制改革,成立集中审批机构,推行联合评估、五图联审、联合勘测、联合验收,加快构建信息并联、流程重构的立体化、一体化审批体系,进一步提高审批效率。加大对审批前置环节涉企收费、红顶中介等法外设定的不必要审批事项清理力度,取消一批审批事项。加快推行"双随机"制度,提高监管的有效性。深化行政执法体制改革,扩大综合行政执法体制改革试点范围和成果。深入推进依法行政。扎实开展"七五"普法,大力推动法治理念向经济社会各个领域渗透,以"法治第一保障"服务"发展第一要务"。坚持领导干部带头学法,对行政执法人员进行全面轮训。完善重大行政决策程序机制,坚持依法科学民主决策。全面落实行政执法全过程记录制度,推进行政许可、行政处罚信息"双公示"和"两法衔接",完善行政执法工作机制,加强行政监督。认真办理代表建议和政协提案,办好12345·政风行风热线和市长信箱。主动接受人大法律监督、工作监督和政协民主监督,以及社会各界监督,推进决策公开、执行公开、管理公开、服务公开、结果公开,让权力在阳光下运行。

各位代表,新的形势和任务对政府工作提出了更高要求。我们将坚持咬定发展不放松、突出转型不懈怠、争先进位不动摇、攻坚克难不松劲,团结带领全市人民奋勇拼搏、砥砺前行。大兴学习调研之风,探索新形势下改革发展稳定的有效举措,努力使政府各项工作体现时代性、遵循规律性、富有创造性、增强针对性。切实强化责任担当,积极防治在岗不作为、履职不担当,继续坚持目标化管理、项目化推进的工作机制,突出绩效管理和刚性考核,强化落实情况督察和服务效能监管,引导全市各级敢于作为、主动作为、奋发有为。坚持务实落实惠民,巩固深化群众路线教育实践活动和"三严三实"专题教育成效,继续开展"三解三促"等活动,确保政府工作始于群众需求、终于群众满意。始终保持清正廉洁,切实把纪律和规矩挺在前面,自觉维护纪律的严肃性和权威性。全面落实党风廉政建设责任制,推行岗位权力清单和风险点公示亮晒制度,强化对行政权力的制约和监督,推动形成不敢腐、不能腐、不想腐的有效机制。刚性落实中央、省、市各项规定,驰而不息纠正"四风"。

各位代表,泰兴正站在一个新的历史起点上,全面完成今年和"十三五"各项目标任务,责任重大,使命光荣。让我们在中共泰兴市委的坚强领导下,进一步解放思想、务实创新、奋勇争先,为"全面领先苏中、加快融入苏南,建成更高水平小康社会"而努力奋斗!

2015年民生十件实事完成情况

1. 建成乡镇环卫工作站10座,实现行政村生活垃圾收集运输处理全覆盖,提高农村"五位一体"管护水平;对20个村开展覆盖拉网式环境综合整治。

完成情况:建成17座乡镇环卫工作站并规范运行,农村生活垃圾收运实现行政村全覆盖。完成20个村覆盖拉网式环境综合整治任务。

2. 新建改造农桥136座,改造农村泵站100座,砼衬砌渠道100公里,新建排水涵洞33座。

完成情况：新建改造农桥 139 座，新建改造泵站 143 座、砼衬砌渠道 109 公里、排水涵洞 46 座。

3. 完成城区 5 条河道整治工程，确保如泰运河以南地区实现“清水、活水”目标；实施 4 个项目区中小河流治理重点县工程，完成宣堡港治理工程。

完成情况：整治城区河道 5 条；4 个项目区进行疏浚整治、水系沟通、岸坡治理、堤防加固等综合治理，按序时完成总工程量的 20%，完成宣堡港治理工程。

4. 提档升级农村公路 50 公里，新建乡村连接道路 70 公里；完善城市公交设施，在城市部分主干道建设 15 个港湾式站台，新增停车位 300 个以上。

完成情况：提档升级农村公路 111.6 公里，新建农村连接道路 72.37 公里。建成城西公交首末站，30 个港湾式站台建成投用。新增停车位 303 个。

5. 完成成片造林 5000 亩，新建完善农田林网 8 万亩，全面建成新 334 省道城区至姜八线段绿色通道；城区新建社区游园、街旁绿地、滨河景观绿地等公园绿地 15 处，道路绿化 7 条，河道绿化 6 项，生产绿地(苗圃) 2 处，节点提升 1 项，新增绿化面积 43 万平方米。

完成情况：完成成片造林 5641 亩，新建完善农田林网 12.34 万亩。新 334 省道城区至姜八线段绿色通道全面建成。城区完成游园绿化 14 处，澄江路南侧、济川路南延东侧滨河绿化因澄江路由省道改为城市道路，工程调整至 2016 年实施。完成道路绿化 7 条、河道绿化 6 项、生产绿地(苗圃)2 处、节点提升 2 处，新增绿化面积 55 万平方米。

6. 完成城区 7 个老小区和 8 个社区背后街巷整治改造。

完成情况：亚泰小区、食品加工厂小区、济川新村三区、文岱小区、银杏新村二区、三区、济川南苑等 7 个老小区完成整治任务，南街、西郊、东联、复兴、华泰、越街、东城、联盟等 8 个背后街巷改造到位。

7. 开工建设 3.6 万平方米保障性住房。

完成情况：开工建设驾培路地块安置房 3.6 万平方米。

8. 建成“天网工程”。

完成情况：建设 1833 个监控点、安装 1881 个摄像机，目前“天网工程”运行状况良好。

9. 实施“佑护万家”自然灾害惠民保险。

完成情况：实施“佑护万家”自然灾害惠民保险，受理案件 207 起。

10. 建成人力资源市场和公共就业服务中心。

完成情况：市人力资源市场和公共就业服务中心建成投运。

丁万昌粮行

泰兴历来是产粮大县，县城集镇开设有多家粮行，黄桥镇尤多。民国期间，黄桥镇不足 200 米长的北街上就有粮行 28 家，县志上都有记载，很多人都知道。但有一家开设很早的粮行却鲜为人知，它就是丁万昌粮行。

丁万昌粮行开设在黄桥米巷东首，现黄桥战役纪念馆(丁文江先生故居)东侧三四米处。五间屋门面，一间是柜台、银桌，其余四间置放大大小小用窝摺圈成的粮囤、又大又粗的吊秤、升子、斗、斛子。门面房后还有几进房子，是粮仓，规模很大。

店主丁椿，是丁文江先生的高祖。丁椿生人庆，人庆生振园，振园生祯琪，祯琪生文江兄弟七人。丁椿是材勇出身，也就是武秀才，后代理安徽庐州卫守备，再后来补了江西卫守备的缺，官居五品。因丁椿多年负责漕运，押运公粮，对粮食行情熟悉，了解各地粮食差价，加之他的叔父在此前就开设米肆(《丁廷楣先生访谈录》)，于是丁椿就在老家住宅东侧开起粮行来。黄桥地处数县中心，历来是粮食集散地，丁万昌坐门收购周边地区及里下河一带的粮食，运到外地出售，再从外地购回本地所需品种。他家原本富有，本钱大，又做过官，生意做得很大，利润很是可观。他的两位胞弟丁桂、丁楷乘势而上，也开起米店来，一个店号叫丁均昌，一个叫丁利昌。后来这条巷子里的丁姓族人，仿而效之，纷纷开起粮行米店，整条巷子成了米粮一条街，被称做“米巷”，这个地名一直沿用至今。有一部通俗唱本《扒抢记》描述当时黄桥米市的繁荣景象说：“布巷都是卖布的，米巷家家把米秤。”

紧挨丁万昌粮行东侧是丁氏义庄（即丁氏宗祠)，粮行后面也是丁家的房子。粮行和丁氏住宅中间夹着一条南北走向的巷子，因粮行而得名，叫“万昌巷”，巷名也沿用至今。

丁万昌粮行的经营情况不详，只能简述如上以“存史”。

（章　静）

大事记

■编辑 鞠志祥

1 月

4 日　泰兴市召开园区工作会议。

7 日　市委书记孙耀灿带领市党政代表团，赴江阴、海门参观考察。

8 日　泰兴市第十二次党代会第三次年会召开。

△　省委政法委秘书长石为斌一行调研泰兴政法工作及信息化建设情况。

10 日　泰兴市与中央企业合作发展恳谈会在北京举行。100 多家央企、外资企业、知名民营企业负责人参加恳谈交流，并与泰兴市签署 12 项合作项目，总投资达 112 亿元。

12～15 日　中国人民政治协商会议泰兴市第十二届委员会第四次会议在东进影剧院举行。

13～16 日　泰兴市第十四届人民代表大会第四次会议在影视城召开。

16 日　省委常委、宣传部部长王燕文到泰兴市慰问第二届全国道德模范提名奖获得者、市江平路邮政支局局长何健忠。

23 日　泰州市委副书记史立军带领检查考核组到泰兴检查考核党风廉政建设责任制落实情况。

25 日　泰州市委常委、常务副市长何榕调研泰兴市项目大突破和“双百”工程推进情况。

27 日　泰州市委副书记史立军调研泰兴市三农工作。

是月　宣堡镇郭寨村被江苏省休闲观光农业协会评定为“江苏最具魅力休闲乡村”，这是泰兴市继黄桥祁巷、曲霞印达之后荣获这一荣誉的第三个村。

2 月

3 日　泰州市委副书记史立军到泰兴市走访慰问新中国成立前入党的老党员和生活困难党员。

△　省科技厅副厅长段雄一行到泰兴市调研现代农业农村建设工作。

6 日　市委书记孙耀灿会见中国工程院院士、苏博特新材料有限公司董事长缪昌文，国家物资储备局上海办副主任纪琨仕，法国 NOVACAP 集团总裁孙展，美国普莱克斯(中国)投资有限公司业务开发总监周渊等。

8 日　泰兴市举行东片区(黄桥)天然气利用工程暨清华园小区通气点火仪式。该工程的建成使用，标志着泰兴市东部乡镇结束了没有管道天然气的历史。

△　泰兴市社会福利中心揭牌启用，首批已入住近百名老人。

12 日　泰州市委常委、纪委书记唐小英到古溪镇刁网村，慰问 4 户贫困家庭。

3 月

5 日　省旅游局局长秦景安到泰兴市调研黄桥旅

游工作。

9日　全市三级干部大会召开。

10日　泰州市委常委、政法委书记张爱平调研社会维稳、平安建设等工作。

24日　2015年全国爱国卫生工作会议暨全国城乡环境卫生整洁行动现场会在安徽省马鞍山市当涂县召开,泰兴市被授予国家卫生城市荣誉称号。

25日　泰州市委常委、秘书长、宣传部部长卢佩民调研挂钩工业园区和企业,了解经济开发区发展情况及化工新材料产业园建设情况,协调解决发展中遇到的难题。

31日　市委书记孙耀灿会见法国阿科玛公司全球总裁雷埃纳夫一行,并就双方加强合作交换意见。

4　月

1日　省教育厅、省档案局在泰兴市召开全省中小学档案教育社会实践基地建设工作会议。

2日　省委副秘书长刘松汉带领省委联合调研组专题调研全面从严治党工作。

10日　市委书记孙耀灿、市长张育林带领泰兴市党政代表团赴泰州市高港区、海陵区参观考察。

20日　省发改委副巡视员张世祥带领省财政厅、商务厅、苏北办负责人调研黄桥工业园区与江阴高新区南北合作共建工作情况。

是月　泰兴市发布《泰兴志愿者礼遇办法（试行)》。

5　月

6日　泰兴市在上海举办投资环境说明会暨项目签约仪式,现场推介投资环境、主导产业、发展前景及人才引进政策等。

11日　泰州市委常委、常务副市长何榕督查泰兴市项目招商引资和建设情况。

13日　泰州市委副书记史立军督查泰兴市防汛防旱工作。

19日　泰州市副市长杨杰调研泰兴市企业运行和发展情况。

20日　省商务厅副厅长陈晓梅对外经济合作与交流情况。

30日　第十届全国木球锦标赛在泰兴市举行。

6　月

4日　泰州市市长陆志鹏调研黄桥经济社会发展情况。

9日　省文明委表彰51个城市为2012—2014年度江苏省文明城市,泰兴市再次荣获江苏省文明城市称号。

10日　泰兴市城市公交IC卡正式开始办理,公交车辆的刷卡功能也同步开启。

11日　泰州市委副书记史立军带领泰州市规划、住建等部门负责人到泰兴市调研小城市建设工作。

14日　新疆伊犁哈萨克自治州老龄办主任邓光平一行到泰兴市参观考察新市老年关爱之家建设情况。

17日　全省综治信息化建设试点工作推进会在泰兴市召开。

18日　泰州市委常委、泰州军分区司令员李国强调研挂钩服务对象江苏兆胜集团。

25日　泰州市"六五"普法终期考核组到泰兴市考核验收"六五"普法宣传教育工作。

27日　教育部基础教育一司副司长俞伟跃带领中央督察组,督察泰兴市重点青少年群体服务管理与预防犯罪工作开展情况。

28日　虹桥工业园区举行5个重大项目集中开工典礼。这次集中开工的是远东智慧电力金具、济川药业产业合作、成都宇通电梯轨道、修正凯特莉包装机械和虹桥科技创业园,总投资达21.8亿元。

是月　中国信息通信研究院发布2014年中国工业百强县(市)发展报告,这是中国首次发布工业百强县(市)名单。泰兴市以综合指数0.3392位居榜单第59位,成为江苏省12个入围城市之一。此前,泰兴已经连续14届进入全国县域经济百强。

7　月

2日　由江苏省委宣传部组织的"江苏最美人物"发布会在黄桥镇祁巷村举行,祁巷村党委书记丁雪其当选为"江苏省最美基层共产党员"。

9～11日　泰州市委工作会议在泰兴市召开。

16日　省残联副理事长肖敏到泰兴市专题调研全市"十二五"残疾人事业发展纲要执行情况以及"十三五"残疾人事业发展规划。

20日　泰州市人大常委会副主任、高港区委书记王建带领高港区党政代表团参观考察泰兴市经济社会发展、重大项目推进、小城市规划建设等方面情况。

21日　泰州市委常委、纪委书记马士光调研泰兴市经济社会发展和党风廉政建设情况。

8　月

6日　江苏省总量减排工作研讨会在泰兴市召开。省环保厅及全省13个地级市环保部门主要负责人参加会议。

15日　上海台协考察团到泰兴市考察城东高新区。

19日　泰州市委常委、宣传部部长卢佩民调研全民创业及推动文化建设工作。

20日　国家开发银行江苏分行行长茆君才调研泰兴市城市建设和经济社会发展情况。

28日　泰兴市在杭州举办土地招商推介会，总投资约100亿元的10个土地项目成功签约。

9　月

8日　市委书记孙耀灿会见日本东燃化学合同会社社长横田宏幸一行，双方就进一步加强合作进行会谈。

11日　泰州市委副书记、市长陆志鹏在黄桥镇开展“三严三实”专题调研活动。

15日　泰州市市长陆志鹏，副市长杨杰、孔德平督查江广高速泰兴段改扩建工程进展情况。

10　月

9日　泰州市人大常委会副主任丁士宏到泰兴市调研项目大突破工作情况。

10日　盐城市委常委、政法委书记丁宇一行到泰兴市参观考察政法工作及信息化建设情况。

△　山东省淄博市党政代表团在市委书记王浩、市长周连华带领下到泰兴市考察。

14日　省国土资源厅副厅长、党组成员李闽到泰兴市督查不动产统一登记工作推进情况。

16日　庆云禅寺举行大雄宝殿落成佛像开光暨仁进法师升座典礼，星云大师和杭州灵隐寺、苏州寒山寺、南京栖霞寺等名刹古寺诸山长老以及国内佛教界知名人士专程前往共襄大典。

△　泰州市委书记蓝绍敏到泰兴市姚王镇夏家垈村和王堡村，了解村集体经济发展情况，看望慰问低收入农户。

21日　省总工会主席、党组书记邢春宁到泰兴市调研基层特别是黄桥老区工会工作。

22日　泰州市市长陆志鹏在泰兴市主持召开泰州市五级人大代表回选区建议办理督查会，就代表建议办理情况进行“回头看”。

△　省委常委、省纪委书记弘强对泰兴市经济社会发展情况特别是基层党风廉政建设工作进行调研。

28日　泰州市委副书记、组织部部长史立军到“三服务”(服务基层、服务群众、服务民生)挂钩联系企业济川药业集团，了解企业发展情况，协调部门帮助企业解决发展过程中遇到的问题。

△　泰兴市宣堡镇郭寨村荣获第三届“江苏最美乡村”称号。该村是继黄桥镇祁巷村、曲霞镇印达村之后，第三个荣获“江苏最美乡村”殊荣的村庄。

11　月

2日　市委书记孙耀灿一行赴山东威海南海新区卓达香水海进行考察，并与卓达集团总裁杨卓舒就加快推进绿色模块化建筑产业园项目进行交流。

3日　泰州市副市长孔德平对泰兴市燃煤锅炉和黑臭河道整治工作进行专题督查。

4日　泰州市委常委、常务副市长何榕，泰州市副市长张余松调研泰兴市财政收入、项目大突破和外资外贸工作。

△　泰州市副市长陈明冠、范玲调研泰兴市银杏产业发展情况。

6日　市委书记孙耀灿会见中国国民党中常委、京明光电科技有限公司董事长范成连一行。

9～14日　市委副书记孙云、副市长顾刚、市政协副主席薛晨光带领泰兴市部分重点骨干企业及部门、园区主要负责人，赴湖南长株潭地区20多家标杆企业考察。

17日　农业部在泰兴市举行第三批中国重要农业文化遗产发布活动。发布了23项中国重要文化遗产，其中包括江苏泰兴银杏栽培系统。

20日　黄桥工业园区在上海举行投资环境说明会。

△　云南省红河州委常委、蒙自市市委书记马文

亮带领党政代表团到泰兴市参观考察城市建设。

21～22日　国家生态市考核验收组对泰兴市国家生态市建设工作进行考核验收。

23日　泰州市委书记蓝绍敏调研泰兴市城东高新区。

23日　省老区开发促进会、扶贫基金会、扶贫开发协会换届合署大会在泰兴市召开,省委常委、副省长徐鸣出席会议。

12　月

3日　"江苏最美人物"发布会在泰兴市举行,市人民法院曲霞法庭副庭长张鹏当选江苏"最美法治人物"。

12～13日　市委常委、组织部部长钱娟带领组织人事部门人员,赴中国人民大学、北京大学、清华大学三所高校开展专项引才活动。泰兴共拿出16个岗位100多个职位赴京推介,济川医药集团参加引才活动。

16日　省民政厅党组副书记、副厅长凌航率领省考核组到泰兴市,考核创建"全国双拥模范城"工作。

17日　中国乐器协会提琴分会换届暨三届一次会议在黄桥镇召开。会议选举江苏凤灵乐器集团董事长李书继续担任新一届中国乐器协会提琴分会会长。

△　省人大常委会常务副主任、党组副书记蒋宏坤率省人大立法调研组就《江苏省实施〈农业技术推广法〉办法》修订开展立法调研。

22日　泰州市委书记蓝绍敏带队对泰兴市落实党风廉政建设责任制情况进行实地检查考核。

29日　泰州市水利工作会议暨冬春水利建设现场会在泰兴市召开。

31日　"庆元旦"万人健身长跑举行。

是月　江苏黑松林粘合剂厂有限公司获颁"中国石油和化学工业企业文化建设示范单位"证书。

王德盛饭店

"长三的糖蹄,九斤的面,裕泰和的茶叶,老宝成的烟。"这句广为流传的顺口溜列举了黄桥的四种名特产,其中,要算"长三的糖蹄"知名度最高。

"长三糖蹄"是王德盛饭店的特色菜。王德盛饭店位于黄桥镇布巷,创于清末,店主王长三。该店前后两进,后楼临河而建,内设雅座,食客喜欢临窗而坐,一边饮酒,一边观景,自有一番雅趣。

王德盛的早点很有特色,以鸡浇、蟹黄包子为代表。他家做鸡浇要先炒鱼卡汤(黄鳝骨炒后煨汤),然后与煨好的鸡汤调和,再辅以干贝、虾籽,其味鲜美无比。做鸡浇时,汤锅是不可熄火的,因为汤越滚味越鲜。要拿浇,将煨好的鸡块从汤中捞出搭配,每碗加上葱花生姜,再浇上滚开的汤,一碗鲜美可口的鸡浇就制作成功了。

他家的蟹黄包子要隔夜熬好蟹黄,做好皮汤,肉馅也要预先做好。包子皮子是用小酵,包馅叫"三拓头"。一拓皮汤,二拓肉馅,三拓蟹黄。只只包子都是十六个褶,大小一样。

王德盛最拿手的是烧糖蹄。他家烧糖蹄真是一点不含糊,首先是选料讲究,非横巷西洋庄的小米猪不用。猪要自家宰杀,毛要亲自拔除,甚至切块也要自己动手。二是严格按照工艺流程制作。猪肉下锅后,放入姜、葱、蒜、黄酒等佐料,大火烧至六七成,再放上三伏抽面酱油、冰糖,文火抽汁。如此精心制作的糖蹄,即便隔三五家门面也是香味扑鼻,令人垂涎。

糖蹄烧好后,食客们等着一饱口福,可王长三总是不慌不忙,吊着客人的胃口。客人们知道王长三喜欢听书,是个有名的三国迷,便串通一气逗他玩。一位客人假意和另一位客人说:"今天你在高西园听康派三国,讲到哪一段?"另一位答道:"曹操率八十万人马下江东。"王长三听了果然急了,连忙纠正说:"错了,曹操是八十三万人马下江东。"客人故意反驳他说:"康先生明明讲的是八十万,你王长三会烧糖蹄,讲三国怎能与康先生相比。"王长三并不着急,竟一板一眼地学起说书先生的腔调:"《三国演义》四十二回写道:曹操一面发檄遣使东吴,一面点计马步水军共八十三万,诈称一百万,水陆并进,船骑双行沿河而来……"正说得起劲,忽然闻到一股焦糊味,大伙儿齐声说:"不好了,糖蹄烧焦了!"王长三慢条斯理地说:"烧焦一锅糖蹄事小,少掉三万人马事大。"引得众人捧腹大笑。

(余学斌)

专 记

■编辑 翁元锋

“三严三实”专题教育活动综述

2015年,按照中央和省、泰州市委统一部署,泰兴市委认真贯彻落实“党委履行主体责任、党委书记履行第一责任、组织部门履行牵头责任”的要求,紧扣“严以修身、严以用权、严以律己,谋事要实、创业要实、做人要实”的主题,扎实推进“三严三实”专题教育。

一、强化领导,层层推动责任落实。3月9日,市委召开全市党建工作会议,明确提出开展“三严三实”专题教育是全年党建工作的一项重要任务。中央“三严三实”专题教育座谈会及省、泰州市委“三严三实”专题党课暨专题教育部署会召开后,市委常委会对会议精神组织学习传达,着力把全市各级党组织和广大党员思想统一到上级部署上来。市委书记孙耀灿严格按照省委组织部《“三严三实”专题教育一把手职责任务清单》要求,认真梳理并逐项落实列出6项工作职责和20条主要任务,指导制定全市“三严三实”专题教育方案,主持召开常委会反复研究修改通过。市委组织部牵头,抽调市纪委、市委宣传部等单位10多名同志成立教育综合协调组、联络督导组和宣传信息组等3个小组,具体负责专题教育工作,同时制定下发《“三严三实”专题教育一把手职责任务清单》,进一步强化各地各部门(单位)“一把手”责任,为专题教育深入开展奠定了基础。

二、紧扣主题,有序推进学习研讨。5月23日,市委书记孙耀灿在深入基层广泛调研的基础上,围绕如何贯彻中央和省、泰州市委精神,践行“三严三实”要求,联系思想实际、工作实际和“不严不实”问题,率先为全市领导干部上专题党课,并对全市“三严三实”专题教育进行动员部署。市人大、市政府、市政协党组及各乡镇(街道、园区)、部门(单位)党组织按照市委统一部署,分别召开专门会议,在对专题教育进行动员部署的同时,由党组织书记带头上好专题党课。市四套班子党员负责人相继到挂钩联系点、分工联系的部门(单位)讲党课24次。动员部署会后,市四套班子及各地各部门(单位)按照《“三严三实”专题研讨方案》要求,紧紧围绕“严以修身”“严以律己”“严以用权”三个专题,以两月一专题、一月一研讨的进度认真开展学习研讨。市委书记孙耀灿主持市委中心组学习研讨6次,为全市各级党员干部树立标杆。市专题教育综合协调组定期发出提醒函,提醒市四套班子和各地各部门(单位)按照序时进度,准确把握重点工作、重点内容和要求。同时,利用泰兴微学习公众号、泰兴干部学习微博等平台加强学习指导,推动全市党员干部切实把自己摆进去、把职责摆进去、把工作摆进去,进一步增强践行“三严三实”的自觉性。

三、抓住重点,深入查摆突出问题。全市各级党组织和党员干部始终坚持问题导向,自觉对照省市委领导点明的“不严不实”问题,认真进行自我检查,主动对号入座,并采取多种方式,深入基层一线,主动征求意见建议。6月,市四套班子及市级机关各部门(单位)负责人结合“三解三促”(三解就是了解民情民意、破解发展难题、化解社会矛盾。通过三解达到三促,就是促进干群关系密切、促进机关作风转变、促进发展和稳定工作),围绕农村基层、贫困家庭、重大项目、民生一线等四个重点领域开展专题调研,面对面听取基层干部群众意见建议和"不严不实"问题的反映。至10月,县处级以上领导干部在基层召开座谈会119次,查摆自身问题730条,收集问题和建议280条。2016年1月,市委常委会领导班子带头,市人大、市政府、市政协及乡镇(街道、园区)、部门(单位)领导班子分别召开"三严三实"专题民主生活会,会上班子成员围绕贯彻执行民主集中制,遵守党的政治纪律、政治规矩和组织纪律,落实党风廉政建设"两个责任"、执行中央八项规定和省市委十项规定等方面存在的问题,认真对照检查并开展相互批评。参照科级以上领导干部"三严三实"专题民主生活会的模式和要求,全市各个基层党组织相继以支部或党小组为单位,召开"三严三实"专题组织生活会,围绕不严不实问题和具体表现,特别是群众反映强烈的不作为、乱作为等突出问题,认真开展批评和自我批评,点明点透上级反馈的不严不实问题、群众反映强烈的不正之风问题,达到既红脸出汗、促动思想,又增进团结、促进工作的效果。

四、边查边改,提升专题教育成效。针对查摆出来的"不严不实"问题,逐一列出问题清单,坚持做到即知即改、立说立行。市委建立会商会办机制,将征求到的意见、群众反映的问题、领导干部主动查摆的问题统一梳理,对事关落实"四个全面"战略布局、推进"三大战役"(新一轮"渡江战役"、新阶段"城建会战"、新时期"黄桥决战")等经济社会发展大局的重点问题进行集中讨论,明确牵头负责人、责任单位和整改时限,分类制定整改措施,加大整改力度,加快整改进度,不折不扣抓好落实、一条一条地兑现承诺。深入开展"比正气查是否廉政、比奉献查是否勤政、比业绩查是否懒政、比担当查是否庸政"的"四比四查"专项行动,通过上下联动查、部门之间赛、民众参与评等方式,激励广大党员干部以严的作风、实的作为、争的勇气,按照依法行政、公开公正、便民高效的原则,进一步规范和改进审批、执法、收费等措施,完善常态化、长效化服务机制,不断提升公共服务和管理水平,用便捷、高效、透明的服务打造党政机关服务品牌,真正使基层群众在机关作风改进中得到实惠。紧紧围绕不作为、乱作为、贪腐谋私、执法不公,分别对基层干部损害群众利益和村干部作风问题进行专项整治,取得了明显成效。在年底党员民主评议中,评议结果为优秀占14.6%,合格占81.2%,一般占2.3%。

国家卫生城市创建综述

2015年3月24日,全国爱卫办在安徽省马鞍山市当涂县召开2015年全国爱国卫生工作会议暨全国城乡环境卫生整洁行动现场会,为2012至2014年度全国73个通过评审的城市(区)授予国家卫生城市荣誉称号,泰兴市榜上有名。市长张育林接受授牌。

国家卫生城市是城市环境卫生领域的最高荣誉,也是一个城市整体发展水平和文明程度的综合性标志。全市上下按照市委、市政府的统一部署,围绕国家卫生城市创建目标,坚持为民创建宗旨,以改善群众生活环境、提高生活质量为目的,以满足群众需要、维护群众利益为根本出发点,以解决群众反映强烈的突出问题为着力点,有序推进各项创建工作,创卫取得显著成绩。1995年泰兴市被命名为省卫生城市,2000年、2006年通过复审。2011年,启动国家卫生城市创建工作,2012年底通过省级考核评估,2013年6月通过国家暗访,2014年5月通过国家技术评估。对照国家卫生城市标准,10个必备条件全部具备。

一、整体联动,凝聚合力。健全组织网络,成立创卫指挥部,下设办公室及11个专业组和5个乡镇(街道)创建组;将创卫工作纳入全市经济社会发展总体规划和部门、乡镇绩效考核内容,在年度考核中实行"一票否决"。制定创建工作总体规划、实施意见等文件,印发创建年度目标任务,实行目标管理。建立市四套班子负责人创卫督查指导和部门结对社区(村)共建制度,完善部门自查、创卫办和效能办每日巡查及市领导巡查三级督查体系,落实条块督查责任,形成了"统一指挥、职责明晰、分工负责、整体联动"的组织体系。加大创卫投入,对创卫重点项目优先安排,重点投入。三年多来,累计投入100多亿元用于城市基础设施建设,每年安排8000多万元用于城乡环境整治和环境卫生长效管理。公布创卫热线电话,接受社会监督,对群众反映的问题,及时交办,限期办结,办结率、群众满意率均达100%。

二、为民创建,真抓实干。泰兴坚持高起点规划,大手笔投入,累计投入100多亿元实施四大工程,"一天一个样"的变化让百万泰兴市民分享到了创卫带来的滚滚"红利"。

大力实施环保工程。投资1.7亿元建成垃圾焚烧供热项目,日处理生活垃圾220多吨;建成工业固废处理中心,年处理能力9600吨;建成日处理7万吨污水处理厂和提升泵站3座,铺设污水管网63千米,污水集中处理率达85.86%;建成粪便排放处理中心,粪便无害化处理率100%;完善环卫设施,新建垃圾中转站5座,市区新增果壳箱660只,更新垃圾桶935只,改建公厕72座。

大力实施绿化工程。作为银杏之乡,泰兴人对绿色情有独钟。三年中,泰兴城区先后完成了66项绿化工程建设项目。35千米绕城公路绿化,为城区系上了一条“绿腰带”;一大批苗圃基地、街头游园、社区游园错落有致,处处鲜花盛开,时时赏心悦目;9条主干道、32个道路节点及16个老小区等绿化工程相继完成,人均公共绿地面积达9.4平方米,形成了“四季有花,八节长绿”的城市绿化体系。

大力实施畅通工程。在高标准完善城区“九纵九横”道路框架的基础上,对城区19条道路实施路面改造,增设临时停车泊位2561个、生态停车场8个、公交站亭84个;投资8500万元的新客运站建成运营,村村通公交拉近了百姓之间的时空距离;城市亮化工程一直延伸到居民小区,实现了路灯亮化全覆盖、无盲区;投入5100万元整治29个老小区,投入8400万元改造背后街巷,小区、巷道面貌焕然一新。

大力实施健康工程。横向到边、纵向到底的卫生监督体系,为老百姓编织出严密的安全卫生防护网;扎实推进慢性病综合防控示范区创建,广泛开展健康素养促进行动,组建健康教育专家巡讲团,举办健康知识进学校、进社区、进农村、进企业活动,在全市机关、学校全面开展控烟行动;加强健康主题公园、健康小屋、健康一条街等阵地建设,城乡居民健康行为形成率大幅提升;加大病媒生物防制力度,组织督促各重点单位、公共场所完善四害防制设施;投入5亿元的区域供水一体化工程,让全市人民喝上了安全卫生的长江水;农贸市场升级改造列入了政府十件实事,已全部完成建设改造任务。

三、城乡齐动,环境整治。泰兴的创建不仅仅是为了得牌子,更是为了实实在在地改善城乡发展环境和群众生活环境。为此,泰兴从一开始就从实处着手,实施了“六大整治”项目。

大力整治市容环境。针对市民反映的突出问题,组织开展经营秩序、户外广告、违法建设等15项专项整治,拆除破旧广告牌2800多块,取缔废旧品收购点39户;完成18条主次干道临街污损、破旧建筑立面整治出新,清洗、粉刷外墙20多万平方米。

大力整治交通秩序。重点对机非不分、闯红灯、车辆乱停乱放等违章行为进行集中整治,确保城区交通畅通、有序,成功创建文明交通示范路2条。

大力整治噪声扬尘。加强建筑工地施工现场管理,重点查处乱倒建筑垃圾、渣土运输抛撒漏滴等行为;加大机动车尾气监测监管力度,尾气检测率80%以上,发标率达90%以上;推进秸秆禁烧和综合利用,秸秆还田率和综合利用率超过95%;完善大气污染预警机制,2013年,城区空气环境质量良好以上天数占全年总天数85.2%。强化噪声污染治理,2013年,建成区域环境噪声平均值为54.4分贝。

大力整治河道环境。完成80条河道清淤和岸坡整治工作,封堵所有河道排污口,新建节制闸6座。成立河道管理所,落实专职保洁人员,负责河道日常管护。

大力整治“五小”(小餐饮店、小浴室、小网吧、小歌舞厅、小旅馆)行业。在全省率先创新“五小”行业管理办法,规范整顿公共场所“五小”行业单位600多家。组织开展公共场所“五小”行业示范街、示范单位创建活动,建成示范街6条、示范单位109家。

大力整治城乡环境。以“八乱”(乱搭乱建、乱摆乱设、乱停乱放、乱悬乱挂)为重点,组织城中村、城郊村开展环境卫生标准化整治,清理垃圾杂物,清除违章搭建,加强户厕改造,取缔旱厕、露天粪坑1450个,建成省级卫生镇5个、省级卫生村50个。

四、依靠群众,社会参与。把发动群众贯穿创卫工作始终,通过组织开展系列活动,让市民在参与创建过程中感知创建艰辛,感悟创建变化,珍惜创建成果。利用市各新闻媒体宣传创建的意义,展示创建的成果。通过开展全民健康教育和健康知识进学校、进社区、进农村、进企业、进部门活动,普及健康素养基本知识和技能,全面提高市民的健康与素养。通过开展示范社区、单位、企业、餐厅等创建活动,落实机关企事业单位、社区及沿街单位市容环卫责任,调动各部门、单位创建的积极性。通过组织机关干部上街值勤、参与结对共建社区(村)环境整治和党员义工、志愿者服务以及创卫知识大奖赛等活动,引导和带动广大市民投身创建,自觉维护城市环境。

4月30日,市委、市政府召开创建国家卫生城市工作总结表彰暨巩固提升动员会。市委书记孙耀灿在会上要求,全市上下要统一思想、提高认识,在凝心聚力上再发力。要把思想统一到市委、市政府的决策部署上来,把行动迅速落实到创卫巩固提升工作中去,真正做到拧成一股绳,共同推动创卫工作再上新台阶。市长张育林指出,经过创卫,泰兴市的城市基础设施建设迈上了新台阶,城市综合管理水平得到了新提高,全民的环境卫生意识不断增强,市民生活质量和健康素养水平不断提高。全市上下要以建设健康城市为引领,结合国家生态市、国家环保模范城市、国家园林城市等创建活动,实现城市基础设施配套功能全面提升,空气环境质量持续改善,公共卫生服务能力不断加强,城乡生产生活环境更加整洁有序,市民健康素养水平整体提高,健康城市建设取得初步成效。

(市史志档案办公室整理)

项目突破年综记

2015年，市委市政府认真贯彻落实泰州市委决策部署，聚焦再聚神，发力再加力，全力推动“三大主题工作”(思想再解放、项目大突破、城建新提升)在泰兴落地生根，项目大突破保持“持续发力、滚动开发、强势推进”的良好发展态势。全年实施亿元以上项目162个，新开工亿元以上项目85个，其中10亿元以上项目10个，新竣工项目47个，实际利用外资3.24亿美元，全面超额完成泰州市交项目大突破各项目标任务，全市上下呈现出“聚焦聚神谋发展、全力以赴抓项目”的生动局面。

一、坚持高点定位，奋力攻坚克难，在聚力招商中实现新跨越

泰兴市成立重大项目招商引资办公室，配强专业招商队伍，广泛开展招商活动。对市级机关各部门、各乡镇街道、园区分解有效项目信息492条，合同项目数106个，确保招商引资任务分解到位、压力传递到位、责任落实到位。

追踪“高大新外”项目。全市进一步提升项目投资率，提高项目招引门槛。明确招商思路、优选招商区域、创新招商方式，重点加大“高大新外”项目的招引力度，努力引进一批优质项目。2015年5月，市检察院成功招引投资5亿元的虹创电梯导轨项目落户虹桥工业园区，市委书记孙耀灿作出重要批示，希望各机关部门以市检察院为标杆，奋发有为、勇于担当，为项目大突破作出积极贡献。

瞄准“产业链”引商。全市进一步明晰产业定位，对现有化工产业链进行强链补链招商、拉长接粗，对装备制造、节能环保等产业集群实行集聚招商、集约发展。同时，围绕现代服务业发展，大力招引现代临港物流、乐器文化创意、电子商务、服务外包、现代商贸等生产性服务业和生活性服务业项目，进一步优化项目投资产业结构。

紧盯重点区域招商。招商瞄准“三大经济圈”重点城市，长三角以上海为中心，重点招引大型跨国公司、民营企业；珠三角以深圳、广州为中心，重点招引港台企业；环渤海经济圈以北京为中心，重点招引国企、央企。招商坚持“主攻港台、巩固日韩、拓展欧美”策略，切实加大港台资本招引力度，欧美资本招引重点瞄准世界500强企业，开展有针对性的招商活动。

全年组织北京、上海、深圳等5次大型综合招商，欧美、日韩等14次境外招商，234多次小分队招商。共签约项目167个，总投资760亿元，其中，5亿元以上项目39个、10亿元以上项目27个、30亿元以上项目6个。

二、破解瓶颈制约，拓展增效空间，在服务重大项目中强保障

2015年，经济下行压力下各类风险与多重困难挑战的叠加效应逐步显现，市委市政府保持定力、扬长避短、迎难作为，高标准推进项目突破，推动了全市经济社会快速发展。

集约节约统筹用地指标。中小项目立足盘活存量，自主解决；规模项目经市级评估，择优帮助解决；重大项目全市统筹，全力上争，集中保障；滨江、虹桥、黄桥3镇年度项目库实施结束，新增耕地57.2公顷；共实施耕地占补平衡项目新增耕地163.73公顷，实施城乡建设用地增减挂钩项目新增耕地75.4公顷；办理农用地转用、土地征收382.33公顷，涉及项目用地142宗。其中：济川药业儿科新药项目使用省点供用地指标31.67公顷，京沪高速泰兴北互通项目、珊瑚110KV输变电项目、国家物资储备局江苏655工程使用省单独选址用地指标46.81公顷。4个重大产业项目列入国家、省投资计划。

融资平台助力项目开发。2015年，全市开展政银企融资服务活动7场次，48个融资项目对接金额64.3亿元；举办金融超市开市、走进园区乡镇开展“面对面、点对点”金融产品推介等活动，帮助108家企业达成140.8亿元贷款协议；拓宽中小企业融资渠道，利用应收账款融资服务平台融资112笔达14.19亿元，位列泰州第一；大力推进企业上市，提高资金运筹能力，已有4家企业在新三板、新四板上市，9家企业进入股改程序。

优化服务开辟绿色通道。2015年，泰兴市推进简政放权，进一步提高项目服务质量和审批效率；继续推行重大项目集中审批制度，每月由市重大项目办牵头组织联合审批；发改、国土、规划、环保等职能部门主动对接、服务园区重大项目，实行项目包保；对新签约重大产业项目的落户实行联合预审，从产业政策、投入产出、节能环保等方面进行综合考量和准入把关，最大限度规避决策失误，促进项目结构不断优化；开发区制定个性化推进方案，组织团队跟踪服务，园区、乡镇(街道)加强项目开发建设，有效解决项目报批、建设过程中遇到的困难和问题。

三、提升平台功能，夯实发展根基，为项目大突破增添新动力

2015年，泰兴市科学谋划全市产业布局，明晰“一区五园”产业定位,错位发展,比学赶超。同时,加快乡镇工业化进程,“1+5+N”工业经济发展格局基本形成。

泰兴经济开发区总投资8.95亿元的新浦化学(泰兴)有限公司热电联产项目、总投资1.36亿美元的泰兴金江化学工业有限公司醋酸酯及丙烯酸酯项目(一期)、总投资1500万美元的爱森(中国)絮凝剂有限公司丙烯酰胺单体及聚丙烯酰胺阴离子干粉等13个亿元以上项目陆续竣工投产。同时,总投资10.3亿元的红宝丽集团泰兴化学有限公司36万吨环氧丙烷装置、20万吨聚醚以及相关配套工程(一期)项目、总投资10亿元泰兴市超辰化工有限公司年产22600吨酞菁颜料项目、总投资36亿元的济川药业集团有限公司儿科新药项目、总投资11.9亿元的7万吨级滨江通用码头项目、总投资5.1亿元的江苏星雨化工有限责任公司精异丙草胺等系列产品等15个亿元以上项目开工建设。

虹桥工业园区总投资5亿元的泰兴海陆新材料科技有限公司特种集装箱和箱式集成房屋项目、总投资5亿元的江苏虹创金属制品有限公司电梯导轨生产项目、总投资1.28亿元的江苏起越流体科技有限公司泵阀流体设备制造项目、总投资1亿元的江苏海建船舶设备有限公司军舰船舶通风设备项目等10个亿元以上项目相继竣工。同时,11.5亿元的远东圣达电力项目、总投资4.4亿元泰兴市虹桥仓储有限公司码头项目、等13个亿元以上项目新开工建设。

黄桥工业园区投资2亿元的三杰新能源、总投资3000万美元的达利佳时装等8个亿元以上项目相继竣工投产。同时,总投资5亿元江苏捷顺机电设备有限公司制药设备项目、总投资3.5亿元的上海培佳源商贸有限公司石油钻探井口工具等8个亿元以上项目开工建设。

农产品加工园区总投资2亿元的泰州龙洋木业纸蜂窝板式家具生产项目、总投资1.1亿元的江苏吉达印业有限公司高档包装箱等5个亿元以上项目竣工投产。同时,总投资5.6亿元江苏江康药业有限公司中药饮片、中药原料颗粒物提取和中成药项目、总投资1亿元江苏普信米业有限公司年加工5万吨优质大米生产线项目等6个项目相继开工建设。

城东高新区总投资7.76亿元江苏南极机械有限责任公司船舶压载水管理系统项目、总投资1.7亿元江苏泽龙环保科技有限公司水处理膜项目、总投资3.4亿元江苏恒源变压器有限公司非晶合金变压器项目等8个亿元以上项目竣工投产。同时,总投资14.4亿元的泰兴市中全新能源有限公司 多孔硅电极材料项目、总投资7.2亿元的泰兴市智光环保科技有限公司研发中心项目、总投资5.05亿元的江苏金鹏防火板业有限公司复合氧化铝门芯项目等13个亿元以上项目开工建设。

城区工业园区总投资1亿元泰州市航宇电器有限公司充电桩用电连接器项目竣工投产。同时, 总投资1.2亿元江苏丰源电气有限公司新型高温槽式太阳能集热器项目、总投资1亿元江苏腾源电气有限公司成套电气设备项目等3个亿元以上项目相继开工建设。

乡镇工业集聚区坚持因地制宜,功能互补、错位发展,着力培育特色产业,形成产业特色,适度发展劳动密集型产业,全年,12个非园区乡镇实施3000万元以上项目56个,总投资30.7亿元,其中新开工项目22个,竣工项目28个。

(孙 捷)

泰兴金融生态市创建综述

2015年,泰兴市被省金融稳定协调小组评为“江苏省金融生态环境优秀市”,实现了泰兴人民多年的夙愿,良好的金融生态环境成为泰兴市新的名牌和形象。泰兴金融生态环境建设创建起步于2009年。2011年被授予“江苏省金融生态达标县”。金融生态环境达标后,市金融稳定协调工作小组继续以创建更加优良、稳定、健康的生态环境为重任,坚持发挥发挥政府主导、人民银行推动和各部门共同参与的领导协调机制,积极动员全市各方力量,通过扎实有效的工作,为泰兴市金融生态环境的全面改善打下了坚实的基础。

一、金融生态市创建工作的主要做法

(一)政府主导,各部门共同协作

泰兴市历任党政领导均高度重视金融工作, 将金融生态市创建作为“十一五”、“十二五”期间助推泰兴经济逆势上扬、赶超发展的重要举措,全力打造金融生态良好区。2009年,市政府组建以分管金融副市长任组长,市法院、公安局等16家单位组成的金融稳定工作协调小组, 印发《泰兴市金融生态创建工作指导意见》,对创建工作重点、步骤、目标、经费保障做出明确规定。2015年,市委书记孙耀灿连续多次批示肯定金融工作成绩。出台《泰兴市下岗失业担保贷款奖补办法》,实施农民融资通达工程,定期对银行信贷投入进行考核奖励,拨付金融生态创建专项经费。非法集资、标会、逃废金融债务是金融生态环境建设最大痼疾,市委市政府反应迅速,毫不手软,成立由市人行牵头,法院、公安、商务局等单位参与的非法集资整治小组,对从事高利贷者予以打击和取缔。按期举办大型宣传活动,走街访户调查了解风险隐患,及时介入,预防风险扩散。黄桥标会集体倒会发生之后,泰州市、泰兴市及黄桥镇三级党委政府和人民银行、公安局等部门联手出击,果断整治,确立“打击、化解、教育、防范”工作方针,制定“以打击促平会,以教育保稳定,斩断连环债,层层破产还债”的工作办法,促进“标会”整治工作的有序有效开展。“标会”整治过程中,数10万人直接或间接受教育,镇区群众金融风险意识和合法理财意识明显增强,“标会”再生根源被切断,社会闲散资金重新回流银行,一些披着非法集资、高利贷外衣的理财公司纷纷关门。市委市政府主动涉入风险事件的处理,协助企业渡过难关。市委市政府连续多次协助金融机构、企业处理永丰集团资金链断裂风险、方泰皮革债务风险、沙桐不良债务等。泰兴市政府制定对各乡镇、政府职能部门在金融生态环境建设方面的考核、奖罚办法,将金融生态环境建设工作作为一项重要指标纳入市委、政府对各单位的年度工作目标进行考核。加大对金融生态环境建设不力的部门和个人的惩罚力度,追究责任,强化责任约束意识。

(二)加强制度建设,监管结合

泰兴市金融稳定协调工作小组建立联席会议制度、风险监测会议制度、风险论坛会议制度以及签订了各项防风险、防逃废债、共同维稳公约。各职能部门发挥维稳工作职责,加强对监管对象的管理、教育和检查。同时注重部门之间的沟通,定期通过专题汇报、当面宣讲等形式向市委市政府及其他小组成员讲解、宣传先进做法和典型案例。在金融稳定出现隐患之前,政府早介入、早干预、早处理风险隐患。

开展多种形式打击非法集资宣传,每年举办2场大型专场宣传活动,活动现场为来往市民发放宣传手册、宣讲典型案例、现场答题解惑,并接受质询和举报。2015年,组织宣传队伍进电视台、广播站,采取更加灵活、生动、有效的方式与群众互动,就非法集资等非法金融活动案例进行宣传讲解。定期做好风险排查活动,每年6月、12月,组织全市各金融单位开展非法集资专项排查活动,形成综合报告,汇报给市委市政府及上级部门。密切与市公安局合作,加强对非法集资活动的打击力度,泰兴曾是全省非法集资和民间高利贷的重灾区,经过整治,非法集资、恶意逃废债等案件数量大幅下降。

利用金融统计分析、监管信息和金融机构网络系统,不定期对金融机构风险状况进行评估和预警监测,保护存款人、投资者和被保险人的合法权益,确保辖区不发生系统性金融风险,切实维护金融稳定。同时,选择具有一定影响和规模的重点企业,按季监测贷款、用电量、纳税额度等数据,分析异动,及时了解、掌握企业面临的或潜在的风险,预防金融风险事件的发生。定期现场走访监测评估企业,从感性、理性两方面核查、了解其企业报告数据全面性及真实性。

金融机构快速扩张,招商银行、兴业银行、民生银行、华夏银行等股份制商业银行纷纷抢滩泰兴,2009年至2015年,泰兴新设银行业机构12家,大大丰富了辖内金融机构的多面性和差异性,为客户提供了多样化的服务。同时,以农村金融综合服务站建设为依托,加快农村支付结算建设,实现农户足不出户取现、转账、兑换等服务,2015年11月,泰兴市实现农村金融综合服务站无网点行政村的全覆盖,大大提升了农村用户的客户体验及便利度。

泰兴市通过金融恳谈会、政银企活动、银镇合作、银团配合、金融创新等工作,不断扩大信贷投放,2015年信贷增量连续23个月领先于泰州市平均水平,并按年制定信贷投放奖励考核办法。为有效调动全市金融机构强化服务、加快发展的主动性和积极性,泰兴市政府出台金融工作奖励考核办法并逐年修订完善,出台鼓励和扶持金融业发展的优惠政策。实体经济贷款需求得到满足,高效抑制了民间借贷、非正规金融业务的膨胀发展。

为了进一步促进老区建设,改善黄桥老区金融生态环境,抑制非法金融活动的发生。金融部门启动“黄桥老区金融帮扶”工程,促进信贷总量稳步提升。引导银行业金融机构在黄桥地区增设网点。农商行深化“阳光信贷”“农民合作经济组织融资通达工程”,不断完善农户贷款服务机制,加大老区小微企业和农业合作专业化组织的信贷扶持力度。同时,加大对棚户区改造金融支持力度,将棚户区改造纳入国开行支持范围,获得专项资金15亿元支持。将安置房、新农村建设等项目纳入全年信贷投放重点工程,探索利用城市发展基金PPP项目等新产品满足该类融资需求。

(三)加强诚信建设,提高社会信用水平

泰兴市全方位立体式推进金融生态建设宣传活动。对宣传活动进行总体部署,制订创建宣传方案,分配任务,明确职责。在电视、广播、报纸上开辟金融宣传专栏;金融机构营业场电子屏幕滚动播放宣传标语;重大节日免费向手机用户发送金融生态创建短信;组织专业的宣传团队进乡镇宣传;金稳办定期编辑工作简报寄送市级领导和领导小组成员。2009年至2015年,泰兴市每年按期开展文明信用创建活动。市金融办制定了《泰兴市金融生态环境“一创五评”(创金融生态区,信用镇、信用村、信用社区、信用企业、信用户评审评选)评价标准》和《泰兴市农村信用户、信用村创建活动实施方案》,严格了评定标准,规范了操作程序,指导、支持各金融机构搞好“一创五评”评选工作。建立动态逃废债企业“黑名单”资料数据库,对任何金融债权不落实的企业,作出不予发改制批文、不予工商登记、不办理新增贷款业务"三不"严规。在城东工业园区开展信用示范园区创建试点,加强与园区管委会合作,集中收集整理区中小微企业税收、贷款、用电量、项目进展等信息,开发专项统计表格,利用现有征信平台,及时将信息在系统中更新,以便银行业金融机构开拓、维护小微客户。

二、金融生态市创建工作主要成绩

优化的金融生态环境让政府、银行、企业在互信中共赢发展,形成"企业得实惠、银行得市场、地方得发展"三赢局面。2015年,作为全省首批省直管县试点市,泰兴经济社会发展稳中快进、持续向好,主要经济指标位居泰州各市(区)前茅。2015年,泰兴市金融运行稳中有进。贷款增量、贷款增速、增量存贷比、新设银行数等多个主要金融指标位居泰州各市(区)第一,不良贷款率泰州各市(区)最低。年末,金融机构本外币各项存款和贷款余额分别为768.97亿元、512亿元,同比增长16.8%和26.97%,分别比年初增加110.98亿元和108.74亿元,贷款增量连续23个月排名四市(区)第一。信贷质量不断提升,年末,泰兴市不良贷款率为0.71%,低于泰州全市平均水平1.6个百分点。全年引进民生、招商等2家股份制银行入驻。至此,全市共有银行业金融机构18家、保险机构28家、证券营业机构4家。

对金融生态与经济发展的关系的认识进一步加强,树立了支持金融工作就是支持经济工作,改善金融生态环境就是改善经济发展环境、就是提高地方形象的观念,对通过改善金融生态来促进经济发展的意愿增强并见之于行动。全市各部门联手打击不守信行为,参与改善金融生态环境建设的主动性增强。全市服务环境、法制环境、金融服务环境等不断优化。为规范民间借贷,不但重点打击非法集资,预防经济犯罪,更大力帮助企业拓展融资渠道,组织金融机构对项目效益显著、贷款需求量大的企业采取联合贷款、委托贷款和银团贷款的方式进行信贷支持。同时积极帮助企业创造条件,采取上市、发行债券、中期票据的方式进行市场融资。截至2015年末,累计为2家企业发行企业债35亿元,直接债务融资工具也顺利破土,成功在银行间市场交易商协会注册登记10亿元的非公开定向债务融资工具。

十二五泰兴经济社会发展回顾

"十二五"期间,全市上下紧紧围绕"全面领先苏中、加快融入苏南,建设更高水平小康社会"的目标追求,坚持"稳中奋进、更好更快"的总基调,全面推进新一轮"渡江战役"、新阶段"城建会战"、新时期"黄桥决战",实现了经济实力大跨越,产业结构大转型,配套功能大提升,创造了泰兴弯道超越、进位争先发展的黄金期。"十二五"规划确定的主要目标任务完成良好。

一、综合实力登上新台阶。地区生产总值、一般公共预算收入、工业国税开票销售、工业用电量、实际利用外资等主要经济指标增幅持续高于泰州市平均水平,名列前茅。在全国县域经济综合竞争力百强县(市)的排名从"十一五"期末的第56位上升至第51位。2015年,全市实现地区生产总值731.7亿元,人均地区生产总值突破1万美元,达到67922元,年均分别增长12%和11.8%。实现一般公共预算收入52.8亿元,年均增长18.3%,是2010年22.7亿元的2.3倍;工业国税开票销售1116.1亿元,年均增长18.9%,是2010年470.2亿元的2.4倍;规模以上固定资产投资501.4亿元,年均增长28.3%,是2010年144.5亿元的3.5倍;实现规模以上工业总产值2541.9亿元,规模超亿元企业达357家,其中超10亿元企业54家,超50亿元企业8家;实现建筑业施工产值560亿元,规模超亿元企业达55家。

二、发展质量获得新提升。集聚、集约发展成效显著,园区经济总量占全市的64.7%,机电、化工、医药三大主导产业规模占规上工业的78.7%;产业结构明显优化,三次产业结构由"十一五"期末的8.2∶55.1∶36.7调整为6.7∶48.3∶45,服务业占GDP的比重比"十一五"期末提高8.3个百分点;社会消费品零售总额191.5亿元,年均增长12%;服务业规模以上企业达120家;研发经费支出占GDP的比重达2.25%;新材料、新型节能环保设备、高端装备制造等新兴产业加速向规模化扩张,累计实施亿元以上新兴产业项目66个,计划总投资293.5亿元;高新技术产业产值占规上工业产值的比重达43.4%;新农村建设加快推进,高效农业比重达50%,高标准农田面积达57.6万亩。

三、统筹发展进入新阶段。全市奋力实施新一轮"渡江战役"、新阶段"城建会战"、新时期"黄桥决战"三大战役战略部署。突出转型升级,推动沿江地区率先发展,2015年沿江地区经济总量达392.5亿元,占全市经济的53.6%,年均增长13%,增幅高于全市1个百分点,经济开发区创成国家知识产权试点园区;突出功能品位,推进中心城市提升发展,城建交通重点工程加快实施,“九纵九横”的交通网络加快形成,城区教育、卫生、文化、体育等公共服务设施布局进一步优化,城市生态环境明显改善;突出统筹协调,推进黄桥老区加快发展,不断壮大黄桥区域中心的产业集聚功能、城市辐射功能和公共服务功能,南北共建园区工作取得实质性进展,振兴老区的龙头作用更加突显。加强低保托底和机关、企业帮扶工作,全市低收入村增收和贫困户脱贫成绩显著。

四、改革开放迈出新步伐。国家行政综合执法改革试点、省直管县改革试点及黄桥镇扩权强镇、新型城镇化试点、建制镇改革不断深化,管理体制进一步理顺。行政区划进一步调整优化,进一步明晰“一区五园”产业定位,加快乡镇工业化进程,“1+5+N”的经济发展格局初步形成。要素制约瓶颈破解成效显著,新设银行业金融机构8个,银行机构网点总数达118个;累计上争点供土地19宗389.13公顷,独立选址项目47个396.13公顷;成功挂牌上市企业5家,募集资金6.85亿元;发行企业债券41亿元。开放型经济加快发展,累计批准设立外商投资企业88家,协议外资30.9亿美元,实际到账外资13.1亿美元;累计进出口114亿美元,其中,出口57.6亿美元;建成省级“化工新材料出口基地”1个,国家文化出口重点企业2家,省重点培育和发展的国际知名品牌企业3家。

五、社会事业实现新突破。全市深入实施素质教育工程,推进义务教育优质均衡发展,创成义务教育现代化学校41所,全面提升教育现代化水平。“洋思教学模式”获全国基础教育教学成果一等奖。医药卫生体制改革稳步推进,公共卫生服务能力得到增强,基本公共卫生服务专项资金从人均25元提高到人均40元,创成国家卫生城市,人民医院创成三级乙等医院。文化体育事业加快发展,建成市文化博览中心和体育中心,全国文化先进市通过国家复查验收。质量发展水平加快提升,全国质量强市示范城市、省食品安全示范市创建工作进入新阶段。生态文明建设深入推进,环保模范城市建设通过省环保厅预评估,国家生态市创建通过国家考核验收,循环经济示范市创建工作有序推进。精神文明建设不断加强,市民文明素质得到明显提升。社会治理水平不断提高,平安泰兴、法治泰兴建设取得新成绩。

六、人民生活达到新水平。城乡居民收入水平和社会保障水平大幅提升,2015年全体居民人均可支配收入达25508元,其中城镇常住居民人均可支配收入33800元,农村常住居民人均可支配收入16392元;连续11年上调企业退休人员基本养老金,人均基本养老金水平达到每月1935元,城乡居民养老保险基础养老金标准提高到每月105元,失业金最低月领取标准提高到689元,职工生育基本实现“零自付”,城乡居民殡葬基本服务费全面免除。就业创业规模不断扩大,累计新增城镇就业7.2万人,失业人员再就业4.6万人,城镇登记失业率1.9%。养老服务能力不断提升,14家敬老院创成星级敬老院,每千名老人拥有养老床位数33张。公共交通水平显著提高,每万人公交车拥有量达5标准台。农村饮水安全工程全面完工,铺设各类供水管网2000多千米,120万人的饮水安全问题得到解决。

泰兴市“十二五”经济社会发展主要指标实际完成情况一览表

表1

类别	序号	指标名称	单位	规划目标(2015年)	实际完成(2015年)	实现程度(%)
经济发展	1	地区生产总值	亿元	750	731.7	97.6
	2	人均地区生产总值	元	70000	67922	97
	3	财政总收入	亿元	190	157.8	83.1
	4	一般公共预算收入	亿元	52	52.8	101.5
	5	规模以上固定资产投资	亿元	440	501.4	114
	6	社会消费品零售总额	亿元	208	191.5	92.1
	7	实际利用外资(累计)	亿美元	>10	13.1	131
	8	自营出口总额	亿美元	10	12.5	125
	9	工业国税开票销售	亿元	1270	1116.1	87.9
结构调整	10	高效农业比重(%)		40	50	125
	11	服务业增加值	亿元	317	329.2	103.8
	12	三大主导产业和新兴产业销售收入增长(%)		30	23.9	79.7

续表 1

类别	序号	指标名称	单位	规划目标（2015 年）	实际完成（2015 年）	实现程度（%）
结构调整	13	城市化水平(%)		60	56.7	94.5
科技创新	14	研发经费支出占 GDP 比重(%)		2.5	2.25	90
	15	百亿元 GDP 专利授权数	件	400	300	75
	16	工业技改投入	亿元	340	327	96.2
	17	高新技术产业产值占规上工业产值比重(%)		45	43.4	96.4
社会进步	18	公共服务支出占财政支出比重(%)		66	70	106.1
	19	高中阶段教育毛入学率(%)		96	97.9	102
	20	万人拥有病床数	床	30	39.3	131
	21	城乡基本社会保障覆盖率(%)		99	99.9	100.9
	22	新型合作医疗实际补偿比(%)		70	73.7	105.3
	23	人民群众对社会治安满意率(%)		97	97	100
资源环境	24	耕地保有量	万亩	108.5	99.7	91.9
	25	单位地区生产总值能耗下降率(%)		完成泰州指标	完成泰州指标	完成泰州指标
	26	单位地区生产总值 CO2 排放削减率(%)		完成泰州指标	完成泰州指标	完成泰州指标
	27	主要污染物排放削减率(%)		完成泰州指标	完成泰州指标	完成泰州指标
	28	环境质量综合指数	—	85	85	100
	29	森林覆盖率(%)		23	24.3	105.7
人民生活	30	城镇常住居民人均可支配收入	元	35700	33800	94.7
	31	农村常住居民人均可支配收入	元	16400	16392	99.9
	32	城镇登记失业率(%)		<3.5	1.9	184.2
	33	新增就业人数(累计)	万人	4	7.2	180
	34	新增保障性住房面积(累计)	万平方米	18	22.7	126.1
	35	每万人公交车拥有量	标准台	8	5	62.5

概　况

■编辑　鞠志祥

历史　地理

【建置沿革】 泰兴置县始于五代南唐升元元年(937),县名由来是随泰州兴起之意。属泰州管辖。北宋宣和四年(1122)改属扬州。南宋绍兴初,再属泰州;五年(1135),仍改属扬州;十年又属泰州;十二年又改属扬州。元时升泰兴为上等县,属扬州路总管府。明属扬州府。清雍正二年(1724)改属通州。民国3年(1914)属苏常道,16年直属江苏省,22年属泰州行政督察区,23年改属扬州行政督察区。1949年全县解放,属泰州行政区。1953年属扬州行政公署,1983年属扬州市。1992年经国务院批准撤县设泰兴市(县级),由江苏省直辖、扬州市代管。1996年8月由新设的地级泰州市代管。1997年4月,经省政府批准,将口岸、刁铺、田河、许庄、永安洲5个乡镇划归泰州市高港区。2008年8月,胡庄镇,泰兴市第二捕捞公司,宣堡镇赵王、乔杨、明河、钱赵、管营、孔桥、蔡庄7个村划归泰州市高港区。始建县时,县治设于济川镇。后因塌江,于北宋太祖乾德二年(964),县治由济川镇移至今口岸以西的柴墟,并于四周累土为城。南宋绍兴初年,县治迁至延令村(今济川街道)。是亦为今市治。(史志档案办公室)

【位置面积】 泰兴市位于江苏省中部、长江下游北岸。北纬31°58′12″~32°23′05″,东经119°54′05″~120°21′56″。东接如皋市,南界靖江市,西濒长江,与扬中、常州两市隔江相望。北邻泰州市姜堰区,东北与海安县接壤,西北与泰州市高港区毗邻。东西最大直线距离为47.0千米,南北最大直线距离为43.5千米。全市属长江三角洲冲积平原,总面积1172.27平方千米,水域216.58平方千米(含江域面积42.88平方千米),占18.4%,地势东北高、西南低,由东北向西南渐次倾斜。(许爱如)

【气候】 2015年,全市气候基本特点:气温正常略偏高,降水显著偏多,日照正常略偏少。年平均气温16.2℃,比常年高0.4℃;1~5月、9~12月均比常年同期偏高。年极端最高气温37.9℃,出现在8月4日,全年35℃以上的高温日数10天;年极端最低气温-5.0℃,出现在2月9日。年降水总量1593.6毫米,比常年多561.9毫米;年一日最大降水量177.3毫米,出现在6月27日。6月24日入梅,7月13日出梅,梅期长20天,梅雨量363.2毫米,比常年偏多5成;梅雨总的特点是:入梅偏迟,出梅略晚,梅期正常,梅雨量偏多,梅期降水集中,有台风影响;梅雨期内出现三次强降水过程,分别出现在6月25~27日、7月3日和11日。年日照总时数1762.2小时,比常年少195.9小时,占可照时数的40%。

【自然灾害】 冰雹:4月13日10时05分,黄桥镇溪桥降冰雹,最大直径5毫米,持续时间3分钟。15时04分至15时10分,济川街道镇海路附近降冰雹,冰雹直径一般2~3毫米,最大直径5毫米,未造成明显灾情。

暴雨:2015年出现明显灾情的暴雨过程共3次。6月2日的暴雨导致7个乡镇11户房屋受灾,其中倒塌3间、严重损坏5间、一般损坏4间,经济损失约8万元,小麦倒伏16万亩,影响收割机正常收割。6月17日的暴雨导致4个乡镇4户房屋受灾,其中倒塌1间、严重损坏4间,直接经济损失2.4万元。6月27日的暴雨造成沿江各乡镇及东部地势低洼地区水稻受灾面积14.78万亩、成灾面积7.41万亩、绝收面积2.51万亩;蔬菜瓜类受灾面积3.69万亩、成灾面积2.35万亩、绝收面积0.70万亩;旱谷作物受灾面积7.11万亩、成灾面积4.12万亩、绝收面积2.02万亩;城区鼎圣集团、石配厂小区等10多个小区、道路及背后街巷积水;暴雨造成106人受灾,倒塌房屋16间、严重损坏房屋36间、一般损坏房屋30间,直接经济损失53.6万元。

台风:2015年出现两次对全市有明显影响的台风过程。7月11～12日,受第9号台风"灿鸿"影响,全市普降大到暴雨,同时出现7到8级大风天气;该台风造成全市倒塌房屋5间、损坏房屋9间,直接经济损失9.2万元。8月9～11日,受第13号台风"苏迪罗"影响,全市普降暴雨到大暴雨,瞬时极大风速普遍为6到8级,全市最大降水量142.4毫米,出现在根思乡,全市瞬时极大风速达18.4米/秒(8级),出现在黄桥镇刘陈;该台风造成全市倒塌房屋18间,严重损坏房屋8间,一般损坏房屋22间,直接经济损失29.6万元,另外造成648亩大棚棚膜损毁,1890亩露地蔬菜受灾,3120亩夏玉米倒伏,1400亩大豆受淹,900亩花生受淹。

强对流:2015年有两次强对流天气过程造成灾害。4月28日19时前后的雷暴、大风等强对流天气,导致虹桥镇新市村2户房屋一般损坏2间,分界镇开绿村房屋严重损坏1间,分界镇官庄村房屋一般损坏2间。7月3日下午,全市大部分地区出现短时强降水、雷雨大风强对流天气,城区1小时降水量34.6毫米,全市瞬时极大风速22.3米/秒(9级),出现在河失镇;强对流天气造成114人受灾,倒塌房屋4间、严重损坏房屋10间、一般损坏房屋36间,直接经济损失25.6万元。

高温:全年35℃以上的高温日数10天,其中7月和8月各5天,未造成灾害。

寒潮:11月23～25日出现寒潮天气过程,48小时最低气温下降11.5℃,11月27日最低气温-4.7℃;由于降温幅度较大,最低气温偏低,给在田农作物造成不同程度的冻害。 (李 勇)

自然资源

【水资源】 泰兴市水资源分为降水、过境水和地下水,其中以降水和过境水为主,约80%的用水依靠从长江引进。由于受潮汐和境内河网调蓄能力的限制,全市的长江过境水量虽然较大,但利用率很低,年引江水量约9亿立方米。地下水资源主要通过降雨和外引江水渗入补给,年渗入补给量为2.1亿立方米,其中降雨补给量1.2亿立方米,外引江水渗入补给量0.9亿立方米。

【江滩资源】 全市现状自然岸线长度24.2千米,其中可利用深水岸线(指-10米以下等高线或深槽距长江一般小于200～500米)4.6千米,中深水岸线(指-10～5米等高线距江岸线长度一般小于200～500米)2.5千米,浅水岸线(指距长江岸200～500米范围内河床高程在-5米以上)17.1千米。全市现有江滩约1030公顷,其中堤外滩地约200公顷,滩面高程▽2.0～3.0米(85高程下同);天星港至焦土港江中天星洲洲体长约8750米、洲体最宽处约1450米、面积约830公顷、洲顶高程约2.0～3.0米。 (许爱如)

【土地资源】 全市土地总面积116964.83公顷,其中:农用地79647.91公顷(耕地66672.03公顷),占土地总面积的68.10%;建设用地25602.89公顷,占土地总面积的21.89%;未利用地11714.03公顷,占土地总面积的10.02%。土地形态以平原为主,河流纵横其间,地势东、北高,西、南低,由东北向西南渐次倾斜。按地形特征,全市地貌可分平原、河流、滩地3种形态。

【二氧化碳资源】 黄桥地区二氧化碳气田基本探明储量面积19.51平方千米,控制储量面积32.67平方千米,总面积52.18平方千米,经济开采储量6.676×109立方米,埋藏深度1800～2650米,纯度在98.10%以上。气田压力高,属中深层、低丰度、高产能的中型气田,是国内已探明的储量最大、开发程度较高的天然二氧化碳气田。二氧化碳产品主要应用于铸造、焊接、化工、饮料、食品保鲜等行业。

【氦气资源】 氦气分布在黄桥镇溪桥社区一带。已知气层厚度5.4米,面积较小,属小型矿床;氦气埋藏浅,易开采;品位高,品位1.06%～1.17%。氦气产品主要应用于航天、航空、医疗卫生、深水作业等行业。

【地热资源】 河失镇、宣堡镇、济川街道西南地下蕴含丰富的地热资源。河失镇成功钻探一口地热浅井,地热井口温度37℃,涌水量2000立方米/天,地热水中偏硅酸和溴含量达国家医疗热矿水标准,锶含量超过国家地热标准。地热水可间接用于医疗、洗浴行业。

【石油资源】 黄桥地区是唯一发现工业性气田的地区。黄桥最深探井N4号井有良好的油气显示,包括可燃气、凝析油、轻质油和一般原油。下扬子区块石油勘探前景良好,无锡勘探一井计划钻探6000米,已进尺4000米,一旦获得成功,同属下扬子区块的黄桥地区,将被命名为泰兴油田。 (张 伟)

人 口

【概况】2015年末,全市家庭总户数39.19万户,年末户籍总人口119.53万人,比上年减少0.35万人。全年出生人口10761人,出生率8.99‰,比上年上升0.54个千分点;死亡人口10364人,死亡率8.66‰,比上年上升0.29个千分点,人口自然增长率0.33‰,比上年上升0.25个千分点。年末常住人口107.72万人,其中城镇人口61.13万人,比上年增加0.94万人。在常住人口中,0～14岁、15～64岁、65岁及以上人口分别占比13.1%、70.9%、16.0%。

民 族

【概况】 2015年底,全市居民中共有36个少数民族,2274户,4033人,其中:土家族1284人,苗族1052人,布依族361人,侗族274人,回族201人,壮族142人,彝族137人,蒙古族98人,满族80人,白族63人,黎族59人,傈僳族45人,瑶族35人,藏族32人,朝鲜族30人,仡佬族26人,水族21人,仫佬族5人,傣族14人,畲族13人,拉祜族14人,佤族7人,锡伯族4人,毛南族4人,羌族3人,达斡尔族3人,鄂伦春族2人,柯尔克孜族2人,哈萨克族2人,维吾尔族2人,土族4人,哈尼族3人,怒族1人,坦吉克族1人,基诺族1人,保安族1人,另有未识别认定民族7人。具体分布情况是:济川街道231人,滨江镇108人,虹桥镇87人,宣堡镇58人,张桥镇112人,姚王镇193人,黄桥镇968人,广陵镇213人,新街镇211人,分界镇233人,元竹镇196人,珊瑚镇235人,曲霞镇97人,根思乡96人,古溪镇438人,河失镇557人。 (孔晓梅)

行 政 区 划

【概况】 泰兴市辖济川街道,黄桥、虹桥、广陵、滨江、宣堡、古溪、曲霞、河失、姚王、新街、珊瑚、张桥、分界、元竹14个镇和根思乡,共有57个居委会,298个村委会。 (常 庆)

国民经济和社会发展

【综述】 经济运行稳中快进,综合实力不断提升。主动适应新常态,积极应对下行压力,及时采取对策措施,推动经济行稳致远。经济运行延续了"稳中快进、持续向好"的良好态势,连续15届跻身全国县域经济与县域基本竞争力百强县(市)行列。实现GDP731.7亿元,增长11.1%。完成一般公共预算收入52.8亿元, 增长17.1%,税占比83%,增幅和质量均列泰州三市第一。完成协议利用外资3.64亿美元,实际利用外资3.24亿美元,外经营业额3亿美元,总量均占泰州市1/3左右;完成进出口总额24.3亿美元。农业现代化指标监测得分全省排名前移12位。粮食总产7.39亿千克,实现"十二连增"。新增高效设施农业1.82万亩、高标准农田4万亩。泰兴银杏栽培系统入选中国重要农业文化遗产。完成工业国税开票销售1116.1亿元,增长11.4%;实现规上工业产值2541.9亿元、增加值610.1亿元、利润235亿元,分别增长21.8%、17%和25.9%,总量和增幅在泰州市继续保持领先。净增规上工业企业60家,新增年主营业务收入过10亿元企业5家、过50亿元企业2家。完成建筑业施工产值560亿元,增长16.7%。获得鲁班奖1项、国家优质工程奖2项。实现服务业增加值329.2亿元, 增长11.7%; 完成社会消费品零售总额191.5亿元,增长12.2%。物流业实现税收2亿元,增长26.7%,新增A级以上物流企业11家。旅游业发展取得新成绩。黄桥镇祁巷村获评中国乡村旅游模范村。

转型升级步伐加快,经济结构逐步优化。出台和落实工业经济加快转型升级政策措施,推动生产要素、政策资源和政府服务向实体经济集聚,促进经济发展量质并进。扎实开展"项目突破年"活动,新开工亿元以上项目60个,其中10亿元以上项目7个。新竣工亿元以上项目44个。完成固定资产投资560.6亿元,增长23.3%,其中产业投资463.2亿元,增长31.8%。制造业固定资产申报抵扣4.5亿元、新增抵扣4.1亿元,分别增长45.8%和38.8%,总量均占泰州市1/3。工业用电业扩报装申请容量62.3万千伏安,增长97.6%,增幅居泰州之首。实现新兴产业产值583亿元,增长25%,占规上工业比重达23%,比上年提高1.5个百分点。实现高新技术产业产值1104亿元, 增长23.1%, 占规上工业比重达43.4%。全社会研发投入占GDP比重达2.25%。完成专利授权1500件,其中发明专利授权70件,被确认为江苏省知识产权强省建设区域示范市。新增国家级高新技术企业23个、省科技小巨人企业2个、省企业技术中心3个,新增省两化融合转型升级示范企业2个、省首批示范智能车间1个。新增中国驰名商标1件、省著名商标7件,参与制(修)订国家、行业标准8个。实施节能技改项目30个，年节约标准煤2.26万吨。淘汰落后产能设备246台(套),压缩船舶过剩产能23万载重吨。

改革开放深入推进，发展动能持续增强。顺应国家“一带一路”、长江经济带等重大战略,深入推进以港兴市,加快沿江一体化发展。完成沿江开发总规、泰兴港总规和天星洲控制性详规编制,天星洲综合整治工程扎实推进。新建万吨级以上泊位5个,其中7万吨级泊位2个,对外开放5万吨级泊位2个。泰兴港区完成货物吞吐量3500万吨,增长24.3%。“一区五园”完成基础设施投入83亿元,经济开发区创建国家级开发区有序推进、创成国家知识产权试点园区,虹桥工业园被列为省两化融合试验区,黄桥工业园在省南北共建园区考核中取得佳绩，城东高新区创成省高新技术众创集聚区，农产品加工园创成国家农业产业化示范基地，城区工业园创成省军民品结合产业示范基地、被认定为国家级中小企业集聚区。行政管理体制改革持续深化，综合行政执法体制改革试点阶段性目标顺利完成。五张清单制度进一步完善,工商登记制度改革全面推行,“一长四多”(办理时限长、中介多、盖章多、收费多、材料多)和“红顶中介”专项整治行动扎实开展。公车改革实施到位。政府机构改革有序推进,市卫计委、民宗局、建工局等机构调整到位。深化金融改革,创新投融资方式。成功发行企业债券6亿元,PPN项目募集发展资金10亿元。蓝电环保主板上市完成股改进入辅导期,7个企业分别在“新三板”、区域性场外市场成功挂牌。市镇两级农村产权交易平台建成投入使用，农村土地承包经营权确权登记颁证工作全面推开。要素瓶颈有效破解。土地计划上争成效显著,办理农用地转用和土地征收5735亩,争取土地利用规划流量指标1.6万亩。新设金融机构2个,存款增量、贷款增量、贷款增速、银行数量等主要金融指标均居泰州三市之首，不良贷款比率为各市区最低,被评为省金融生态环境优秀县(市)。

城乡统筹协调发展,环境面貌明显改善。准确把握新型城镇化内涵,积极探索新型城镇化和城乡一体化发展新路径。中心城市建设加快。城市总规完成修编。城建交通188个重点项目建设任务基本完成。文江路全线贯通,羌溪桥、镇海路北延建成通车,济川路南延、兴南路一期、东润路南延、龙河路、银杏路、兴南东路顺利竣工,“九纵九横”框架基本成型。民安广场、宝塔湾佛教文化保护、福利中心一期等项目按期竣工。新启动拆迁已完成90%以上,历年拆迁扫尾完成99.5%,完成四个地块3500户拆迁安置工作。城市环境综合整治有序推进。济川街道五里墩社区创成省城市管理示范社区。城北片区污水主管网实现全覆盖,如泰运河以南片区水系基本沟通。滨江污水处理二期二阶段工程建成投运,完成大生垃圾填埋场封场工程。新334省道城区至姜八线段绿色通道全面建成,城区新增绿化面积55万平方米。被授予国家卫生城市称号,国家生态市创建通过环保部考核验收。小城市和重点镇建设加快推进,黄桥、虹桥被列为泰州市重点发展的小城市,黄桥镇被列为国家建制镇示范试点镇、江苏省新型城镇化综合试点镇。开展覆盖拉网式农村环境综合整治,城乡生活垃圾收运体系覆盖所有村居,农村环境“五位一体”长效管理机制基本形成。秸秆禁烧禁抛工作成效明显。富民强村行动深入推进,新增村集体经营性收入超过20万元的村126个、超过30万元的村52个。

民生福祉继续增进,社会保持和谐稳定。不断加大保障和改善民生投入,财政用于民生支出占一般公共支出的比重达75%。城乡居民人均可支配收入达33800元、16392元,分别增长8.9%和8.8%。建档立卡低收入农户全面脱贫。新公共就业服务中心建成投运,新增创业1.5万人,城镇新增就业1.8万人,年末城镇登记失业率1.9%。被命名为省创业型示范城市。社会保险覆盖面持续扩大,全民参保登记顺利完成,城乡居民养老保险参保26.5万人,领取基础养老金21.48万人。被征地农民社会保险政策实现平稳过渡,新增参保1.19万人。困难群体和优抚对象保障标准进一步提高,社会救助体系日趋完善。农村敬老院提档升级工程全面完成。全市医疗卫生机构布局完成规划编制,新区医院、市二院加快建设。民营医疗机构医保定点报销政策全面落实,城乡医保经办管理机构整合到位。城镇职工、城镇居民和新农合医保政策范围内报销比例分别在89%、71%和75%以上。教育现代化工作扎实推进,25所学校通过义务教育现代化学校验收。创成省职业教育创新发展实验区。高考、对口单招本科进线人数、进线率再创新高。黄桥中学新校区建成投入使用，泰兴中学新校区建设启动。建成省公共体育服务体系示范区。公共文化服务体系进一步完善,群众文化活动蓬勃开展。全民科学素质建设扎实推进,被命名为省科普示范市。依法推进社会治安综合治理,“六五”普法通过省考核验收。平安泰兴建设深入推进,公众安全感指数达96%。国防教育和双拥共建扎实开展。信访工作责任体系进一步完善,依法逐级走访权益保障监督卡试点工作扎实推进。安全生产形势总体平稳。民生十件实事全面完成。

(赵　波　朱　菲)

组织机构及负责人

市　委

书　记　　孙耀灿

副书记　张育林
　　　　孙　云
常　委　孙耀灿
　　　　张育林
　　　　孙　云
　　　　钱　娟(女)
　　　　刘荣华
　　　　田之本
　　　　钱宏琦
　　　　张国祥(至 2015-12-24)
　　　　耿元进
　　　　孙　群
　　　　许建军(至 2015-6-12)
　　　　朱俊浩(2015-6-12 任)

市人大

主　任　孙耀灿(至 2015-1-13)
　　　　戴仁泉(2015-1-16 任)
副主任　戴仁泉(至 2015-1-16)
　　　　王中先
　　　　官新民
　　　　王克毅

市政府

市　长　张育林
副市长　刘荣华
　　　　周桂香(女)
　　　　刘　辉
　　　　张健羽
　　　　顾　刚
　　　　钱　军
　　　　凌玉富
　　　　杨　珺(挂职,至 2015-7-3)
　　　　刘　俊(挂职)

市政协

主　席　李仁国(至 2015-1-13)
　　　　丁　亚(2015-1-15 任)
副主席　高寿林
　　　　张春山(至 2015-1-13)
　　　　薛晨光
　　　　刘　建
　　　　顾爱军
　　　　孙　钬
秘书长　周国庆(2015-1-15 任)

市纪委

书　记　钱宏琦

市人民法院

院　长　杨旭波(2015-1-16 任)
执行局
局　长　钱伟民

市人民检察院

检察长　吴文彬(2015-1-16 任)
反贪污贿赂局
局　长　印　华(女)
反渎职侵权局
局　长　张　荣(2015-6-22 任)
公诉局
局　长　朱春美(女)
黄桥检察室
主　任　刘　军(至 2015-6-22)

市人武部

部　长　朱俊浩
政　委　许建军(至 2015-3-12)
　　　　葛　涛(2015-3-12 任)

市委工作机构

市委办公室

主　任　谢红官

市委组织部

部　长　钱　娟(女)

市委宣传部

部　长　张国祥

市委统一战线工作部

部　长　高寿林(兼)

市委政法委员会

书　记　田之本

市委农村工作办公室

主　任　陈嵘嵘(至 2015-6-22)
　　　　赵建东(2015-6-22 任)

市机构编制委员会办公室

主 任 徐旭洲

市委老干部局

局 长 何文军

市委市级机关工委

书 记 顾为成

市委党校

校 长 钱 娟(女,兼)

市史志档案办公室

主 任 王向群

市经济环境监察中心(在市纪委挂牌)

市委研究室(在市委办挂牌)

市委机要保密局

局 长 谢红官(兼,至2015-8-31)
潘明荣(2015-8-31任)

市委台湾工作办公室(与市委办合署)

主 任 冯 军

市委组织员办公室(在市委组织部挂牌)

主 任 吕 斌(兼)

市委非公有制企业和社会组织工作委员会
(2015年12月更名,简称市委"两新"工委)

书 记 管国堂(兼,至2015-12-14)
蔡桂生(2015-12-14任)

市委党的建设工作领导小组办公室(设在市委组织部)

主 任 管国堂(兼,2015-12-14任)

市精神文明建设指导委员会办公室(在市委宣传部挂牌)

主 任 张余华(兼)

市委对外宣传办公室(在市委宣传部挂牌)

主 任 葛 斌(兼)

市哲学社会科学界联合会(与市委宣传部合署)

主席 叶 青(女)

群众团体

总工会

主 席 金爱萍

妇 联

主 席 黄建云(女)

团市委

书 记 刘 阳

工商联

主 席 薛晨光(兼)

残 联

书 记 封红年
理事长 封红年(至2015-4-7)
秦 娟(女,2015-4-11任)

科 协

主 席 许咏诗(女)

文 联

主 席 林 林

侨 联

主 席 耿元进(兼,至2015-10-27)
殷红兰(女,2015-10-27任)

红十字会

会 长 周桂香(女,兼)

市人大常委会工作机构

市人大常委会办公室

主 任 陈新亮

市人大常委会人事代表工作委员会

主 任 张友生(至2015-6-30)

市人大常委会法制工作委员会

主 任 黄柏林(至2015-6-30)
吴友林(2015-10-27任)

市人大常委会财经工作委员会

主 任 臧荣国

市人大常委会教科文卫工作委员会

主 任 朱桂明

市人大常委会环境资源城乡建设工作委员会

主 任 张华国

市人大常委会农村工作委员会

主 任 刘 军(2015-10-27任)

市政府工作部门

市政府办公室

主 任 王长健

市发展和改革委员会

主 任 焦国庆

市经济和信息化委员会

主 任 张 河

市教育局

局 长 尹松林

市科学技术和知识产权局(2015年4月由市科学技术局更名)

局 长 李 飞

市公安局

局 长 凌玉富

市监察局(与市纪委合署)

局 长 周连荣

市民政局

局　长　陈　甫(至 2015-6-30)
　　　　李宝泉(2015-6-30 任)

市司法局

局　长　冯金华

市财政局

局　长　董剑东

市人力资源和社会保障局

局　长　肖　荣

市住房和城乡建设局

局　长　周建国

市规划局

局　长　尹辉宏

市城市管理局

局　长　张银德(至 2015-6-30)
　　　　陈嵘嵘(2015-6-30 任,至 2015-12-29)
　　　　赵新元(2015-12-29 任)

市交通运输局

局　长　黄一祥(至 2015-6-30)
　　　　刘国成(2015-12-29 任)

市水务局

局　长　褚新华

市农业委员会

主　任　叶　兵

市商务局

局　长　刘新华

市文化广电新闻出版局

局　长　张　敢

市卫生局

局　长　吴成剑(至 2015-6-30)

市人口和计划生育委员会

党组书记　吴成剑(至 2015-5-11)

市卫生和计划生育委员会(2015 年 4 月,由原市卫生局、市人口和计划生育委员会整合后,新设立的市政府组成部门)

主　任　吴成剑(2015-6-30 任)

市审计局

局　长　杨　健

市环境保护局

局　长　吴小平

市体育局

局　长　恽志华

市统计局

局　长　孙晓健

市市场监督管理局(2015 年 1 月工商质监食药监三合一改革新设立的政府组成部门)

局　长　孔　兵(2015-3-12 任)

市安全生产监督管理局

局　长　马志刚

市粮食局

局　长　叶亚东

市信访局

局　长　常冬生(至 2015-6-30)
　　　　李护军(2015-6-30 任)

市民族宗教事务局(2015 年 4 月,由在市委统战部挂牌调整为单独设置,为市政府组成部门)

局　长　朱　咏(2015-6-30 任)

市民防局

局　长　陆建明

市政务服务管理办公室

主　任　吉小明

泰兴经济开发区

党工委书记　孙　群(兼)
管委会主任　吉　勇

市沿江开发管理办公室

主　任　吉　勇(至 2015-2-27)
　　　　马书宁(2015-2-27 任)

市供销合作总社

主　任　耿　进

市国家保密工作局(在市委办挂牌)

局　长　谢红官(兼,至 2015-9-7)
　　　　潘明荣(2015-9-7 任)

市政府台湾事务办公室(在市委办挂牌)

主　任　冯　军

市政府新闻办公室(在市委宣传部挂牌)

市政府侨务办公室(在市委统战部挂牌)

主　任　顾晓平(2015-5-19 任)

市社会治安综合治理委员会办公室(与市委政法委合署)

主　任　茅建亚

市社会管理服务中心(2015 年 1 月机构规格调整为相当正科级)

主　任　张光明(2015-7-14 任)

市事业单位登记管理局(在市编办挂牌)

局　长　任国斌(至 2015-10-26)
　　　　徐旭洲(兼,2015-10-26 任)

市政府应急管理办公室(在市政府办挂牌)

主　任　王长健(兼)

市政府研究室(在市政府办挂牌)

主　任　熊　杰(兼)

市政府外事办公室(在市政府办挂牌)

主　任　王　东(兼)

市政府法制办公室(在市政府办挂牌)

主　任　杨建成(兼)

市政府公共服务热线中心（市政府办下属正科级事业单位）
主　任　蒋小明
市机关事务管理局（市政府办下属正科级事业单位，2015年6月由原市级机关事务管理局更名）
局　长　王祖锋
市物价局（在市发展改革委挂牌）
局　长　王春中（兼）
市旅游局（在市发展改革委挂牌）
局　长　张健羽（兼）
市重大项目办（在市发展改革委挂牌，2015年4月起不再保留）
主　任　焦国庆（兼，2015-3-17任，至2015-12-7）
市服务业发展局（市发展改革委下属正科级事业单位）
局　长　蒋春生（兼）
市宣家堡古银杏森林风景区管理中心
书　记　李宝泉（至2015-6-22）
主　任　吴志生
市中小企业局（在市经济和信息化委挂牌）
局　长　张　河（兼）
市政府教育督导室（在市教育局挂牌）
主　任　尹松林（兼）
市知识产权局（在市科学技术局挂牌，2015年4月起不再保留）
局　长　李　飞（兼，至2015-5-11）
市地震局（市政府直属正科级事业单位）
局　长　李　飞（兼）
市维护稳定工作领导小组办公室（设在市公安局）
主　任　凌玉富（兼）
杨根思烈士陵园
主　任　张金堂（至2015-12-24）
市政府国有资产监督管理委员会（2015年4月起在市财政局挂牌）

市公务员局（在市人力资源和社会保障局挂牌）
局　长　肖　荣（兼）
市土地开发储备中心（市国土资源局管理的正科级事业单位）
主　任　孙红东
市建筑工程管理局（市住房和城乡建设局下属正科级事业单位）
局　长　赵新元（至2015-12-7）
尹家斌（2015-12-7任）
市城市管理行政执法局（在市城市管理局挂牌）
局　长　张银德（兼，至2015-7-14）
陈嵘嵘（兼，2015-7-14任，至2015-12-7）
赵新元（兼，2015-12-7任）

市投资促进局（在市商务局挂牌，2015年4月起不再保留）
局　长　刘新华（兼，至2015-5-19）
市广播电视台（市文广新局下属正科级事业单位）
台　长　张　敢（兼）
市新四军黄桥战役纪念馆（市文广新局下属正科级事业单位）
馆　长　张建荣（2015-3-17任）
市食品药品监督管理局（2015年1月，工商质监食药监三合一体制改革后，改为在市场监督管理局挂牌）
局　长　徐　进（至2015-1-29）
朱宏全（兼，2015-2-3任）
市人民防空办公室（在市民防局挂牌）
主　任　陆建明（兼）
市档案局（在市史志档案办公室挂牌）
局　长　王向群（兼）
市港口管理局（与市沿江开发办合署）
局　长　吉　勇（兼，至2015-2-27）
马书宁（兼，2015-2-27任）
市口岸管理委员会办公室（在市港口管理局挂牌）
主　任　吉　勇（兼，至2015-2-27）
马书宁（兼，2015-2-27任）
市中兴国有资产经营投资有限公司
总经理　董剑东（兼）
市中泰城市建设投资有限公司
总经理　赵爱军（兼）
江苏省泰兴中学
校　长　王中先（兼）
书　记　尹松林
江苏省黄桥中学
校　长　黄克恭
市第一高级中学
校　长　黄永健
江苏省泰兴中等专业学校
书　记　陈　伟
校　长　潘晓群
泰州市广播电视大学泰兴分校（在泰兴中等专业学校挂牌）
校　长　潘晓群（兼）
泰兴建筑工程学校（在泰兴中等专业学校挂牌）
校　长　潘晓群（兼）
江苏联合职业技术学院泰兴分院（在泰兴中等专业学校挂牌）
院　长　潘晓群（兼）
市人民医院
院　长　李文江（2015-10-26任）
书　记　徐　进（2015-10-26任）

市人民医院医疗集团管委会(在市人民医院挂牌)

主　任　　李文江

市接待办公室

主　任　　冯　军

市政府驻南京办事处(2015年11月撤销)

主　任　　马书宁(兼,至2015-6-22)

徐　雯(2015-6-22任,至2015-12-1)

市政府金融工作办公室

市物价局检查分局

局　长　　赵志坚

市旅游发展服务中心

主　任　　张建荣(兼)

市能源局

局　长　　陈　岳(至2015-6-22)

周兴龙(2015-6-22任)

市公安局政治处

主　任　　石亚平(兼,至2015-1-29)

蔡进托(2015-1-29任)

市公安局指挥中心

主　任　　鲍震宇

市公安局国内安全保卫大队

大队长　　焦玉平(2015-2-27任)

市公安局治安管理警察大队

大队长　　蔡进托(至2015-2-27)

李　剑(2015-2-27任)

市公安局交通警察大队

大队长　　陈今文

市公安局刑事犯罪侦查大队

大队长　　肖顶峰(2015-2-27任)

市公安局经济犯罪侦查大队

大队长　　苏永哲

市公安局水上管理警察大队

大队长　　徐承国(至2015-2-27)

毛向东(2015-2-27任)

市公安局巡特警大队

大队长　　李　剑(至2015-2-27)

李安明(2015-2-27任)

市公安局网络安全保卫大队

大队长　　戴建华

市公安局出入境管理大队

市公安局警务督察大队

大队长　　徐承国(2015-2-27任)

市公安局黄桥分局

局　长　　唐传星

市财政国库集中收付中心

主　任　　闾明康

市人力资源和社会保障局军官转业安置办公室

主　任　　孙建民

市社会保险管理处

主　任　　周国治

市劳动监察大队

大队长　　陈　辉(兼,至2015-6-22)

张迎庆(2015-6-22任)

市公共就业服务中心

主　任　　葛志兵(2015-6-22任)

市房产管理局

局　长　　尹家斌(兼,2015-12-7)

戴兴武(2015-12-7任)

市房屋征收中心

主　任　　秦开泽

市拆迁管理办公室(在房屋征收中心挂牌)

主　任　　秦开泽(兼)

市城市管理行政执法大队

大队长　　于　恺

市地方海事处

处　长　　李　捷(至2015-6-22)

顾亚斌(2015-6-22任)

市林业局

局　长　　李　群(兼)

市农业机械管理局

局　长　　成圣江(兼)

市农业资源开发局

局　长　　栾炳群(兼)

市农业技术推广中心

主　任　　王迎春

市畜牧兽医中心

主　任　　陈　君

市林业技术推广中心

主　任　　袁　觉(2015-9-29任)

市农业综合执法大队

大队长　　戴兴生

中国国际贸易促进委员会泰兴市委员会

会　长　　李少峰

市新闻信息中心

主任　　汤月平(兼,至2015-10-26)

王永生(2015-10-26任)

市爱国卫生运动委员会办公室

主　任　　季　玉

市卫生监督所

所　长　　杨　斌

市疾病预防控制中心

主　任　　范　敏

市环境监察大队

大队长　　葛建亚(至2015-7-14)

　　　　　郭　建(2015-7-14任)

市环境保护局黄桥分局

局　长　　杨国强

市市场监管稽查大队

大队长　　李　峰(兼,2015-10-26)

市产品质量综合检验检测中心

市安全生产监察大队

大队长　　徐　凯

市政务服务中心

主　任　　吉小明(兼)

市公共资源交易中心(在政务服务中心挂牌)

主　任　　陈　苏(兼)

泰兴经济开发区管委会驻上海办事处（挂市政府驻上海办事处牌子）

泰兴经济开发区管委会驻深圳办事处（挂市政府驻深圳办事处牌子）

市政协工作机构

市政协办公室

主　任　　周国庆

市政协提案委员会

主　任　　周根生(至2015-7-15)

　　　　　郝兴华(2015-7-15任)

市政协经济科技委员会

主　任　　陈志军

市政协社会法制城乡建设委员会

主　任　　丁向群

市政协教卫文体委员会

主　任　　江　勇(至2015-7-15)

　　　　　徐建华(2015-7-15任)

市政协港澳台侨委员会

主　任　　张建新(2015-7-15任)

市政协学习文史委员会

主　任　　袁　玲(女)

垂直单位

市国土资源局(政府工作部门)

局　长　　刘国成(至2015-10-30)

国家统计局泰兴调查队

队　长　　常玉英(女)

省统计局泰兴调查局

局　长　　孙晓健(至2015-1-14)

　　　　　王晓建(女,2015-1-14任)

泰州出入境检验检疫局泰兴办事处

主　任　　高振兴

泰州海关驻泰兴办事处

主　任　　郭　健(至2015-11-26)

　　　　　钱中华(2015-11-26任)

市国家税务局

局　长　　朱鹏亚

市地方税务局

局　长　　冯健男(至2015-2-15)

　　　　　袁曙明(2015-2-15任)

市烟草专卖局

局　长　　张云峰

中国电信股份有限公司泰兴分公司

总经理　　张建齐

江苏移动通信有限责任公司泰兴分公司

总经理　　赵广生

中国联通有限公司泰兴分公司

总经理　　张　锋

中国邮政集团公司江苏省泰兴市分公司

局　长　　马兴军(女)

国网江苏省电力公司泰兴市供电公司

总经理　　朱承志(至2015-6-23)

　　　　　汤少卿(2015-7-8任)

市盐务管理局

局　长　　姚　炜

市气象局

局　长　　吕冬红

泰兴石油分公司

经　理　　徐贵江

泰州学院泰兴校区管委会

主　任　　丁伟东

泰州市住房公积金管理中心泰兴分中心

主　任　　王建泰

中国人民银行泰兴市支行

行　长　　邵应申

中国工商银行股份有限公司泰兴支行

行　长　　金旭东

中国农业银行股份有限公司泰兴市支行

行　长　　王　炜

中国农业发展银行泰兴市支行

行　长　　姚　明

泰兴农村商业银行

董事长　申和健

中国建设银行股份有限公司泰兴市支行

行　长　倪红卫

中国银行股份有限公司泰兴支行

行　长　郑卫星(至 2015-6-11)
　　　　刘　蓉(女,2015-6-23 任,至 2015-12-10)
　　　　姬　海(2015-12-10 任)

中国邮政储蓄银行股份有限公司泰兴市支行

行　长　吴　祥

中国人民财产保险股份有限公司泰兴支公司

经　理　钱　俊

中国人寿保险股份有限公司泰兴支公司

经　理　高振海

太平洋财产保险股份有限公司泰兴支公司

经　理　祝　辉

太平洋人寿保险股份有限公司泰兴支公司

经　理　王兆华(至 2015-4-29)
　　　　赵拥军(2015-7-1 任)

江苏有线网络发展有限责任公司泰兴分公司

总经理　叶龙福

泰兴质量技术监督局(2015 年 1 月,因工商质监食药监三合一体制改革撤销)

局　长　朱宏全(至 2015-1-29)

泰兴工商行政管理局(2015 年 1 月,因工商质监食药监三合一体制改革撤销)

局　长　孔　兵(至 2015-1-29)

乡镇、街道

(按东西南北片区排列)

黄桥镇

党委书记　耿元进(兼)
人大主席　吕骥林(至 2015.11)
镇　　长　王晓云

古溪镇

党委书记　洪　飞
人大主席　洪　飞
镇　　长　许习锋

珊瑚镇

党委书记　肖强华
人大主席　肖强华
镇　　长　成　峰

分界镇

党委书记　管　玲
人大主席　吴光明(至 2015.06)
人大主席候选人　管　玲(2015.06 提名)
镇　　长　管　玲(至 2015.01)
　　　　　叶新全(2015.01 任)

济川街道

党工委书记　张金堂
人大工作委主任　张金堂
街道办主任　王建武

滨江镇

党委书记　孙　群(兼)
人大主席　孙　群(兼)
镇　　长　殷凯杰

虹桥镇

党委书记　钱　军(兼)
人大主席　孙晓复
镇　　长　孔　军

姚王镇

党委书记　成文蔚
人大主席　成文蔚
镇　　长　潘冬子

河失镇

党委书记　惠　星
人大主席　王社章
镇　　长　惠　星(至 2015.01)
　　　　　顾建中(2015.01 任)

张桥镇

党委书记　燕荣华
人大主席　燕荣华
镇　　长　周亚东

曲霞镇

党委书记　邵　鸣
人大主席　周　伟
镇　　长　邵　鸣

广陵镇

党委书记　刘　军(至 2015.09)
人大主席　刘　军(至 2015.09)
镇　　长　丁　政(至 2015.01)
　　　　　朱为祥(2015.01 任)

新街镇

党委书记　闾月清
人大主席　戴建生(至 2015.09)
镇　　长　闾月清(至 2015.01)
　　　　　吉红霞(至 2015.01)

元竹镇

党委书记　赵建东(至 2015.06)
人大主席　赵建东(至 2015.06)
镇　　长　殷　建

宣堡镇

党委书记　李宝泉(至2015.06)
　　　　　申卫明(2015.06任)
人大主席　李宝泉(至2015.06)
人大主席候选人　申卫明(2015.06提名)
镇　　长　申卫明(至2015.06)
　　　　　叶和林(2015.06任)

根思乡

党委书记　王　华
人大主席　王晓伟
乡　　长　王　华

园　区

黄桥工业园区

党工委书记　耿元进(兼)
管委会主任　顾鹏程

虹桥工业园区

党工委书记　钱　军(兼)
管委会主任　李炳良

农产品加工园区

党工委书记　刘　辉(兼)
管委会主任　丁晓江

城东高新技术产业园区

党工委书记　顾　刚(兼)
管委会主任　陈　斌

新任市级领导人简介

朱俊浩　现任中共泰兴市委常委、泰兴市人武部部长。1972年2月出生,汉族,江苏江都人,大学学历,1992年12月加入中国共产党,1990年9月参加工作。

1990年9月,为海军电子工程学院学员;1994年7月,任海军雷达兵某团指挥中队见习分队长;1995年7月,任海军雷达兵某团指挥自动化保障室助理工程师;1996年7月,任扬州军分区司令部副连职通信参谋;1998年12月,任扬州军分区司令部作训科正连职参谋;2001年12月,任扬州军分区司令部作训科副营职参谋;2004年6月,任扬州军分区教导队队长;2006年3月,任扬州军分区司令部正营职参谋;2007年6月,任扬州市国防动员委员会综合办公室副团职副主任;2008年2月,任扬州军分区司令部副团职参谋;2013年3月,任泰兴市人武部部长;2015年6月,任中共泰兴市委常委、泰兴市人武部部长。

外向型经济

■编辑　辛　仕

对外经济贸易

· 利用外资 ·

【概况】　2015 年，泰兴市累计完成协议利用外资 3.65 亿美元，同比下降 54.6%；实际利用外资 3.45 亿美元，完成泰州市交指标的 107.81%，同比增长 44.7%。实际利用外资总量在泰州三市四区中名列第一，增幅第二。全年共批准外资项目 30 个（新批项目 21 个，增资项目 9 个），其中，总投资超 3000 万美元项目 9 个，协议外资 2.94 亿美元。是年，以并购方式新设立外资企业 3 家，协议利用外资 1.51 亿美元，占全市总量的 41.4%。并购项目实际到账外资 4794.63 万美元，占全市总量的 13.1%。

【审批服务创新】　2015 年，泰兴市创新推出“快批、直批和简批”审批新模式。通过微信公众号、微博等智能服务平台，为企业提供政策宣传、业务咨询、预约办理等服务；搭建网上申报平台，所有外资项目申报网上提交、报审、查看报批进度；开通外商投资企业联合年报视频教程，为企业提供便利服务。

· 招商引资 ·

【概况】　2015 年，全市开展“项目突破年”活动。1 月举办泰兴——中央企业合作发展恳谈会，签约项目 13 个，总投资约 60 亿元；5 月举办泰兴市（上海）投资环境说明会暨项目签约仪式，签约项目 21 个，总投资约 151 亿元，其中，内资项目 14 个，外资项目 7 个；7 月参加泰州市在上海举办的投资促进周活动，签约 1 个园区合作项目和 4 个产业项目，总投资 38 亿元，其中外资项目 2 个，总投资 2.03 亿美元；9 月举办中国（泰兴）金秋经贸科技洽谈会、投资环境说明暨项目推介会，签约项目 29 个，总投资约 224 亿元，其中外资项目 3 个，总投资约 1.45 亿美元；12 月举办泰兴（深圳）投资环境说明暨项目推介会，签约项目 12 个，总投资约 60.78 亿元，其中外资项目 1 个，总投资 1 亿美元。

【园区建设】　2015 年，“一区五园”完成工业国税开票销售 1124.2 亿元，同比增长 28.53%，工商税收入库数 47.12 亿元，同比增长 28.25%，基础设施建设投入达 87.55 亿元，协议外资 3.42 亿美元，实际利用外资 3.24 亿美元。

· 对外贸易 ·

【概况】　2015 年，全市实现自营进出口总额 24.34 亿美元，同比下降 9.03%，其中自营出口 12.54 亿美元，同比下降 5.27%，自营进口 11.80 亿美元，同比下降 12.7%。

【进出口企业情况】　2015 年，全市外贸流通企业实现进出口 1.77 亿美元，同比增长 11.54%，占全市进出口额的 7.27%；自营生产企业实现进出口 5.34 亿美元，同比增长 2.43%，占全市进出口额的 21.93%；

外商投资企业进出口 17.23 亿美元，同比下降 13.65%，占全市出口额的 70.81%。

【进出口产品结构】 2015 年，全市化工产品进出口 12.48 亿美元，占进出口总额的 51.28%，同比下降 24.37%；机电产品进出口 1.86 亿美元，占出口总额的 7.63%，同比增长 48.51%；高新技术产品出口 1.01 亿美元，占进出口总额的 4.16%，同比下降 16.96%；其他产品进出口 10 亿美元，占进出口总额的 41.09%。

【对外进出口贸易】 2015 年，全市对外贸易伙伴遍及五大洲，对亚洲进出口 14.31 亿美元，同比下降 17.01%(其中对东盟进出口 4.95 亿美元，同比下降 11.19%)；对欧洲讲出口 2.96 亿美元，同比下降 5.68%(其中对欧盟进出口 2.57 亿美元，同比下降 4.27%)；对北美进出口 3.34 亿美元，同比增长 0.98%；对大洋洲进出口 9163 万美元，同比下降 18.59%；对拉丁美洲进出口 1.72 亿美元，同比增长 50.52%；对非洲进出口 1.09 亿美元，同比增长 37.35%。五大贸易国分别是：日本，对其进出口 3.78 亿美元，同比下降 15.28%；美国，对其进出口 2.89 亿美元，同比增长 4.67%；韩国，对其进出口 2.69 亿美元，同比下降 30.49%；新加坡，对其进出口 1.89 亿美元，同比下降 37.96%；印度，对其进出口 1.25 亿美元，同比增长 58.85%。对五大贸易国合计进出口 12.5 亿美元，占全市进出口总额的 51.36%。

· 对外投资和经济合作 ·

【概况】 2015 年，全市完成外经营业额 3.02 亿美元，同比增长 0.5%，占泰州市交指标的 104%。新批境外投资项目 8 个，占泰州市交指标的 114.29%。源丰建设有限公司新获对外承包工程经营权。

【对外劳务】 2015 年，泰兴市海外经济技术合作有限公司被撤销外派劳务经营资格。新派出国劳务人员 306 人，泰兴环宇建筑劳务有限公司派出人数最多，达 204 人。招收市外劳务人员近 400 人，主要来自河北、山东、河南，用工主体为泰兴环宇建筑劳务有限公司。

【对外投资合作】 2015 年，全市新批境外投资项目中，民营企业 7 家，外资企业 1 家。完成实际投资 1720 万美元，其中济川药业投资 1125 万美元，河海集团投资 585 万美元，得利满工房服装投资 10 万美元。8 个项目仍以贸易、投资为主。 (郭敬峰)

海　　关

【概况】 2015 年，海关驻泰兴办事处加工贸易设立合同 368 份，同比减少 8.2%；设立料值 2.64 亿美元，同比减少 60%；内销征税(含保税仓)2.27 亿元，同比减少 15.3%。全年监管国际航行船舶进境 556 艘次，同比减少 12.6%；出境 553 艘次，同比减少 13.2%；监管进口货物 335.1 万吨，同比减少 11%，出口货物 17.4 万吨，同比减少 36.8%；监管运输工具服务人员进境 10014 人次，同比减少 11.7%，出境 10017 人次，同比减少 11.2%。进口报关单审结 564 份，同比增长 3.3%；出口报关单审结 484 份，同比减少 32.2%；属地报关模式口岸验放进口报关单 659 份，同比减少 8.3%；验放出口报关单 57 份，同比减少 17.4%。全年无纸化报关率保持在 85%以上。办理企业注册 72 家，同比增加 16.1%。 (肖　艳)

出入境检验检疫

【概况】 2015 年，泰州国检局泰兴办事处检验检疫出入境货物 5601 批次，货物总值 2.19 亿美元，同比增长 -5.2%和 -10.9%。包装检验鉴定 1658 批，增长 4.9%；签发各类原产地证 4771 份，同比增长 -10%，货值 3.2 亿美元。发现不合格出入境货物 29 批，为企业挽回经济损失 810 万美元。

【全程无纸化和区域一体化业务改革】 2015 年，泰州国检局泰兴办事处推进全程无纸化和区域一体化两项业务改革。年内新增无纸化报检、申报企业 12 家。无纸化报检(包括全程无纸化)批次达 1684 批，占比 31%；产地证无纸化批次达 2511 批，占比 57%。参与区域通关一体化模式改革研究，在泰兴地区顺利实施沪苏出口直放。全年共有 3626 批沪苏出口直放，为企业节约出口成本约 70 万元。

【码头开放】 2015 年，泰兴过船太平洋液化气、过船改扩建通用码头被列为江苏检验检疫局年度码头开放计划。泰州国检局泰兴办事处指导业主单位完善新建码头开放所需检验检疫查验监管条件及配置设施，对于码头不完善的制度和硬件设施提出整改方案和落实期限。10 月，太平洋液化气码头开放通过省局登记备案现场考核并完成省级验收。 (程为民)

沿江开发

■编辑 辛 仕

综 述

【概况】 2015年,市沿江办编制《泰兴市沿江一体化开发总体规划》和《天星洲及临港产业发展区控制性详规》。对接12.5米深水航道建设,编制《泰兴市"十三五"港口发展规划(概要)》,完成天星洲码头群物理模型试验和天星洲专用航道物理模型实验。推进沿江岸线资源整合,推进七圩作业区公用码头工程岸线报批,完成大洋造船2个5000吨级舾装泊位项目报批。太平洋液体化工码头改扩建工程、过船港务公司通用码头改扩建工程、过船港务公司万吨级通用码头加固改造工程、鑫福船厂舾装码头工程竣工验收;金燕仓储液体化工码头、阿尔贝尔液体化工码头、虹桥通用码头工程完成主体工程建设。宏锦物流通用码头、滨江通用码头工程开工建设。

【天星洲综合整治开发】 2015年,长江扬中河段天星洲汊道段河道综合整治工程完成左汊左岸抛石护岸、洲头守护及部分洲体围堰工程,共完成工程投资7.1亿元。开展天星洲大桥及连接线工程前期论证,形成天星洲大桥及连接线工程设计方案,确定线位、桥型、桥塔及连接线方案。市政府与中交集团合作,设立总规模100亿元的中交泰兴产业基金,用于天星洲开发及相关基础设施配套工程。

港口建设

【概况】 2015年,泰兴港区完成货物吞吐量3519.72万吨,同比增长24.88%。其中,外贸货物吞吐量387.31万吨,同比下降3.42%。化工、粮食、建材和煤炭四大主要货种分别完成804.44万吨、755.57万吨、918.44万吨和952.68万吨,同比分别增长18.31%、4.03%、37.31%和40.49%。至年底,泰兴港区建成码头13座,泊位18个,其中,生产性泊位17个,舾装泊位1个;万吨级以上泊位12个,其中,生产性泊位11个(含2个趸船泊位),舾装泊位1个;对外开放泊位9个。2015年,泰兴港区完成建设投资6亿元。正在建设、报批码头项目12个,总投资40亿元以上。

【港口管理】 2015年,市港口局开展港口危险货物大检查、特种设备、打非治违等专项行动,督促港口企业不断加大隐患排查治理力度。建成集实时监控、视频会议、港口安全监管与应急管理系统于一体的信息监控中心,实现对船只进出港、危险货物装卸、外轮靠离泊等实时监控。开展应急救援演练,提升港口突发事件应急处置能力。对在建码头工程施工现场开展安全检查和质量安全综合督查。虹桥仓储有限公司码头工程通过"平安工地"验收。

口岸管理

【概况】 2015年,泰兴港区接卸外轮1112艘次,接卸外贸货物352.5万吨,完成进出口总值16.9亿美元,实现海关税收15.9亿元。

【口岸协调服务】 2015年,市口岸管理办公室推进泰兴港口岸申报。太平洋液体化工码头、过船港务通用改扩建码头对外开放通过省级验收。设立长江泰兴航道管理处(筹备组)和长航公安局镇江分局泰兴派出所(筹备组),开工建设边检监护中队营房,启动编制国检泰兴办事处港口功能完善配套工程建设方案。 (张 建)

泰兴经济开发区

【概况】 2015年,泰兴经济开发区实现地区生产总值195.8亿元,一般公共预算收入11.6亿元,工业国税开票销售收入635亿元,工商税收收入24.28亿元,实际利用外资2.53亿美元,外贸进出口总额16.9亿美元。实现物流税收8100万元,建筑业施工产值25.6亿元。工业国税开票销售、一般公共预算收入、实际利用外资等主要经济指标在泰州市省级以上开发区中总量位居第一,实际利用外资在全省89家省级经济开发区中总量位列第一。推进建设"法治园区、实力园区、生态园区、循环园区、智慧园区、平安园区",获批"国家知识产权试点园区",蝉联泰州市省级以上开发区绩效管理考核第一名,在全国381家化工园区中排名跃升至第8位。

招商引资 2015年,泰兴经济开发区实际利用外资2.53亿美元,增长16.08%,外贸进出口总额16.9亿美元。新签约项目24个,总投资约280亿元,其中50亿元以上项目2个,外资项目9个,总投资18亿美元。

项目建设 全年实施亿元以上重大产业项目69个:在建项目28个,其中10亿元以上项目10个,总投资194亿元;在批项目28个,其中10亿元以上项目8个,总投资214亿元;新开工亿元以上工业项目15个,其中5亿元以上项目7个,10亿元以上4个;新竣工亿元以上工业项目12个。

基础设施 2015年,泰兴经济开发区修编完善《泰兴经济开发区发展总体规划(2015——2030)》,规划面积拓展至55.67万平方米。全年预征土地3191亩,完成拆迁961户,安置1228户,回购1755户,过船老镇区征收动迁任务全面完成,竣工交付安置房1080套。推进福泰大桥、文化路西延等在建工程建设,洋思港北路、疏港路西延、院士路等道路建成通车,"六横五纵"道路框架基本形成。过船港务公司通用码头改扩建工程和万吨级通用码头、三木码头加固改造工程、金燕仓储液体化工码头、沙桐洋思港码头等项目竣工验收,天星洲整治开发加快推进。污水处理二期二阶段工程竣工投运,大气环境监测与预警系统建成并试运行,济川污水专管专线工程全线贯通;老A区13家小化工企业基本关停并拆除4家,回购盘活存量工业建设用地500多亩。

(朱 炜 吕晓文)

虹桥工业园区

【概况】 2015年,虹桥工业园区完成地区生产总值109亿元,同比增长16.5%;完成固定资产投资92.6亿元,同比增长32.4%;完成工业国税开票销售224.5亿元,工商税收收入6.43亿元,同比分别增长26.1%和23.5%;完成注册协议利用外资1.6亿美元,实际利用外资8761万美元;新增规模以上企业6家。园区创成"江苏省两化融合试验区""江苏省知识产权试点园区",荣获市目标管理综合考核、项目大突破一等奖。

招商引资 2015年,虹桥工业园区新签约亿元以上项目24个,总投资159亿元,其中30亿元以上2个;新开工亿元以上项目16个,总投资49.1亿元,其中10亿元以上2个,5亿元以上1个;结转在建和新竣工亿元以上项目各10个。

转型升级 2015年,虹桥工业园区获批省民营科技企业7家,省级高新技术产品11个,省高新技术企业3家,"三部委"高新技术企业5家。实施节能量达1000吨标煤以上节能技改项目3个,节约标准煤6340吨。扬子鑫福企业技术中心列入省海洋工程装备行业企业技术中心名录,通过国家工信部"白名单"验收;大洋海装、华泰船业成功申报泰州企业技术中心。幸运宝贝获批中国驰名商标,盛日机械"高耐磨竖炉齿辊制备工艺技术"通过科技部科技成果认定。泰润物流装备和虹泰机械分别被评为省两化融合试点企业和泰州信用贯标示范企业。

基础设施建设 2015年,企业集中办公中心、社会管理服务中心、社区文化教育中心、地税大楼建成投用,虹桥医院、邻里中心正式运营,1800户近22万平方米安置房安置到位;虹兴花苑、供电生产大楼、边检营房等加快建设。产业片区红星路东段、兴业路建成通车，铺设天然气管道8千米、污水管线5千米，架设10千伏专用线路32千米；新增绿化15万平方米，改造提升20万平方米；临港产业大道317户11万多平方米动迁工作全部结束。

港口建设　2015年，虹桥工业园区完成中旭船厂破产、资产清查等工作，通过省化解船舶过剩产能验收。实施中丹集团四醚生产车间搬迁。宏锦物流码头、仓储码头建成投用。全年新办物流企业67家，完成物流业税收7098万元，同比增长412.9%，净增5714万元。（韦庆国）

黄桥工业园区

【概况】 2015年，黄桥工业园区实现工业现价总产值158.2亿元，销售155.4亿元，利税21.34亿元，利润11.8亿元，同比分别增长27.7%、29.8%、33.0%、33.4%；完成工业国税开票销售80.4亿元，同比增长34%；两税入库5.6亿元，同比增长27.7%，高于全市平均增幅16个百分点，净增1.2亿元；完成规模以上固定资产投资65.4亿元，同比增长29.9%，工业投资48.2亿元；工业用电量17326万千瓦时，同比增长22.9%；协议利用外资1310万美元；实现自营进出口5841万美元，同比增长10.3%。

项目开发　2015年，黄桥工业园区组织、参加上海招商会、银杏科技节、北京央企合作恳谈会、上海乐器专题招商会等专题招商活动。全年开发实施1000万元以上项目53个，总投资65亿元，其中亿元以上项目27个，5亿元以上项目3个，江阴籍落户企业累计达16家，全部竣工达产后形成国税开票销售78亿元，税收3.2亿元。实现当年开发当年开工建设项目22个，

7月18日，黄桥工业园区、上海沪南实业总部经济合作签约仪式　（黄桥工业园区　供稿）

总投资25.6亿元，其中，亿元以上11个，总投资19.8亿元，外资项目2个，总投资3100万美元。

基础设施　2015年，黄桥工业园区累计投入近6亿元，实施军民路东延、友谊路南延、致富路南延、姜八公路改造等道路工程，吴韩、王韩、韩庄、顾何等安置工程；配套完善道路绿化、路灯、强弱电、雨污水管网建设，新增绿化面积20万平方米，投入80余万完善新建道路亮化设施，安装路灯80余盏；全年动迁250多户。（蒋　霖　袁冬杰）

农产品加工园区

【概况】 2015年，农产品加工园区实现工业现价产值38.7亿元，同比增长26.5%；销售收入38.3亿元，同比增长29.1%；利税4.67亿元，同比增长25.5%；国税开票33亿元，同比增长43.5%；工商税收4700万元，同比增长46.9%。

招商引资　年内，农产品加工园区招引并签约亿元以上重大工业项目10个，投资总额35.4亿元，新开工项目6个。

基础设施建设　年内，农产品加工园区总投资1.2亿元，完成兴园大道、创园路道路建设及绿化、亮化工程，完善粮食仓储库、内港池码头、标准厂房及配套设施工程，元竹新街污水管网接入园区污水处理厂等工程。（周章玉）

城东高新技术产业园区

【概况】 2015年，城东高新技术产业园区完成国税开票销售39亿元，同比增长32%；工商税收2.4亿元，同比增长30%；固定资产投资38.62亿元，同比增长108%，其中，工业投资26.64亿元，同比增长40%；自营出口1.7亿元，同比增长36%；协议利用外资1亿美元，同比增长127%；实际利用外资2021万美元。

项目建设　2015年，城东高新技术产业园区完成新开工亿元以上项目15个，其中，5亿元以上项目2个、10亿元以上项目2个。15个项目总投资54.33亿元，其中工业项目11个，总投资42.35亿元；新竣工工业项目8个，总投资20.6亿元，达产达效后可形成国税开票30亿元，工商税收2.6亿元。

基础设施建设　2015年，城东高新技术产业园区基础设施投入7亿多元，一期8.33公顷，18万平

方米的人才科技广场加快建设；1.73 公顷 3.4 万平方米的企业服务中心封顶；高速东侧 4.3 平方千米的拓展区道路管线工程已经到位，亮化工程正在实施。

平台建设 2015 年，城东高新技术产业园区推进 12 亿元发债工作，企业融资担保公司获省批准挂牌运营，苏科贷专项贷款资格获省授权正在运营，创投公司试运营。建设上海交大慧谷产业园、西安高校产业园、泰兴环科园上海育成中心（离岸孵化）等科技人才合作项目，引进 16 个人才团队、102 名高层次人才进园创新创业。年内，2 家企业（雅淑国际、亚太泵阀）在上海股权托管交易中心挂牌。（刘小艳）

雅淑国际贸易（江苏）有限公司在上海股权托管交易中心挂牌（高新区 供稿）

城区工业园区

【概况】 2015 年，城区工业园区完成地区生产总值 126.5 亿元，完成两税收入 7.98 亿元，规模以上固定资产投资 60 亿元。完成农业总产值 5.8 亿元，实现农业增加值 3.3 亿元，农民人均纯收入达 21964 元，同比增加 1800 元。完成全部工业产值 560.56 亿元、销售 550.6 亿元、利润 45.04 亿元，实现国税开票销售收入 105.02 亿元、自营进出口总额 1.97 亿美元。实现服务业增加值 80 亿元，税收 17 亿元，新增规模以上企业 11 个，新增限额以上企业 23 个。获评中国（泰兴）中小企业集聚区、国家技术转移东部中心泰兴分中心，创成江苏省军民结合产业示范基地。

招商引资 2015 年，城区工业园区工业总投资 33 亿元，实现 10 亿元以上重特大项目零的突破。新签约项目 39 个，其中亿元以上工业项目 10 个，总投资 56.1 亿元，年可新增销售 216 亿元。新开工项目 43 个，总投资 25.2 亿元，其中亿元以上工业项目 7 个，3000 万元以上工业项目 7 个，年可新增销售 35.4 亿元。新竣工项目 24 个，总投资 6 亿元，其中亿元以上工业项目 1 个，3000 万元以上工业项目 3 个，年可新增销售 8.8 亿元。

园区建设 2015 年，城区工业园区发展规划纳入市城市发展总体规划；老泰常路封闭，根思路与襟江北路实现贯通，向荣路北延工程进入扫尾阶段，向荣桥建设工程竣工；完成进区龙门架和园区标识工程，连接区内外的公交线路运行开通；根思西路、龙河路东首等路段亮化绿化工程加快实施，区内消防栓增补、根思西路富泓机械地块自来水管铺设、根思西路及向荣北路红绿灯增设全部到位，朗瑞标房办公楼和陆桥小区人才公寓装修工程竣工验收。

（朱 鹏）

党政机关

■编辑　蒋淑颖

中国共产党泰兴市委员会

· 重要会议 ·

【全市三级干部会议】 3月9日下午,泰兴市三级干部大会召开,市委副书记、市长张育林主持会议。泰兴市委副书记孙云回顾总结2014年“三农”工作情况,部署2015年工作。市委书记孙耀灿就落实好2015年各项重点工作任务,扎实推进更高水平小康社会建设,作明确要求。孙耀灿要求镇村两级干部要致力争先进位,谋求经济发展新跨越。全市上下特别是镇村两级干部,要发扬“不服输、敢争先”的优良传统,始终把发展作为第一要务,要突出全民创业,实现项目建设新突破。各园区、各乡镇的党(工)委书记、主任、镇长要当好“招商负责人”, 每个乡镇每年都要实施一批1000万元以上重点项目,力争在3000万元、5000万元和“飞地”项目上取得突破,每年净增规上企业2家以上。要注重统筹协调,着力城乡环境新改善。要坚持发展为民,追求民生幸福新提升。会议代表观看全市农业农村工作专题片《绿野流金》,表彰2014年度乡镇(街道)目标管理考核先进单位、十佳人民满意机关、服务地方发展先进单位、效能建设先进单位和信访工作“无访村(居、社区)”;各乡镇(街道)负责人向孙耀灿递交2015年工作目标责任状;黄桥镇、河失镇、姚王镇、新街镇、古溪镇、张桥镇薛庄村作典型交流发言。

【“三严三实”专题教育动员大会】 5月23日,泰兴市召开“三严三实”专题党课暨专题教育部署会,会上市委书记孙耀灿为全市党员领导干部上专题教育党课。孙耀灿紧扣中央和省委、泰州市委精神,紧密联系党员干部思想、工作、生活和作风实际,讲解“三严三实”专题教育的重大意义、“三严三实” 的丰富内涵、“不严不实”的具体表现和严重危害、“三严三实”的实践要求和实现路径,并对全市专题教育进行部署。孙耀灿要求,要紧扣主题,严格要求,确保专题教育取得实实在在效果;要突出重点,狠抓关键,高质量完成各项关键动作,着力提升专题教育工作水平;要精心组织,扎实推进,以科学发展的成效检验专题教育的成果,努力为“全面领先苏中,加快融入苏南”、全力夺取“三大战役”新胜利提供坚强的组织保证。市委副书记、市长张育林主持会议,要求全市党员领导干部,要深入学习领会专题教育的重大意义,统一思想认识,始终把专题教育作为一项重大政治任务抓紧抓好;要精心组织实施,抓实工作举措,始终以饱满的政治热情、良好的精神状态、务实的工作作风,积极参加专题教育;要坚持统筹协调,推进各项工作,始终做到两手抓、两不误、两促进。

(卢　岳)

· 组织工作 ·

【概况】 至2015年底,全市共有党员62323人,新发展党员733人。全年举办6期“万名党员进党校上党课”示范培训班,全市获评泰州市第四届“我最喜爱的共产党员”9名。

【干部队伍建设】 2015年,市委组织部对29个市级机关部门和21个乡镇(街道、园区)领导班子开展调研考察;推进干部交流,选拔10名村书记、11名群众工作团优秀队员进入乡镇班子,将14名长期在乡镇工作的领导干部交流到市级机关。举办党的十八届四中全会精神培训班、领导干部研修班、新任乡科级干部培训班等重点班25个,培训干部2000多人次;举办体制改革与经济转型、法制建设、文化生态民生、城乡一体化4个专题选学轮训,上海市委党校将泰兴市确定为干部教育现场教学点。出台机关事业单位人员调配和借用管理办法,上下联动推进干部人事档案专项审核,完成公务员职务与职级并行制度落实工作。规范干部工作"三员"管理,出台干部监督信息分析研判及提示提醒暂行办法,全面完成超配职数消化任务。实施第三批"名校优生集聚计划",面向全国重点高校选聘20名优秀毕业生,纳入乡科级后备干部管理。

【人才队伍建设】 2015年,泰兴市围绕项目和产业,推行"双招双引"(招商引资、招才引智)模式,全年引进优秀人才233人,其中新增留学回国人才61人,引进国家"千人计划"3人,6人入选省"双创计划",10人入选泰州(泰兴)市"双创计划"。引进第8批江苏省科技镇长团成员10人,柔性引进高校院所教授博士55人挂职企业,举办"百企百校协同创新""同济大学专家教授泰兴行"等政产学研对接活动16场次。推行"人才贷"和"科技贷",设立资金规模达1亿元的高层次人才创业种子基金。强化本土人才培养,增补泰兴"323高层次人才培养工程"培养对象147人,入选省"333高层次人才培养工程"培养对象科研项目资助1个,入选省"六大人才高峰"第十二批高层次人才培养对象2人,入选泰州市高层次人才科研项目资助15个。年内,被评为江苏省"2013——2014年度人才工作成绩突出的县(市、区)"。

【《关于加快推进"人才强企"的政策意见》】 9月29日,市委、市政府出台《关于加快推进"人才强企"的政策意见》,从2015年10月1日起正式施行。《关于加快推进"人才强企"的政策意见》共8条,通过发放"创业券"和"购房券",鼓励高层次人才到泰兴创新创业;鼓励企业通过柔性挂职、引进进站博士和聘请外国专家等柔性引才;通过发放生活补贴和"购房券",鼓励高校毕业生到企业就业;开展科技企业家科研项目资助、对专业技术人员达标进行奖励,鼓励企业加大高层次人才培养力度;通过实施"蓝领精英培育工程"、对"技能大师工作室"进行奖励、对高技能人才达标进行奖励,鼓励企业加强高技能人才队伍建设;建设"人才·科技广场",对入驻的企业和公共服务、研发机构进行奖励;加快发展人才服务业,鼓励人才服务机构入驻,对引进高层次人才进行绩效奖励;通过评先评优完善人才激励机制。

【首个人才·科技离岸孵化器】 11月15日,江苏省泰兴市人才工作办公室上海人才工作站和江苏省泰兴环保科技产业园上海育成中心在上海市成立,这是泰兴在市外设立的首个人才·科技离岸孵化器。"一站一中心"主要任务是引进上海高端人才和高层次人才到泰兴创新创业,就地提供项目孵化场所、相关设备和创投资金,并帮助其科研成果在泰兴实现产业化,做到政产学研合作无缝对接,解决高层次人才因时间、精力投放不足造成项目孵化失败的问题,提高人才引进的实效性和项目孵化的成功率。

【基层党组织建设】 2015年,泰兴市开展"基层组织服务深化年"活动。新建中心村党组织6个,新增农村电商等各类新型党组织219个,推行党群共治模式和党务公开"清单管理",选派71名机关党员领导干部到村担任"第一书记",选拔60名大学生村官为村居"两委"后备正职,14名优秀村党组织书记被省委组织部表彰为"吴仁宝式优秀村书记",28人落实事业人员待遇,村、社区"飞地"联盟党建模式被上海市委党校列为干部培训教学案例。在"两新"组织党建方面,新增规模以上企业党组织29个、规模以下企业党组织62个,非公企业党组织组建率达98.5%,园区"区域党建综合体"建设和星级管理模式被人民网等媒体宣传推介,泰州市委组织部召开现场观摩会予以总结推广。拓展"在职党员进社区、服务群众零距离""百支队伍进村组、百项服务下基层"等活动,69个机关党组织、8000多名机关党员参加活动。

【第五届"村干部培训周"】 4月21～25日,市委组织部以"守规矩·严管理·正风纪"为主题,举行第五届村干部"培训周"活动,对全市乡镇(街道)党政领导班子成员、村(社区)党员干部、大学生村官、基层站所和"两新"组织党员等1.8万人进行培训。市委书记孙耀灿,市委常委、组织部长钱娟分别为598名村(社区)两委正职授课。

【第四届"十佳村(社区)党组织书记"评选活动】 6月,组织开展全市第四届"十佳村(社区)党组织书记"评选活动,评选突出"政治素质好、工作业绩好、服务群众好、工作作风好、廉洁自律好"等标准,首次将城市社区党组织书记列入"十佳"评选范围,张国良等10人被表彰为第四届"十佳村(社区)党组织书记",钱卫东等18人被表彰为"优秀村(社区)党组织书记"。

【书记抓党建述职评议活动】 2015年底,市委召开专题会议,对全市各乡镇(街道、园区)党(工)委书记抓基层党建和履行党风廉政建设主体责任进行述职评议,经济开发区(滨江镇)等园区(乡镇)的7位党组织书记进行现场述职,其他乡镇(街道、园区)党组织书记进行书面述职,市委书记孙耀灿及其他市委常委进行现场点评,部分市领导、相关单位主要负责人及部分"两代表一委员"等70多人进行现场测评。

【实施"四大工程"】 2015年,泰兴市实施组织建设"晋位工程",推行村居党组织"对标定位、晋位升级"和"村级排行榜"制度,健全软弱后进村党组织循环整顿、常态帮扶机制,20个软弱后进村党组织整顿转化任务完成。实施场所功能"升级工程",按照"办公区域最小化、服务区域最大化"要求,300多个村(社区)对服务场所进行重新调整设置,服务功能全面升级。实施服务载体"接地工程",在村、社区、窗口单位和服务行业党组织中分别开展"三提三知"(提户知人、提人知事、提事知情)等活动,打造一批各具特色的服务品牌。实施服务评价"民意工程",组织群众对基层服务型党组织建设成效进行评议和测评,群众满意率在95%以上。

· 纪检监察工作 ·

【概况】 2015年,全市各级纪检监察组织履行党章赋予的职责,聚焦中心任务,强化监督执纪问责。强化对中央和省市委重大决策部署执行情况的监督检查,全面落实党委主体责任、纪委监督责任,汇聚推进党风廉政建设和反腐败工作的强大合力;紧盯"四风"问题,防止变异和反弹;依纪依法纪律审查,保持惩治腐败高压态势;加强警示教育和制度建设,深化治本抓源头。

【"两个责任"落实】 2015年,市纪委监察局出台落实党风廉政建设责任制防止"挂帅不出征"九项规定实施细则,推行和落实"两个责任"任务清单,实现市乡两级领导干部全覆盖。组织开展乡镇(街道)、园区和市级机关部门党风廉政建设责任制检查考核,提出121项整改要求。组织18名乡镇(街道)、园区党组织书记向市委当面报告履行主体责任情况,逐一点评、民主测评。市纪委监察局出台纪律挺在前面严格监督执纪问责实施意见,促进各级纪检监察组织提升履行监督责任的针对性和实效性。建立"两个责任"专项巡察机制,分两轮对8家单位实施专项巡察,发现问题71件,实施责任追究36人。

【作风建设】 2015年,泰兴市建立作风建设职能部门责任清单管理制度,发挥14家主责部门作用。紧盯关键节点,常态化明察暗访,开展"三公"经费使用、违规公款吃喝等专项督查,查处"四风"问题85件,下发通报13份,给予党政纪处分35人。强化对中央和省市委重大决策部署执行情况的监督检查,制定出台推进项目大突破不作为慢作为乱作为问责暂行办法、行政审批责任追究制度等规范性文件,查处庸懒散慢、推诿扯皮等问题13件,诫勉谈话18人。开展农村集体"三资"管理和"农机骗补"问题查处专项行动,发现和查处侵害群众利益突出问题290件,给予党政纪处分87人,清退违规资金980多万元。

【执纪审查】 2015年,全市纪检监察机关立案查处各类违纪问题316件。其中,查处乡科级干部18人,给予党政纪处分305人,移送司法机关25人。通过执纪审查挽回直接经济损失1750万元。严格执行信访举报协作办理制度,实行全程留痕管理,规范举报处理流程。制定问题线索不立案处置审查监督暂行办法,落实自办案件监督管理、自办案件回访等规章制度,强化流程管理。加强执纪审理工作,制定党纪政纪案件审理标准化实施办法。

【源头预防】 2015年,市纪委监察局印发党纪条规必知必会口袋书,开展《中国共产党廉洁自律准则》《中国共产党纪律处分条例》百场宣讲、百题测试,组织职务犯罪案件庭审旁听,制作警示教育片并巡回播放。加强新媒体运用,编发"延陵清风"微信,开设《泰兴日报》廉政专版,制作廉政微电影,拍摄何氏家范专题片,营造崇廉尚洁的浓厚氛围。结合省委巡视反馈意见整改落实,推动建立健全单位禁买、个人拒收购物卡承诺和党员干部上交收受礼金礼品登记报告等制度,强化执行情况的监督检查,全市党员干部主动上缴礼金、礼券、购物卡110万元。

【纪检监察干部队伍建设】 2015年,市纪委监察局结合"三严三实"专题教育,在全系统开展看坚守比忠诚、看正己比干净、看履责比担当"三看三比"活动。市纪委监察局完成第3轮内设机构调整,直接从事监督执纪业务的人员比例达84.9%;强化内部风险防控,梳理权力事项26个,排查廉政风险点93个,制定防范措施341条。落实纪委书记、副书记提名考察办法,完善职务任免办理程序;在政府办、司法局等5个部门新设派驻纪检监察组织。健全完善纪检监察干部内部监督、纪检监察系统领导干部约谈等内控制度,加强对基层纪检监察组织的领导,提醒约谈基层纪委书记8名。严肃查处纪检监察干部违纪行为,纪律处分2人、诫勉谈话2人。

(卜亚群　陆　炜)

· 宣传思想文化工作 ·

【概况】 2015年,全市建成村(社区)综合文化服务中心28个,成立美德善行促进会,实现农家书屋图书借还城乡全覆盖。围绕推进"三大战役"等主题,先后召开30余次新闻例会、协调会,开设新闻媒体专栏、专版110多个,编印《现代画报》泰兴专版。围绕市委、市政府中心工作和重大活动在市级以上媒体用稿1000多篇(条)。其中在中央级媒体用稿16篇(条),央视《新闻联播》发稿4条,新闻频道新闻直播间用稿5条,《人民日报》用稿2篇,中央人民广播电台5篇;《新华日报》《扬子晚报》、江苏人民广播电台、江苏卫视等省级媒体用稿200多篇。《"渡江战役"与苏南融合发展 泰兴转型升级高开高走》《"三大战役" 优化布局 创新升级积蓄后劲》在《新华日报》头版头条刊出。《新华日报》等媒体对祁巷村党委书记丁雪其、曲霞法庭法官张鹏先进事迹进行聚焦报道,江苏城市频道《江苏最美任务发布厅》栏目专题介绍丁雪其《残腿书记铺就致富路》。更新维护"泰兴发布",全年发布信息2000余条。组建139人网络发言人队伍,回复帖子1200余个,向事发单位交办网络舆情处置事项78起,编印《泰兴网情》60期。

【市委中心组学习】 2015年,市委常委带头深入开展"三严三实"专题教育活动。市委中心组集中学习26次,参学率均在98%以上,先后邀请国家、省委党校的专家学者前来授课,清华大学范玉顺教授到泰专题辅导15次。在《泰州日报》开辟专栏,对古溪镇、公安局等12家党委(党组)中心组学习成果进行集中展示。《泰兴市学习贯彻"四个全面"求严求实》被《群众·大众学堂》推荐。市委被评为全省建设学习型党组织工作先进单位。

【党员干部冬训】 2015年,泰兴市围绕6个专题开展基层党员冬训工作。《泰兴"4+4+4"模式提升冬训工作科学化水平》创新案例被省《宣传工作快报》推介,《"六微工作法"激发冬训活力》评为全省基层党员冬训工作创新项目,泰兴市被表彰为全省基层党员生产计划冬训工作示范市,济川街道、黄桥镇被评为全省基层党员冬训工作示范乡(镇、街道)。

【理论故事会活动】 2015年,市委宣传部组织开展"理论故事会"活动,组织全市"童声讲理论"故事比赛,录制"理论故事讲坛"视频,汇编《理论故事选编》,1人被推荐申报"全国理论宣讲先进个人",2人被评为泰州市"理论故事大王"。

【"泰兴微学习"】 2015年,市委宣传部运用手机媒体探索开发"泰兴微学习"微信公众号学习平台,累积转载重要理论文章900余条,推送原创信息100余条,吸引1000多名理论爱好者关注,推介的《解析习近平论新媒体建设的"四个重点"》一文,得到泰州市委常委、宣传部部长卢佩民的重要批示,原创信息《市委书记孙耀灿为啥到党校学习?》《孙耀灿书记上"三严三实"党课都讲了些啥?》等阅读人数均超千人。该做法被表彰为2015年度泰州市宣传思想文化工作创新成果。

【思想道德建设】 2015年,全市196所道德讲堂全年宣讲1000多次,受众逾30万人次;市人行、市法院、地税、国税、住建等部门发布"红黑榜"110多批次;成立市美德善行促进会,设立美德善行基金;设立200多张"美德善行榜"弘扬宣传身边典型。2015年,全市4人入围中国好人榜,1人当选中国好人,3人当选"江苏好人",泰州出入境检验检疫局泰兴办事处员工高玲获江苏省道德模范提名奖,丁雪其当选江苏省"最美共产党员",江苏卫视城市频道到祁巷村现场录播,市人民法院黄桥法庭助理审判员王云、市公安局指挥中心副中队长封益琴等9人获"泰州最美人物"称号。

【志愿者服务活动】 2015年,泰兴市成立医疗保健、应急救援、心理疏导、环境保护、科学普及、法律援助、无偿捐献、文体活动等8大类专业志愿服务队,依托全市65个志愿服务基地,利用重大节日,组织开展植树护绿、"清剿火患""邻里守望""暖冬行动" 等志愿服务活动,14万名志愿者常年活跃在67个志愿服务基地和34个志愿服务工作站(点)。积极选树志愿服务典型,打造志愿服务品牌,市邮政系统何建忠当选全国优秀志愿者,挂牌成立"何建忠群众服务社",由他牵头开展的"预防邮路"获江苏省优秀志愿服务项目二等奖;泰州出入境检验检疫局泰兴办事处普通员工高玲被表彰为江苏省优秀志愿者,济川街道"帮忙零距离——爱心之家"获江苏省志愿服务"小薇奖"。

【未成年人思想道德建设】 2015年,全市广大未成年人开展以"八礼四仪"("八礼"指仪表之礼、仪式之礼、言谈之礼、待人之礼、行走之礼、观赏之礼、游览之礼、餐饮之礼民。"四仪" 指入学仪式7岁、成长仪式10岁)、青春仪式14岁、成人仪式18岁)为主题的学习践行核心价值观活动,编印《弟子观》《安全节电常识》《学法小读本》《文明交通进校园》系列读本,倡导"小手拉大手,文明礼仪一起走"活动。组织开展"童声里的中国" 优秀童谣学传唱活动,4篇原创童谣在泰州市获奖,黄桥小学的"养成"教育工作经验在泰州市文明礼仪养成教育现场推进会上做介绍。组织"为国教子、科学育人”和未成年人心理健康教育专家讲座,全年宣讲80多场,受众2万多人。扎实推进乡村少年宫建设,珊瑚小学、分界小学、根思小学、张桥小学等4所乡村学校少年宫获中央专项彩票公益金资助，实现乡村少年宫乡镇全覆盖。组织开展第四届泰兴市美德少年评选活动,推荐1人获泰州市美德少年称号,9人获泰州市美德少年称号，泰兴市鼓楼小学的朱纾萱获省美德少年称号。

【群众性精神文明建设】 2015年，泰兴市制定出台《泰兴市2015—2017年深化文明城市创建的意见》,通过省文明办对泰兴市文明城市的复查验收。对文明行业、文明单位实行动态管理,引入量化考评,常态开展文化科技卫生“三下乡”活动,组织开展“晒乡景、赞乡贤、传乡风”主题活动,弘扬优良家风家训和乡贤文化,开展“星级文明户”“幸福农家”“好媳妇”评选。推进村庄环境综合整治，建设美丽乡村，郭寨村当选第三届“江苏省最美乡村”,黄桥镇祁巷村、曲霞镇印达村继续保留“江苏省最美乡村”荣誉称号。培植和选树文明优质服务品牌,市司法局“三站四式法律服务”、市政务服务管理办公室“握手承诺　贴心服务”入选第三批泰州市文明优质服务品牌。

【宣传干部培训班】 8月23日—25日,泰兴市举办全市宣传干部培训班,邀请省委党校教授围绕“掌握意识形态工作的领导权、管理权、话语权”“领导干部媒体沟通的策略与技巧”等作专题辅导。学员考察无锡发展文化产业的做法和经验。全市乡镇(街道)党委(党工委)宣传委员,系统党委宣传科长,市宣传文化单位主要负责人等54名宣传文化系统干部参加培训学习。2名宣传文化人才入选泰州市宣传文化系统首期“六个一批”人才工程培养对象,2个项目获2015年泰州市高层次人才科研项目资助。

· 统战工作 ·

【概况】 2015年,市委统战部组织民主党派、无党派、工商联人士围绕“全面领先苏中,加快融入苏南”的奋斗目标和“三大战役”战略部署,针对社会热点难点问题开展调研,形成专题调研报告6篇,指导统战成员中的人大代表、政协委员认真履行参政议政职能,提交提案、议案、社情民意266件,重点督办5件,信息、社情民意被泰州采用25件，全国采用1件，泰兴采用13件,其中市领导批示6件。民建泰兴市基层委员会被民建中央委员会评为全国参政议政先进集体。加强与泰兴籍海外人士的联系沟通、拓展为侨服务工作载体,全国社区侨务工作示范基地成功创建。指导和组织工商联、民建会员外出考察特色企业、每季度举办一次异地商会“家乡行”活动,为全市“项目大开发”提供有价值信息12条,正式落地项目3个,总投资5.8亿元。

【党外代表人士工作】 2015年,市委统战部明确党外干部管理的范围、程序与办法,围绕“国情党情”“社会责任”等主题,召开座谈会、集中培训12次。加大党外干部举荐力度,全年提拔党外领导干部4名,其中单位正职1名、副职3名,全市11个政府必备部门配齐党外领导干部。

【党外知识分子联谊会小组活动】 2015年,市委统战部指导党外知识分子联谊会以小组为单位，先后开展规范校外培训机构管理等专题调研活动4次，召开改善城市交通环境等座谈会4次,形成调研报告6篇,其中 3篇得到相关部门重视。全年举办送医疗、送温暖、送科技、送文化进社区、下农村等惠民活动5次,受惠群众500余人次。

【特约人员工作】 2015年,市委统战部通过走访、电话联系等形式加强与特约人员聘请单位的沟通联系，及时掌握特约活动开展情况；完善特约监督员定期联系、活动开展、意见及反馈等相关制度,举办特约人员工作专题培训,学习专业知识,交流工作经验,不断提高特约人员民主监督水平。泰兴市特约人员工作作为创新特色项目受到泰州统战部表彰并在全省推广。

【统战干部培训班】 2015年,市委统战部在江苏省社会主义学院举办为期3天的全市统战干部培训班,邀请省委统战部、省工商联、省民委、省社院领导授课,专题学习中央、省委统战工作会议精神和《中国共产党统一战线工作条例(试行)》、省委《关于贯彻〈中国共产党统一战线工作条例(试行)〉的实施办法》,16个乡镇统战委员、民宗助理,统战部、民宗局、工商联、侨联全体工作人员参加培训。

【统战目标管理考核】 2015年,市委统战部研究下发《泰兴市2015年统战工作要点》,对全市的统战工作进行统一部署;制订《2015年乡镇统战工作考核细则》,细化分解考核指标,保证考核工作的制度化和规范化;细化分解2015年度统战工作任务,形成《2015年度统战部各科室目标任务分解表》以及《2015度统战部重点、常规工作目标计划书》,明确任务、落实责任。

【统战调研】 2015年,市委统战部围绕全市统战工作面临的新形势、新任务,研究下发统战系统重点调研课题,领导班子成员牵头,组织民主党派、工商联、侨联深入基层开展调研,针对中小企业融资平台搭建、如泰运河以北地区开发、老年事业发展、城区道路通行能力提高等社会热点难点问题开展调研,形成专题调研报告6篇。2015年,《让守法诚信成为非公经济人士的自觉遵循——开展守法诚信教育实践活动的实践与思考》获得泰州市统战理论创新成果一等奖,《"四个全面"做好特约人员工作 服务全市民主政治建设》获得泰州市统战工作实践创新成果二等奖。部机关被评为"2015年全市统战宣传信息工作先进单位"。发挥《泰兴统战》平台作用,结合泰兴统战工作实际,向《中国统一战线》《挚友》《泰州统战》《泰兴日报》等媒体报送信息86余条,采用53条,宣传信息调研工作名列泰州第一。

· 台湾工作 ·

【概况】 2015年,市台办接待入境经商、探亲台胞以及考察团组21批104人次,办理因公赴台团组7批36人次,办理企业赴台团组13批63人次。

【交流交往工作】 2015年,市台属联谊会促成江苏省泰兴中学与台湾中华私立高级中学结成友好学校,9月,两校校长、老师在台湾就教育教学理念进行交流。

(杨 磊 曹 琴)

· 保密工作 ·

【保密双先表彰】 1～3月,市委保密办对园区、乡镇和机关单位以协作组形式进行集中考核,现场评出20家保密工作先进集体和15名保密工作先进个人,并进行表彰奖励。

【保密考核】 2015年,市委保密办将保密工作经费预算、开展保密专题党课情况和自查自评工作列入考核内容,并继续实行保密工作"一票否决制"。健全保密工作协作组职能,各协作组组长单位负责协作组成员单位的保密日常检查、年终考核工作和推荐"双先"工作。每季度定期开展协作组活动,督导各成员单位健全保密工作领导小组,履行领导干部保密工作责任制,落实要害部门部位年审备案制度。

【涉密人员管理】 2015年,市委保密办指导各机关、单位进一步做好涉密人员的任前审查、上岗培训、上岗保密承诺、在岗(离岗)教育培训工作。重新印发各类人员《保密承诺书》样式,并组织涉密人员签订。指导机关、单位进一步完善《涉密事项一览表》,确保将国家秘密、工作秘密和敏感信息事项纳入其中。有正式文件确定定、解密人员,人员发生变化时,及时备案。加强要害部门部位的管理。做好要害部门、部位的年审备案管理,确定标准,指导各机关、单位根据实际情况变化适时对保密要害部门部位作出调整,并报市委保密局确认和备案。按照国家保密管理要求和保密技术标准加强安全防范措施,加强进出人员的保密教育培训,加大人防、物防和技防投入,做到严格管理、责任到人、严密防范、确保安全。规范涉密载体和网络的管理。继续推行"四统一"(统一购买、统一登记、统一配发、统一销毁)管理模式,不断强化存储介质管理,解决明密不分、公私不分、交叉使用的问题,督促机关单位使用光盘交换电子信息,消除失泄密隐患。严格信息发布保密审查制度,采取身份鉴别措施,有效防范非授权用户登录服务器、终端、应用系统以及安全保密设备,进一步推进涉密信息系统按照国家保密标准配备必需的保密设施、设备和技术防护专用系统,严格控制互联网接入口数量和接入终端数量,提高保密防护保障能力,确保"上网信息不涉密,涉密信息不上网"。

【保密工作基础数据库】 2015年,市保密局完成保密工作数据统计工作和网络分类核查工作。在市党政办公网络平台上新建保密工作联系群,保密干部可以在群里在线交流,特殊情况下可用短信平台部署保密工作,继续推行保密工作台帐管理和"一机一卡"户籍式管理,做到有案可查。

【保密检查】 5月上旬,市保密局会同公安、宣传部门做好互联网涉密信息和舆情监管工作;5月下旬,会同教育局对各考点、保密室、试卷发分室和监控中心进行检查;6月中旬,会同公安、工商、城管等部门对全市废品收购回收市场进行检查;7月下旬,开展涉军信访维稳信息的保密检查;8月下旬,配合做好市政府外事办的保密专项检查;9月下旬,在全市范围内组织开展非涉密网络保密管理专项检查工作;10月,会同国土局对全市涉密测绘成果进行专项检查;11月,会同政府办公室、市公安局、市经信委、市文广新局,对全市重要信息系统和政府网站安全情况进行专项检查。12月,配合市公安局积极推动网络安全等级保护检查工作。做好互联网站和政府门户网站上网信息检查工作,做到天天有记录,月月有统计。指导督促机关、单位开展保密自查,发挥机关、单位保密协作组作用,利用每季度开展协作组活动的契机,抽查1家成员单位。

【保密宣传】 2015年,市保密局加强对领导干部、涉密人员、公务员和新录用人员培训。发挥党校、行政学校教学优势和主阵地作用,把保密教育培训纳入初任公务员、在职公务员和新任领导干部教育培训的必修课程,建立涉密信息系统"三员"(系统管理员、安全保密员、安全审查员)持证上岗管理制度,坚持先培训后上岗。督促机关单位认真开展保密专题党课活动。是年,市保密局组织4200多名机关干部签订《保密承诺书》;组织保密干部向泰州日报社和泰州保密局网站投稿,共投稿15篇;组织机关干部参加保密知识竞赛活动,共收集答题卡4000余份;利用网络、电视、手机短信等现代传媒手段,营造保密宣传的良好氛围。在《泰州日报》上刊登1篇业务文章、在泰兴电视台4个电视频道上插播滚动字幕共计180条次、在城区和乡镇主要街道上拉16条横幅、在法制宣传广场开辟2个保密宣传专栏、在涉密重点部门和人群密集场所的电子显示屏上播放《保密宣传视频》资料等。

【保密人员培训】 2015年,市保密局多次安排骨干人员参加专业技能培训,分批次派员到西安培训班深造,培训人员全部通过结业考试。购置1套国瑞信安计算机及移动存储介质保密管理系统,并组织技术人员熟练操作,提升保密检查队伍的技能和水平。(华　东)

· 老干部工作 ·

【概况】 至2015年底,全市共有离休干部453人,其中行政机关127人,事业单位121人,企业单位132人,垂直单位50人,易地安置23人;享受地(市)级政治生活待遇8人,享受部分地(市)级政治生活待遇17人,享受处(县)级政治生活待遇141人;抗日战争时期参加工作的82人,解放战争时期参加工作的321人。

【老干部"两项建设"】 3月,市委老干部局举办老干部党支部书记培训班,进行"四个全面"重要论述的专题辅导。7月,泰州市局陈宇清副局长深入到河失镇老干部党支部中进行"三严三实"专题试点调研,全程参与基层支部活动。9月,在市文广新局召开"五好"支部示范点现场观摩推进会。10月,就老干部支部开展政治学习开展专题调研,推动形成符合老同志实际的长效化常态化学习机制。11月,选派9名老干部党支部书记代表赴省老干部党校参加全省离退休干部党支部书记培训班。

【老干部作用发挥】 4月,市委老干部局举办老干部发挥作用先进事迹报告会,邀请老干部周静芳和戴恒义做事迹报告。6月,布置开展"老同志牵手大学生村官风采"征文活动,征集"牵手"征文20余篇。7月,配合泰州市老干部局,举办"三严三实——走进基层老干部党支部"活动和"我看十八大以来新变化"老干部座谈会,引导老干部在感受变化、体验发展中释放正能量。11月,在全市老干部中部署增添正能量系列活动,开发利用"老干部智库"。

【落实老干部生活待遇】 3～4月,市委老干部局开展"三访、三解、三问"新春走基层活动,分4个工作小组,到乡镇部门、老干部支部和老干部家中,走访慰问。5月,组织1700名老干部体检,更新完善老干部体检档案。8月中旬,开展高温慰问。9月上旬,走访慰问全市92名参加抗日战争的离休干部,发放纪念章及慰问金。调整离休干部护理费标准,并督促抓落实到位。12月,联合市人社局、财政局、卫计委、市人民医院召开离休干部医疗待遇落实座谈会。春节前夕,调整提高老干部春节慰问金标准。建立健全特困老干部帮扶机制,出台泰兴市帮扶特困老干部实施办法,健全帮扶档案,落实帮扶老干部36名,资助款物等近10万元。全年慰问住院老干部200多人次,吊唁去世离休干部52人、市管退休干部18人。

【"电子保姆"一键通呼叫系统】 4月,市委老干部局组织部分机关单位老干部党支部书记召开"电子保姆"一键通运行情况座谈会,交流各单位老干部使用"电子保姆"一键通的情况,听取老同志的意见建议,完善服务机制。2015年,97位老干部的求助项目得到解决,15位老干部急病求救得到治疗,中心进行电话回访512人次,回访满意率达96%,新增用户78户。

【市管退休干部服务管理】 5月初,市委老干部局开展"展示阳光心态、体验美好生活、畅谈发展变化"主题活动,组织参观宣堡镇容镇貌和郭寨村,观看城建、农业农村专题宣传片,听取老年保健知识讲座,欣赏老干部艺术团文艺演出等活动。国庆前夕,组织机关部门市管退休干部开展"铭记历史、圆梦中华,为党的事业增添正能量"系列活动,组织参观集邮和书画展、听形势报告、观看文艺演出等活动。市管退休干部动态月报和年报制度步入正轨,落实完善市管退休干部生病慰问制度。

【老年大学管理】 2015年秋学期,市元林老年大学招收学员810人,在校学员2500人次。制发校徽和《学员守则》,创办校刊《银杏苑》,开辟校园报廊和网站,定期更新校园动态。在江苏元林慈善基金会的考核中,荣获"优秀元林老年大学"称号并获50万元"敬老爱心基金"奖励。11月,承办泰兴市"全民终身学习"活动周启动仪式。12月,全省老年大学年会在泰兴召开,市元林老年大学被授予"省示范老年大学"称号。

【老干部文体活动】 2015年,全市组织老干部扑克牌、象棋、钓鱼、小纸牌等活动14次,组队参加泰州市局举办的门球、乒乓球、钓鱼、棋类等比赛活动。9月,以纪念抗战胜利70周年为主题,举办书画诗词作品展、抗战老兵摄影作品展和各类文体竞赛,并组织“园区行”系列参观活动。新四军研究会组织“新四军精神进校园”“红色记忆”寻访、纪念抗战胜利70周年历史报告会主题活动10余次,按期编发《新四军在泰兴》专栏和季刊,出版《黄桥战役史考》。9月,老干部集邮协会承办“泰州市第三次老干部集邮联谊会”,开展集邮知识讲座、老干部邮展、参观考察等系列活动。老干部大学艺术团围绕普法宣传、遵守交规、环境保护、科普知识等专题,进园区、下社区、到广场,全年演出30余场次。设立老干部健康门诊,邀请市专家、名医坐诊,免费提供健康咨询、测量血压血糖、做心电图等保健服务。为在城离休干部和市管退休干部办理368个老干部活动证。 (倪　晶)

· 机关工委工作 ·

【概况】 截至2015年底,全市市级机关共有党员2294名,全年新发展党员24名,其中,大专以上学历22名,占91.67%;35岁以下党员16名,占66.67%;女党员10名,占41.67%,各项比例均达到或超过市委组织部下达的指标。全年共受理党员违纪案件4起,协助市纪委办案4起,处分党员4人。

【首届市级机关读书节】 2015年,市级机关工委举办首届“悦读·践行·创优”市级机关读书节。活动于6到8月集中开展,分5项专题活动推进。“悦读·提升”名家讲坛活动,邀请国务院参事、友成企业家扶贫基金会常务副理事长汤敏博士作《新常态下的新机遇》报告,帮助70个机关部门400余名党员了解经济新形势、适应从政新常态;“悦读·品鉴”现场鉴书活动,市新华书店开设“流动书市”并准备千余册书籍,为机关党员干部购书提供便利,同时购置1500余册图书,更新机关阅览中心书目;“悦读·推荐”读书荐书活动,发动机关党组织汇总上报荐书清单,经专家评选形成机关优秀图书榜单,择优挑选《苦难辉煌》等4套书籍赠送至各党组织;“悦读·分享”读书征文活动,发动机关党员干部选定阅读主题、撰写学习心得,从征集文章中评选出11篇优秀文章进行表彰奖励;“悦读·笃行” 悦读达人评选活动,38个部门选送45名参赛选手借助演讲、朗诵、脱口秀等形式,畅谈阅读体验、推介心仪好书,13名选手获得“悦读达人”称号。

【党性教育活动】 中国共产党成立94周年前夕,市级机关工委举办“强党性 展风采”党性集中教育活动,市四套班子全体党员负责人及市级机关60多个部门近1000名党员干部代表参加。活动中,全体党员代表面向党旗重温入党誓词、作出庄重承诺,在现场进行第九套广播操的风采展示。

【机关党员干部培训】 5月上旬,工委组织举行第28期入党积极分子培训班,集中讲座与课下自学相结合,理论补给与实地观摩共促进。6月下旬,机关工会举行基层工会财务知识培训,市总工会财务部负责人对基层工会财务工作人员进行工会财务专业知识、检查要求等培训。7月下旬,联合组织部对2013年至2015年发展的120多名新党员开展党的基本知识、廉政文化教育等方面集中培训;11月中旬,组织市法院、市教育局等10家单位的党务干部参加泰州市级机关党组织书记培训班;12月中旬,市级机关70名机关党组织书记和110名中层干部代表参加党组织书记和中层干部培训班,邀请省委党校教授作《十八届五中全会精神解读》《“四个全面”专题辅导》等专题讲座,邀请中国卫生思想促进会秘书长、原国家计生委宣教司司长张建作《机关支部党建的实践与思考》主题报告。

【市级机关挂钩帮扶工作】 2015年是市级机关“百村千户”和“黄桥老区脱贫攻坚”挂扶工作的收官之年。工委开展形式多样的调研活动。4月上旬,工委会同部分挂扶部门负责人对黄桥老区元竹等5个乡镇的43个村进行专题督查,了解掌握市级机关挂扶工作进展情况。10月下旬,工委组织环保局、规划局、民防局等12个挂扶部门召开座谈会,明确挂扶重点转向增强挂扶村造血功能,就第七轮挂扶工作征集意见建议。开展针对性调研:给村集体经营性收入特别低的经济薄弱村“开小灶”,召集乡镇、村负责人和挂扶村党组织书记进行挂扶恳谈会,分析村集体经济现状,量身制定帮扶策略。针对金融部门挂扶力度不足等问题,召开金融口协调会。举办能力提升培训班。组织黄桥老区12个乡镇的88名结对帮扶村党组织书记参加培训,就扶贫开发文件精神和增加经营性收入途径进行辅导。营造脱贫攻坚氛围。在《泰兴日报》开设脱贫攻坚专版,宣传挂扶村增收致富好方法好路子,在泰兴电视台新闻频道连续进行6期系列报道为挂扶村集体经济发展、百姓致富提供有益借鉴;定期开展督查,编发2期工作简报,通报挂扶目标完成进度;按季编发机关部门挂扶动态;在《泰兴新闻》《社会正能量》等新闻媒体专题宣传挂扶村优秀“第一书记”,推广先进典型。

【机关党建联盟建设】 2015年,市级机关工委开展党建联盟建设工作,首先在市财政局、国税局、地税局、审计局4个单位进行试点建设。6月中旬,工委带领试点单位分管领导赴外地学习考察机关党建联盟建设情况，对鑫泰大厦党建联盟试点进行专题部署和研讨。下半年,组织召开联盟工作推进会,商讨联盟阵地建设的场地、名称、标识、制度等内容,确定党建联盟的实施方案、组织构架、活动方式,10月启动阵地建设,截至12月所有阵地建设硬件全部完工，进入资料收集阶段。

【机关党员服务中心活动】 2015年,市级机关工委定期邀请省市知名专家学者为机关党员干部进行生活保健、心理调适等知识讲座和报告;2月，联合市教育局举行“携手孤儿,与爱同行”捐助活动暨“爱心超市”启动仪式,对黄桥老区7个乡镇30名贫困学生进行爱心援助,定期将机关部门和广大党员干部集中义卖、自发捐赠的物资发放到困难群众手中;7月下旬,与红十字会联合举办公益性应急救护培训活动,邀请省红十字会救护专家、南京鼓楼医院急诊科主任医师吴建中教授走进机关,为400余名党员干部讲解急救常识;下半年举办市级机关部门“健康泰兴社区行”专家巡讲活动，每月至少组织1场专家巡讲，截至年底累计参加2000人次。

【机关工会组织建设】 2015年,机关工会指导市级机关43个分工会(工会小组)选举产生各基层工会委员会。4月上旬,筹备召开市级机关工会会员代表大会,选举产生第一届机关工会联合委员会,建立机关工会联合会组织体系。

【“点亮微心愿·共圆微梦想”活动】 2015年,市级机关工委开展“点亮微心愿,共圆微梦想”主题活动。各党组织以弱势群体为重点,通过上门走访、发放心愿卡、设立信箱广泛征集“微心愿”;街道社区党组织汇总审核并登记,设置“心愿墙”公示微心愿信息,在职党员自行认领;机关党组织跟踪督促认领人与“心愿人”的对接,并建立信息台账。全年,全市2000多名机关在职党员到社区报到,开展志愿服务5000余人次,帮助困难群众实现“微心愿”600多个。12月上旬,工委组织市级机关各党组织召开市级机关“点亮微心愿 共圆微梦想”现场推进会,推广发改委等单位开展活动的做法和经验。

【机关文体活动】 5月下旬,机关工会组织举行市级机关第九套广播体操比赛,41个单位组成28支代表队、近300名运动员参加比赛。6月下旬,市级机关第九套广播体操比赛中,近800名运动员组成24支代表队,代表市级机关32家单位参加比赛。11月下旬,市级机关44家单位300余名球类健将在乒乓球羽毛球比赛中争夺团体和个人共计7个项目奖项;12月下旬,在市中国象棋比赛中,工委选派12支代表队参加比赛。

(王汉龙)

· 党校工作 ·

【概况】 2015年,市委党校举办全市学习贯彻十八届四中全会精神报告会、全市2012—2014年新党员轮训班、全市文秘人员专题培训班、全市2015年新录用公务员和选聘的高校毕业生初任培训班、全市村(居)“两委”正职后备大学生村官专题培训班、全市市级机关中层干部培训班、全市第9期新任副乡局级领导干部培训班、全市“万名党员进党校上党课”示范班、全市乡局级干部年度自主选学专题轮训班等23期，培训3491人次。与人社局、住建局、商务局、民政局、江苏省泰兴经济开发区、济川街道、农商行等部门、单位联合办班32期,培训5000余人次。送教下基层30余场,受众3000人次以上。

【学历教育】 2015年,市委党校与江苏省青年管理干部学院联合举办社区管理与服务专业大专班，录取新生90人,报到注册79人;与南京信息工程大学联合举办财务管理专业本科班,录取新生11人,报到注册10人。大专、本科在籍学员182人。毕业本科34人,其中财务管理专业12人,行政管理22人;毕业大专生19人。与南京航天航空大学筹办2016年在职MPA研究生双证班。

【调研科研】 2015年,市委党校承担市社科联3项课题《新常态下泰兴经济发展路径选择》《农村电子商务发展模式研究》《城市建设中文化元素的保留与再造》的调研和撰写任务,并在泰兴市2015年度社科应用研究成果评比中分别荣获一等奖、二等奖和优秀奖;提交调研报告10篇;在泰州市级以上刊物发表论文10篇;新增主体班成熟课题6个。

【党性教育基地】 2015年,市委党校整合红色教育资源,打造中共江浙区泰兴独立支部旧址纪念馆、新四军黄桥战役纪念馆、杨根思烈士陵园3个党性教育基地,借鉴红嫂纪念馆、淮海战役纪念馆等党性教育基地经验做法,对全市3个教育基地进行完善和开发。

(曹晋丽)

· 史志档案工作 ·

【概况】 2015年,《中国共产党泰兴历史(1949—1978)》第二卷出版发行,《泰兴市志(1988—2005)》通过终审，市档案馆建成省级中小学档案教育社会实践基地。档案查阅接待来访者4536人（次），调阅档案5783卷(册)，复印档案15551页。全年，19家单位通过档案工作等级测评，新晋升星级单位12家，到期复查通过7家，其中市公路管理站档案工作通过四星级测评验收，中国电信股份有限公司泰兴分公司档案工作通过四星级复查。

【《中国共产党泰兴历史（1949—1978）》出版发行】 年初，市史志档案办倒排计划，组织力量，修改完善书稿。8月底，党史二卷本定稿，送各编委会成员及老同志审读，并报泰州市党史方志档案办公室审定。12月，党史二卷本出版发行。

【《泰兴市志(1988—2005)》通过终审】 11月6日，泰州市党史方志档案办公室在泰兴市召开《泰兴市志(1988—2005)》终审会，会上评审组专家对志稿框架、行文等方面提出了修改意见。副市长周桂香代表市政府对评审组表示感谢，并表示根据评审组意见作进一步修改，力争早日出版《泰兴市志(1988—2005)》。泰州市党史方志档案办公室主任申俊才代表评审组宣布《泰兴市志(1988—2005)》通过终审。

【《泰兴年鉴(2015)》出版发行】 《泰兴年鉴(2015)》出版发行，全书共设特载、大事记、专记、概况等27个栏目，其中"泰兴城建论坛""最美泰兴人物"是根据市委、市政府中心工作，结合年度特点，创新设计的两个栏目。该部年鉴是泰兴市编纂的第20部年鉴。

【党史宣传】 年内，市史志档案办开辟党史成果"六进"(进机关、进企业、进院校、进乡村、进军营、进社区)宣传教育活动新阵地，党校讲党史、"万名党员上党课"示范班授课等活动，主要负责人为新公务员、新党员、文秘人员等讲党史。

【纪念抗日战争胜利70周年知识竞赛】 年内，市史志档案办联合市委组织部、宣传部、机关工委以及市文广新局、国土资源局，举办纪念抗日战争胜利暨世界反法西斯胜利70周年知识竞赛活动，竞赛分为党史知识测试、报纸有奖竞答、电视知识竞赛3个阶段，50个市级机关部门和16个乡镇（园区）179名选手参加党史知识测试，国税局等6支代表队参加电视知识竞赛，报纸有奖竞答吸引全市万人参加。

【省级中小学档案教育社会实践基地验收】 10月19日，市档案馆接受省级中小学档案教育社会实践基地考评组验收，考评组按照考评细则，逐项打分，最终市档案馆以高分通过测评，成功晋升为江苏省中小学档案教育社会实践基地。

【数字化档案馆建设启动】 2015年，数字化档案馆建设工作启动，并实施第一期工程。馆藏档案扫描完成300万页，新进馆档案全部数字化，机房增添精密空调、UPS不间断电源、服务器、磁盘阵列等硬件设施。

【全省中小学档案教育社会实践基地建设工作会议】 3月31日至4月1日，全省中小学档案教育社会实践基地建设工作会议在泰兴召开，各省辖市档案局负责人，有创建任务的县(市、区)档案局负责人共70人参加会议。省档案局副局长顾祖根、省教育厅副巡视员步锦昆出席会议，市委副书记孙云到会致辞。

【企业档案管理培训班】 4月23日，市档案局应城东高新区管委会、姚王镇政府和市群众工作团姚王工作队邀请，在江苏德福来汽车零部件有限公司为该园区(乡镇)30余家企业举办企业档案管理培训班。

【国际档案日宣传】 6月9日，市档案局在鼓楼广场开展主题为"档案——与你相伴"的国际档案日广场宣传活动。市档案局制作16块宣传展板，并设立咨询台。活动现场，市民免费领取家庭档案宣传画册和档案宣传购物袋。

【市档案馆微信公众平台】 9月25日，市档案馆微信公众平台正式上线运行，公众可以通过添加微信号"泰兴市档案馆"关注。该微信平台设置"档案服务"和"档案文化"两个专栏，定期发布馆藏珍贵档案，成为档案宣传新渠道。

（凌长富）

泰兴市人民代表大会

【概况】 2015年，市人大常委会召开常委会议6次、主任会议6次，组织代表视察3次、执法检查1次，开展专题询问2次，听取和审议"一府两院"工作报告29项，做出决定决议8项，备案审查规范性文件2件，依法任免国家机关工作人员60人次。

【市十四届人大四次会议】 1月13～16日，市十四届人大四次会议在城区召开，370名代表出席会议。会议审议通过市长张育林作的政府工作报告，市人大常委会副主任戴仁泉作的人大常委会工作报告，市法院代理院长杨旭波作的法院工作报告，市检察院代理检察长吴文彬作的检察院工作报告。审查和批准泰兴市2014年国民经济社会发展计划执行情况和2015年国民经济社会发展计划、泰兴市2014年财政预算执行情况和2015年财政预算。会议接受孙耀灿辞去市人大常委会主任职务的请求，选举戴仁泉为泰兴市第十四届人大常委会主任，选举吕斌等3人为泰兴市第十四届人大常委会委员，选举杨旭波为市法院院长，选举吴文彬为市检察院检察长。会议期间，代表10人以上联名提出议案45件，其中农业农村工作及水利建设方面13件，经济财税方面5件，城乡建设和环境保护方面11件，交通建设方面10件，科教文卫方面4件，其他方面2件。经大会秘书处审查，45件议案全部作为建议、批评和意见，与其他收到的代表对各方面工作提出的85件建议、批评和意见一起，交由部门研究办理并答复代表。

【市十四届人大常委会会议】 2015年共召开6次会议，即市十四届人大常委会第二十次至二十五次会议。

第二十次会议　3月10日召开，会议通报市人大常委会2015年度工作要点和议题安排；听取和审议2015年政府举债计划；通过市人大常委会专题询问暂行办法(草案)和关于对任命的地方国家机关工作人员履职情况进行评议的实施办法；通过市人大常委会主任会议和市政府提请的人事任免议案。

第二十一次会议　4月29日召开，会议通过市人大常委会关于进一步加强人民法院执行联动工作的决定；听取和审议市政府2013－2014年工业重大项目建设情况和经济开发区污染防治工作情况；组织履职评议；通过市政府和市检察院提请的人事任免议案；通过市检察院提请的许可事项。

第二十二次会议　6月30日召开，会议听取和审议市政府国有土地使用权出让收支管理情况和农村土地承包经营权确权登记情况；组织履职评议；通过市人大常委会主任会议、市政府、市法院、市检察院提请的人事任免议案。

第二十三次会议　8月25日召开，会议听取和审议市政府2014年财政决算、决算审计和2015年上半年财政预算执行情况；听取和审议市检察院反渎职侵权工作情况；听取和审议市人大常委会执法检查组关于《中华人民共和国食品安全法》执法检查的报告；组织履职评议；通过市检察院提请的人事任免议案。

第二十四次会议　10月27日召开，会议听取和审议代表建议、批评和意见办理情况；听取和审议市政府公立医疗机构改革情况；通过市政府2015年调整年度财政预算方案；组织履职评议；通过市人大常委会主任会议和市检察院提请的人事任免议案。

第二十五次会议　12月29日召开，会议初审市政府国民经济社会发展“十二五”规划纲要执行情况和“十三五”规划纲要(草案)、2015年国民经济社会发展计划执行情况和2016年计划安排（草案)、2015年财政预算执行情况和2016年预算(草案)；审议、通过十四届人大五次会议的有关事项；组织履职评议；通过市政府、市法院、市检察院提请的人事任免议案。

【执法检查】 6月～7月，市人大常委会检查《中华人民共和国食品安全法》贯彻实施情况，并配合泰州市人大进行联动执法检查。检查组集中听取市政府贯彻实施《中华人民共和国食品安全法》情况汇报，深入农贸市场、学校食堂、食品加工企业，督查食品生产、流通、销售各个领域执行法律情况，提出抓好宣传培训、落实保障措施、创新监管思路等建议，推动政府落实措施，强化监管，切实保证食品安全。

【代表视察】 6月29日，市人大常委会组织40名市人大代表，分组视察泰兴市农村公益性公墓建设与管理情况，提出加大公墓建设推进力度、完善建管、考核机制、加快殡葬改革等建议，确保把这一利国利民、造福子孙的好事办好办实。11月27日，市人大常委会组织部分市人大代表视察全市义务教育薄弱学校改造提升工作情况，提出完善布局规划、加大财政投入、优化师资力量等意见，进一步提高“教育之乡”美誉度。12月15日，市人大常委会组织全国、省、泰州市和泰兴市人大代表共58名，分组对市政府在本届人大四次会议上提出的民生十件实事，侧重选择事关群众切身利益的项目，开展专题视察。

【代表工作】 11月上、中旬，市人大常委会开展五级人大代表“回选区、访选民”活动，各级代表回原选区访民情、听民声，推动解决事关发展、事关民生的难点问题。市十四届人大四次会议上代表们提出的建议、批评和意见，明确各委办分别联系经信委、交运局、卫计委、水务局、住建局、财政局、环保局等7个重点承办单位，跟踪了解办理进度，提高办理质量和落实解决率，以点带面推动代表建议的落实和解决。年底，联合开展建议办理情况检查考评，并将办理结果在政府网站公示，增强办理工作的透明度。本届人大四次会议期间和闭会期间共收到代表建议130件，均依法及时交办，落实解决率达71%，继续保持较高水平。常委会负责人督办的“小区物业管理”“北部地区道路建设”“扶持民办非盈利性医养融合机构”“荷花池市场搬迁改造”等4件重点建议，均得到落实办理。常委会对2014年26件“B”类建议进行滚动交办和滚动督办，14件转化为“A”类，转化率达54%。 （宗玲琳）

泰兴市人民政府

· 重要会议 ·

【市政府第二十四次常务会议】 3月14日，市长张育林主持召开市政府第二十四次常务会议，会议原则同意市人社局提出的关于调整2015年城乡居民基础养老金和养老保险金参保缴费财政补贴标准及城镇居民医保筹资标准方案。听取市法制办关于全市依法行政工作的汇报。听取市政府办公室关于2015年度重点工作任务分解的汇报。听取市政府办公室关于2015年度民生十件实事工作方案的汇报。会议原则同意市国土局提出的关于调整城乡建设用地增减挂钩周转指标有偿使用政策的方案。会议原则同意市发改委提出的泰兴市企业上市三年行动计划。

【市政府第二十五次常务会议】 4月29日，市长张育林主持召开市政府第二十五次常务会议，会议集中学习《行政诉讼法修正案对政府行政管理的影响及对策》。会议原则同意市物价局编制的《泰兴市行政事业性收费项目目录》和《泰兴市政府性基金目录》。会议还研究创卫工作记功、嘉奖人员名单确定，关于实行行政审批责任追究制度的意见(试行)，关于建筑业税收等收入征收考核奖励办法等事项。

【市政府第二十六次常务会议】 6月3日，市长张育林主持召开市政府第二十六次常务会议，会议要求，市政府负责人要切实增强践行“三严三实”要求的思想自觉和行动自觉，将“三严三实”专题教育贯穿于政府工作之中。会议分别听取市安监局《关于全市安全生产工作情况的汇报》、市环保局《关于2015年环保工作进展情况汇报》、市水务局《关于全市防汛防旱情况汇报》、市信访局《关于全市信访工作情况汇报》，并对下一阶段工作提出要求。会议听取市城管局《关于城市环境综合整治工作汇报》，讨论并原则同意《泰兴市创建省级城市管理示范路和示范社区实施方案》。会议原则同意市交运局提出的农村公路提档升级工程财政奖补政策，要求市交运局会同市财政局尽快确定财政奖补资金来源，有条件的乡镇设立配套资金。会议同意市物价局提出的《泰兴市管道天然气价格调整方案》。

【市政府全体(扩大)会议】 8月11日，市政府召开全体(扩大)会议，会议总结2015年以来全市经济社会各项工作，分析当前经济形势，就下半年重点工作任务、确保完成全年和“十二五”发展目标任务、科学编制“十三五”规划、贯彻落实市委、市政府各项决策和奋斗目标等作出全面部署。

【市政府第二十九次常务会议】 10月19日，市长张育林主持召开市政府第二十九次常务会议，研究决定《关于进一步加强行政审批中介服务规范管理的意见》《关于清理规范行政审批中介服务专项治理的实施方案》《关于2015年度财政预算调整的初步方案》。

【市政府第三十次常务会议】 12月9日，市长张育林主持召开市政府第三十次常务会议，研究决定《关于建立居民用水阶梯价格的方案》《关于调整2016年新农合农村居民筹资标准的方案》《关于调整新农合补偿政策和农村居民大病保险政策的方案》《关于完善城乡居民基本养老保险制度的方案》《关于泰兴市竞技体育奖励办法》。

· 重大事件 ·

【东片区(黄桥)天然气利用工程】 2月8日，泰兴市举行东片区(黄桥)天然气利用工程暨清华园小区通气点火仪式。该工程总投资10亿元，用地3.33公顷，规划建设CNG加气母站、LNG加气站、LNG气化站、高中压调压站及其他配套工程。该工程的建成使用，标志着泰兴市东部乡镇结束没有天然气的历史。市委书记孙耀灿，市委常委、常务副市长刘荣华，市委常委、黄桥镇党委书记耿元进出席点火仪式。

【5个重大项目集中开工典礼】 6月28日，虹桥工业园区举行5个重大项目集中开工典礼。市长张育林，市委常委、常务副市长刘荣华，市委常委、纪委书记钱宏琦，副市长、虹桥工业园区党工委书记钱军及企业负责人共同出席开工典礼。集中开工的是远东智慧电力金具、济川药业产业合作、成都宇通电梯轨道、修正凯特莉包装机械和虹桥科技创业园，总投资21.8亿元。

【庆云禅寺大雄宝殿落成佛像开光】 10月16日，庆云禅寺举行大雄宝殿落成佛像开光暨仁进法师升座典礼，星云大师和杭州灵隐寺、苏州寒山寺、南京栖霞寺等名刹古寺诸山长老以及国内佛教界知名人士专程前往共襄大典；省民委主任、省民族宗教局局长李国华以及省和泰州市部门负责人出席典礼。星云大师现场开示。新大雄宝殿占地1200平方米，采用北宋样式的建筑风格，建筑体积是原大雄宝殿的3倍，总投入1000多万元。

【泰兴金秋经贸科技洽谈会】 10月20日,2015中国·泰兴金秋经贸科技洽谈会在市体育中心开幕,泰州市副市长张余松、泰兴市委书记孙耀灿、市长张育林等市四套班子领导以及中航工业集团总公司总经理助理殷卫宁等海内外客商出席开幕式。会上市领导为科技平台揭牌,天津大学泰兴环保产业联合研究中心、上海大学泰兴技术转移中心等科技平台正式成立。

【国家生态市建设工作通过验收】 11月21～22日,以中国生态文明研究与促进会秘书长朱广庆为组长、江苏省环保厅副厅长蒋巍为副组长的国家生态市考核验收组对泰兴市国家生态市建设工作进行考核验收。考核验收组通过现场考察生态建设、环境保护、生态产业发展等推进情况,查阅、核对档案资料,听取汇报,观看专题片等方式,对泰兴市创建国家生态市工作进行全面考核验收。市委书记孙耀灿致辞,市长张育林汇报了泰兴市国家生态市建设情况。考核验收组同意泰兴市通过国家生态市考核验收,并按程序报环保部审议批准。

· 市长公开信箱、“12345”政务服务热线 ·

【市长信箱办结率100%】 2015年,市政府共受理市长信箱、群众来信1183件,办结率100%。“12345”政府公共服务热线和政风行风热线方便群众生活,共处理市民来电49660个,办结率100%,满意率95.3%。

【建议、提案满意率97.8%】 2015年,市政府接受市人大和市政协监督,创新办理方式,实行线上线下结合办理。372件建议、提案按时办结,当面回复率100%,满意和基本满意率97.8%,落实解决率83.6%。

(蔡　荣)

· 行政服务 ·

【概况】 至2015年底,全市进驻政务服务中心的部门25个,行政审批服务事项506个。全年各窗口共办理各类事项223481件,其中,即办件126121件,即办件率56.43%;上报件560件,上报件率0.25%;承诺件96800件,承诺件率43.32%,按期办结率100%。各类事项群众满意率99%以上。6家分中心共受理各类事项354262件。全年完成公共资源交易项目537个,交易总额61.24亿元。政务服务中心执行“五公开”服务、“六件”管理和“六制”办理制度。“五公开”服务,即对办理事项公开审批内容、公开办事程序、公开申报材料、公开承诺时限和公开收费标准;“六件”管理,即对受理事项按照即办件、承诺件、联办件、上报件、退回件、补办件等6种不同类别,采取不同的办法进行管理;“六制”办理,即一般事项直接办理制、特殊事项承诺办理制、重大事项联合办理制、上报事项负责办理制、控制事项明确答复制和扎口收费制等。506个行政许可服务事项都做到“咨询、受理、审核、审批、发证”等所有审批环节在窗口实行“一站式”服务。

【企业登记制度改革】 2015年,政务服务中心与市场监管局、国税局、地税局对接,抽调人员成立“三证合一”(工商营业执照、组织机构代码证和税务登记证三证合为一证)窗口,形成三部门同步受理、同步审批、同步发照(证)的“一窗式”审批模式。全年发出600余本“三证合一”证,企业在最短的时间内完成注册登记手续。实施“三证合一”,推进“一照一码”登记改革,采取“一个窗口、一份表格、一张执照”的工作模式,全年发放统一社会信用代码证869本。

【三级便民服务体系建设】 2015年,政务服务中心出台《泰兴市镇(村)级便民服务中心(站)建设运行考核办法》,构建以市政务服务中心为主体、乡镇便民服务中心为基础、村(社区)便民服务站为触角的覆盖全市、功能完备、便捷高效的三级政务服务体系,覆盖全市16个乡镇(街道)、355个村居。政务服务中心加强督促检查,对各乡镇建设情况的资料和图片进行汇总整理,建立完善台账。

(孙荣杰　邓　芹)

· 政府法制 ·

【政府规范性文件制定】 2015年,市政府法制办审核制定《泰兴市城乡居民基本养老保险办法》《泰兴市市区生活垃圾处理费征收办法》2件政府规范性文件,并报送省政府、泰州市政府、泰兴市人大常委会备案。

【行政复议】 2015年,市政府共办理行政复议案件47件,同比增加114%。其中部门为被申请人的复议案件共36件,占受理总数的77%;乡镇政府为被申请人的复议案件共11件,占受理总数的23%;政府信息公开7件,占受理总数的17%;履职5件,占受理总数的11%;行政处罚10件,占受理总数的21%;劳动保障12件,占受理总数的26%;行政强制5件,占受理总数的11%;其他8件,占受理总数的17%。

【行政执法监督】 2015年,泰兴市出台《泰兴市行政执法与刑事司法衔接工作的实施办法》,明确行政执法机关和司法机关工作职责,完善案件移送、案件通报、信息共享和责任追究等一系列工作规范。制定《泰兴市行政执法人员资格管理办法》，从行政执法资格认证、行政执法人员培训考核检查、行政执法资格管理等方面，加强对执法人员的资格管理。7月，市政府法制办公室会同监察局，邀请市法院行政庭法官、相关执法部门法规科长和部分律师组成评查组，对全市23个重点行政执法部门2014年12月至2015年6月的行政处罚、行政许可、行政强制、行政裁决等近200宗行政执法案卷进行集中评查，并通报评查情况。10月，组织市发改、人社、规划、住建、市场监管、安监和城管等部门，对下放至黄桥镇行政权力运行情况开展专项监督检查，重点检查行政执法案件办理情况。 (张 辉)

· 信访工作 ·

【概况】 年内，市信访局受理人民来信及网上投诉796件，同比下降14%。接待来访群众1368批5567人次，同比分别下降28%和50%，其中集访179批3872人次，同比分别下降53%和56%；全年发生进京上访213批292人次，同比分别上升54%和42%；去省上访157批351人次，同比分别下降45%和52%；到泰州市上访150批439人次，同比持平；全市未发生影响大的群体性事件和恶性上访事件。古溪镇、分界镇、元竹镇、河失镇、张桥镇、广陵镇、珊瑚镇年内无进京去省上访、无去泰州集访及泰兴市集访、无信访老户、无信访积案、无有影响的群体性事件，被市委、市政府授予信访工作“无访村(居、社区)”。

【党政干部接访活动】 年内，市信访局采取定期接访与重点约访相结合的方式，开展市四套班子负责人接待群众来访工作。市委、市政府负责人按照时间安排，定期到市人民来访接待中心，面对面接待来访群众，其中市委书记、市长每月不少于1天；各乡镇(街道)、市级机关各部门党政主要负责人在所在单位信访接待场所定期接待群众来访，每周不少于1天，其他党政领导每个工作日轮流接访；村(居、社区)负责人随时接待群众来访。年内，市领导接访18次，接待来访群众60批415人次。其中，市委、市政府主要负责人接访3次，接待来访群众14批50人次，接待的信访问题均得到妥善解决。

【进京去省上访集中处置化解】 2015年，市信访工作联席会议办公室对省局、泰州市局交办件、2014年进京去省上访未息访的重点对象及各乡镇(街道)排查的可能发生滋事扰序行为信访重点人员进行梳理，梳理重点信访人员166名。以市联席会议名义专题发文，召开专题会议动员部署，将166件信访事项交办到各乡镇(街道)、部门进行领导包案处理。

【权益保障监督卡】 2015年，市信访局推行群众依法逐级走访权益保障监督卡制度试点工作，紧抓接待登陆、甄别发卡、办理监督、结果反馈4个关键环节，将试点工作与视频接访、领导接访、领导下访、重点约访等常规信访工作有机融合；制定考核办法，实施量化考核和规范化考核；发挥电视、报纸、网络、微信等媒介的传播作用，运用横幅标语、橱窗展板、宣传手册和走进村居(企业)巡回宣讲等形式开展立体式宣传。试点工作得到省、泰州市的肯定和推介，相关做法被人民网、新华网、《人民信访》、中共江苏省委宣传网、《党的生活》、法润江苏网等主流媒体报道。 (姬 娜)

· 编制工作 ·

【概况】 2015年，市编办精简市级机关行政编制24名，市政府部门挂牌机构由16个减少为13个，精简20%，撤销职能弱化或已无实际工作开展的事业机构13个，收回事业编制330名。

【行政审批制度改革】 2015年，市编办完成“五张清单”(行政审批事项目录清单、政府行政权力清单、行政事业性收费目录清单、政府部门专项资金管理清单、投资审批“负面清单”)编制工作，并在网站对外公布，实现对权力清单的动态管理。对政务服务中心与公共资源交易中心实行一体化管理模式，完成市乡村三级政务服务体系的建设；同时推进配套改革，强化事中事后监管，推进行业协会与行政机关脱钩试点工作，建立政府购买公共服务制度；针对审批中“一长四多”(审批时间长和盖章多、收费多、账多、材料多)等问题，大力开展精简审批流程、压缩审批时限的专项治理，实施“三证合一”“一证一码”，推进商事登记制度改革工作，对行政审批中介服务评估环节多、耗时长、收费乱、走过场等突出问题，进行集中清理。

【体制机制调整】 2015年，市编办完成市工商质监食药监“三合一”体制改革工作，将市工商局、市质监局由省级以下垂直管理调整为市政府管理，与市食药监局整合组建市市场监督管理局，挂市食品药品监督管理局牌子。完成构架市乡村三级食品药品安全监管体系强化对食品药品安全的监管责任；将市卫生局、计生委进行合并，组建市卫计委，同时对乡镇(街道)卫生计生技术和服务资源进行优化调整；完成市民宗局由在市委统战部挂牌调整为单独设置；完成全市不动产登记职责整合工作，将房屋登记、土地登记、林地登记等不动产登记职责统一整合到市国土资源局，在市国土资源局挂市不动产登记局牌子，对职责整合中的事业机构和人员进行整合到位；结合市政府机构改革，调整市城建办和建工局管理体制。

【综合行政执法体制改革】 2015年4月，中央编办确定泰兴市为全国综合行政执法体制改革试点市，改革试点中泰兴市在农林牧渔领域和市场流通领域探索开展跨行业、跨部门综合行政执法，将市工商局、质监局、食药监局、商务局、粮食局在市场流通领域的行政处罚权相对集中，由市市场监管局集中履行，将市粮食流通执法队和市商务综合行政执法大队并入市市场监管稽查大队，承担全市工商、质监、食品药品、商务、粮食等市场流通领域的行政执法工作；将农业、林业、畜牧业、渔业、农机等行业的行政处罚权相对集中，由市农委履行，将市农业行政综合执法大队、市动物卫生监督所、市渔政监督大队、市农机安全监理所和市农机安全监理中队合并，组建为市农业综合执法大队，承担全市农业、林业、畜牧业、渔业、农机等方面的行政执法工作。实现市场流通和农业领域综合执法"五合一"。全市综合行政执法体制改革试点的机构撤销整合后，人员整体划入新组建机构，实行以人定编，共精简编制37名，精简比例为25.3%，人员根据工作需要并结合专业特长重新定岗定员。整合检验检测职责，将市工商局、质监局、食药监局、农委、粮食局在市场流通领域的检验检测职责进行整合，由市市场监管局履行。10月，省编办在泰兴召开全省综合行政执法体制改革试点工作现场推进会，市综合行政执法体制改革试点工作得到省编办的肯定。

【省直管县和经济发达镇体制改革试点】 2015年，市编办持续推进省直管县和经济发达镇体制改革。完善省直管县改革试点工作，在省直管县体制改革试点运行平稳、改革初见成效的基础上，探索下一步深化省直管县体制改革试点工作的办法和措施，向省部门提出深化改革的建议。推进经济发达镇改革试点，研究制定《关于进一步深化黄桥镇行政管理体制改革试点工作的实施意见》，完善黄桥镇"前台+后台"运行机制，落实简政放权要求，建立并公布黄桥镇"五张清单"，强化试点镇政府社会管理、公共服务、环境保护等职责，提高其经济发展、社会管理和公共服务能力。

【机构编制管理】 2015年，市编办加强机构编制动态管理，控制机构编制总量，建立"分类管理、控制总量、有增有减"机构编制管理新机制，对设置零散、职能弱化或已无实际工作开展的事业单位予以合并、撤销，共撤销事业机构13个，新组建事业机构8个，除因工商质监部门管理体制调整省下达事业编制107名外，共收回事业编制330名。强化空编使用计划管理，进一步落实国务院财政供养人员只减不增的要求，招录计划(含高层次人才引进计划、政策性安置计划)严格控制在下一年退休人员总数以内，共下达2016年各类空编使用计划452名。按照泰州市《关于建立机构编制领导职数预审制度做好市(区)科级及以上机构和领导职数审核工作的通知》要求，结合泰兴市实际，建立机构、编制、领导职数预审制度，对全市科级及以上机构和领导职数进行全面审核并报泰州市编办备案。在科级及以上机构和领导职数审核确认的基础上，以机构编制实名制管理信息系统为依托，建立全市科级领导职数名录数据库和预审平台。印发《关于严格执行〈关于进一步加强市、乡(镇)机关中层及以下人员调配和借用管理的意见〉有关问题的通知》，规范机关事业单位人员借用管理。

【机构编制督查】 2015年，市编办根据"三责联审"的要求，会同市委组织部、市审计局对法检两院、元竹镇等3家单位党政主要领导进行机构编制责任审核。共发放调查问卷170多份，进行个别谈话近40人次，查阅各类资料130多册，对联审对象任职期间机构编制政策法规贯彻执行情况，"三定"方案执行情况，职能履行情况，机构设置、编制使用、领导职数配备等情况进行审核。全年联审反馈要求整改机构编制事项5个。

【事业单位法人年检制度改革】 2015年，市编办启动事业单位法人年检改革工作，将年检制度改为年度报告公示制度，从2015年开始，事业单位对年度报告的真实性、合法性负责，并委托登记管理机关在指定网站向社会公示，登记管理机关对事业单位年度报告不再作出年检合格或者不合格决定。对全市504家事业单位完成法人证书换领，并对其年度报告在泰兴网进行集中公示。

【中文域名注册和网站挂标】 2015年，市编办印发《关于开展全市政务和公益中文域名网络红页（网站）建设工作的通知》，出台工作步骤、工作流程，简化中文域名注册流程，专人跟进中文域名缴费进度。比对泰兴市机关、事业单位机构编制台账，梳理出需注册缴费的域名，注销已更名、合并、撤销的域名，完成全市579家党政群机关及事业单位政务和公益中文域名注册和自建网站挂标工作，2015年实现中文域名注册和网站挂标工作全覆盖。

(任国斌　周　云)

· 外事工作 ·

【概况】 全年，全市共办理因公出访手续21批62人次，其中自行组团8批30人次，双跨团组13批32人次。全年共办理11批16人次外国人来华手续。推广APEC商旅卡,28人次申办APEC商旅卡，全年新办卡16张。加强外事干部队伍建设,先后对APEC商务卡专办员和因公出国(境)管理专办员进行系统培训。落实因公临时出国公示制度,按照“谁派出、谁负责”“谁带团、谁负责”的原则,实行团长负责制。保障赴德国、瑞士等招商团等重要招商团组顺利出访。 (蔡 荣)

· 侨务及港澳工作 ·

【概况】 2015年,市侨办接待回泰探亲访友的华侨、华人、港澳同胞70人次,向海外重点华侨华人寄发圣诞、新年贺信贺卡600余份。邀请海外考察团、全国明星侨港资企业家到泰兴市投资考察,先后4次赴深圳、香港与泰兴旅港同乡会开展联谊交流活动，受到省委统战部和泰州市委统战部的表扬。

【归侨侨眷关爱工程】 2015年,市侨办继续推进归侨侨眷关爱工程,帮助归侨回国定居手续1件,调处建房拆迁、子女就学等涉侨信访3件，努力为归侨侨眷服务。召开“三胞”代表中秋、新春茶话会,走访慰问重点侨胞侨眷300余人次,发放慰问金4万元,为困难归侨解决生活补助7800元。发挥“为侨服务志愿队”作用,全年开展送侨法下乡、送医下乡、助耕助种专项活动6次,受惠侨胞200余人。

【侨资企业服务】 2015年,市侨办组织济川药业参加2015“江苏(连云港)国际生物医药大会”,推荐江苏科立德制冷设备有限公司董事长李世岗为中国侨商投资企业协会科技创新委员会员,推荐河海给排水成套设备有限公司董事长王志成为重点《华侨华人创业团队》扶持对象。全年走访重点侨港资企业6次,召开侨港资企业家代表座谈会3次,形成《关于我市侨港资企业发展状况的调研》报告,协调解决企业发展急需解决的瓶颈问题。

【海外新生代华侨调查】 2015年,市侨办先后3次对全市侨情普查和港胞乡情进行调查摸底,新增海外华侨华人和“三胞”信息200余人,充实完善《泰兴市侨情档案资料库》和《泰兴市海外重点人员名册》。对全市港资企业及泰兴籍在港经商人员情况进行专题调查,登记造册，加强联系，为成立香港泰兴商会做好前期准备。

【对外宣传推介】 2015年,市侨办向省侨办争取海外免费专版刊用计划,在《大洋时报》《华人时刊》刊发3版泰兴专版,从不同方位介绍各园区产业特色及产业发展方向,进一步扩大海外知名度。

【国家级社区侨务示范基地】 2015年,市侨办加快社区侨务工作步伐,加强“侨之家”平台建设,指导虹桥镇桃园村成功创建“全国社区侨务工作示范基地”,国家侨办表彰授牌。

· 机关事务管理 ·

【概况】 2015年，市机关事务管理局全年来客登记7899人次,接待信访人员79批2558人,处置自杀性上访1起,全年未发生1起恶性事件。加强夏季防火、地下停车场消防、重大节日和重大活动期间安全,加强安保人员安全教育,履行安全职责,开展安全检查,明确值班督查制度,确保24小时值班全覆盖,全年未发生重大安全事故。厉行勤俭节约,降低接待标准,降低酒水档次,控制接待人次人数,全年接待费用与去年同期比,节约近10%。

【机关节能】 2015年,市机关事务管理局开展节能低碳少儿书画竞赛等活动,营造良好的节能氛围。完成全市466家公共机构能耗统计工作，达到全市公共机构节能统计全覆盖。市人民医院通过省级节能示范单位验收。继续做好全市公共机构节能绩效考核工作,提高统计数据准确性的分值,增加行为节能考核的分值,并将考核结果与评先选优挂钩。

【公务用车制度改革】 10月,市机关事务管理局完成全市涉改部门(单位)、车辆、人员等基础数据的统计、上报工作,制定主体改革方案和配套文件,按规定提交泰州市车改办审批。12月，召开全市公车改革动员大会。12月30日上午,全市63家党政机关、参公单位以及16个乡镇和“一区五园”,除保留的应急用车、执法执勤用车以及特种专业技术用车外，其余车辆全部停驶封存。全市保留应急用车151辆,执法执勤216辆,封存一般公务用车210辆,执法执勤144辆。

【会务管理】 2015年,市委、市政府及其他部门在会议中心召开大、中、小型会议1300余场,接待与会人员13万多人次,同时完成国家、省、市级大中型活动会议及验收、检查、调研近80余场。完成国家发改委副主任马荣调研泰兴市、农业部农业文化遗产发布会、省老区发展促进会、扶贫基金会、扶贫开发协会三会换届合署大会、泰州市委工作会议、庆云禅寺大雄宝典落成典礼、金秋经贸洽谈会等重大会议和重要活动的会务保障工作。坚持节约办会,全年共节约会议经费开支约30多万元。 (周晓东 奚 佳)

政协泰兴市委员会

【概况】 2015年,政协泰兴市十二届委员会全年召开全体会议1次,常委会议6次,开展主席会议专题协商3次,走访座谈8次,形成各类调研成果18篇。

【市政协十二届四次会议】 2015年1月12日至15日,政协泰兴市十二届四次会议于在城区召开。会议听取和讨论中共泰兴市委书记孙耀灿的讲话;审议并同意市政协主席李仁国作常委会工作报告和副主席顾爱军作的提案工作报告;列席市十四届人大四次会议,听取和讨论市长张育林作的政府工作报告以及其他报告;选举丁亚为市政协第十二届委员会主席,选举周国庆为市政协第十二届委员会秘书长。会议期间,委员通过提案、分组讨论、大会发言、大会建议案等形式,对党政部门工作进言献策。闭幕式上,通过政协泰兴市第十二届委员会第四次会议决议,市政协主席丁亚作闭幕讲话。会议表彰2014年度优秀政协委员(特邀委员)、优秀提案、2014年度先进政协联络委员会和界别活动小组;通过《中国人民政治协商会议江苏省泰兴市第十二届委员会提案审查委员会关于十二届四次会议提案审查情况的报告》《中国人民政治协商会议江苏省泰兴市第十二届委员会第四次会议决议》和《市政协关于加强城乡河道治理、实施清水活水工程的建议案》。

【十二届常委会议】 十二届十八次常委会议 1月13日下午,市政协十二届十八次常委会议召开,表决通过市政协主席李仁国、副主席张春山的辞呈,协商通过选举市政协十二届主席、秘书长和补选常务委员候选人名单、《选举办法》(草案)和《市政协关于加强我市黑臭河道治理、实施活水清水工程的建议案》(草案)。

十二届十九次常委会议 1月14日下午,市政协十二届十九次常委会议召开,听取各组讨论政府3个报告的情况汇报,讨论协商大会建议案(草案)和市政协十二届四次会议决议(草案),讨论通过选举办法(草案)。

十二届二十次常委会议 1月15日上午,市政协十二届二十次常委会召开,讨论通过市政协2015年工作意见和工作计划。

十二届二十一次常委会议 7月15日,市政协十二届二十一次常委会议召开。会议听取全市上半年经济社会运行情况和《关于推进全市电子信息产业发展的建议案》办理情况的通报,并围绕"加强规划引领,加大政策扶持,促进全社会养老服务体系发展"开展专题协商。

十二届二十二次常委会议 9月25日上午,市政协十二届二十二次常委会议召开,听取市政府关于市政协十二届四次会议提案办理情况的通报,围绕全市项目大突破工作情况与市政府开展专题协商。

十二届二十三次常委会议 12月25日,市政协十二届二十三次常委会议召开,就市政府、市法院、市检察院工作以及市财政当年预算执行和下年预算情况、"十三五"规划编制工作开展协商,听取市政府《关于加强城乡河道治理实施清水活水工程建议案》办理情况通报,讨论完善《政协常委会工作报告》、《提案工作情况的报告》;通过关于召开政协泰兴市第十二届委员会第五次会议的决定。

【主席会议】 4月28日,市政协十二届十二次主席会议召开,围绕深化改革、拓展思路,有效缓解泰兴市土地供应瓶颈制约问题与市政府开展专题协商。8月27日,市政协十二届十三次主席会议召开,围绕"全市职教资源整合,促进职业教育专业化、特色化、现代化发展"与市政府开展专题协商。11月17日,市政协十二届十四次主席会议召开,就"加大财政、金融支持,建立健康运营、良性发展的担保服务体系,促进小微企业发展"与市政府开展专题协商。

【提案工作】 3月27日,全市2015年建议提案交办工作会议召开,要求所有建议提案在6月底前办理完毕。8月21日上午,市政协副主席薛晨光带领部分市政协委员,就"关于加快组建担保公司,切实解决小微企业融资难的建议"提案办理情况进行现场督办。9月8日上午,市政协副主席刘建带领部分政协委员就"关于进一步加强我市食品安全监管的建议"提案办理情况对市市场监管局进行督办。9月10日下午,市政协副主席顾爱军带领部分市政协委员,就"关于进一步推进我市义务教育阶段教师轮岗交流工作的建议"和"关于加强乡镇医院人才队伍建设的建议"提案办理情况进行联合督办。9月14日下午,市政协副主席高寿林带领部分市政协委员就"关于加快推进'医养结合'养老模式的提案"办理情况对市民政局进行督办。

【委员学习】 3月25日,市政协举办学习十八届四中全会精神专题报告会,邀请南京师范大学、江苏省委党校特聘教授周毅之作专题辅导。10月26日,市政协组织全体常委、各乡镇(街道)政协联络委员会主任、副主任,以及"民情工作室"的委员和机关全体人员,开展政协理论知识培训,邀请省政协专家现场授课。

【委员视察】 5月29日,市政协组织部分政协委员专题视察城东高新区的环保产业发展状况。9月30日,市政协组织部分政协委员视察东部乡镇快速通道建设情况。12月2日,市政协组织部分常委、委员,专题视察城乡河道整治实施清水活水工程。

【专题研讨会】 8月1日,市政协召开"加强规划引领、提升中心城市建设水平"专题研讨会。6名市政协常委、委员分别作《弘扬优秀传统文化,培育社会主义核心价值观》《弘扬中华优秀传统文化,加强党员干部道德建设》《突出重点,抓住关键,致力建设诚实守信社会》《以优秀传统文化引领青少年思想道德建设》《传承"敢为人先、勇立潮头"精神,彰显"团结争先、务实守信"道德》《弘扬黄桥决战精神,激发跨越发展动力》研讨发言。

【"委员民情工作室"】 5月29日,叶章华委员民情工作室和李书忠委员民情工作室揭牌成立,市政协副主席孙钬出席揭牌仪式。市政协依托"委员民情工作室"协商于民、协商为民,并建立联系群众制度,帮助党委、政协协调群众关系,推进社会主义民主政治建设。全年设立37家"委员民情工作室"。

【委员活动日】 2015年,市政协组织全体委员集中开展2次"委员活动日"活动。5月中、下旬,听取委员关于《市政协委员履职考评办法(试行)》和《市政协关于评选先进政协联络委员会、界别活动小组的办法》的修改意见,部署政协委员民情工作室创建工作,组织委员学习《市政协关于组织"聚焦十三五、共谋发展策"活动的通知》,为泰兴市"十三五"规划编制建言献策,收集反映社情民意信息。12月上、中旬,组织委员学习中共十八届五中全会精神和市政协十二届五次会议提案征集工作要点,听取各乡镇(街道)政协联络委员会和界别活动小组工作总结,组织委员交流履职情况,开展年度考评。

【民主评议】 8月26日,市政协召开民主评议市人社局社会保险工作动员会。会后组织部分政协委员,对市人社局社会保险工作开展民主评议。评议小组到部门、乡镇(街道)、企事业单位听取汇报、调查座谈、问卷调查,广泛征求社会各界意见建议。11月6日,市政协召开总结会议,市政协主席丁亚要求正确对待存在的不足,把解决问题作为工作的动力,确保利民惠民政策落到实处,改进管理服务,提升社会保险工作服务水平。

【"文化政协"建设】 2015年,市政协按照"征集为主、抢救优先、充分利用、服务社会"的总体思路,推进文史资料工作,审定出版历史文化丛书《泰兴名人》(一、二)《泰兴音乐文学》《泰兴名胜》《泰兴古诗词》5册书籍,编辑出版《泰兴历史文化》会刊2期。全年开设2期"崇文讲堂",邀请南京师范大学泰州学院徐金城教授讲授泰州历史文化,邀请南通太平禅寺文定大和尚讲授佛家文化,倡导"崇尚文明、崇尚文化、崇尚人文"的风尚。

【社情民意信息工作】 4月15日,市政协召开社情民意信息和宣传工作会议,表彰市政协2014年度社情民意信息工作先进个人,邀请泰州市政协研究室主任陈铭进行业务辅导,并部署全年工作。2015年,共收集社情民意信息134条,向市党政负责人报送社情民意信息13期,向泰州市政协报送76篇、采用24篇,省政协采用1篇,全国政协信息局采用1篇。

【政协联谊会】 12月10日,市政协第四届联谊会第一次全体会议召开,会议听取市政协第三届联谊会工作报告和第四届联谊会第一次会员大会筹备工作报告,通过市政协联谊会章程,选举产生市政协第四届联谊会理事、正副理事长、正副秘书长。 (奚智武)

民主党派·群众团体

■编辑　蒋淑颖

民主建国会泰兴市总支委员会

【概况】 2015年,民建泰兴市基层委员会发展7名新会员。其中经济界3人,教育界1人,机关3人,大学学历6人,研究生学历1人,平均年龄37岁。

【参政议政】 年内,民建泰兴市基层委员会向市政协十二届四次会议提交《关于进一步加强我市乡镇卫生院人才队伍建设的建议》集体议案,被市政协评为2015年度优秀提案,会员就交通、环境、卫生、养老等向市政协十二届四次会议提交提案26件,其中4件提案被市政协评为2015年度优秀提案。会员委员殷红兰在会议上作《高度注重食品安全,切实加强监督管理》大会发言。会员向市人大十四届四次会议提交议案6件。会员代表闻鸿建提交的《关于进一步加强我市生活垃圾工作站管理的建议》议案被市人大评为2015年度优秀议案。8～10月,基层委员会撰写《关于加强我市法治文化建设的建议》《关于加强我市电梯安全监管工作的建议》《关于进一步加强我市校园安全的建议》3份调研报告报市委、市政府,供决策参考。

【社会服务】 2015年,会员张国兴向泰兴庆云寺大雄宝殿落成捐款3万元,奖励公司2名考上大学的职工子女8000元,向曲霞镇贫困村捐款2000元,资助公司患大病职工5000元、资助公司贫困职工子女上学6000元。会员刘玉其资助滨江镇马甸社区中心村2.5万元元铺水泥路、装路灯,资助滨江镇顾闸村贫困生上大学5000元。会员张爱群资助张桥镇汤庄村12万元用于修桥铺路,向曲霞镇贫困村捐款2000元。会员闻鸿建委大庆养老院、麻风村免费检修安装空调、电视机,资助燕头社区贫困生上大学5000元。会员顾荣杰资助贫困生上大学5000元,资助贫困户治大病5000元,资助刘陈社区装路灯5000元。会员陈龙向大庆养老院捐款5000元。会员叶家庆、张荣成、卞双庆等开展法律咨询和法律援助活动。基层委员会走访会员企业市双环服饰制造有限公司、市浩润食品有限公司,关心会员企业发展,帮助企业解决融资、征地等困难。

(鞠德华)

泰兴市工商业联合会

【概况】 年内,市工商联共有会员2897个,行业商会5家,异地商会4家,乡镇(街道)园区商会16家,园区商会1家。

【维娜三信在上海挂牌上市】 1月27日下午,市工商联副主席企业、维娜三信时装有限公司在上海股权托管交易中心"E"板正式挂牌,成为泰兴市第一家登陆上海股交所的企业。市委书记孙耀灿和维娜三信时装有限公司董事长陈玉伟共同敲响铜锣,宣告"维娜三信"(代码100403)挂牌。泰州市经信委主任黄红旗、市领导孙云、刘荣华、王克毅、顾刚、薛晨光出席挂牌仪式。

【上海市泰兴商会迎新春联谊会】 1月31日,上海市泰兴商会在浦东国际会议中心举行2015年迎新春联谊会,会议由会长徐兆山主持。市委副书记孙云、市政协主席丁亚、市委常委孙群、政协副主席、市工商联主席薛晨光及上海各政府部门工作的泰兴人和泰兴籍老同志等出席会议。会上,上海商会与3家银行签署战略合作协议,向广大会员发出积极参与家乡招商引资倡议。会上进行了书法表演,并将拍卖书法作品捐赠给泰兴。

【新春招商联谊活动】 2月20日,市工商联组织新春招商联谊活动。市委书记孙耀灿,市委副书记、市长张育林,市委常委、常务副市长刘荣华,市人大副主任王中先,市政协副主席、市委统战部部长高寿林出席活动。上海市闵行区区委常委、副区长于勇以及30多名泰兴籍在外发展的企业家朋友也参加活动。活动由市政协副主席、工商联主席薛晨光主持。市长张育林代表市委、市政府向各位老乡、各位朋友,向奋斗在全国各地的泰兴籍同乡们,致以新春美好祝福。向所有关心支持泰兴建设和发展的朋友们,表示衷心的感谢和崇高的敬意。

【市工商联十届四次执委会】 3月26日下午,市工商联在市政府会议中心二号会议室召开十届四次执委会,各乡镇商会会长、宣传统战委员和十届执委近100人参加会议。副市长顾刚到会讲话。市政协副主席、工商联主席薛晨光作《适应新常态,履行新使命,为助推全市民营经济创新发展再作新贡献》工作报告。会议总结了2014年工商联工作,并对2015年工作作了部署。

【村企结对】 2015年,市工商联在会员企业中开展村企结对共建新农村活动。3月26日,市工商联举行村企共建新农村签约仪式。江苏扬子净化、江苏海纳星地、江苏幸福医药3家公司分别与滨江联杨、新街南新、滨江翻身3村签订《村企共建新农村协议书》。实地走访乡镇和企业,推进乡镇(街道、园区)商会村企共建新农村活动的开展,成功将江苏金泰堡机械制造有限公司、沪泰新缘塑料制品、泰星减速机、华鹏美雅特与宣堡村、崇头村、新镇村、桑木村制定共建方案。5月,广陵镇国盛稀土、宏成塑业分别与兴宁社区、联匡村在村庄整治和帮扶济困方面也达成共建目标。

【企业上市培训讲座】 3月26日,市工商联举办企业上市体会谈和企业上市专题辅导讲座。市工商联邀请江苏省政协委员、泰州市工商联副主席、江苏东华测试技术股份有限公司刘士钢先生畅谈上市对企业带来的巨大影响和深刻变化。并邀请北京大成(上海)律师事务所王勤律师作上市辅导讲座。全体执委57人和部分异地商会、行业商会代表参加培训。

【送电影进企业活动】 4月~5月,市工商联与市文广新局联合开展送电影进企业活动。4月2日,将中国第一部以安全生产为主题的影片《人命关天》在江苏科兴电器举办首映活动,随后陆续在5家企业播放。

【"南京市泰兴商会精英家乡行"活动】 5月23日,市工商联邀请南京市泰兴商会回泰举办"南京市泰兴商会精英家乡行"。通过邀请泰兴籍在省城创业的商界精英(多少人)回家乡看、听、谈,加深他们对家乡发展思路、发展成就的认识和了解,增进他们对家乡的感情,引导和鼓励他们在外加强团结合作,发扬创业初期的拼搏争先、敢为人先的精神,不断把事业做大、做强,同时,希望他们关注、关心、支持家乡发展,多为家乡发展献计出力,作出应有贡献。

【浙江商会"庆七一"活动】 2015年,为庆祝中国共产党成立94周年,市浙江商会鑫都小商品市场联合党支部于7月1日下午组织党员召开"庆七一"党员座谈会。会议由商会秘书长肖兰芳主持,流动党员和新入党员共15人参加。 (张美玲)

泰兴市总工会

【概况】 2015年,全市组建独立工会130家,工会联合会30个,覆盖小而散企业500多家,发展会员32000多人。开展"模范职工之家"创建活动,开展会员评家、评工会干部等活动,90%以上的基层工会达到合格职工之家标准,有12个先进、模范职工之家受到全国总工会、省总工会、泰州市总工会表彰。全年上报各类信息278篇,被市级以上工会采用206篇,征集调研文章71篇,其中泰兴党报、党刊用稿34篇,省以上报刊用稿47篇。

【微平台建设】 2015年,市总工会启动微平台建设,"职工集结号"吸粉1.2万人,开设工会动态、安全知识、典型案例、职工维权、政策推广、学习园地等11个栏目。

【企业工资集体协商"春季要约行动"】 4月28日,泰兴市在张桥镇启动企业工资协商"春季要约行动"仪式,召开乡镇、园区和规模以上企业工资协商指导员培训班,全市规模以上企业开展工资集体协商面达到

100%,一线职工工资增幅10%以上。新增行业工资集体协商3个,累计达12个,其中黄桥烧饼行业、张桥船舶行业被列入典型案例在全国和泰州工会系统推广。市总工会推进工资集体协商的经验做法在省总工会举办的“纪念《江苏省集体合同条例》实施十周年座谈会”上交流。

【职工维权服务】 2015年,泰兴市健全完善全市劳动关系预报制度和应急处置预案,续聘9名律师组成法律顾问团,吸纳8名工会法律援助志愿者参加职工维权工作。畅通“12351”维权热线、维权QQ,及时处理职工来信来访。全年接待职工上访116人次、咨询400余人次,为农民工提供法律援助22人次。推行农民工工资“一卡通、双代管”试点,实现农民工工资由被动清欠向主动防欠转变。加强职代会规范化建设,全市百人以上企事业单位坚持职代会制度面达95%以上,市汽运总公司等4家单位获省总工会表彰。

【服务“三大战役”劳动竞赛】 2015年,市总工会召开全市工会系统服务“三大战役”劳动竞赛推进会,举行“城建会战”重点工程劳动竞赛启动仪式,向全市职工下发建功“三大战役”劳动竞赛倡议书。全市各级工会主动开展形式多样的劳动竞赛,规模以上企业开展劳动竞赛面达96%,参赛职工达11.4万人。组织开展“五比五赛五确保”活动,直接参与和跟踪服务重点工程项目8个,参赛职工达900余人。组织动员全市职工为经济转型升级贡献聪明才智。全市职工技术创新、发明创造310项,提合理化建议2万余条,市总工会评选表彰职工优秀科技创新成果8项,优秀合理化建议8条,先进操作法8项,职工罗红创新的数控加工获“江苏省科技成果奖”,被省政府表彰为“突出贡献中青年专家”。

【劳动安全生产专项活动】 2015年,全市规模以上企业签订劳动安全卫生专项集体合同率达70%以上。实施《江苏省企事业工会劳动保护工作规范》,230多家基层工会通过省劳动保护合格工会验收,江苏南极机械公司进入“省劳动保护示范工会”行列。推进安全监控体系,规模以上企业达420家;深化“安康杯”竞赛,举办新《中华人民共和国安全生产法》学习培训和征文评选活动,组织职工参加泰州市工会安全知识电视竞赛,获三等奖;开展夏季送清凉、送法律、送安全活动,组织反“三违”专项活动,编印发放安全事故典型案例读本万余册,提高职工安全防范意识,反“三违”(违章指挥、违章操作、违反劳动纪律)行动在省总工会召开的劳动保护工作会议上作经验交流。

【“圆梦计划”】 2015年,市总工会实施“职工素质转型升级圆梦计划”,深化“两争一树”、核心价值观教育、“职工读书月”等活动。全市600多家基层工会结合自身实际,开展读书征文竞赛、读书心得交流、班组结对联学等活动。市总工会评选表彰“学习型班组”20个、“知识型职工”30名,12个班组、12名职工受到泰州市总工会表彰。举办电工、焊工、架子工、卫生护理、点钞识假等9个工种职工职业技能大赛,1900多名职工参赛,96名职工获得技能晋级,15名职工获“金牌工人”荣誉。新建基层“职工书屋”20家,其中2家单位分别被全国总工会、省总工会授予“职工书屋示范点”称号。2015年,“职工文化大舞台”走进18个乡镇、园区和10多家骨干企业,参与职工达4万余人次。

【帮扶困难职工】 2015年,市总工会审核发放第17批《特困职工证》89户,把全市符合条件的特困职工全部纳入帮扶服务范畴;建立困难职工大病救助基金,全年救助61人,发放补助金39.6万元;“金秋助学”活动,84名困难学子获得全额资助;建立完善40个环卫工人歇脚点;创建“爱心妈咪屋”,指导6个企业按照8有标准建设到位,泰州市工会系统在泰兴市召开现场推进会;组建20个职工志愿者服务队,年内无偿服务职工近5000人次,市总工会帮扶服务中心获省“工人先锋号”称号。 (吴向平　耿国先)

共青团泰兴市委员会

【概况】 2015年,全市有基层团组织数1101个,新增团组织数42个,现有团员数28893人,新增团员数1263个。

【共青团泰兴市十六届四次全委(扩大)会议】 2月10日,共青团泰兴市委员会召开十六届四次全委(扩大)会议,全市各条战线60名团干部参加会议,市委常委、组织部长钱娟出席会议并讲话。会议通过团市委委员卸职递补确认案,表彰2014年度全市共青团工作先进集体、先进个人。团市委书记刘阳代表团市委常委会作《适应新常态 谋求新跨越 努力推动泰兴共青团工作迈上新台阶》工作报告,总结2014年共青团工作研究部署2015年工作任务。

【“青春就业加油站”】 2月25日,“青春就业加油站”项目在新春招聘会现场投入运行,25名青年志愿者参与就业服务,该项目集合招工查询、择业建议、政策咨询、现场引导、便民服务、问卷调研等多种功能,为

1000多名求职者提供用工需求查询、霍兰德职业倾向测试、社保政策信息解答等服务。

【"青·在行动"系列志愿服务】 3月,团市委以"青·在行动"为主题,开展志愿服务进社区、进校园、进基层等一系列主题活动,弘扬雷锋精神,传播志愿服务理念。组织25名青年志愿者到济川街道三阳村苏馨家园,和园友们一起包汤圆庆元宵,提供免费义诊服务,帮助打扫卫生,赠送30套棉被和10箱食用油等生活用品。组织80名青年志愿者赴河失镇同心村开展义务植树造林活动,栽种300余颗树苗。

【青年网络文明志愿者联盟】 3月19日,团市委、市文明办、外宣办、公安局、教育局等部门联合举办泰兴市青年网络文明志愿者联盟暨泰兴市青年平安义工协会成立仪式,来自全市各乡镇基层400多名团干部、青年志愿者代表参与,市人大常委会副主任王中先、市政府副市长周桂香、市政协副主席孙钬等出席仪式,并为青年网络文明志愿者队伍授旗。活动包括观看防范网络诈骗知识宣传海报、听取"弘扬正能量,预防网络犯罪"网络安全知识讲座、发出《清朗网络·青年力量》倡议、集体宣誓等环节。

3月19日,青年网络志愿者联盟成立仪式

(团市委 供稿)

【"清明祭英烈·共铸中华魂"祭扫活动】 4月1日,团市委组织机关全体人员、乡镇(街道)团委(团工委)书记、金融系统挂职副书记等40余名团干部,到杨根思烈士陵园开展清明祭扫活动,向革命烈士敬献花圈,重温入党誓词,接受爱国主义、革命传统教育。

【"迎五一·庆五四"青年就业专场招聘会】 4月29号,团市委、市人社局在市公共人力资源市场举办泰兴市"迎五一庆五四"青年就业专场招聘会,现场40余家企业提供700多个招聘岗位,涉及化工、机械制造、文化、物流、餐饮、汽贸等多个行业,涵盖技术、研发、操作、服务、文员、质量监督等多种岗位类型,共有600余名青年进场与用人单位洽谈。

【五四广场文艺演出】 4月30日,团市委在鼓楼广场举办"与梦想同行,让青春出彩"五四广场文艺演出,市委常委、组织部部长钱娟出席并致辞。现场举行入团仪式,市实验初级中学100名学生佩戴团徽,在团旗下宣誓,正式成为共青团员。现场演出12个节目。

【"建设美丽乡村"报告会】 5月14日,团市委、市委组织部、市科协举办大学生村官"建设美丽乡村"报告会,来自全市各乡镇190多名大学生村官参会。会上,蜂窝神农美丽乡村学院院长林荣斌作题为《"乡村梦想+"——乡村创客的时代到来》讲座,并和大学生村官进行现场互动,解答创业疑惑。

【"诵读学传"活动现场观摩会】 5月21日,团市委、市教育局在泰兴中学报告厅举办"与经典同行,展青春风采"全市"诵读学传"活动现场观摩会,引导全市青少年大力弘扬和自觉传承中华传统优秀文化、继承和发扬中华传统美德、提升民族自豪感和自信心。800余名中学团委书记、中学生代表参加,活动共分为3个篇章:共筑中国梦之爱国篇、礼仪之邦之礼仪篇、千古诗文之经典篇。

【成长护航工程】 6月,团市委推进重点青少年群体服务管理与预防犯罪工作,对全市重点青少年群体进行排查,泰兴市有重点青少年群体人数为4597人,其中不良行为青少年141人,闲散青少年230人,服刑强戒人员未成年子女68人,流动留守儿童4158人。针对不同群体开展"管护行动""牵手行动""回归行动""阳光行动""关爱行动"。6月27日,泰兴代表江苏省和泰州市接受教育部和团中央联合调研,获得综合考评"优秀"总体评价。

【重点高校暑期见习活动对接仪式】 7月22日,泰兴市2015年重点高校暑期见习活动对接仪式在市政府九号会议室举行,来自同济大学等8所重点高校19名同学以及市环保局、爱之家志愿者协会等见习单位代表参加会议。2015年,团市委为30余名大学生提供为期一个月实习岗位,组织开展参观调研、公益服务等活动。

【首届青年电商培训班】 8月7日,团市委在市委党校举办泰兴市第一期青年电商培训班,通过前期单位推荐、微信个人报名等方式,共吸引近200名学员参加培训。本期培训内容包括互联网创业基础知识,电子商务形势分析,微信营销、淘宝实用技能知识等课程。

【“导师面对面” 青年创业项目指导交流会】 8月24日,团市委举办“导师面对面”青年创业项目指导交流会活动,邀请国家创业咨询师、全国高校优秀创业导师、全球模拟公司项目讲师王碧波,为智能科技、文化创意、教育培训、新型农业等领域10余支创业团队进行专题指导,本次指导交流会面向初创阶段青年创业主体,聚焦创业计划拟制,突出导师一对一“把脉”指导。

【“农商银行”助学金受助学子欢送会】 8月31日,泰兴市希望工程“农商银行”助学金受助学子欢送会在市政府会议室举办,团市委书记刘阳、泰兴农商银行行长王国平、副行长刘国裕以及38名受资助对象参会。希望工程圆梦行动自2005年组织开展以来,累计资助500余名贫困大学新生。2015年,圆梦行动泰兴农商银行拿出16.4万元圆梦助学基金资助48名大学生;“爱心助学岗”活动连续举办第5期,帮助35名贫困大学生找到暑期岗位。泰兴农商银行自2013年加入希望工程圆梦行动以来,总共资助71名大学生,资助金额累计达21.3万元。

【团干部培训班】 11月4日,团市委举办全市团干部培训班,来自各乡镇(街道)、系统、学校等单位100多名基层团干部参加培训。整个培训为期2天,采取集中授课、现场教学、拓展训练等方式,内容包括“三严三实”专题教育、团干部身心修养建设、户外扩展训练等。

【新浦爱心助学金发放仪式】 11月23日,团市委举行2015年度新浦爱心助学金发放仪式,为全市162名品学兼优贫困学生现场发放助学金32万元。市委常委、组织部部长钱娟出席发放仪式并讲话。新浦爱心助学金按照高中生每人2000元、初中生每人1000元的标准发放。15年来,新浦化学有限公司累计捐资470多万元,资助3100多名寒门学子求学读书。发放仪式上,新浦化学有限公司与团市委签订2015年至2025年捐赠协议,承诺在未来十年内继续为泰兴市贫困学子奉献爱心。 (吴 婷)

泰兴市妇女联合会

【概况】 2015年,市妇联接处各类信访287起302人,全部办结。全年更新市妇联网站各类活动、工作信息1118条,127则宣传报道被省妇联女性E天地采用。在女大学生村官中开展“我与妇女儿童共发展”主题活动,征集工作微视频4则,主题征文20篇。对全市留守、流动、孤残、单亲及贫困家庭儿童调查摸底建档,“爱心妈妈”“成长伙伴” 与困难儿童牵手结对430对,帮助实现微心愿180余个。全年巾帼志愿服务队开展集中服务165场次。泰兴市女企业家协会获省“最优女性社会组织”表彰。河失新世纪雨具厂、黄桥镇樊家集生猪养殖协会创建成省巾帼来料加工示范基地和省巾帼示范专业合作组织。

【女性就业培训】 2015年,市妇联、市人社局举办2015年“庆三八·春风送岗”女性专场招聘会,帮助156人达成初步就业意向。组织34名农村妇女参加市第5期家政(月嫂)培训班,184名女性家庭农场主和种养大户参加妇女农业职业技能培训,均通过职业技能考试和鉴定。“农村妇女网上行”培训233名学员获得合格证书。

【巾帼文明岗】 2015年,市妇联开展巾帼文明岗星级评定和创岗升级,对全市38个巾帼文明岗进行抽查,并迎接省评估验收。举办“巾帼文明岗”负责人培训班,全市150个文明岗与186个村居(社区)、企业、妇女儿童之家结对共建。

【“最美家庭”评选】 4月,市妇联在全市开展“最美家庭” 和特色家庭评选活动,共征集“最美家庭”事迹材料167份,以漫画、征文、治家格言等形式征集优秀家风家训604条。经过选拔评比,产生“江苏最美家庭”1个,“泰州最美家庭”5个,“泰兴最美家庭”15个。11月,举行全市“最美家庭”颁奖暨“议家风·晒家训·传美德”活动推进会。市妇联撰写的“与最美家庭同行”妇女干部工作心得,4篇被全国妇联录用。

【书香家庭创建活动】 4月,市妇联以第20个世界读书日为抓手,开展 “沐浴温馨书香 争做文明家庭”活动,倡导扶持家庭书架、书房建设。全市50个家庭参加“创建书香家庭 传承文明经典”亲子共读展示活动,22个家庭获表彰。

【美丽妈妈评选大赛颁奖典礼】 3月6日,泰兴市举行“汉皇印象”杯泰兴美丽妈妈评选大赛颁奖典礼。活动于2014年11月开始,历时半年。402名参赛选手经过初赛、复赛、决赛,26名“美丽妈妈”脱颖而出,分别获得冠、亚、季军和爱心、知性、可爱、人气、时尚妈妈5个单项奖及优胜奖。市委书记孙耀灿,市委副书记、市长张育林等出席颁奖典礼，并为获奖选手颁奖。来自全市各行各业的“美丽妈妈”表演了精彩的节目。

【“两癌”筛查】 5月，市妇联召开农村妇女“两癌”筛查工作动员暨业务培训大会，全市76名卫技人员参加。随后在全市开展免费筛查“两癌”活动，为9名患病妇女上争到全国妇联每人1万元的专项救助。

（蒋宏娟）

泰兴市科学技术协会

【概况】 年内，泰兴市创建成全国科普示范社区1家，省级科普示范乡镇1家、科普示范村（社区）3家、农村专业协会2家、科普惠农服务站、科普示范基地、科普教育基地各1家、农村科普惠农带头人1名，泰州市科普教育地、科普惠农服务站各2家。江苏凤灵集团与省声学学会、济川药业集团有限公司与省药学会、江苏泰源数控机床有限公司与泰州职业技术学院科协牵线搭桥，签订合作协议并建立科技服务站。省化工协会与经济开发区签订共建精细化工协同创新服务示范基地。江苏睿济鼎诚科技工程有限公司与中科院院士李圭白签订合作协议，并于8月31日在黄桥成功挂牌“李圭白院士工作站”。市科协遴选优秀建议印发《科技工作者建议》刊物。在《江苏科技报》定制专版，宣传泰兴市优秀科技工作者典型事迹，给2014年全国“讲理想、比贡献”创新标兵董自波举行隆重授奖仪式。组织全市3000多名科技工作者开展以服务创新、节能减排增效为重点的“讲、比”竞赛、“金桥工程”等传统品牌活动，向上级科协推荐“讲、比”竞赛项目10个，“金桥工程”项目7个。

【全国科普示范市创建】 2015年，市政府向省科协提出创建全国科普示范市申请，下发《关于印发〈泰兴市创建2016－2020年全国、省级科普示范市工作方案〉和〈泰兴市创建2016－2020年全国、省级科普示范市测评指标任务分解表〉的通知》。6月26日，市人大副主任王中先带领部分常委会人员对创建工作进行专项督查，市政府办、市人社局、市发改委等14家单位就创建工作进行专题汇报。各新闻媒体围绕创建工作广泛宣传，动员全市上下参与到创建工作之中。7月24日，省科协考核组对泰兴创建全国科普示范市工作进行验收。10月19日，省科协正式命名泰兴市为江苏省科普示范市，并推荐申报全国科普示范市。

【海智基地平台】 2015年，市科协围绕“推进项目”招才引智，引进中国工程院院士、江苏建筑科学研究院有限公司董事长缪昌文带资金、带项目到泰兴创业。利用海智基地平台，组织2家企业海外高科技人才参加大赛，其中泰兴中全新能源技术有限公司海外博士马昕进入决赛，获得二等奖。

【科普宣传周】 2015年5月19～25日，市科协围绕“创新创业、科技惠民”和“万众创新，拥抱智慧生活”主题，开展泰兴市第27届科普宣传周活动和2015年全国科普日活动。两大主题活动期间，全市共开展380多科普活动，其中，举办和组织收看各类科普讲座1800余场次，发放科普资料20万余份，有20余万人直接参与宣传周活动，85万余人接受科普教育。市科协被中国科协表彰为2015年全国科普日优秀组织单位。

【触摸式互动科普阅览大屏】 2015年，市科协新购置江苏联著实业有限公司触摸式互动科普阅览大屏20台，安放在各乡镇（街道）及社区、学校、科普教育基地等人流量大的公共场所，为泰兴公众开启全新的智慧生活。

【《科普新说》电视专题片】 2015年，《科普新说》电视专题片在泰兴电视台2个频道播出，在《泰兴日报》开辟“《科普新说》导视”栏目，在电台播出“《科普新说》广播版”，在泰兴有线网络公司开辟“《科普新说》视频”点播，在全市32块科普大屏中载入《科普新说》“中华小验方”视频节目。由市科协协拍的三集电视专题片《科普新说·银杏》入选“2015中国·泰兴金秋经贸科技洽谈会”嘉宾礼品袋。

【科普传播新媒体】 2015年，市科协建立科协微网站，开通科协微信公众号，每天通过微信平台发放最新科协动态、科普新闻和科普小常识。利用广电行业遍布全市的上百个“泰兴公共信息联播网络端”，插入电子科普画廊、科普视频，让科普融入百姓日常生产、生活。

【科普旅游】 2015年，市科协动员市各科普场馆、科普教育基地等科普资源，向社会公众免费开放。编印下发《泰兴科普旅游手册》4000册，为公众参与科普旅游提供出行指南。联合市旅游局、教育局、泰兴日报社开展科普旅游征文活动，共评出优秀作品54篇。

【跃进社区科普馆】 3月18日，跃进社区科普馆建成并免费对外开放，展厅面积170平方米。科普馆内设低碳环保厅、健康生活厅、防灾减灾厅、安全生活厅，展示内容立足社区，贴近生活，集科学性、欣赏性、趣味性于一体，寓教于乐。跃进社区科普馆在市科协、环保局、民防局、卫生局以及济川街道支持下,自 2014 年 7 月开始建设。

泰兴市文学艺术界联合会

【概况】 2015 年,市文联组织引导下属各协会开展各类文艺培训、座谈、笔会、采风、比赛等近 20 次,参加者 1500 多人次。文联及下属协会共组织文艺志愿服务、文艺惠民演出 150 多场。文艺作品获全国性奖项近 20 项,地级市以上奖项 50 多个。在国家级杂志发表文学创作作品近 20 篇(首),地级市以上近 100 篇(首),编辑出版《银杏风》文学系列丛书。组织参加泰州市第二届青少年书画展,获金奖 1 名,银奖 10 名,铜奖 19 名,获奖人数比上年增加 14 人。指导市音协和音文学会创办音乐杂志《泰兴歌声》;黄桥历史文化研究会编辑出版 4 期《黄钟》文学刊物和 2 期《黄桥历史文化研究》;民间文化研究会编辑出版 3 期《龙河》文学刊物;诗词楹联协会出版 4 期《泰兴诗苑》;写作协会出版 3 期《泰兴文学》;摄影协会出版 1 期《泰兴摄影》会报,建立泰兴摄影网站。

【第四届泰兴文艺奖评选】 2015 年 4 月 10 日,第四届政府文艺奖颁奖大会在市政府第二会议室举行,市四套班子负责人、获奖作者和全体文联委员出席会议。泰兴文艺奖是泰兴市人民政府主办的全市文艺最高奖,每 3 年评选 1 次。本届评选时间为 2011 年 1 月 1 日至 2013 年 12 月 31 日,经评审委员会 3 轮评选,从 57 件申报作品中评出 29 个等级奖,21 个优秀作品奖,2 个新人奖。

【银杏风文学系列丛书出版】 2015 年,泰兴市完成《银杏风》文学系列丛书第 1 期的书稿征集、出版工作。第 1 期共收入 12 名作者的个人作品集,涵盖小说、诗歌、散文等文学体裁。银杏风文学丛书书目包括周新天《花菇溪》、何雨生《午夜时分的化工厂》、王燮《今夜无人入睡》、吴磊《飞凤街的爱情》、黄金梅《从黑夜开始》、孙建国《往日时光》、吕建云《我愿我是一片云》、马张留《浮生》、陈庆生《黄桥码头》、张海《跟你走》、石启荣《时光之钟》、钱红旗《木缘堂诗抄》。《银杏风》3—5 年出版一套。

【书画考级工作】 6 月,市文联组织召开市书画考级工作研讨会,做好泰兴市少儿书画培训和规范书画考级工作。2015 年 11 月,为期 2 天的书画考级工作有序开展,参考人数 570 多名,比 2014 年增加 130 多人。

【余宁台国际影赛获奖作品集首发式】 7 月 17 日,《余宁台国际影赛获奖作品集》首发仪式在泰兴举行。余宁台是一位在泰兴创业的外地人,中国摄影家协会会员。画册精选作者 2012——2014 年间在国际影赛(展)中获奖(展出)的作品 300 余幅(次)。

【第二届"黄桥好声音"业余歌手大奖赛】 7 至 8 月,市文联、黄桥镇总工会主办,黄桥在线文化传媒有限公司、黄桥知味楼大酒店、泰兴市音乐家协会共同承办第二届"叶波·大润发杯"黄桥好声音业余歌手大奖赛,来自各行各业的 300 多人报名参加,经过 5 轮分组别角逐,有 12 名选手获奖,30 名选手直接进入"泰兴好声音"的初赛。黄睿姝、田洁、杜建平获一等奖。

【纪念抗战胜利 70 周年征文】 8 月,市文联面向全市市民征集"纪念抗战胜利 70 周年征文"。征文比赛共收到投稿作品 154 件,经评选,评出一等奖 3 名、二等奖 6 名、三等奖 12 名。来稿择优在《泰兴日报》及文联会刊《银杏风》上分期发表。

【摄影作品入展平遥国际摄影大展】 9 月 19 日至 9 月 25 日,第 15 届中国平遥国际摄影大展在山西平遥古城开展,泰兴市摄协沈建的《甘南印象》、季开楠的《难忘的岁月》、黄宪成的《黄山初雪》、李培新的《漫步在喜玛拉雅山之南》、余宁台的《梦幻之岛》以 5 人联展的形式入展。中国平遥国际摄影大展是中国持续时间最长、规模最大的全民摄影盛事。5 人以联展形式入展平遥国际摄影大展,在泰州和泰兴地区皆为首次。

【陆献荣书法作品展】 9 月 29 日至 10 月 5 日,由泰州市文联、泰州市公安文联、市文联、市公安局主办,市书法家协会、市美术家协会、市群众文化协会承办的"陆献荣书法作品展"在市文化艺术中心展出。陆献荣系中国书法家协会会员、江苏省硬笔书法家协会副主席、泰州市硬笔书法家协会主席、泰州市公安文联秘书长,自幼酷爱书法,楷专墓志,行学王羲之、王献之,多次参加全国及省内的书法大赛并获奖。本次展览共展出陆献荣近作 80 幅,其中《泰兴赋》规格 2.4×20 米。

【市文联四届四次全委会】 10 月 28 日,市文联四届四次全委会在市有线电视台 5 楼会议室召开,文联委员 46 人出席会议。与会人员学习《中共中央关于繁荣发展社会主义文艺的意见》和习近平在文艺工作座谈会上的讲话,并就贯彻意见和讲话精神、增强协会凝聚力、整合资源、团结协作开展文艺活动等方面进行交流探讨。

【江苏百名专家学者千场文艺欣赏讲座】 10 月至 12

月，市文联承办“江苏百名专家学者千场文艺欣赏讲座”泰兴站的4场专题讲座，分别为南京大学张静波教授讲授的《中国音乐的审美特征》，扬州大学韩春鲜教授讲授的《〈周礼·考工记〉与中国古代城市文化》，扬州大学旅游管理系副主任、美国佛罗里达大学访问学者侯兵讲授的《旅游景观鉴赏》，扬州大学艺术学院教授、硕导吴越滨讲授的《中国写意人物画的品读》。

【文艺志愿服务工作】 2015年，市文联下属协会共组织文艺志愿服务、文艺惠民演出150多场。2月4日，组织“春之声”文艺志愿者服务团新村送文艺下乡活动，80多名文艺志愿者到广陵镇新圩村进行大型文艺演出及书法家送春联、送福活动。2月12日，联合泰州市文联组织文艺志愿者50人到黄桥镇诸马村开展写春联、福字、拍摄寿星照等活动，并为困难户送去春节慰问品。3月4日，组织60多名文艺志愿者开展“泰兴市3·5‘学雷锋日’文艺志愿者走进麻风康复病区”文艺演出、志愿服务活动。市摄影家协会配合市文化馆每周三在文化艺术中心4楼对市民开设摄影知识公益讲堂，举办40多场，受众近2000人次。 （张 淅）

2015年泰兴市文艺创作主要成果统计表

表2

主创人员或单位	类别	作品名称	出版、发表、获奖、入展情况
余宁台	摄影	《下马威》	获IPA第五届国际摄影艺术展金奖
余宁台	摄影	《放飞》	获IPA第五届国际摄影艺术展银奖
余宁台	摄影	《南极冰山》	获2015年第三届中华艺术摄影金马奖
余宁台	摄影	《凝望》《海阔天空》	IPA第五届国际摄影艺术展丝带奖
余宁台	摄影	《老街》《凝注》《拾海》《涛声依旧》《护犊》《如痴如醉》《嬉戏》	获IPA第五届国际摄影艺术展人文纪实／风光花卉／运动动物／自由题材组优秀奖
顾伯章	摄影	《流光倩影》	获《全国第17届摄影艺术大赛》“艺术类”优秀奖
刘鹏旋	散文	《小脚二舅母》	获2015年度中国散文年会二等奖
刘明生	歌词	《回家——海归吟》	获“畅想中国梦，共续大师魂”李叔同杯全国歌词新作大赛三等奖
石启荣	歌词	《和平广场上的铜像》	获中国原创歌词网纪念抗日战争胜利70周年优秀奖
张海词、潘振新曲	歌曲	《竹海飘过一袭红裙》	获全国林业征歌三等奖
马张留	散文诗	《人祖山传说》	获人祖山国际散文诗大赛优秀奖。发表于《散文诗世界》2015年第9期
赵天林	诗词	《闻贪官悔罪有感》《依法治国赞》《花朵自焚的拷问》《中流砥柱颂》《夏收》《练字》《咏玉兰》《诗词老师授课》等18首	2015年12月发表于《全国诗词名家2015年选》(中国文化出版社出版)，获特等奖
赵天林	诗词	《咏四中全会法治决定》《南乡子·乡村春节剪影》《东风第一枝·贺北京APEC会议》《行香子·游无锡梅园》《游惠山古镇》等19首	2015年12月发表于《第七届华鼎奖全国诗词大赛获奖作品集》(中国文联出版社出版)，获金奖
赵天林	诗词	《拜读〈沁园春·长沙〉有感》《春游泰州老街》《乙未清明节有感》《临江仙抗日精神颂》《春城歌鸟会》《水调歌头·咏望海楼》《沁园春·春游锡惠公园》《缅怀母亲》等13首	2015年9月发表于《红旗飘飘》诗词世界杯中华诗词大赛优秀作品集(中国文联出版社出版)，获一等奖
赵天林	诗词	《沁园春·反腐颂》《冤案纠错》《远望》	2015年10月发表于《“东方美”全国诗联书画作品集》(中国广播影视出版社出版)，获一等奖

续表2

主创人员或单位	类别	作品名称	出版、发表、获奖、入展情况
张海词	歌词	《海鸥的翅膀》《我的梦在你的梦中》	入围“海峡两岸追寻中国梦”全国歌词歌曲征集歌词50首
何雨生	短篇小说	《摸秋记》	获《雨花》杂志社纪念抗战胜利70周年征文大赛小说类优秀奖
赵荣华	诗歌	《苦楝树》	获江苏省副刊三等奖
张海词、朱加农曲	歌曲	《会飞的花》	获第32届上海之春国际音乐节校园歌曲征集优秀作品
石启荣词、马佶曲	歌曲	《大理山茶花》	获2016年大理国际茶花大会会歌词曲作品入围奖
伏如林	歌词	《送你一支山茶花》	获2016年大理国际茶花大会会歌词曲作品入围奖
石启荣词、杨武麟曲	歌曲	《走过石牌坊》	获“美好安徽”全国歌曲创作征集评选活动铜奖
叶贵	诗词	《白居易墓》	获河南省首届“白居易杯”诗词楹联大赛二等奖
吴伯智	诗词	《五律·红日》	被北京华夏博学国际文化交流中心评为一等奖，发表于《中外当代文学艺术家代表作全集》
舞蹈协会	舞蹈	《不拍 不拍》	第十二届中国上海世界“金玉兰奖”音乐、舞蹈、器乐艺术大赛“最高奖”和“组织金奖”
严荣德	诗词	《风入松·板桥竹颂》	获中华诗词学会、泰州市政府主办的“板桥杯全国诗词大赛”优秀奖
石启荣	歌词	《喊华蓥》	获华蓥市“歌唱华蓥”原创歌词征集活动一等奖
张海	歌词	《三沙的天气预报》	获“三沙梦·中国心”三沙诗歌征集活动三等奖
陈苏扬	歌词	《扬州约我来》	获中国扬州2500周年城庆主题歌歌词征集三等奖
张海词，杨庆华、卢伟杰曲	歌曲	《你是我可爱的中国》	获浙江省台州市第六届音乐新作奖铜奖
陈苏扬	歌词	《画大桥》	获“港珠澳大桥之歌”征集活动优秀歌词
张海	歌词	《捡起一片栖霞枫》	入围栖霞山形象歌曲歌词10首
张海词、曹家为曲	歌曲	《吴韵汉风锦绣图》	获2015泰州文艺新作调演金奖
沈小兵词、曹家为曲	歌曲	《梦想花开》	获2015泰州文艺新作调演金奖
张海词、姚绍宏曲	歌曲	《秋雪湖》	获2015泰州文艺新作调演银奖
张海词、张小柯曲	歌曲	《花鼓情歌》	获2015泰州文艺新作调演银奖
蒋康政	诗歌	《引江河之恋》	获泰州市水文化研究会举办的“大美引江河”水文化征文美文类二等奖
马张留	散文	《曝光过度的夏宫》	发表于《海外文摘·文学版》2015年2期
叶贵	散文	《浓浓家乡情》、《秋菊》	2015年4月入选《二〇一四散文百家精选》(中国言实出版社出版)
马张留	散文	《大地上的河流》《斯巴达克斯》	分别发表于《中国散文家》2015年第3、4期
马张留	散文	《生命和歌》	发表于2015年4月3日《作家报》
马张留	散文	《会唱歌的螺旋》	发表于《散文百家》2015年第6期
马张留	散文	《在路上》	发表于《散文诗》2015年第1期

续表 2

主创人员或单位	类别	作品名称	出版、发表、获奖、入展情况
何雨生	短篇小说	《赖猫王红文和好狗鲍比》	发表于《中国铁路文艺》2015 年第 10 期
何雨生	短篇小说	《乡村照相简史》	发表于《雨花》2015 第 1 期
何雨生	短篇小说	《硫磺皂》《小说二题》	分别发表于《佛山文艺》2015 年第 2、4 期
何雨生	短篇小说	《开天门》《化工厂三强》	分别发表于《短篇小说》2015 年第 8、10 期
马张留	短篇小说	《我想我是猫》	发表于《岁月》2015 年第 8 期
周新天	中篇小说	《九异器》	发表于《芳草小说月刊》2015 年第 4 期
将康政	散文诗	《风在吹》	发表于《散文诗》2015 年第 2 期
马张留	散文诗	《生命和歌》	发表于 2015 年 4 月 3 日《作家报》
蒋康政	诗歌	《与一朵花对视》	发表于《绿风》诗刊 2015 年第 3 期
蒋康政	诗歌	《观荷记》	发表于 6 月 26 日《华语诗刊》
马张留	诗歌	《我信》	发表于《诗海潮》2015 年第 1 期
马张留	诗歌	诗二首	发表于《西部诗歌》2015 年第 1 期
马张留	诗歌	《致风信子》《孤独的行者》	分别发表于《泰州新诗》2015 年第 3、4 期
叶贵	诗词	《清平乐》	发表于香港诗词学会主编的《诗词精粹》
叶贵	诗词	《咏蝌蚪》	发表于 2015 年 11 月《中华古韵》(中国联合文化出版社出版)
赵天林	诗词	《念奴娇·赞党风廉政建设》《江苏农民夸小平》《我心中的梦》	发表于 2015 年 2 月《时代颂歌》全国诗书画影精品大观(中国广播影视出版社出版)
叶贵	诗词	《恋情深》	发表于 2015 年 4 月《中华诗词》
严荣德	诗词	《七律·为迎羊年而作》	发表于 2015 年第 3 期《中华诗词》
严荣德	诗词	《泰兴赋》	发表于《中华词赋》2015 年第 7 期
叶贵	诗词	《恋情深》《卜算子》《河塘春早》《清明时节》	发表于 2015 年 3、7 月《诗词月刊》
叶贵	诗词	《虞美人·江苏古银杏森林公园》	发表于《诗词百家》2015 年第 2 期
赵天林	诗词	《彩虹》	发表于《诗词百家》2015 年第 6 期
赵天林	诗词	《满庭芳·学习习总书记文艺座谈会讲话》	发表于《江海诗词》2015 年第 1 期
钱红旗	诗词	《七绝·屡有人索字,吟成一绝自勉》	发表于《江海诗词》2015 年第 4 期
严荣德	诗词	《七律·咏羊—为迎羊年而作》《七绝·舟上夜观阅江楼》《青玉案·“一带一路”赞歌》《西江月·习主席成功访美》	分别发表于《江海诗词》2015 年第 1、2、4 期
缪旭东	楹联	《羊年新春联》《楹联·湖南攸县文昌阁》	分别发表于《江海诗词》2015 年第 1、3 期

续表 2

主创人员或单位	类别	作品名称	出版、发表、获奖、入展情况
赵天林	诗词	《夏蝉》《彩虹》《九三阅兵》《旅游记行(二首)》《端午观龙舟大赛》《诗词联谊会随感》等 8 首	发表于《诗词之友》2～6 期
钱红旗	诗词	《七绝·即景》《五律·偶遇》	发表于《中华书画家》2015 年第 2 期
严荣德	图书	《格律诗词写作入门》	中国文史出版社于 2015 年 5 月出版

泰兴市归国华侨联合会

【概况】 2015 年,市侨联依法处理侨界群众来信来访 12(件)次,走访慰问困难归侨侨眷 140 余人,巩固发展"侨界空巢老人关爱行动"工作品牌,牵线省侨联"弘阳爱侨基金"对生活贫困的归侨进行重点帮扶。坚持"走出去"与"请进来"相结合,加强与泰兴旅港同乡会等海外侨社团的联系,筑牢广大侨胞同心共圆中国梦的思想基础。联合市委统战部在全市范围内开展新一轮侨情普查,健全侨情信息库。开展"海外侨领侨商家乡行",巩固发展"情系侨商 以侨为桥"服务品牌,促进帮助会员企业转型升级创新发展。 (吕日群)

泰兴市残疾人联合会

【概况】 2015 年,全市 8941 名残疾人享受重残无业生活救助,565 名残疾人享受一户多残、依老养残生活救助,224 名残疾人享受低保内重残补贴,2450 名残疾人享受护理补贴,8934 名特殊困难残疾人救助对象、19731 名非重残人员和 381 名在训在托残疾人及监护人参加意外伤害保险,51 名高中阶段、66 名高等教育阶段残疾学生和 105 名残疾人子女享受教育补贴,227 名残疾人机动轮椅车车主享受燃油补贴。市残疾人联合会为 241 名 0～6 周岁各类别残疾儿童实施抢救性康复救助,为 179 名 7～14 周岁残疾儿童开展巩固性康复服务,为 1500 名贫困家庭残疾人免费开展辅助器具适配服务,为 207 个困难残疾人家庭免费实施家庭无障碍环境改造,为 576 名贫困精神残疾人提供免费基本用药,为 217 名贫困家庭白内障患者实施免费复明手术。组织 267 名残疾人参加各乡镇(街道)举办的残疾人农村实用技术培训班,全年新增安置就业残疾人 230 名。

【残疾人专项调查】 1～3 月,全市组织 751 名调查队员对残疾人经济及住房、教育、就业扶贫、社会保障、康复、无障碍、教育文化、补充问题 8 项进行入户专项调查登记,共入户调查 16734 户,入户调查率 98.64%,复录零错误率。6 人被评为省级优秀调查员,泰兴专项调查办公室被省表彰为先进专项调查办公室。

【全市残疾人工作会议】 4 月 2 日,全市残疾人工作会议在市行政会务中心第二会议室召开,市残联第五届主席团全体委员、各乡镇(街道)分管负责人、残联理事长、残疾人专职委员、市残联系统中层以上人员参加会议。市委常委、政法委书记、市残联第五届主席团名誉主席田之本发表讲话。市政府副市长、市残联第五届主席团主席刘辉作题为《团结拼搏 奋发有为 努力开创残疾人事业发展新局面》工作报告;市残联理事长秦娟宣读市政府办公室关于 2014 年度全市残疾人工作考核结果通报。

【残疾人康复中心启用】 5 月 30 日,占地面积 2800 平方米、建筑面积 5900 平方米、建设资金总额达 2500 万元残疾人康复中心正式启用,中心拥有 OT、PT、理疗、水疗、个训、多感官、情景教学、引导式教育、心理疏导、学前教育等 41 个功能训练室,配备水疗仪、功能感官设备等仪器,能为 150 名残疾儿童提供康复训练服务。省残联副理事长胡乃亮,市委副书记、市长张育林等出席新残疾人康复中心启用仪式并为中心揭牌。

【盲人保健按摩纳入医保刷卡结算】 6 月底,市残联与市人社局经过对盲人保健按摩机构审核认定、问题整改、公示、设备安装调试、操作培训等步骤,全市 6 家盲人保健按摩机构通过医保定点机构审核认定,实现医保刷卡联网结算。年内,共为 5000 人次报销 30 万元。

【全国残疾人职业技能大赛获奖】 7 月 11～12 日,在湖北武汉举办第五届全国残疾人职业技能大赛，代表江苏参赛的泰兴市选手朱新泉获得手机维修项目第三名，孙文学获得男服制作第五名，王宁获得计算机程序第五名。

【残联微信公众号】 11月13日，泰兴残联微信公众号正式上线，平台共设"热点关注""小编解答""春风助残""身边""天下""创富"等6个板块，上线3个月，共吸引1753人关注。

【首届残疾人文艺会演】 11月28日，全市残疾人文艺会演在市残疾人托养中心举行，22个节目、64名演员参演，各乡镇(街道)残联领导和残疾人托养中心园友共同观看演出，会演共评出一等奖2个，二等奖4个，三等奖6个，授予济川街道残联等5个单位组织奖，授予樊庆峰创作奖。

【"春风助残行动"】 年内，市残疾人福利基金会开展"阳光浴室"项目，为100户贫困残疾人家庭免费安装热水器，向全市贫困残疾人发放电视机100台、洗衣机300台、电饭锅500个、电风扇500个，开展为城区小学低年级贫困生提供帮助的"春风助学"活动，为高寿整岁残疾老人祝寿的送祝福活动，为康复中心在训残疾儿童送副餐活动，为康复、托养机构人员送保险活动，市级机关旧家用物品捐赠、认领活动等7项"春风助残行动"。 (陈　浩)

泰兴市哲学社会科学界联合会

【概况】 2015年，泰兴市新增省级社科普及示范基地1家。组织市社科学会、研究会和社科工作者，常年深入社区、村(组)、学校、企业等基层单位，围绕时事政治、卫生保健、法律法规等群众关心的热点问题，开展30多场咨询活动，发放各类社科宣传手册、资料、书籍300多种，10000余册(份)，数万群众受益。在《泰兴日报》设立《学习与思考》社科专栏，宣传推广社科优秀成果，2015年共刊发24期。是年，泰兴市组织开展第三届社科优秀成果评奖活动，评出一等奖3项、二等奖6项、三等奖12项并给予奖励。

【"居家养老模式研究"座谈会】 2015年5月22日，省社科院泰州分院副院长、泰州市社科联主席潘时常在泰兴主持召开"居家养老模式研究"座谈会，省社科院泰州分院、泰州市社科联、泰兴市社科联以及泰州、泰兴社科理论界专家学者等10多人参加会议，就居家养老的进展情况、存在问题、对策建议进行探讨，参观市大庆老人院、康乐老年公寓等养老机构。

【社科应用研究】 2015年，泰兴市组织市委党校、市委农工办、市工商联等单位开展调查研究，推出泰兴智慧城市建设、城区水环境整治等具有理论高度和实用价值的研究成果，将优秀成果编印成《泰兴发展研究报告(2015年选编本)》。

泰兴市红十字会

【概况】 2015年，市红十字会开展"红十字博爱万人捐"活动，接受社会捐款93.77万元，上争资金27万元；发放救助款97.23万元，物资11.1万元。全年培训初级救护员1122人，普及性培训14126人；无偿献血7455人次，满足全市临床用血需求；造血干细胞采样155人，再动员20人，高分辨4人，实现造血干细胞捐献1人。制作造血干细胞专题宣传片《爱心传递生命之歌》，时长20多分钟。各级媒体用稿30余篇，其中《中国红十字报》6篇，《泰州晚报》4篇，江苏省红十字网站22篇。

【红十字会三届六次理事(扩大)会议】 4月17日，市红十字会三届六次理事(扩大)会议召开，来自全市各条战线人员和6名社会监督员及2名群众观察员参加会议。副市长、市红十字会会长周桂香出席会议并讲话，市红十字会专职副会长肖艳作工作报告。会议通报2014年全年救灾救助款物收支情况，通过增替补副会长、常务理事、理事的决议，表彰红十字工作先进集体、红十字博爱捐款先进集体、无偿献血先进集体和积极组织者。

【"用真情温暖志愿者"广场募捐活动】 2月14日，红十字志愿者在鼓楼广场举办"用真情温暖志愿者"广场募捐活动。邀请延令书社的书法爱好者现场书写春联，赠予爱心群众。活动当天募得善款共计39811.6元。

【"一对一关爱西藏贫困儿童"帮扶活动】 7月，市红十字会开始"一对一关爱西藏贫困学子帮扶活动"项目筹资，所有资助金将用于补贴受助者的日常生活。资助标准，小学及学龄前1000元/年，初中1500元/年，高中2000元/年。西藏方面由地方派出所民警，负责核查和提供受助对象信息。资助人和受助人各自签订承诺书，资助人承诺至少一年的帮扶期，受助人则承诺必须定期与资助人联系,汇报近况。项目共计 5 批 43 名贫困学子结对成功。

【"爱心收集美丽你我"活动】 8 月,市红十字会启动"二手图书募集"爱心收集活动,捐闲置图书。9 月 19 日,在鼓楼广场开展集中宣传,现场收集,公布全市 12 个志愿服务联络点信息,集中受理广大热心市民的图书捐赠。截至 10 月,共募得图书 3000 余册。经志愿者清点、分类、整理后,分别送往张桥留守儿童博爱驿站、常周小学红十字诚信图书角。

【"留守儿童博爱驿站"项目】 2015 年,市红十字会启动"留守儿童博爱驿站"公益项目,建立包括五老志愿者、在职教师、大学生村官等在内的稳定的红十字志愿者队伍,负责驿站的日常运转。上争省红十字会项目资金 9 万元,多渠道争取资金跟进配套,为 3 个博爱驿站试点配备完善的软硬件基础设施。

【"红十字编织幸福"项目活动】 2015 年,市红十字会启动"红十字编织幸福"项目活动,创新救助方式,变受助对象"等靠要"的输血式救助为自力更生的造血式的救助。市红十字会出资 4 万元为村民配置草绳编织机,采取"合作社 + 农户"的合作模式,利用周边乡镇农村秸秆加工草绳,送设备送技术送销路送致富脱贫理念,解决秸秆出路,增加农民收入的同时保护环境。活动惠及近 100 户农民,消化 1200 亩稻田秸秆,每亩增收 600 元,合计增收 70 多万元。

【志愿服务活动】 2015 年,市红十字会统一安排协调志愿服务活动。2 月,志愿者们分批次前往苏州为白血病患儿顾思羽进行互助性献血,一周 4～5 人,共献血 20 余人次,保障顾思羽的日常用血。4 月,20 名志愿者慰问看望苏馨家园残疾人。5 月,联合常周小学红十字会近 60 名师生,为苏馨家园的园友带去慰问演出,前往红十字爱心基地聋儿语训康复学校陪同特殊孩子欢度助残日。6 月,组织为白血病患者钱峰互助性献血 10 余人次。7 月,参与"七彩的夏日"活动,劝导不文明行为、发放文明礼仪、应急救护知识、无偿献血知识、造血干细胞知识等宣传材料。8 月,爱心收集旧物传递。10 月至 12 月初,募捐冬衣,整理打包后发往西藏加查县等地区。12 月,联合泰兴市文艺志愿者走进麻风康复病区。

(张金娟)

泰兴市老区建设促进会

【概况】 2015 年,市老区建设促进会、扶贫开发协会(以下简称"两会")稳步发展扶贫志愿者队伍,全市扶贫志愿者人数 5898 人。根思乡"两会"工委在 5 个新办企业组建扶贫工作小组,古溪镇"两会"工委成立"志愿扶贫中心组",组织结对帮扶 45 名贫困学生,共资助资金 11 万元。是年,全市扶贫志愿者捐资 1227 万元,扶持贫困和低收入户 2169 户; 捐献公益事业建设资金 924 万元。济川街道扶贫志愿者为因病因灾因祸等突发事件的对象户提供救助。全年开展急用即筹的专项活动 28 次,救助 28 户,捐款金额达 19.79 万元。全市扶贫志愿者电子档案基本录入结束。全年在泰州市《老区与民生》、《江苏老区》、《扶贫动态》和《中国老区建设》等老区刊物上刊载文章(图片)计 34 篇次,姚王镇"两会"在泰州市以上老区杂志刊用的文章 6 篇次。

【千户扶贫工程】 2015 年,市"两会"帮扶贫困户 1130 户,确定专人结队帮扶。组织实施省"两会"扶贫项目 9 个,使用资金 90 万元;泰州市扶贫项目 2 个,使用资金 20 万元;贴息扶贫项目 5 个,贷款 68 万元,贴息 1.8 万元。项目实施单位扶持贫困学生 24 人、贫困户 4 户,资助资金 5.14 万元,统一发送到人。宣堡镇分会与苏州园林公司联系,落实该公司承包宣堡村、三埝村 154 亩河坡绿化事项,每亩租金 300 元。该公司还投入 250 万元,在河坡上栽植广玉兰、香樟等。帮助大学生村官刘天添创办凌云苗木合作社,投入资金 110 万元,吸收 9 名贫困户劳力参与生产打工。市"两会"开展"爱心助困"行动,资助 45 户贫困户,其中 40 户是贫困学生。落实 2015 年春风助学 17 名贫困学生和资助的扶贫志愿者,连同 2013 年、2014 年的贫困学生共 51 名。51 名扶贫志愿者共资助 2.55 万元。实施省、泰州"两会"扶贫项目 11 个,贴息项目 5 个,组织实施单位帮扶贫困学生计 24 人和贫困户 4 户,计 5.6 万元。市"两会"继续开展筹集扶贫资金活动,市会扶贫资金达到 400 万元。乡镇"两会"工委共筹资 387.46 万元,年底账面余额 195.86 万元; 全年组织急用即筹捐款活动 232 次,筹资 238 万元,资助突发事件造成的贫困户 86 户。村扶贫小组筹资 309 万元。全年市"两会"介绍贫困劳力就业 874 人。

(程荣浦)

地方武装·政法

■编辑　翁元锋

地方武装

·人民武装·

【概况】 2015年,市人武部开展“学习践行强军目标,做新一代革命军人”主题教育活动和“三严三实”专题教育整顿;认真贯彻党管武装制度,组织乡镇党委书记党管武装述职,评选表彰“关心国防建设好领导”;拓展全民国防教育,以纪念抗战胜利70周年为主题,开展第十五个全民国防日系列活动,连续28年组织开展万人国防知识竞赛活动,新闻报道被军分区表彰为先进单位。加强战备建设,修订完善防卫作战方案和配套计划,狠抓战备分队常态化建设,结合节日战备,先后3次突击拉动和演练。加强民兵情报信息网建设,对全市各乡镇组织巡回业务培训,在全市组织建立XXX名民兵情报信息员队伍。按照“编为用,建为战”的原则,采取“盯住民兵流向编、区分层次分类编、围绕任务重点编”的方法,抓好民兵组织建设。严格按照军分区年度计划,扎实抓好“两实”(实弹、实爆)训练、专业训练和练官训练,组织杨根思民兵应急连官兵参加为期20天封闭式集训,遴选33名民兵参加军分区实战化课目比武竞赛,单位团体总分排名第三,受到军分区通报表彰。

【主题教育】 年内,市人武部开展“学习践行强军目标、做新一代革命军人”主题教育活动。整个教育活动,按照动员部署、理论辅导、思想交流、访谈思辨、典型引导、总结提高6个阶段进行。教育活动中,组织干部职工和杨根思民兵应急连官兵到杨根思烈士陵园重温入党誓词,在烈士碑下立下献身强军实践誓言,推进“三红工程”(红色基因、红色资源、红色传统)实践化,在机关全体干部职工中,开展“正确面对得与失、凝心聚力抓备战”教育,开展专家辅导和典型现身说法,提高干部职工的精神状态。

【“三严三实”专题教育整顿】 年内,市人武部组织开展“三严三实”专题教育整顿。学习军委主席习近平最新指示精神和关于“三严三实”重要论述,党委主要领导带头上党课、搞辅导;召开“三严三实”专题民主生活会,6名党委委员自我解剖6个方面13个问题进行整改;召开党委会、党小组会传达学习军委总部肃清郭伯雄、徐才厚案件影响的部署,人人亮明立场、划清界限,运用正反典型开展政治纪律和政治规矩教育。7月,通过省军区依法从严治军工作“回头看”检查。

【党管武装】 年内,市人武部党委坚持召开武装工作会议,传达学习省军区和军分区党委扩大会议精神,结合全市武装工作特点,筹划年度工作。落实党管武装制度,年内召开乡镇(街道)党委书记党管武装述职报告会,3名乡镇(街道)党委书记进行党管武装述职,市人武部对各乡镇党委书记履职党管武装职责情况进行讲评。市委常委议军会就加强人武部基层设施建设、党委班子和人武、专武干部队伍建设、全面形成应急作战能力、基层民兵营(连)部规范化建设等问题进行研究审议。年内,市委、市政府、市人武部联合表彰5名乡(镇)党委书记为“关心国防建设好领导”。

【开展第28次万人国防知识竞赛活动】 年内,市人武部拓展全民国防教育,以纪念抗战胜利70周年为主题,开展第十五个全民国防教育日系列活动,组织全市民兵预备役人员集中收看“9.3”大阅兵,连续28年在全市开展万人国防知识竞赛活动,竞赛试题由市人武部统一命题,各乡镇人武部组织实施,参赛对象包括党政领导、机关干部、离退休人员、民兵预备役人员、中小学生和人民群众等共计18万人。市人武部市“一报两台”开设专栏,在泰兴网制作专页宣传国防知识,通报表彰6家单位和60名先进个人。

【战备建设】 年内,市人武部修订并完善防卫作战方案和配套计划,参加军分区会审,对全市基层武装部战备库室达标情况进行考评验收。加强战备值班分队常态化建设,结合节日战备任务,先后3次突击检查和紧急拉动演练。加强民兵情报信息网建设,对全市乡镇(街道)进行巡回培训,在全市共组建情报信息报知小组,全年共收集上报情报信息12条并及时处置。协调市国动委成员单位,完成建立车辆装备维修保障试点任务,通过省国动委联合检查验收。积极备战应对强台风“灿鸿”,组织江堤勘察,收集归拢并补充完善物资器材,先后两次组织民兵应急分队进行抗台风、抢险救灾实战化训练演习。

【军事训练】 年内,市人武部根据年度军事计划安排,积极参加军分区“两实”训练、专业训练和练官训练,在年度考核中,市人武部参训干部全部达到优秀,取得团体和个人两个第一名。军政主官通过省军区军事考核。通过以会代训方式,先后组织民兵整组、征兵工作等业务培训,4名新任专武干部参加省军区资格认证培训,其中2人表彰为“优秀学员”。组织民兵专业分队骨干训练,组织民兵情报信息站长(组长)参加军分区跨区联训,完成军分区防化救援骨干跨区联训工作。组织杨根思民兵应急连参加为期20天的封闭式训练,遴选33名民兵骨干参加军分区实战化课目比武竞赛,参赛科目有实战技能、战斗体能和实兵综合演练,市人武部被泰州军分区表彰为“民兵应急连实战化课目比武竞赛第三名”。

2015年度泰兴市杨根思民兵应急连参加泰州军分区组织的实战化训练 （人武部 供稿）

【国防潜力调查】 2015年,市人武部要求各基层单位深入一线调查研究、了解情况、认真统计,开展国防潜力调查,对所属辖区内重点摸清4个方面的情况:遂行任务底数、适编人员底数、重点企业(行业)情况、新型分队编组潜力,对10年内退伍军人、地专人员(地方与军事对口专业)和民兵预备役组织潜力进行统计,逐人逐项核实。3月,通过军分区会审。先后录入10年内全部退伍军人、地专人员情况,并建立完备的精准数据库。

【民兵整组整顿】 年内,市人武部制定民兵整组方案,按照“三个一体”(一体部署、一体落实、一体检验)和四个基本原则(坚持依法规范、任务牵引、统分结合、协调发展)要求,突出“三个注重、一个符合”,即更加注重重点队伍编组任务、更加注重应急队伍综合实用性、更加注重分队编组质效指标,更加符合新时期民兵预备役部队履行三大职能(支援保障打仗、参与反恐维稳、参加抢险救灾)要求,充分利用春节期间民兵返乡“黄金期”,组织开展潜力调查。4月,摸清辖区内遂行任务、可编兵员、适编单位、科技资源底数,会审整组方案,优化调整全市基干民兵布局、结构、编组方法。5月上旬,市人武部分两个组对全市16个乡镇(街道)民兵应急分队进行集中点验,民兵整组参点率达98%以上。

【安全管理】 年内,市人武部严格落实制度,每季度召开安全形势分析会,认真组织安全评估,加强安全常识教育,提高安全防范能力。组织“学法规、明职责、严纪律、正秩序”活动,开展集中授课、法规学习、队列训练等。对重要部位人员,落实经常性谈心交心,及时掌握人员思想,人人签订不赌博、不经商、不炒股承诺书;组织机关驾驶员和驾驶私家车人员安全行车教育;组织兵器室、保密室及参加军分区武器仓库值班人员政治考核,坚持每周对营区用水、用电安全检查;购买保险箱存放密钥U盘,钥匙和密码分别由值班员、保密员保管,确保不留任何隐患。关注舆情动态,加强网上舆情监控引导,教育干部职工不信、不传、不议网上负面新闻和灰色段子,对市全民国防教育网进行信息专项清查,组织上网手机清理清查,签订保密责任书,始终保持部队高度集中统一和纯洁可靠,被省军区表彰为安全管理工作先进单位。

【双拥共建】 年内,市人武部响应省军区开展“双百双建”(组织100余名人武部、预备役人员与老区139个经济薄弱村签订帮建协议,共建党组织、共建学校。)活动要求,先后到黄桥革命老区2个贫困村和1所贫困学校进行实地调研,科学制定计划,列专项预算,投入15万元帮扶黄桥镇严徐村、分界镇赵庄村建设村民休闲广场和村居亮化工程,投入5万元帮扶根思乡根思小学建设同步播音室,协调359医院专家教授到黄桥老区,为老区百姓送医送药。慰问4名贫困学生和10户低收入家庭,组织新闻媒体和社会各界人士慰问患白血病应征青年马祺,慰问南京战区33名泰兴籍基层军官家庭。为26名新入学军校和国防生家庭发放荣誉牌。

【征兵工作】 年内,市人武部开展《中华人民共和国兵役法》和《江苏省征兵工作条例》及先进典型宣传,营造政府依法征兵、单位依法完成征兵义务、公民依法履行兵役义务社会氛围,在《解放军报》《中国国防报》、江苏省电视台等多家报刊媒体宣传典型人物和典型事迹,在新闻媒体上刊登“泰兴籍官兵光荣榜”,激发广大适龄青年参军热情。市人武部班子成员到基层调研检查,指导各基层单位组织征兵体检、政审业务培训,严把基层推荐、政治审查、体格检查、文化审查和审批定兵5个关口,向应征青年家庭发放廉洁征兵监督卡,在市、乡镇(街道)设立举报信箱17个,并公示应征青年花名册,接受社会监督,圆满完成兵员征集任务。

【后勤保障】 年内,市人武部加大经费投入,经费使用向聚焦战备倾斜。修订完善后勤战备方案,组织后勤动员潜力调查,落实战备物资预置预储,落实物资采购定点。加强财经管理,开展经费自查整改工作,大力压减“三费”开支,接受省军区财务大检查。接待和消耗性两项开支同比下降25.86%、69.45%。开展房地产租赁清理和固定资产清查,进行营房维修。 (封志龙)

· 武警中队 ·

【概况】 2015年,武警泰兴市中队完成大项活动安保5次,担负武装押解勤务20多次。中队连续31年完成“三无”(无刑事案件、无责任事故、无严重违纪)目标。是年,中队被武警江苏省总队评委基层建设先进中队。

政治思想 2015年,武警泰兴市中队开展“学校践行强军目标,做新一代革命军人”主题教育活动,组织官兵参观黄桥战役纪念馆、杨根思烈士陵园、泰兴独立支部纪念馆,重温入党誓词。每周进行一次新闻点评,每月读一本书,每月撰写一篇心得体会。

执勤工作 2015年,武警泰兴市中队开展兵力抽组、防暴队形、班组战斗训练。开展哨兵处置能力训练,维修保养执勤设施。全年开展11次执勤隐患排查整治。

训练工作 2015年,武警泰兴市中队开展红蓝对抗演练,提升实战水平。开展应急班战术队形、战术手语和装备使用等科目训练。定期组织应急班全装出动、装备操作、模拟演练。 (袁克国)

· 人民防空 ·

【概况】 2015年,泰兴市结建人防工程新立项21个,完成年度目标任务516%;新开工项目18个,完成年度目标任务322%;竣工验收工程 2个,完成年度目标任务100%;新闻媒体开播《民防时空》专题节目1260批次,《民防天地》栏目刊发60余件宣传报道材料。

【指挥信息系统建设】 年内,泰兴市组织人员修订《泰兴市战时人民防空指挥所编成》,落实人员XX名,指挥机构实名率100%;完善人防指挥所信息平台建设,实现有线“三网”(人防网、互联网、军网)专网平战兼容,与上级主管部门实现视频直通、数据互联、语音互通;组织通信保障人员开展信息采集工作,采集信息300余条,在泰州市民防局年度数据调查中,完整率和准确率均达100%。

【警报体系建设】 年内,市民防局与街道(社区)、电信、移动、联通公司、市电视台、广播电台、泰兴报社联合,建成防空防灾警报信息报知网,实行全时空、多手段发放防空防灾预报、警报和解除警报信号,并实现行政区域警报系统全覆盖,完好率100%。“5·12防灾减灾日”“9·18事变纪念日”,组织警报器试鸣,鸣放成功率100%,音响覆盖率100%。

【人防专业队建设】 2015年4月,市人防专业队伍与民兵、预备役人员同步进行整组,包括通信、运输、抢险抢修、医疗救护、防化防疫、治安、消防和心理防护等8个专业种类,分别由交通、公安、住建、水务、文广新、环保、卫生、教育局、电信、供电公司等部门负责组建,平时编制XXX人,战时扩编XXX人。4～5月,依托市人武部,联合安监、环保、消防、公安、卫生、交运等部门组织专业队开展专业训练,参训人员达XXX人次;5月30日,组织泰兴市人防通信专业队参加泰州市无线电应急通信演练,获得三等奖。

【民安广场竣工】 泰兴市民安广场项目于2014年4月动工兴建,工程总投资2.1亿元,地下总建筑面积约XX万平方米,建设9700 平方米、320个车位的机动智能停车库,XXX平方米1500辆非机动车停车场,2.1

万平方米地下商场。民安广场战时可掩蔽人员、储备物资,平时为市民提供公共停车、购物服务。地面建设 XX万平方米街心公园。工程于 2015 年 12 月底竣工。

【人防应急疏散演练】 9 月 18 日上午,泰兴市开展"关爱生命,应对突发事件应急疏散演练"活动,纪念中国人民抗日战争暨世界反法西斯战争胜利 70 周年。市委常委、常务副市长刘荣华任总指挥,市委常委、市人武部部长朱俊浩出席演练,市民防局、公安局、教育局、交运局、卫计委、济川街道办、电视台、泰兴日报社等部门单位负责人以及市民防局全体干部职工、鼓楼社区、中心小学部分市民学生参加演练,演练人数达 500 多人。11 月 6 日下午,组织济川街道办五里墩社区开展人防应急疏散演练,参与人数达 300 余人。

【民防知识进小学推进会】 9 月 25 日,市民防局与教育局在襟江小学联合组织召开全市小学民防知识教育推进会,对全市小学生民防知识教育工作进行动员部署。省民防局法宣处处长周琳,泰州市民防局副局长王一平,市委常委、人武部部长朱俊浩出席会议。靖江市、兴化市、姜堰区等市区人防办负责人、全市各小学分管负责人、教师代表以及市人武部、教育局、民防局部分工作人员 200 余人参加会议。发放《小学生民防知识读本》近 1 万本。

【民防进乡镇社区】 11 月 12 日下午,市民防局与黄桥镇在米巷社区联合组织召开民防工作进社区(黄桥镇)现场推进会,将民防职能延伸至乡镇社区。年内,选择黄桥镇 2 个社区建立民防工作站,开展宣传教育、技能培训等,共发放《民防应急手册》6000 余本,配套民防应急器材(应急柜、应急包等)2 套,建立人防志愿者队伍 2 支共计 XX 人。 (尹正建)

政　　法

· 社会治安综合治理 ·

【概况】 2015 年,全市政法系统完成全国农业文化遗产发布会、泰州市委工作会议和金秋经贸科技洽谈会、庆云禅寺落成系列庆典等重大活动安全保卫任务。刑事案件、八类案件和交通、火灾事故死亡人数持续下降,公众安全感位居泰州市前列。

【省综治信息化建设试点工作推进会在泰兴召开】 6 月 17 日,全省综治信息化建设试点工作推进会在泰兴召开。省综治信息化建设项目组成员,各省辖市综治办分管副主任、业务处(科)长,各试点县(市、区)综治办主任,电信公司分管负责人、政企客户部主要负责人参加会议。南通、淮安、丹阳市、宝应县、东海县等地作交流发言。泰兴市作为全省综治信息化建设试点市重点介绍推进综治信息化建设经验做法。省综治办副主任李三顺参加会议并作重要讲话。

【"天网工程"建设】 2015 年,泰兴市投入 8000 余万元,实施"天网工程",完成 1833 个监控点、1894 只摄像机组网建设,建设城区 246 个监控点,市域边界、乡镇、农村安装 1422 个,完成率 89.6%,基本实现市县际、主城区、乡镇(园区)、村级、企事业单位和居民小区等视频监控全覆盖。全年,泰兴市街面道路警情同比下降 24.5%,其中抢劫、抢夺警情下降 49.1%,盗窃车辆警情下降 13.8%。

【平安创建】 2015 年,泰兴市原有 17 个系列平安创建,新增平安物流、平安寄递创建活动。平安校园创建工作处于泰州领先水平,泰兴市成为泰州唯一申报省"平安校园示范市"的市区。开展"六无"村(社区)创建,全市 131 个村(居)创成"六无"村(社区),达标率已达 37.8%,16 个乡镇(街道)均被命名为"平安乡镇(街道)"。 (季建树)

· 公　安 ·

【概况】 2015 年,全市公安机关圆满完成第 53 届世乒赛、第十届全国木球锦标赛、庆祝抗战胜利 70 周年、庆云禅寺系列庆典、金秋经贸洽谈会、十八届五中全会、中国－中东欧领导人会晤等重大活动安保任务 81 次,妥善处置各类群体性事件 256 起;全市共立现行刑事案件 4023 起,破 1187 起,破案率 29.5%,连续 6 年命案全破;全市可防性案件同比下降 10.3%,公众安全感达 96%。"禁毒会战"绩效位列泰州第一,合成侦查、刑事技术等工作保持泰州领先。

【国保专项工作】 2015 年,泰兴市全省率先成立"打处邪教工作队",开展"2015 震慑""灭狐"专项行动,摧毁"全能神"邪教团伙 9 个、移诉 46 人(判刑 7 人),捣毁邪教窝点 51 处,在全省名列前茅,省厅在泰兴市专题召开现场会。

【"8·08"锦程商务会所组织卖淫案】 8 月 8 日,公安治安部门经过数月侦查,成功摧毁一起特大组织卖淫犯罪团伙,抓获程某某(男,35 岁,济川街道人)、邹某

(男,37岁,湖北襄樊市人)、李某(女,40岁,济川街道人)等12名犯罪嫌疑人,其中执行逮捕5人、取保候审7人,治安处罚18人、收容教育5人。经查,2014年4月至2015年8月,该团伙为牟利,以承包锦程商务会所“保健按摩”为幌子,招募郑某、鲁某、董某等多名失足妇女至锦程商务会所以300元的价格向客人卖淫,从中非法牟利170余万元。

【黄桥“10·14”蒙面持刀拦路抢劫案】 10月15日,公安刑侦部门综合运用技术比对、人员研判、视频分析等多种侦查措施,通过连续18个小时侦查,破获黄桥“10·14”蒙面持刀拦路抢劫案,抓获犯罪嫌疑人何某某(男,31岁,黄桥镇人)。经查,10月14日晚,何某某戴黑色口罩,窜到黄桥镇东菜场北侧地段,采用持刀抵喉、捂嘴等手段,抢走吕某随身携带的红色钱包1只,内有手表、手机、身份证、银行卡等物。

【伪造变造金融票证案】 11月6日,公安经侦部门通过侦查,成功破获一起特大伪造变造金融票证案,抓获张某(男,43岁,济川街道人)、黄某(男,45岁,姚王镇人)、戴某(男,40岁,济川街道人)、邵某某(男,39岁,上海市人)等4名犯罪嫌疑人。经查,2013年至2015年间,犯罪嫌疑人张某利用担任工商银行工作人员的职务便利,伙同黄某、戴某、邵某某等社会闲杂人员,以帮助他人融投资为名,采用伪造银行存折给存款人方式,将存款人真实存款套用,先后作案6起,涉案金额达3200万元。

【全省首例打击非访刑事案件】 12月4日,泰兴市公安部门在北京抓获严某某(男,47岁,新街镇人)、叶某某(女,46岁,新街镇人)、陈某某(女,58岁,济川街道人)、黄某某(女,48岁,济川街道人)等4名违法犯罪嫌疑人。市公安局成立专案组对4人涉嫌非访寻衅滋事立案侦查。经查,该4人多次抱团到北京中南海、大使馆区、天安门地区、玉泉山等国家领导人住地及中纪委办公大院重点敏感地区非正常上访,严重扰乱信访秩序和社会秩序。

【“流动警务室”建设】 2015年,泰兴市公安系统积极深化社区警务改革,在各派出所建立“样板警务室”,在姚王、滨江、虹桥3家派出所试点推行“流动警务室”。首批25辆装有GPS的流动电动警务车投入运行,社区民警开着流动警务车进村入户,开展治安防范宣传、信息采集、警务服务等工作,解决民警下村入户交通工具,提高见警率、满意率。

【重点企业挂钩联系服务制度】 2015年,公安机关与全市工业60家重点企业建立挂钩联系、走访服务机制,逐一明确挂钩局负责人、挂钩部门,定期和不定期上门了解情况,召开警企恳谈会,开展法制宣传,为企业提供面对面指导、零距离服务。年内,走访企业351家次、召开警企恳谈会21场、发放警企联系卡3200余份。

【消防安全】 2015年,市消防大队组织召开4次二级消防安全重点单位例会,2次三级重点单位例会,大队与144家二级重点单位签订责任书,组织培训消防安全责任人、管理人668人次。先后开展劳动密集型企业专项治理、夏季消防安全大检查、易燃易爆危险品场所专项治理、社会福利机构消防安全专项治理及冬春火灾防控等专项行动,消除火灾隐患。全年,共检查单位1997家次,发现火灾隐患及违法行为2726处,督促整改2695处,下发临时查封决定书31份、行政处罚决定书143份,共处罚金110余万元,并对26家单位采取“三停”(停水、停电、停气)措施。完善公共消防基础设施,协调住建、自来水公司修缮无水、无压、被堵埋或损坏市政消火栓103个,新增市政消火栓90个;推动建设微型消防站47个,其中黄桥米巷居委会1个、重点单位46个,发展区域联防组织3个,涵盖21家重点单位。

【禁毒会战】 2014年10月至2015年3月,泰兴警方开展“禁毒会战”,按照“逢嫌必检”要求,开展登记在册吸毒人员动态管控,对吸毒人员坚持上门走访和定期、不定期突击尿检,摸排出涉毒违法犯罪线索,先后查处吸毒人员30多名。经过秘密调查,泰兴警方调集刑侦、交警、治安、巡防和派出所警力开展集中收网行动,成功破获省公安厅目标案件,捣毁1个长期盘踞泰兴贩毒团伙,2名主要犯罪嫌疑人落网,另有10多名吸毒人员亦在现场被抓,查获毒品数10克。“禁毒会战”绩效位列泰州市第一。 (叶 茎)

·检 察·

【概况】 2015年,市检察院全年立案查处贪污贿赂犯罪16件18人,为国家挽回直接经济损失700余万元,其中,科级干部5人,百万元以上案件6件8人。全年共批准逮捕205件250人,提起公诉703件902人;不批捕83件156人,不起诉13件19人。开展捕后羁押必要性审查,变更强制措施11人。全年办理立案监督案件1件2人,纠正漏捕1人,纠正漏诉3单位,对侦查活动书面纠正违法12件。提出抗诉2件4人,法院改判5件7人1单位,发出再审检察建议1份,书面纠正违法1份。发出民事行政检察再审建议1份,裁定再审 1 件,再审改判 1 件;执行监督 3 件;审判程序违法监督 3 件; 建议法院对 1 名虚假诉讼当事人罚款 5 万元,依法监督 3 名虚假诉讼当事人均获有罪判决;发出督促履行职责检察建议 14 份,行政机关采纳 14 份。依法起诉 1 起非法狩猎省级保护动物案件,起诉盗伐、滥伐林木案件 1 件 6 人。

【院领导挂钩联系政府投资重大项目机制】 2015 年,市检察院出台服务"三大战役"实施意见,细化服务保障转型升级举措 16 项。参与整顿和规范金融市场秩序专项行动,办理涉众型经济犯罪 27 件 39 人。建立市检察院挂钩联系政府投资重大项目机制, 参与总投资达 30 亿元 7 个重点工程,同步开展专项预防。

【"预防邮路"工作】 2015 年,126 名邮递员志愿者协助检察机关发放廉政手册 4.6 万余份,发放 2000 余份调查问卷,征求社会各界对检察机关规范司法方面意见建议 100 余条。创建预防邮路学校,完善预防邮路志愿者之家。6 月 15 日,省检察院联合省邮政公司在全省推广此项创新工作。6 月 18 日,预防邮路得到最高人民检察院检察长曹建明肯定, 要求不断丰富内涵,夯实基础,争取早日在全国推广。8 月 8 日,泰兴举办"预防邮路、廉政专邮"暨《包公》特种邮票、预防邮路明信片首发仪式。8 月,"'预防邮路'志愿服务活动"被省文明办评为"文明江苏"志愿服务行动创新案例二等奖。

【"加强协作共建推进依法行政"活动】 8 月,泰兴市检察院开展"加强协作共建,推进依法行政"活动,与国土资源局、人社局、经信委等 34 家行政机关签订合作共建协议,建立联席会议、线索移送、交流培训等机制。8 月 8 日,举办《法治与责任》大型反渎职侵权主题展览活动,共展出宣传展板 45 块,选用典型案例 30 个,800 余名行政执法人员接受警示教育。

【规范司法行为专项整治】 2015 年,泰兴市开展规范司法行为专项整治。对 893 件案件逐一进行排查,对发现的问题案件及时进行整改。召开代表委员、执业律师、政法人员座谈会,开展"检察长走基层、走企业、走机关""检察长驻看守所一日值守"、聘请 10 名规范司法行为监督员等活动,征求意见建议 72 条。建立"销号"制度,共整改问题 153 个,落实建议 72 条。针对司法办案中常犯、易犯的典型问题,出台《规范司法行为"八个不得"》,建立案件监督管理十大机制,完善检察委员会议事规则。

【检务公开改革】 2015 年,市检察院实施"互联网+检"模式,推进检务公开改革。开展案件信息公开,通过互联网共公开法律文书 507 份,案件程序性信息 1090 条,发布重要案件信息 48 条。微博、微信、客户端发布信息 1800 余条。12 月 30 日,市检察院"两微一端"在"2015 年度全国检察新媒体建设运营 50 强评选活动"中,荣获检民互动"全国检察新媒体优秀奖""全国最具影响力检务头条号"。 (方　芹)

· 审　判 ·

【概况】 2015 年, 市人民法院受理各类案件 17358 件,审判、执行结案 14745 件,结案标的额 24.06 亿元。其中, 受理刑事案件 775 件, 审结 698 件, 判处罪犯 825 人;受理民事案件 9315 件,审结 7964 件,裁决争议标的额 7.13 亿元; 受理商事案件 1663 件, 审结 1393 件,裁决争议标的额 51495 万元;受理行政诉讼案件 113 件,审结 87 件;审查非诉行政执行案件 142 件,审结 137 件;受理执行案件 5448 件(含旧存 1190 件),执结 4562 件,结案数位居泰州法院系统前列。

【江苏"最美法治人物"张鹏先进事迹发布会】 12 月 3 日,江苏"最美法治人物"、市法院曲霞法庭副庭长张鹏先进事迹发布会召开。泰州市中级法院副院长纪阿林、市领导田之本、王克毅、刘辉、刘建分别出席电视发布会和媒体集中采访座谈会。市法院、检察院、公安局干警代表参加电视发布会。电视发布会以现场讲述、当事人视屏录播、主持人访谈等形式再现张鹏扎根基层、秉公办案、真情为民的感人故事。电视发布会上,宣读省委宣传部关于张鹏当选为江苏 "最美法治人物" 的决定。全国道德模范提名奖获得者、全国人大代表何健忠为张鹏颁发荣誉证书, 张鹏帮助的一位重度残疾当事人通过大屏幕向张鹏表示感谢, 并通过节目组赠送一面锦旗。电视发布会后,省、泰州、泰兴三级媒体对张鹏进行集中采访座谈。3 月 10 日,泰州市委常委、政法委书记张爱平赴曲霞法庭看望张鹏, 了解曲霞法庭基础建设和审判执行工作情况, 要求全市法院干警以张鹏等先进典型为榜样,提高自身素质,为辖区经济社会发展保驾护航。张鹏自 1995 年进入基层"敬业奉献中国好人""全国模范法官""全国法院指导人民调解工作先进个人""全国法院办案标兵""全国法院先进个人""江苏省'人民满意政法干警'""江苏'最美法官'""全省涉诉矛盾纠纷化解先进个人""泰州市十大杰出青年"等荣誉称号,两次荣立个人一等功、三次荣立个人二等功。

【"司法护航年"】 2015 年,市法院推进"助突破、促提升——司法护航年"活动,开展院负责人走访联系服务活动,将全市 60 家重点骨干企业作为法院重点关注和服务对象。法院负责人带队走访，为企业发展保驾护航、出谋划策。活动期间，院领导班子成员，分头赴各重点骨干企业开展走访联系服务活动，现场考察各企业生产车间、产品设备和办公场所，了解企业概况、产品介绍以及薪金待遇、合同签订等劳动用工方面基本情况，向企业赠阅劳动争议篇审判执行白皮书，对企业负责人提出涉及劳动用工、合同纠纷等方面法律问题予以解答，并征求企业对法院工作意见和建议。

【金融新常态下司法应对座谈会】 9月23日，市法院联合中国人民银行泰兴支行召开金融新常态下司法应对座谈会，市委常委、常务副市长刘荣华和全市17家商业银行行长参加。会上，市法院向各金融机构负责人通报法院审理的金融借贷案件总体情况、审理中发现的问题，提示借贷风险和金融新常态下司法应对措施，市工商银行、建设银行、中国银行、长江银行负责人结合金融借贷案件，对法院文书送达、审理周期和执行工作提出建议。

【"公司纠纷篇"白皮书新闻发布会】 10月30日，市法院举行"审判执行案件白皮书——公司纠纷篇"新闻发布会，邀请泰兴市10家企业代表参加。院长杨旭波作为新闻发言人通报白皮书编撰情况，并回答记者以及企业家代表提问。市法院组织长期从事商事审判的业务骨干，开展公司纠纷案件审判调研，对2012年至2014年所审理各类公司纠纷案件进行整理，编印《公司纠纷案件白皮书》，供企业在经营生产活动中借鉴和参考。白皮书精选涉及股东资格、出资、转让知情权纠纷，公司决议纠纷，股东会议撤销权纠纷，公司解散清算纠纷等4大类12个典型个案。每个案例均梳理基本情况、剖析产生原因、提出解决对策等内容。该批白皮书免费赠送全市企业经营管理者。

【虹桥法庭审判权运行机制改革试点】 2014年11月，市法院虹桥法庭启动审判权运行机制改革试点工作，改革围绕"让审理者裁判，由裁判者负责"目标，突出"责任、高效、考评"3个环节，结合法庭工作实际，通过试行主审法官办案责任制，建立结构优化的审判团队，细化法官助理、书记员职责分工，形成权责明晰、运转流畅、管理有序审判权运行模式。2015年11月4日，该庭试点经验在全省人民法庭审判权运行机制改革试点工作推进会上作汇报交流。

【立案登记制改革】 5月1日，全国各级人民法院实施立案登记制。市法院按照立案登记改革要求，坚决做到有案必立、有诉必理，充分保障当事人诉权。立案登记制实行首日，市法院邀请全国人大代表何健忠及部分市人大代表、政协委员视察指导立案登记制度改革工作。市法院邀请人大代表、政协委员实地察看法院诉讼服务中心，详细了解登记立案流程、观看触摸屏演示、查阅立案模版材料、查看工作台账和措施预案，征求办理立案手续的当事人对法院立案工作意见和建议。

【涉诉信访接待制度改革】 2015年，市法院接待信访536件次。制定初信初访、重信重访分类化解实施方案，建立第三方参与化解涉诉信访机制，开展远程视频接访和网上申诉信访工作。改革涉诉信访接待制度，变固定接访制为约见制。强化领导包案，分级负责，分责到人。对积淀的历史信访由党组成员包保到位，做到"来访有人接待，诉求有人接听"，化解12件信访案件。

【司法公开】 2015年，市法院完善审判流程、裁判文书、执行信息三大公开平台建设，在中国裁判文书网发布生效裁判文书9858份，直播庭审269件，庭审"三同步"率达100%，执行案件流程信息全部通过泰兴政务网和手机短信告知案件当事人。运用新媒体手段，开设法院官网、微博，开通法院微信和执行局微信两个公众号。市法院拍摄微电影《神奇的和好树》，召开新闻发布会4次，组织公众旁听评议庭审，扩大人民陪审员参审范围，人民陪审员参审案件2386件。

【政法干警旁听职务犯罪案件庭审】 12月16日，市纪委、市法院联合组织全市政法干警200余人旁听一起职务犯罪案件庭审，实地观看开庭准备、法庭调查、法庭辩论等庭审过程，"零距离"接受警示教育。是年，市法院组织案发单位工作人员旁听职务犯罪案件庭审成为法院常态化工作，借此"看得见，摸得着"的方式及庭审的震慑作用，教育政法干警以反面典型为戒，增强防微杜渐的能力。

【网友代表感受"民心文化"】 8月18日，泰州新闻网、望海楼论坛、泰兴生活网等知名媒体30名热心网友应邀到市法院黄桥法庭感受"民心"文化，参与"倾听的司法"。黄桥法庭庭长宋炳忠向网友介绍法庭历史和黄桥法庭获得的荣誉、"和好树"文化以及"倾听的司法"情况，网友们观看根据发生在黄桥法庭的真实案例改编拍摄的微电影《神奇的和好树》，走进第三法庭旁听一起损害赔偿案件审判，在休庭后填写"民心审判"表，协助法官调解，最终该案调解结案。

【干警春训】 2月27日至3月4日，市法院组织全院干警开展春训活动。期间，组织干警参加最高院杜万华专委关于新颁布的《中华人民共和国民事诉讼法》司法解释视频培训，邀请苏州大学法学院3位法学专家讲课，邀请市纪委负责人讲党风廉政，邀请市委宣传部负责人讲文明礼仪，邀请市级机关工委、市委党校负责人上党课。春训结束后各部门开展一次部门活动，组织干警重温党章、法官誓词、《法官行为规范》"五个严禁"等内容。 (严洪斌　丁晓楚)

· 司法行政 ·

【概况】 2015年，泰兴市推进"专业调解组织系统化建设全覆盖行动"，规范运转医患、劳资争议、交通事故、消协、价格争议等5个专业性(行业性)调解组织，指导新建房屋拆迁、物业管理、环境保护、涉校涉生、土地承包、土地征收等领域专业调解组织。创建"金牌调解走进荧屏"工作模式，以电视节目再现典型调解案例。推广"群众评议"化解矛盾新方法，组织、引导群众代表说事评理释法。全市各类调解组织共接待群众6450批次，组织乡镇(街道)以上矛盾纠纷排查调处活动382次；受理纠纷3010件，调解成功2986件，成功率99.2%。加强民主法治村创建，新增国家级民主法治示范村(社区)1家、省级20家，

【法律服务】 2015年，泰兴市建成运转乡镇公共法律服务中心15家，村居司法行政服务站建成率达99.13%，村居法律顾问聘任率100%。5家律师事务所主任担任市政府法律顾问，72名律师参与信访接待值班，巡回接访210余次，接待信访群众600余人次，疏导化解重大信访案件和矛盾纠纷47件。127名律师和法律工作者参加法律援助接待值班244天，80名律师和49名法律工作者办理法律援助案件2058件。企业法律顾问团走访企业310余家，举办法制讲座15场次，发放宣传资料2600多份，接待咨询387人次。江苏有方律师事务所、江苏律园律师事务所分别建立聋哑人和少数民族法律工作站，为50余名聋哑人、13个少数民族当事人办理维权案件。市公证处推行预约办证、"一证一单"质量"互查""会签"和跟踪制度，办理各类公证3771件，无错证，无投诉。

10月29日，"六五" 普法通过省泰州验收工作情况汇报会 (司法局　供稿)

【"六五"普法通过省泰州验收】 2015年是"六五"普法验收之年，泰兴市开展"法润江苏·春风行动""情暖农民工活动周""共享法治阳光·共筑美好家园"法制文艺巡演，法治灯谜有奖竞猜，法治"微联盟"普法微信，微博作品征集，"谁执法谁普法"法治微电影评选和"宪法进万家""12348法润千万家"专题活动。升级改造市区普法馆、法治公园、广场、长廊，新增乡镇法治文化公园2个，法治文化广场4个，法治文化街8条，普法长廊12个。制作一部"六五"普法专题片，编印"六五"影像普法宣传册。6月通过泰州市考核验收，11月通过江苏省考核验收。

【国家宪法日宣传】 12月4日是第二个国家宪法日，也是第十五个全国法制宣传日。泰兴市活动主题是"法润泰兴，让宪法成为全社会共同信仰"。12月3日，市领导张育林，戴仁泉、丁亚等在"学习宪法、忠于宪法、遵守宪法、维护宪法权威"横幅上签名。组织全市政法干警600余人集中在市襟江小学报告厅举行向宪法宣誓暨宪法签名活动，这是泰兴市第一次举行宪法集体宣誓活动，标志着宪法宣誓制度在泰兴正式实施。12月4日上午，在泰师附小、泰兴实验中学、市二高开展青少年学生"宪法晨读"活动，采用校园广播、教师讲解、学生提问等多种形式普及宪法知识。下午，在鼓楼广场开展大型户外法治文艺演出暨法律咨询活动，现场接受法治教育群众达1000余人，参加活动各单位共发放法治宣传手册3000余套，赠送"以案学法"知识读本2000余册，参与法律咨询人数200人次，解答法律问题63件。

【社区矫正】 2015年，泰兴市建成运行社区矫正教育管理服务中心和社区矫正视频信息指挥系统，实施社区服刑人员动态监督管理。市司法局联合市法院组织社区服刑人员旁听撤销假释庭审；联合检察院定期督查社区服刑人员请销假、思想汇报、社区服务以及走访帮教等措施落实。在姚王镇召开乡镇社区矫正协会成立现场会，吸纳社会能人、企业和志愿者参与社区矫正和安置帮教服务工作。将社区服刑人员参与所在村组秸秆禁烧服务列入公益劳动内容，拓展社会帮教渠道。珊瑚司法所试行"笔谈帮教"模式，被泰州市司法局评为创新特色工作。市司法局与丁山监狱开展 "拥抱阳光·爱满高墙"法治文艺演出和心理矫治互帮活动。全年接收社区服刑人员440人，到期解除466人，完成被告人审前调查405件483人，完成假释环境评估33

人，警告处分 87 人，特赦 8 人，未发生有影响的重新犯罪。投入近 30 万元为 16 个司法所配备指纹头像采集、矫务通和执法记录仪，确保社区矫正工作人员每一次执法、教育活动资料建档。开展业务知识培训，选送社区矫正专职工作者参加心理咨询培训，1 名社工通过三级心理咨询师考试，1 名通过二级心理咨询师考试。

【法律援助办案“全程无缝式管理”】 2015 年，市法律援助中心开展法律援助办案“全程无缝式管理”专项活动。规范执行法律援助标准动态调整机制，制发《法律援助服务志愿者管理办法》，规范律师、法律工作者值班制度，强化案件质量监督，做到案前严格受理程序，案中跟踪督办，案后阅卷回访。群体性援助案实行提前介入制，快办案、快结案，结合调解方式防止上访和集访现象。“12348”平台及窗口接待群众来访、来电咨询 18929 人次；全年办理法律援助案件 2065 件，办案数同比上升 57.4%；星月城律师事务所徐睿等律师承办《法律援助披荆斩棘铺平康庄大道——王某人身损害赔偿纠纷案》获评全省十佳法律援助好案例。

李仁记茶水炉

李仁记茶水炉位于黄桥镇布巷街中段，成家破大门的南侧。店主李三，东台人，此店开设时间为 1903 年(图一)。

茶水炉专卖开水，在上海、苏、锡、常等地，也被人们称为老虎灶。其名的由来大概是因炉膛开在灶的正前方，如同一只张开嘴巴的老虎（图二)，灶尾那个高高竖起的烟囱管又似老虎翘起的尾巴，故得其名。

茶水炉也好，老虎灶也罢，名异而实一也，它产生于何朝何代何地，难以考证。从专卖开水这一特点看，应是市井的产物。当“市”形成后，家家烧开水多麻烦、多花钱，如果有一家专事开水的店，省钱、省时，多好。从今天的角度讲，市场经济催生了它。黄桥成市后，茶水炉应时而生。从解放初黄桥镇工商登记执照来看，位于西街周镒清家的茶水炉开设时间比李家更早，时间在 1835 年(见附图三)，周家是不是黄桥镇最早出现的茶水炉，有待查证。

从现有资料看，当年人口不足 2 万，面积仅 2.5 平方公里的黄桥镇，茶水炉可不少。除西大街周镒清家、花园桥茂昌茶水炉外，与李仁记同年开业的还有东街的陈二小店。此后，北大街上，有了焦文彪开设的茂昌店、吕茂兴店，南巷处有了陈俊川店，米巷有了王同兴、王同祥店。这前后涌现出的八家茶水炉，从它所处的地域来看，西大街，为古镇治的所在地；花园桥，距黄桥镇通往江南水上航道的南坝桥仅十数丈远；至于布巷、东街、米巷、南巷，都是繁华的商业街。昔日黄桥商贸活动的热闹景象从茶水炉的开设情况可窥。

李仁记的茶水炉属于传统的那种灶：中央有一加煤孔，旁有两个小烧水锅和一个汤罐，后为大锅，旁还有两只半身埋在地里的大水缸。图二中的灶应是上世纪八十年代初经过改制的那种。

店主李三，大名为大锁，如此称呼，是在兄弟排行中为三的原因。据其子李伯华讲，当年的企业证书上虽然将李三列为店主，但此店实则是他奶奶开的。这个土生土长的黄桥镇人，虽说现在连她的姓和名都弄不清楚，但伯华小时候就听家人讲，他爷爷原有兄弟姐妹 10 多个，在东台老家时，生活困难，爷爷很小就下田干农活。一次耕田时，牛不听话，气愤之中将耕牛打跑了。找不着耕牛，他爷爷不敢回家，便单身一人逃到黄桥。当年，李伯华年仅 16 岁的奶奶是这爿茶水炉的当家人，在举目无亲的情况下，他爷爷跑到这里当了挑水工，长期相处，两人产生感情，谈婚论嫁结为夫妻。

李三长大后，曾干过在风箱轴上穿鸡毛的活计，后继承家业。在收购废旧木料作燃料时，还兼营过木柴的买卖。

当时，茶水炉的燃料多为木屑、刨花、玉米棒等，水则为河水。一根扁担，两个水桶，到南边的南坝桥码头处挑水。冷天用小桶舀水进大桶，桶满挑走；夏天则直奔深水处，水桶先按下后一旋转，装满后便“哼唷、哼唷”地走上岸来。他家雇有专人挑水，条件改善后用上了独轮车。

解放后的 1955 年，茶水炉在公私合营后隶属供销合作社，李三成了大集体的一员，每年上缴一定的管理费，自主经营，自负盈亏。因有了组织，生老病死就有了保障。他过世后，妻子继续经营，1987 年迁至珠巷西头，直至 1991 年时才关门歇业。

(何锡龄)

工　业

■编辑　沈国富

综　述

【概况】 2015年,全市工业稳增长、调结构、防风险,工业经济保持良好发展态势,在泰州市工作目标考核中荣获一等奖。主要指标泰州领先,规上工业完成产值2541.9亿元、增加值610.1亿元、利润235.1亿元,分别增长21.8%、17%和25.9%;实现工业国税开票销售1116亿元,增长11.4%。以上指标的总量和增幅在泰州三市均居第一,在苏中继续保持领先。制造业固定资产申报抵扣4.5亿元、新增抵扣4.1亿元,均占泰州市1/3。"项目突破年"活动成效明显,实施亿元以上工业项目121个,总投资447.5亿元,分别净增38个和141.7亿元;其中新开工项目65个,总投资239.9亿元;新竣工项目44个,总投资108.5亿元。完成工业投资367.7亿元,增长28.3%。项目建设各项指标均领先泰州,获2015年度泰州市项目大突破项目投入奖一等奖、利用外资奖特等奖、新开工项目贡献奖。净增规模以上工业企业61家,净增主营业务收入过10亿元企业11家、过50亿元企业3家。济川药业入库税收连续三年超4亿元、5亿元、7亿元大关,成为全市工业纳税首户,并成功收购陕西东科制药;扬子鑫福开票销售2015年实现翻番,入库税收连续两年超亿元,增幅达41.2%。蓝电环保主板上市完成股改进入辅导期,7家企业分别在"新三板"、区域性场外市场成功挂牌。新增中国驰名商标1件、省著名商标6件,参与制(修)订国家、行业标准8个。全年实现新兴产业产值584.6亿元,增长25%,占规上工业比重达23%,比上年提高1.5个百分点。完成高新技术产业产值1093亿元,增长25%,占规上工业比重达43%。新增省两化融合转型升级示范企业2家、省两化融合试点企业6家、省级示范智能车间1家。新增省首台套产品2个、省首台套产品示范应用项目1个、省中小企业专精特新产品1个。全年实施节能技改项目34个,年可节约标煤1.96万吨。淘汰落后用能设备246台(套),压缩船舶过剩产能23万载重吨。 (季华成)

11月23日,泰州市委书记蓝绍敏在城东高新技术产业园区企业参观

2015年泰兴市60家重点企业主要经济指标完成情况汇总表

表3 单位:万元

序号	企业名称	国税开票销售	入库税收
1	新浦化学(泰兴)有限公司	570120	15285
2	泰兴市振华油脂有限公司	534186	-2883
3	泰兴市昇科化工有限公司	472401	17904
4	江苏济川控股集团有限公司	433133	70202
5	江苏中丹集团股份有限公司	399458	7861
6	江苏扬子鑫福造船有限公司	367014	15443
7	泰州联成化学工业有限公司	306591	2095
8	爱森(中国)絮凝剂有限公司	214339	14480
9	江苏常隆农化有限公司	201567	465
10	江苏盛泰化学科技有限公司	168857	344
11	泰兴市锦鸡染料有限公司	120052	6579
12	泰兴市兆胜集团	116559	6361
13	江苏凯力克钴业股份有限公司	112144	1626
14	泰兴金江化学工业有限公司	107804	4753
15	江苏泰隆集团股份有限公司	102601	9873
16	江苏三蝶化工有限公司	97845	207
17	泰州市龙洋木业有限公司	70745	1799
18	江苏奥喜埃化工有限公司	70686	4170
19	泰州百力化学股份有限公司	69213	4284
20	泰州远大家俬有限公司	68583	5107
21	泰兴金燕化学有限公司	57511	-100
22	江苏星光发电设备有限公司	55199	1341
23	江苏宏大特种钢机械厂有限公司	50204	2890
24	泰兴市圣达铜业有限公司	49313	737
25	泰兴市扬子医药化工有限公司	43776	4545
26	泰兴协联众达化学有限公司	43120	2156
27	江苏三零面粉集团泰兴市曲霞面粉厂	41955	568
28	江苏南极机械有限责任公司	36586	1003
29	阿克苏诺贝尔氯乙酸化工(泰兴)有限公司	34785	3196
30	泰兴市兴安精细化工有限公司	33458	1139
31	万得化工(泰兴)有限公司	31420	653
32	江苏锡华铸造有限公司	29374	1290
33	先尼科化工(泰兴)有限公司	29246	2131
34	泰兴维娜三信时装股份有限公司	28242	1703
35	中船永志泰兴电子科技有限公司	25743	664
36	泰兴电除尘设备厂有限公司	25141	3339
37	泰兴联创绝缘材料有限公司	24730	1499
38	泰兴汤臣压克力有限公司	23948	1764

续表 3

序号	企业名称	国税开票销售	入库税收
39	泰兴开广塑胶有限公司	23890	4232
40	江苏大洋造船工程有限公司	21571	545
41	泰兴市航联电连接器有限公司	20855	3576
42	泰兴马斯特华克食品有限公司	20111	1982
43	江苏广域化学有限公司	20052	2992
44	江苏亚太泵阀有限公司	20021	1783
45	江苏凤灵集团	17256	1150
46	江苏科兴电器有限公司	15705	1005
47	江苏森萱医药化工有限公司	15454	1331
48	江苏华骋科技有限公司	15322	926
49	南京汽轮电机集团泰兴宁兴机械有限公司	13989	974
50	泰兴市华诚机电制造有限公司	13433	641
51	江苏春之谷生物制品有限公司	13379	1362
52	江苏幸运宝贝安全装置制造有限公司	13231	298
53	江苏河海给排水成套设备有限公司	12920	1275
54	江苏永昇空调有限公司	12432	1459
55	泰兴市一鸣生物制品有限公司	12424	2710
56	泰兴斯比凯可特种化学品有限公司	12274	442
57	泰兴市康鹏专用化学品有限公司	12047	1528
58	江苏爱舍墙纸有限公司	11025	1114
59	泰星减速机股份有限公司	10300	1695
60	惠尔信机械(泰兴)有限公司	5475	317

精细化工

【概况】 2015年，全市化工产业实现产值872.79亿元，同比增长22.4%；利税134.9亿元，同比增长29.2%；利润80.7亿元，同比增长25.3%；产值、利税和利润分别占全市规模以上工业总量的比重达34.3%、28%、26.5%。其中，新浦化学(泰兴)有限公司2015年实现国税开票销售57亿元，总量居全市第一。江苏中丹集团股份有限公司还原靛蓝、氨基苯醚、乙氧基喹啉三大主导产品国际市场占有率均居世界第一。泰州联成化学工业有限公司是华东、华南地区最大、最具竞争力的苯酐、增塑剂制造供货商。2015年，全市实施1000万元以上化工类项目26个，计划总投资128.3亿元，其中亿元以上23个，计划总投资127亿元。泰兴金江化学工业有限公司年产35万吨醋酸酯及15万吨丙烯酸酯项目、泰兴市超辰化工有限公司一期年产16000吨酞菁颜料项目、江苏三蝶化工有限公司丙烯酸、丙烯酸丁酯项目等竣工投产。 (季华成)

生物医药

【概况】 2015年，全市生物医药产业实现产值125.5亿元，同比增长16.1%；利税21.3亿元，同比增长17.4%；利润13.3亿元，同比增长23%；产值、利税和利润分别占全市规模以上工业总量的比重达4.9%、4.4%、4.36%。其中，济川药业是集中西医药、中药日化、中药保健产品研发、生产制造、商贸流通为一体的国家级高新技术企业集团，国家火炬计划医药产业骨干企业，全国制药工业50强企业，国内A股上市企业。泰兴市东圣食品科技有限公司主营产品谷氨酰胺转氨酶，研发历史达十年之久，产品品质始终处于国内领先水平，产品生产、控制和管理均严格执行HACCP标准,公司先后通过 ISO 9001、ISO 22000、HALAL、KOSHER、QS 等资格认证。江苏一鸣生物股份有限公司是集科研、生产制造和销售于一体的现代化民营股份制企业。2015 年，全市实施 1000 万元以上生物医药类项目 10 个,计划总投资 50.15 亿元,其中亿元以上 7 个,计划总投资 49.65 亿元。济川药业集团有限公司固体制剂项目竣工投产。 (陈日平)

机械电子

【概况】 2015 年，全市机械电子产业实现现价产值 1002.3 亿元,同比增长 26.3%;完成利税 164.9 亿元,同比增长 28%;利润 95.7 亿元,同比增长 25%;产值、利税和利润分别占全市规模以上工业总量的比重达 39.4%、42%、40.7%。其中,江苏泰隆减速机股份有限公司建立了全国同行业中检测功能最全、仪器最先进的 2000 千瓦测试中心,泰兴市航联电连接器有限公司建有“嫦娥一号”卫星系统总设计师兼总指挥叶培建院士工作站。是年,全市实施 1000 万元以上机电类项目 103个,计划总投资 148.9 亿元,其中亿元以上 51 个,计划总投资 132.9 亿元。江苏瑞和重工有限公司大型桥梁钢结构及桥梁专用机械生产项目、江苏宏峰新材料有限公司高端球团装备及产业化项目、江苏诚远重工科技有限公司船舶设备项目、江苏恒源变压器有限公司非晶合金变压器项目等竣工投产。 (季华成)

轻工纺织

【概况】 2015 年,全市轻工纺织产业实现产值 612.38 亿元，同比增长 13.4%；利税 91.2 亿元，同比增长 10.15%;利润 52.3 亿元,同比增长 15.2%;产值、利税和利润分别占全市规模以上工业总量的比重达 24.07%、18.93%、17.17%。泰州远大家俬有限公司是一家集生产、销售花园家俬于一体的外贸出口企业。江苏天成超纤革业有限公司是一家集合成革研发、生产、销售于一体的综合性实业公司。泰兴维娜三信时装股份有限公司已成为地区同行业龙头企业，并于 2015 年 1 月 27 日在上海股权托管中心挂牌上市。泰兴市博扬服饰有限公司是一家以进出口业务及国内贸易共同发展的，产供销一体化的结合型企业。2015 年,全市实施 1000 万元以上轻工纺织类项目 15 个,计划总投资 13.24 亿元,其中亿元以上 9 个,计划总投资 11.35 亿元。江苏达利佳时装有限公司品牌服装设计、泰州市龙洋木业有限公司纸蜂窝板式家具生产、泰兴市平顺皮革制品有限公司年产 150 万张猪皮革加工项目等竣工投产。 (陈日平)

新兴产业

【概况】 2015 年，全市新兴产业实现产值 584.6 亿元,同比增长 25%;利税 77.6 亿元,同比增长 23.4%;利润 48.4 亿元,同比增长 25%;产值、利税和利润分别占全市规模以上工业总量的比重达 23%、19.74%、20.58%。江苏扬子鑫福造船有限公司是一家主要从事 30 万吨级以下远洋运输船舶、海洋工程和大型钢结构件设计制造的民营股份制企业，具备年产远洋运输船舶 280 万载重吨的生产能力，技术质量达到世界先进水平。江苏星光发电设备有限公司是国内生产发电机组较早的厂家之一,拥有一流的检测设备、先进的生产工艺、专业的制造技术、完善的质量管理体系、具有雄厚的研发技术实力。泰兴联创绝缘材料有限公司是国内专业生产 PET 保护膜的厂家，采用国际先进的数字化涂布专业设备，拥有六套业界一流的涂布全自动后预涂生产线,日产量达 36 万平方米以上。2015 年,全市实施 1000 万元以上新兴产业项目 52 个，计划总投资 202.72 亿元，其中亿元以上 44 个，计划总投资 200.34 亿元。江苏南极机械有限责任公司船舶压载水处理系统、江苏科鼐生物制品有限公司年产 1000 吨植物甾醇系列产品、江苏三杰新能源有限公司动力型锂离子蓄电池等项目竣工投产。 (朱艳琴)

重点企业选介

【江苏济川控股集团有限公司】 公司是一家集中西医药、中药日化、中药保健产业,专业从事产品研发、生产制造、商业流通为一体的国家级高新技术企业集团,国家火炬计划骨干企业、全国制药工业 50 强企业,国内 A 股上市企业(代码 600566)。公司形成以儿科、妇科、呼吸科、消化科、老年病科五大领域为主的中西组合药品,以“蒲地蓝牙膏”领衔的中药日化系列产品,以及以“五仙草”为主推的中药保健组合产品。2015 年公司实现国税开票销售 43.3 亿元,入库税收 7.02 亿元。

【江苏泰隆减速机股份有限公司】 公司拥有总资产 18.77 亿元,占地面积 80 万平方米。拥有各类通用、专用生产、检测设备 1900 余台(套),高精尖进口生产设备和检测设备达48%。建立了全国同行业中检测功能最全、仪器最先进的2000千瓦测试中心,创建了国家级博士后科研工作站、全国减速机标委会秘书处、江苏省传动机械与控制工程技术研究中心、泰隆—哈工大工程技术研究中心。公司拥有专利百余件,产品应用于中华世纪坛、三峡大坝、嫦娥一号发射等国家重点工程。2015年公司实现国税开票销售10.3亿元,入库税收9873万元。

【新浦化学(泰兴)有限公司】 公司成立于1995年12月30日,经过数次扩建和发展,现有年产75万吨离子膜烧碱装置、年产50万吨氯乙烯装置、年产32万吨苯乙烯装置、年产18.5万吨硝基苯装置、年产13万吨苯胺装置和自备热电厂。公司总投资额为66930万美元,注册资本为22319万美元。主要产品为烧碱、液氯、二氯乙烷、氯乙烯、苯乙烯、苯胺、硝基苯、盐酸、氢气等。公司拥有战略性的地理位置,依托黄金水道配套有可直接停靠外轮的三座码头:一座为万吨级液体化工码头、三万吨级煤炭码头和五万吨级液体化工码头。2015年,公司实现国税开票销售57亿元,入库税收1.5亿元。

【江苏中丹集团股份有限公司】 公司主要从事精细化工、染料、医药、农药的研发、生产和销售,总部位于江苏省泰兴虹桥工业园区,在重庆、内蒙古和新疆建有生产基地。靛蓝、氨基苯醚、乙氧基喹三个主导产品国际市场占有率均居世界第一,65%以上的主导产品出口到世界30多个国家和地区,是全国化工先进企业、全国出口创汇先进企业、国家重点培植的出口创汇基地、江苏省重点出口骨干企业。2015年,公司实现国税开票销售39.9亿元,入库税收7861万元。

【泰州联成化学工业有限公司】 公司系台湾联成化学科技股份有限公司投资设立之企业,投资总额9998万美元,占地40余公顷,位于江苏省泰州市泰兴经济开发区。公司主要进行苯酐、增塑剂等生产,是华东、华南两个地区最大、最具竞争力的苯酐、增塑剂制造供货商。2015年国税开票销售30.7亿元,入库税收2095万元。

【爱森(中国)絮凝剂有限公司】 公司系法国SNF公司的全资子公司,于2001年在江苏泰兴投产,投资总额由最初的3500万美元增至3.72亿美元,注册资本由最初的2300万美元增长到1.24亿美元,占地33.33公顷,员工700多名。公司主要产品絮凝剂,主要用于污水处理,油田三采,造纸选矿等,年产量约13万吨。2015年公司实现国税开票销售21.4亿元,入库税收1.45亿元。

【江苏凤灵集团】 集团成立于1972年,注册资本3008万元,资产总额2.6亿元,年产各类型号和各种档次的提琴产品30万套、吉他产品60万套,90%以上的产品销往美国、德国、日本、意大利等86个国家和地区。提琴的生产规模、技术力量、出口创汇均居世界首位,销量占世界提琴总量的30%以上。集团被命名为国家文化产业示范基地、国家工业旅游示范点、国家文化出口重点企业,连续多年跻身中国乐器行业10强企业,被授予江苏省明星企业、江苏省质量诚信企业、江苏省精神文明建设先进单位等荣誉称号。2015年,公司实现国税开票销售1.7亿元,利税1150万元。

【泰兴市航联电连接器有限公司】 公司成立于1998年1月,2010年1月与中国兵器北方导航控制技术股份有限公司成功合作,成为其控股子公司,注册资本8418万元,资产总额23292万元,产品有电连接器、线缆、线缆组件,广泛应用于航空、航天、通信、铁路等领域,部分产品出口国外。公司系江苏省高新技术企业,内设科研所,建有“嫦娥一号”卫星系统总设计师兼总指挥叶培建院士工作站、江苏省特种电连接器工程技术研究中心,拥有各类专利48件,经营规模在军品行业中名列全省第一、全国前五。2015年公司实现国税开票销售2.1亿元,利税3576万元。

【江苏扬子鑫福造船有限公司】 公司是江苏扬子江船业集团下属的大型船舶和海洋工程装备制造基地,总投资30亿元人民币,占地面积146万平方米,长江岸线1200多米,建有大型总装干船坞1座、1000吨龙门吊2台;舾装码头4座,生产厂房总面积32万平方米;配有大型平面分段流水线、21米三芯辊等先进的大型船舶和海洋工程制造设备设施;特涂车间4喷8涂;年钢材加工能力约40万吨,年造船能力可达300万载重吨,现有员工8000余人。2015年,国税开票销售36.7亿元,入库税收1.54亿元。

【泰兴汤臣压克力有限公司】 公司位于泰兴经济开发区通江路186号,成立于2002年,注册资本5000万元,资产总额26200万元。拥有江苏省企业技术中心和市级工程技术研究中心,柔性引进高层次人才2名,研发团队32人中,拥有中级职称及以上的人数27名,涵盖高分子材料、机械制造、自动化等学科。公司拥有压克力板材自动化生产线5条,产能位列国内行业首位。主导产品包括压克力板材系列、声屏板材系列、水族馆装备系列和压克力制品等,产品市场占有率达13%。2015年,公司实现国税开票销售2.4亿元,利税1764

万元。

【江苏亚太泵阀有限公司】 公司成立于1989年，现有员工486名，占地面积4.8万平方米，建筑面积3.9万平方米，注册资本11180万元，资产总额1.95亿元，固定资产7836万元。主要生产潜水轴流泵、混流泵、贯流泵、移动液压泵站等八大系列水泵产品，广泛用于水利、化工、市政、交通、电力等领域，大功率潜水电泵产品填补国内空白，并为南水北调、淮河入海水道、三峡工程等30多个国家重点水利工程以及上海、南京、洛阳等60多个大中城市防洪排涝工程配套应用，国内市场占有率达50%以上。2015年，公司实现国税开票销售2亿元，利税1783万元。

【泰兴市金江化学工业有限公司】 公司成立于2001年12月，位于江苏省泰兴经济开发区通江西路16号，是香港叶氏化工集团(港股代码HK00408)成员单位之一。公司占地面积166980平方米，行政办公及生活后勤中心、生产中心相互独立，在职员工283人。公司现有30万吨/年醋酸乙酯装置、12万吨/年醋酸正丁酯装置、5万吨/年酒精装置及副产2.5万吨/年二氧化碳回收装置。2015年国税开票销售10.9亿元，入库税收4753万元。

【江苏凯力克钴业股份有限公司】 公司成立于2003年，是中国有色金属工业协会钴业分会理事单位，国家高新技术企业和国家战略物资储备局邀约招标单位。注册资本1.19亿元，总部占地面积10万平方米。2015年格林美股份有限公司(GEM)(股票代码002340)以现金完成对凯力克100%股权的收购，成为其全资子公司。公司为中国第一大四氧化三钴与第二大电积钴生产商，年产钴金属量达10000吨。凯力克金属钴品牌“KLK9995”是伦敦金属交易所LME上市的金属钴期货合约可交割品牌。2015年，国税开票销售11.2亿元，入库税收1626万元。

【泰兴市圣达铜业有限公司】 公司成立于1985年，是生产各种无氧铜及铜合金产品的专业工厂。现有员工230人，其中工程技术人员64人，工厂占地面积46800平方米，建筑面积20000平方米，注册资本7000万元，资产总额1.78亿元，年综合生产能力2万吨。公司具有科研、开发、生产各种无氧铜及铜合金制品的能力，是江苏地区门类较全，规模较大的专业铜加工生产厂家。公司汽轮发电机用空芯铜导线、铜合金接触线被授予江苏省名牌产品称号，合金铜线及微电机用异型铜排被授予泰州市名牌产品。2015年公司实现国税开票销售4.9亿元，利税737万元。

【泰兴市华诚机电制造有限公司】 公司成立于2002年，注册资金1亿元人民币，资产总额1.73亿元，位于泰兴市黄桥镇工业园区，占地面积4.53公顷，厂房面积35000平方米，员工305人。企业建有江苏省企业研究生工作站、泰州市企业技术中心、泰州市矿用救生舱工程技术中心，是江苏省高新技术企业。企业通过了ISO 9001质量体系认证、ISO 14001环境管理体系认证，产品通过了GS、CE、3C、TUV等认证，申报并获国家专利授权175个，美国专利5个。产品覆盖全国，并远销欧美、东南亚及澳大利亚等三十多个国家和地区。2015年，公司实现国税开票销售1.3亿元，利税641万元。

【江苏华骋科技有限公司】 公司成立于1990年，拥有9万平米厂区面积和4.8万平米厂房建筑面积，注册资本2000万元，资产总额20874万元，员工610人。主要为一汽、北京现代、合力股份、杭州叉车等大中型汽车制造企业、工程机械和叉车制造企业配套生产100多种规格型号的灯具。公司为“国家级中型企业”“江苏省高新技术企业”“江苏省规划布局内重点软件企业”，累计拥有71件专利成果，6个科技项目获国家和省级立项，拥有12个省高新产品，3个国家重点新产品，2个江苏省优秀软件产品奖(金慧奖)。2015年，公司实现国税开票销售1.5亿元，入库税收超900万元。

【泰兴市昇科化工有限公司】 公司前身为泰兴市裕廊化工有限公司，成立于2010年5月，是上市公司江苏裕廊化工有限公司投资成立的全资子公司。总占地面积为330亩，注册资金7亿元，是一家专业生产丙烯酸及酯系列产品的公司。公司建成3套16万吨/年丙烯酸装置，一套18万吨/年丙烯酸丁酯装置，是国内最大的丙烯酸生产企业。2015年，国税开票销售47.2亿元，入库税收1.79亿元。 (季华成)

农业·水务

■编辑　辛　仕

农　业

·综　述·

【概况】 2015年,全市粮食种植面积9.63万公顷,总产73万吨,粮食生产实现"十二连增";新增成片造林390.33公顷,新建村庄绿化示范村32个,其中创建省级绿化示范村20个,新334省道宁通高速至姜八线段绿色通道建成;上市生猪113万头、家禽1160万羽、肉羊42.5万只,生猪大中型规模养殖比重达71.6%。繁育鱼苗8.96亿尾,水产品产量2.5万吨。认证无公害农产品57个,绿色食品10个。农业利用"三资"24.13亿元,新上重大项目38个,新增省级农业龙头企业5家。组建新的农业综合执法大队,完成农业综合行政执法体制改革试点工作。关停无证屠宰点29个,建成鲜肉批零网点23个及活猪配送站。新创建泰州市级现代农业产业园区6个。宣堡镇郭寨村被评为全国"一村一品"示范村镇,黄桥镇祁巷村被评为江苏省"一村一品一店"示范村,市虹泰水产养殖专业合作社被评为"全国农产品加工合作社示范社"。江苏一鸣生物股份有限公司股票正式挂牌"新三板",泰兴银杏栽培系统入选中国重要农业文化遗产。农业工作名列泰州市第一名,农业现代化监测得分前移12位、跃居全省第29位,被评为2015年全省农经农业系统工作效能建设成效显著单位。

·农村工作·

【概况】 2015年,全市投入资金10.35亿元,组织实施8项农村实事工程。完成乡镇供水管网改造888.83千米,解决5.7万农村居民饮水安全问题;举办农业职业技能培训班30期,培训3141人,举办新型职业农民培育培训班39期,培训4720人,乡镇企业经营管理培训921人,农村退役士兵免费职业教育和技能培训300人,转移农村劳动力19768人;新型合作医疗人均筹资500元,参合人数767359人,参合率99%,建成数字化门诊3家,实施农村孕产妇住院分娩补助3617人,免费孕前优生健康检查3978对夫妇;建设农村提档升级公路111.6千米,农村公路桥梁24座,小型农桥106座;创建美丽乡村2个,省级绿化示范村20个;疏浚河道35条32.95千米57.81万立方米,建成挡墙护岸1755.2米;实施秸秆利用项目1个,秸秆收储点15个,秸秆还田面积4.89万公顷;送书下乡6万册,送戏332场,送电影5130场;,新增有线电视用户1743户,改造农家书屋280家;农村困难群众最低生活保障提高至420元/月,农村居民养老保险基础养老金提高到每月105元;完成经济薄弱村脱贫74个,低收入人口脱贫5090人,累计脱贫率100%。

【农村集体"三资"管理】 2015年,市委农工办规范村经济合作社建设。实行村组财务"报账制"管理模式,各乡镇(街道)配备专职人员2～3名,负责农村财务管理、指导、监督、服务等业务工作。修订完善《泰兴市农村集体经济组织财务管理制度》,研究出台《泰兴市农村财务管理岗位责任追究实施细则》。4～7月,开展农村集体“三资”管理“严执纪、强问责、促规范”专项行动,全市共清退、追缴各类违规、违纪资金680万元,实施诫勉谈话35人、批评教育9人、调离岗位2人、免职1人、党政纪处分52人、移送司法机关处理5人。制定《黄桥老区富民强村行动计划实施方案》。全市331个村有140个村享受省、市财政扶持资金,实施项目190个,村集体经营性收入净增1200多万元。全年发放贷款余额1.39亿元,其中农户贷款1.29亿元,占贷款总额的92.8%。

【金融支持新型经营主体】 2015年,市委农工办制定《关于金融支持新型农业经营主体加快发展的办法》,市政府首期出资600万元,设立涉农贷款风险补偿基金,专门用于全市新型农业经营主体贷款风险防范,由农村商业银行、邮储银行、人保财险公司先行试点,银行按放大10倍投放贷款,探索开办针对种养大户、农民专业合作社、家庭农场、涉农企业等新型农业经营主体贷款额度30万～50万元的保证保险和融资服务。

【粮食直补政策落实】 2015年,全市226个村实行一事一议筹资,筹资总额1363.03万元;76个村实行一事一议筹劳,筹劳总工日48.69万个。开展对种粮农民直接补贴,全市落实粮食直补面积62.09万亩,每亩20元,补贴金额1241.73万元。农资综合补贴面积66.32万亩,每亩补贴82.8元,补贴资金5491.25万元。制定全市村级公益事业建设一事一议财政奖补工作实施方案,对136个村实施奖补项目145个,项目投入总额4740.64万元,其中,省财政奖补资金3027万元全部补助兑现到村。

【新型农业经营主体培育】 2015年,全市累计培育家庭农场1129家,经营面积24.28万亩,专业大户935家,土地股份合作社135家,培育省级示范家庭农场6家,泰州市级示范家庭农场24家。全市新增土地流转面积9.5万亩。

【新农村建设】 2015年,全市强化新农村基础建设,改善村容村貌,新建环卫工作站17座,实现农村生活垃圾收集转运处理全覆盖,安排垃圾清运补助资金1358.08万元。全年考核发放管护补助资金2924.99万元。组织实施泰州全面小康村建设“十百千”提升工程,创建泰州市小康“十强” 村2个,示范村19个。

【农业保险】 2015年,全市主要种植业实现保险保费3019.76万元,其中落实水稻保险面积62.6万亩,保费总额1377.2万元;小麦保险面积65.01万亩,保费总额1430.22万元;油菜保险面积9.65万亩,保费总额212.34万元。开展主要种植业面积核定工作,共核减水稻承保面积6.62万亩、小麦承保面积7.06万亩。全年承保蔬菜大棚及露地蔬菜1.32万亩,实现保费250万元;承保育肥猪102.26万头,实现保费2416.2万元;承保能繁母猪4.7万头,实现保费329.08万元;承保奶牛941头,实现保费32.44万元;承保山羊8.04万只,实现保费289.51万元;肉鸡、种(蛋)鸡保险401.64万只,实现保费403.09万元;肉(蛋)鸭保险122.18万只,实现保费86.61万元;肉鹅保险22.34万只,实现保费20.11万元,共实现高效农业保费4464.65万元,完成泰州市交任务4270万元的105%,占总保费的60%。全年理赔3570.5万元。 (刘 苏)

· 种植业 ·

【概况】 2015年,全市农作物总播种面积13.92万公顷,其中:粮食面积9.64万公顷,总产量73.5万吨,同比增长2.5%;油菜面积0.83万公顷,总产量2.24万吨,同比增加1.9%;蔬菜(含瓜果)播种面积2.83万公顷,总产量97.64万吨。

【粮食生产】 2015年,全市夏粮面积4.47万公顷,与上年持平;总产27.1万吨,比上年增加0.18万吨,增长0.67%。水稻主推品种为武运粳24、扬育粳2号,种植面积4.36万公顷,总产42.1万吨,比去年增2.1%。分界镇、姚王镇、根思乡、曲霞镇、珊瑚镇6个乡镇成功创建泰州市粮食产业园区。

【蔬菜生产】 2015年,全市蔬菜播种面积2.83万公顷,蔬菜生产总量97.64万吨。建成新街镇、黄桥镇永久性“菜篮子”生产基地,古溪镇成功创建泰州市蔬菜产业园区。

【“三新”工程】 2015年,全年推广新品种5个、新技术8项,荣获泰州市科技进步奖3项、省农业技术推广三等奖1项、省农业丰收二等奖2项,开展各类试验41项,良种覆盖率达98%以上,小麦、水稻、油菜品种专用化率达100%。

· 水产业 ·

【概况】 2015年,全年繁育鱼苗8.96亿尾,水产品产量达2.5万吨。开展长江禁渔期执法检查18次,拆除各类渔具169部(条),开展非法捕捞及清理整治违规渔具专项行动29次,没收电鱼器具5只(把),清理拆除各类违规渔具143部(条)。检查水产养殖(繁育)企业(合作社)、农贸市场(超市)和鱼药销售企业184家次,监测水产品,水产苗种及产地场所18个,抽检样品580个。渔船检验率和签证率达100%,全年未发生一起渔业安全生产事故。

· 林　业 ·

【林业绿化】 2015年,全市新建通村绿化路道87千米,绿色河道55千米,新增成片造林390.3公顷,新增花卉苗木等高效林业257.8公顷、水果100.2公顷,发展林下经济680公顷,新建完善农田林网8227公顷,完成中幼林抚育2165公顷,新栽四旁树木64.3万株,新建森林生态示范村32个(其中省级森林生态示范村4个、省级绿化示范村16个),市定重点工程——新334省道两侧绿色通道全面建成;宣堡镇的张河村荣获"全国生态文化村"、郭寨村被评为"江苏最美乡村",黄桥镇小南湖生态园被评为"2015年全国休闲农业和乡村旅游四星级企业";全省春季造林绿化现场观摩会在泰兴市召开;市农委被评为2015年度全国绿化先进集体。

【银杏产业】 2015年,全市拥有定植银杏树300万株,盛果树200万株,银杏产量1.2万吨;江苏泰兴国家级古银杏公园"泰兴白果"有机食品生产基地通过农业部所属中绿华夏食品认证中心认证;泰兴银杏栽培系统入选第三批中国重要农业文化遗产,被评为2015年泰州农业十件大事。

· 畜牧业 ·

【概况】 2015年,全年出栏生猪113万头,家禽1160万羽,山羊42.5万只;存栏生猪60.01万头,其中能繁母猪7.7万头;存栏家禽590万羽,山羊31.5万只,奶牛3661头,生猪、蛋禽、肉禽、奶牛规模养殖比重分别达91.43%、99.2%、100%、100%,生猪大中型规模养殖比重达71.6%;检疫生猪70.5万头、产品57.2万头,实现电子出证;使用猪瘟疫苗334.4万头份,生猪口蹄疫疫苗347.93万毫升,猪蓝耳病疫苗151.1万头份,禽流感疫苗534.425万毫升,小反刍兽疫18.4万头份,猪链球菌苗63.45万毫升,狂犬病疫苗1.85万份,应免畜禽各类重大动物疫病免疫密度、牲畜挂标率、免疫档案配套使用率均达100%,畜禽抗体检测平均合格率达到90%以上。全市参保畜禽养殖户达3.5万户,畜禽保费总额4243万元,畜禽保险全覆盖。创建国家级畜禽标准化示范场1家,省级生态健康养殖示范场3家。

· 农业资源开发 ·

【概况】 全年农业开发项目区投资4967.7万元(其中财政投资4940万元),改造中低产田2533.33公顷,新增灌溉面积1520公顷、除涝面积1520公顷,改善灌溉面积813.33公顷、除涝面积813.33公顷;新增节水灌溉面积1333.33公顷,年节约水量288万立方米;新增农田林网防护面积800公顷,新增优质粮食3800吨,项目区农民收入增加850万元。

【开发项目】 2015年,国家农业综合开发土地治理项目区包括河失镇333.33公顷、分界镇666.67公顷、古溪镇666.67公顷、根思乡333.33公顷、新街镇200公顷、黄桥镇333.33公顷。至年底,完成国家土地治理项目计划任务的80%,项目区开挖疏浚渠道34.66千米,新建各类田间配套建筑物50座、电灌站25座、硬质衬渠60千米、混凝土路24.6千米。完成省级高沙土农业综合开发项目计划任务的80%,项目区开挖疏浚渠道20.28千米,新建各类田间配套建筑物31座、电灌站12座、硬质衬渠27.2千米、混凝土路15千米。

· 农业机械化 ·

【农机购置补贴】 2015年,全市使用农机购置补贴资金共计2702.588万元(国补资金2503.018万元,省补资金157.97万元,报废更新资金41.6万元),受益农户589户。

【农机装备】 2015年,全市新增高速乘座式插秧机218台、75马力以上大中型拖拉机配套秸秆还田机104台套、新增育秧机61台、各类联合收割机91台、粮食烘干机252台、高效设施农业装备397台套。全市农机总动力达63.2万千瓦。

【农机服务】 2015年,全市新成立农机专业合作社10个,农机合作社总数达到320个,基本实现村村都有农机专业合作社,农机服务组织作业面积占机械化作业面积的70%以上。新增农机机库20个(其中省级机库项目2个)。

【农机安全监理】 2015年,全市新登记各类农机271台,其中大中型拖拉机105台,小型拖拉机46台,联合收割机123台;年检上道路拖拉机2904台,其中变型拖拉机1083台,小型拖拉机1371台,大中拖450台;年检收割机510台;年检车辆保险率达100%,全年未发生重特大道路外农机事故。

· 农业产业化 ·

【概况】 2015年,全市农业利用"三资"24.13亿元,新上重大项目38个,新增省级农业龙头企业5家,发展50亩以上规模高效设施农业项目45个。

· 农村能源利用 ·

【概况】 2015年,全市上争农村清洁能源财补贴资金1070万元(其中秸秆综合利用项目补助资金230万元,规模化养殖畜禽粪便治理项目840万元),新建大型沼气工程3处、中小型沼气治理工程14个。2015年,全市秸秆综合利用率达到96%,规模养殖场畜禽粪便综合利用率达95%。

· 农民培训 ·

【概况】 2015年,全市举办农业职业技能培训23期计3141人次;新型职业农民培育培训(地方任务)30期计4720人次;新型职业农民培育农机培训(省级任务)1期150人次;开展6次农业行业职业技能鉴定362人。开展农机获证奖补培训初级工102人、中级工35人、高级工2人。全年累计培训8150人,新型职业农民培育程度新增比例达8.43%。 (徐长杰)

水 务

· 综 述 ·

【概况】 2015年,市水务局组织天星洲和马甸枢纽项目上争,获省级以上补助经费2.8亿元;中小河流综合整治试点县、全国第四批小型农田水利重点县、中型灌区改造、东西姜黄河、古马干河区域治理等5项农村水利项目成功立项;整合安泰水利投资有限公司、润泰水利投资有限公司资金平台,完成融资5亿多元。全市水利建设总投资约9.93亿元,完成闸站建设4座、城区河道整治5条,铺设各类供水管网5000多千米,全年完成水利总土方112.13万立方米,疏浚整治河道40条44.5千米,新建各类小沟以上建筑物333座、防渗渠道207千米、河道护岸工程19.28千米,更新改造农桥20座。

· 水利建设 ·

【水环境治理】 2015年,全市总投资约2.1亿元,开工建设23项城市水环境治理工程,完成闸站建设4座、城区河道整治5条,完成省下达城市黑臭河道治理任务。建立健全农村干河、中沟、庄河分级管护机制,泰兴市河道管护工作获省水利厅绩效评估考核二等奖。探索"以河养河"的农村水环境治理经验,在泰州市推广。

【重点水利工程】 2015年,泰兴市组织实施马甸枢纽工程、中小河流治理、小型农田水利重点县、城黄灌区续建配套改造、水土保持林、千亿斤粮食、水土保持、农田水利建设资金项目、中小河流治理重点县以及桥梁、泵站改造等11项重点水利工程,工程建设总投资达4.83亿元,其中省以上资金2.71亿元,本市配套2.12亿元。全年完成水利总土方112.13万立方米,疏浚整治河道40条44.5千米,新建各类小沟以上建筑物333座,防渗渠道207千米,河道护岸工程19.28千米,更新改造农桥20座。

· 水政水资源管理 ·

【水政执法】 2015年,市水务部门开展"3·22世界水日""中国水周"宣传工作,加大对长江、内河以及各类涉水建设项目的执法巡查力度,查处非法采砂、沿河违章建筑、码头和侵占河道等水事违法行为,共查处各类水事案件60件,清除各类鱼网渔簖240多处,与公安、海事部门联合执法20多次,出动船艇60多次。

【水资源管理】 2015年,泰兴市编制印发《泰兴市2015年度水生态文明城市建设工作任务分解表》,完善《泰兴市河道管理办法》,推进黄桥祁巷小南湖水生态治理示范工程建设,遴选出黄桥、虹桥、宣堡三个乡镇作为水生态建设项目区,对项目区内部分河岸进行水生态修复,完成生态混凝土自嵌式挡墙20.72千米,生态护坡10.68千米,绿化面积67.4万平方米,种植水生植物3.2万平方米。出台《泰兴市实行最严格水资源管理制度实施方案》及《考核办法》,下发《关于2015年度用水计划的通知》《关于下达2015年泰兴市主要用水单位消耗定额的通知》,加大尾水深度处理力度,开工建设总投资达4866万元的尾水深度处理项目,城市污水处理厂尾水再生利用率预计达25%以上,全年用水总量控制在6亿立方米之内,万元工业增加值用水量下降率达5%以上;落实2个学校、1个企业、1个小区、1个节水减排示范项目作为2015年度节水型载体创建单位,2个乡镇、20个村创建省水美乡镇和水美乡村。

· 防汛防旱 ·

【概况】 2015年,市防汛指挥部办公室开展汛前安全大检查1次,检查发现隐患27处并限期整改。市级储备编织袋10万只,钢管2180根,土工布1.22万平方米,块石1万吨,抗旱应急拉水车5辆、移动泵站1辆、移动水泵22台套、输水管1490米、电缆线2000米、发电机组4台套等防汛防旱物资,定点存放,专人保管,严格执行领发料制度。市防汛指挥部组织抗洪专业抢险队100多人,市人武部组织民兵队伍200多人成立抢险突击队,沿江各乡镇及企业组织巡逻队、抢险分队300多人,实行24小时不间断巡查。派出防汛防旱应急分队参加泰州市水利局及泰州军分区举行的泰州市市防汛应急抢险演练活动1次。泰兴市经受住12年未遇的严重汛情考验。

· 区域供水及饮水安全 ·

【概况】 2015年,泰兴市筹措资金3亿多元,全面实施镇村供水管网改造工程,对黄桥老区及张桥等共10个乡镇进行管网户表改造,铺设各类供水管网5000多千米。

(许爱如)

耀黄电灯公司

黄桥镇的电力史可上溯至上世纪二十年代初的耀黄电灯公司。

耀黄电灯公司始建于民国十年(1921年),落成于民国十二年五月二十四日。由时任国会议员的黄壁尘(黄桥横巷村人)与黄桥富商丁哲愚等合股4万元(银元)创办。黄壁尘任董事长,丁哲愚任副董事长,黄锡藩任技术员。厂址设在分黄河北,南坝桥与花园桥之间。公司有房屋13间,职工10人,动力机械为英国慎昌洋行制造的双缸70马力柴油机,发电机17.5千瓦,发三相、60赫兹交流电。每天天黑前发电,至夜间10~12点停机。

1928年,为适应当时用电需求,耀黄电灯公司扩大生产规模,购置三台55千瓦柴油发电机组对外发电营业。原机组调往季家市,开办耀黄电灯公司第二发电所。至1932年,该公司已拥有用户356户,灯头1600盏,全年收入1.4万元。

1938年,季家市耀黄电灯公司第二发电所因战乱被烧毁。

1941年,日寇入侵黄桥,设了据点,并在据点内设置电网。据公司职员李学优等人回忆,此时战事不断,人心惶惶,职员纷纷出走。年底,公司已陷于瘫痪状态,无法正常运行发电,至1942年,耀黄公司被迫倒闭。

耀黄电灯公司从初创到最终倒闭,存在了仅21年。虽然当时规模很小,但据1932年全国民营电业联合会江苏省分会成立十周年特刊记载,黄桥耀黄电灯公司系该会会员,亦为民族工业的一员。由于外敌的入侵,这一起步较早的民族工业被扼杀了,成为黄桥人的一件憾事。

解放后几年,即1952年,由黄桥镇工商联出面,集股6000余元,创办电灯厂,主要股东有王杜、徐茂劳等人,王杜任经理。1953年3月,黄桥电灯厂正式发电营业。中断10余年的黄桥镇电力史得以恢复,并延续至今。

时光流逝近80年,今日黄桥的电力事业发展迅猛。自1959年国家电网电源输入黄桥后,现在,镇区范围内建有220千伏变电所一座,35千伏变电所二座。1995年,由泰兴市政府筹建的黄桥热电厂也正式投产。目前,仅镇区照明用户已达8000余户(不含农村居民),是耀黄电灯公司拥有用户数的20多倍,年照明电量1000余万千瓦时,增长42倍。镇区总用电量4200万千瓦时,是耀黄公司年用电量的175倍。

半个多世纪前的耀黄电灯公司与今日黄桥电力事业虽然无法比拟,然而,古镇人民不会忘记这一段历史。1988年编写泰兴县电力工业志书时,曾于黄桥南坝桥外一居民家中发现"耀黄电灯公司奠基石"一块。可惜当时只拍了照片,不知此石如今尚在否?如收藏者将其献出,实在是一件有益公众的事,因为它是黄桥镇早期电力工业的一个历史见证。

(戴家宾)

商贸流通业

■编辑 翁元锋

综 述

【概况】 2015年，全市共完成社会消费品零售总额191.5亿元,同比增长12.2%,高于泰州平均增幅1.3个百分点,在三市四区中,总量列第二位,增幅与姜堰区并列第一。当年净增批零住餐限上企业45家,列泰州市三市四区第一位。按消费形态分，批发和零售业销售额1045.6亿元,住宿和餐饮业营业额52.1亿元。实现服务业税收33.5亿元,增长24.2%,占一般预算收入比重63.4%;其中,批发和零售业税收57.65亿元,住宿和餐饮业税收4137万元。实现服务业增加值329.2亿元，增长11.7%，高于GDP增幅0.6个百分点;服务业增加值占GDP比重45%。服务业集聚区建设不断加快。服务业“三区五园”已入驻重点物流企业50多家,专业市场12家,实现营业收入近30亿元,入驻亿元以上项目52个,占全市重大服务业项目数和服务业投资额比重均在80%以上。组织开展“消费促进月”活动,活动期间10家企业共销售各类消费品1.23亿元,同比增长7.89%。对全市6家规模以上售卡企业进行5次专项检查，重点检查发卡企业预收资金存管以及公款购卡情况。新建泰兴市隆泰农贸市场和珊瑚镇农贸市场,对36家农家店信息化改造。组织20家农民经济合作组织、种养殖大户和5家餐饮企业、3家超市开展“农超、农餐对接”洽谈,并签订10份农副产品购销对接意向协议书。

【打击侵权假冒】 2015年,全市行政执法机关共立案查处侵权假冒案件249件，办结196件，涉案金额近156.12万元，捣毁制假窝点22个，移送司法机关2件;公安机关立案打假侵权案6件,侦破5件,抓获犯罪嫌疑人10人,涉案金额635.32万元;检察机关依法批捕案件3件，批捕人数4人，起诉侵权假冒案件5件,起诉犯罪嫌疑人7人。法院依法审结侵权假冒案件5件,判决犯罪嫌疑人7人。

【“美味鲜”被授予“江苏老字号”】 2015年,江苏美味鲜食品有限公司“美味鲜”被省商务厅授予“江苏老字号”。该公司投入122万元,扩大生产规模和销售网点,发展为集酒店经营、卤菜生产销售、黄桥烧饼制作为一体的食品有限公司,开设直营店、加盟店和销售网点共80多家,1个电商销售中心,产品进入12家大卖场。

【成品油市场管理】 2015年,泰兴市参加年检成品油经营企业共78家,其中:批发企业1家,仓储企业1家,零售企业76家。当年成品油市场总体运行平稳,全市各零售网点共销售成品油14万吨(不包括中石化和中石油所属高速公路加油站),同比下降6.04%。

餐 饮 业

【概况】 2015年,泰兴市实现餐饮住宿业总收入52.1亿元,同比增长16.5%。市餐饮行业协会被评为“4A”社会组织,会长吴长元被授予“中华金厨奖”,当选省餐饮行业协会第三届理事会副会长。

【市委书记带队考察海陵区餐饮业】 5月3日,市委书记孙耀灿,市委常委、常务副市长刘荣华,副市长张健羽带领市发改委、住建局、规划局、国土局、餐饮行业协会及城区凯悦、豪庭、皇冠、天水雅居、银光等单位负责人赴泰州市海陵区参观考察餐饮业。孙耀灿要求各单位创新思路,积极开发产品产业链,为市民提供"一条龙""保姆式"服务。

【市餐饮行业协会第二届会员代表大会】 1月26日,泰兴市餐饮行业协会第二届会员代表大会暨2014年表彰大会召开。会议审议通过协会第一届理事会工作报告和财务工作报告,修改通过新章程,选举第二届理事会,吴长元当选第二届理事会会长,季哲、胡旭阳、吴亮当选副会长,吴亮兼秘书长。同时增设企业管理指导专业委员会、名厨专业委员会、团膳专业委员会、集中采购专业委员会、餐饮服务专业委员会。中国烹饪协会副会长、省协会副会长兼秘书长于学荣先生到会祝贺,10多家友好协会发来贺信。

【组团参加省餐博会和苏州食尚博览会】 10月和12月,泰兴市组团分别参加江苏国际餐饮博览会和苏州国际食尚博览会,参加全省乡土风味烹饪大赛和青年名厨技能大赛,豪庭、凯悦大酒店获得特别金奖,皇冠大酒店送展的菜品获得江苏省婚宴品牌称号,霞光酒楼曹红霞获得中国烹饪大师荣誉称号,她是泰兴市获得中国烹饪大师殊荣的唯一女性。

【市名厨俱乐部成立】 5月22日,贺盛国际名厨泰兴俱乐部成立,中国烹饪大师、国家高级烹饪技师丁俊任主任,中国烹饪大师吴斌任副主任,成员100多名。名厨俱乐部设置名厨俱乐部微信平台,利用微信平台向俱乐部成员发布菜品创新消息和最新食材消息,交流菜品制作方法、步骤和工艺要求等。泰兴名厨俱乐部与江阴名厨俱乐部结为友好俱乐部,进行菜品交流。

【"2015暖冬行动"】 市餐饮行业协会和市广播电视台组织20多家爱心商家联合开展"2015暖冬行动",爱心小分队走进16个乡镇,60多户困难家庭,送去慰问金和过年物资。"暖冬行动"已连续进行5届,累计让300多户困难家庭温暖过冬过年。

(吴长元 吴 亮 印 波)

旅 游 业

【概况】 2015年,全市共接待游客230万人,旅游总收入22亿元。2家单位被评为江苏最美乡村,14家单位被评为全省3星级和4星级乡村旅游示范点。祁巷村成功获评中国乡村旅游模范村,黄桥烧饼入选中国特色旅游商品,黄桥镇获评"长三角最佳慢生活旅游目的地",凤灵集团被评为全国工业旅游示范点。第一次全市旅游业工作专题会议召开,出台《加快旅游业发展的意见》《全市旅游业重点项目三年行动计划》,成立旅游业工作领导小组,设立每年1000万元市级旅游业发展专项资金。举办第三届乡村旅游文化美食节、印达河灯节等特色旅游活动。全年完成旅游项目投入8亿元。

粮 油 贸 易

【概况】 2015年,泰兴市粮食企业实现购销总量305.54万吨。全年粮食收购总量37.85万吨(小麦24.12万吨,粳稻13.63万吨),其中:国有粮食企业收购30.20万吨(小麦22.79万吨,粳稻7.41万吨);非国有粮食企业收购7.55万吨(小麦1.33万吨,粳稻6.22万吨)。国有粮食企业按国家最低收购价收购量16.72万吨(小麦13.42万吨,粳稻3.3万吨)。全市粮油工业实现销售收入135.12亿元、利税4.78亿元,较上年分别增长10.88%和21.45%。全年投入资金2000万元,其中省财政补助751万元,用于对全市3家中心库点和收纳库点进行仓房扩建、烘干设施建设、仓库智能化升级改造等。

【粮食流通监督检查】 2015年,市粮食局组织粮食库存检查、粮食收购市场秩序检查、粮食收购资格核查、成品粮油市场联合检查等专项监督检查35次,检查761家单位(个体户),出动人员265人次,对违规经营者发出《整改通知书》14份、责令整改2份。

(桂鸣凯)

供销合作经济

【概况】 2015年,泰兴市提档升级集政务、社务、公共服务和经营为一体的为农服务社12个,完成2个省级为农服务社样板社创建,全年组办专业合作社(联合社)11个,完成黄桥、姚王2个基层供销社恢复重建。推动"新网工程"建设,以惠农农资、阳光超市、延龄烟花爆竹、仁源生药店等为龙头骨干企业,建成710个连锁网点,覆盖全市16个建制乡镇和所有行政村,形成农村现代流通网络。市供销社注册成立泰兴市泰供银德电子商务公司,委托江苏碧云电子商务有限公司,搭建淘宝特色中国泰州馆泰兴分馆、1号店特产中国泰兴馆2个电子商务平台。建成并运营镇村电商服务站23个,完成电子商务实用技术培训600人次。

(刘瑞林　张兴华)

盐业专营

【概况】 2015年,市盐务管理局(苏盐连锁泰兴分公司)实现销售收入2800万元,销售总量1.42万吨,其中小包装销售3753吨,工业用盐销售9538吨。

【盐政执法】 2015年,市盐务管理局组织开展“消费与民生”“食盐健康访万家”“保障国庆、中秋期间食盐市场安全”“保障元旦、春节期间食盐市场安全”等专项整治行动,全年出动执法人员1320余人次,执法车辆500余台次,检查零售户1.32万余次,走访食品加工点、餐饮点、食堂和居民灶台4.5万余家,发放各类宣传材料3.5万余份,共查处各类盐业违法案件88件。其中查处使用不合格碘盐、假冒北京食盐5件,移送司法机关案件5件,逮捕4人,罚款2600余元,没收盐产品7.25吨,碘盐覆盖率达98%,碘盐合格率达100%。

(叶　军)

烟草专卖

【概况】 2015年,市烟草专卖局共出动专卖管理执法检查5500余人次,查获各类违法案件373件,查扣各类违法卷烟5.74万条。全年共销售卷烟4.2万箱,实现利税24500万元。

【专卖管理】 2015年,市烟草专卖局履行市场监管职能,将日常监管与专项行动结合,对重点监管对象违法违规行为进行打击,确保市场净化率达97%以上。全年查扣各类违法卷烟5.74万条,查扣违法卷烟案值982.63万元。其中,5万元以上案件35件,50万~100万元案件1件,100万元以上2件。“2·5”案、“3·25”案和“11·27”案件受到省局通令嘉奖。

(伏志雨)

石油经营

【概况】 2015年,中国石化销售公司泰兴石油分公司有加油站30座(含1座水上加油站),拥有年销售万吨级加油站1座。全年销售轻油12.9万吨,比上年增加近8000吨,实现销售额约10亿元,其中分销1.8万吨,零售11.1吨;非油品销售2100万元,比上年增加500多万元。

(王利凯)

泰兴火腿(一)

泰兴火腿,和闻名全国的浙江金华火腿、云南宣威火腿一样,也有着悠久与辉煌的历史。

火腿,是指腌制的猪腿。腌制兽肉,始于何时,何先民,难以查考。据说沿海地区常闹水灾,大水过后,灾民从避难地逃回来,将被淹死的猪牛等从泥沙里挖出来充当食品,令人意想不到的是,这些猪、牛肉经过海水作用,不但没有腐烂,反而味道很好。从此,这种经过盐等腌制的咸肉被人们接受利用,成为日常生活中的美食。

南宋时,名将宗泽(义乌人,地属金华府管辖)抗金凯旋,乡亲们争送腌猪腿慰劳将士。宗泽进献皇上,皇帝见剖开的腿肉绯红似火,便将它命名为“金华火腿”,于是就有了“火腿”的这一说法。

泰兴为农业大县,历来有养殖生猪的传统。为什么有这个传统呢?泰兴地界东高西低,东为高沙,地占县域耕地面积的五分之四。这高沙地漏水漏肥、土瘠地薄,农民只能种杂粮。为生计,农民们只能从嘴上省出粮食喂猪,猪多肥多,肥多粮多,良性循环,养猪成了农户致富的首选。东半县农民用元麦、大麦、豆饼、花生饼、酒糟加山芋藤、胡萝卜等青饲料喂猪,这种以粮为主喂成的猪,肉质鲜嫩,肥瘦得当。一般农户,两年养两圈猪,一圈两三只,多的七八只,甚至十多只,养猪成了泰兴人民的产业,成了衡量农户贫富的尺度。据记载,民国25年(1936年)泰兴全年养猪120多万头,出栏数达到70.3万头,这为火腿的制作提供了充足的原料。

财税 · 金融

■编辑　辛　仕

财　政·税　收

·财　政·

【概况】　2015年，全市公共财政预算收入累计完成52.79亿元，同比增长17.1%。全市实现财政支出155.55亿元，比上年增支8.48亿元，同比增长5.17%，其中：一般公共预算支出完成67.45亿元，比上年增支6.25亿元，同比增长10.21%。市财政保障“三大战役”资金需求，累计拨付34亿元，支持“九纵九横”等城建工程建设。服务“以港兴市”和“沿江一体化发展”战略实施，扶持黄桥老区发展。全年行政事业性收费下降34.7%，防洪保安资金减收1.5亿元。全年累计拨付支持企业资金3亿多元，累计办理退税7.5亿元，实现退税应退尽退。2015年，民生支出占财政总支出比例达到75%。教育、科技、社保等8项重点支出达44.9亿元，占全市一般公共预算支出69.7%，同比增长11.7%。其中：教育支出增加2.12亿元，增长19.47%；科技支出增加1.69亿元，增长355.39%；社保支出增加5580万元，增长8%。

【预算公开管理】　2015年，市财政健全一般公共预算、政府性基金预算、国有资本经营预算、社会保险基金预算等全口径预算管理体系。除涉密部门外，全市各部门全部公开部门预算、“三公”经费、会议费和培训费等预算信息。在10个部门开展部门决算试公开工作。全年共拒付支付申请396笔，金额达3193万元。

【财政存量资金盘活】　2015年，市财政开展盘活财政存量资金工作，收回可用存量资金1.2亿元，全部用于支持民生事业。

【政府债务管理】　2015年，市财政健全债务管理体系，编制2015年政府性债务收支计划。测算各项政府债务风险指标，对各项政府债务风险指标进行分析，采取调整支出结构、推进债券置换等措施，提高偿债能力，防范债务风险。

【政府采购管理】　2015年，市财政审核确定各类政府采购项目326项，采购项目预算资金1.5亿元，其中：公开招标35项，预算价3793.76万元，中标价2968.05万元，节约825.71万元，节约率21.76%；邀请招标1项，预算价4786万元，中标价4768.8万元，节约17.2万元，节约率0.36%；询价采购35项，预算价777.26万元，成交价646.09万元，节约131.17万元，节约率16.88%；协议供货11项，预算价166.64万元，成交价163.81万元，节约2.83万元，节约率1.7%；单一来源采购24项，预算价691.29万元，成交价643万元，节约48.29万元，节约率6.99%；竞争性谈判20项，预算价566.63万元，成交价473.85万元，节约17.2万元，节约率16.37%；部门集中采购(分散采购)200项，预算价4432.63万元。　(李　政)

·国家税收·

【概况】　2015年，全市共办理登记注册纳税人3099户，其中增值税一般纳税人7161户，企业所得税征管

9310户。完成税收收入39.32亿元,同比增长4.32%;完成公共财政预算收入12.32亿元,同比增长8.81%,增量和增幅列泰州第一。全年共办理各类减免退税达13.7亿元,同比增长67.7%。其中,办理小微企业退免税4405万元,办理高新技术企业所得税减免4200万元。全年申报固定资产抵扣税款4.7亿元,同比增长85%。

【税收改革】 年内,市国税局推广《税收职责清单》《风险应对工作模板》和《纳税评估法律适用指引》学习、培训和应用,组织在职干部参加模板和指引知识考试,参训、参考率达100%。成立风险管理工作领导小组,组织管理由三级变为一级,实现扁平化。撤销基层延伸点,原二分局延伸点进驻镇便民服务中心,所有非执法人员全部清出办税厅,纳税服务实现集中办公。全年实施风险应对总成效达1.27亿元,利用第三方情报信息产生应对效益3599万元。

9月17日,泰州市国税系统"风险应对、纳税服务"示范点建设现场会在泰兴召开 (国税局 供稿)

【依法行政】 年内,市国税局外聘法学专家、执业律师和系统内法律专业学士组建成法律顾问团队,对重大案件集体审议、处理决定等进行审核审查,全年核实疑点信息44条。研究出台《泰兴市国税局日常执法督察方案》,分机内疑点信息和机外档案资料两大项每月进行督查,年内发布3期日常执法督查通报。全年累计纠正执法过错、差错82条。查处两户企业涉及1.3亿元虚开增值税专用发票"黄金票"案,并移送公安部门处理。

【办税服务】 年内,市国税局统一办税服务厅内外部标识,设置自助办税服务区、纳税人等候区和15个办税窗口,配备自助办税设备,安装音视频系统,运用邮政EMS快递和挂号信送达税务文书、票据,在新办商贸企业推行实名制办税,创作宣传音乐视频《国税欢迎您》。所有纳税服务和基础管理职能前移,依法保留7项行政许可审批事项,其余全部取消。全面拓展非接触式服务,自助机网上认证面99.99%,自助及网上报税面99.96%,代开发票网上提交面98.5%。 (赵爱根 朱晨曦)

· 地方税收 ·

【概况】 2015年,市地税局征收入库各项收入62.68亿元,同比增长10.61%。其中,公共财政预算税收收入31.48亿元,同比增长20.45%,完成市政府下达年度计划的103.92%;社会保险费收入22.12亿元,同比增长6.01%,完成市政府下达年度计划的113.98%,其他各项代征基金(费)除防洪保安资金受政策性减免和费率降低等因素影响外,均超额完成市政府下达的年度计划。

【服务政府决策】 年内,市地税局上报《房地产行业"营改增"对地方经济税收的预期影响》《船舶行业运行情况、面临的具体困难问题及建议》、小微企业税收优惠、固定资产加速折旧、三证合一、二手房交易等新政落实的问题与建议共13篇调研信息被国务院办公厅采用,其中专报采用10篇、国务院领导批示5篇。加快实施"企业上市"战略、推进"互联网+税务"、深化国地税合作、科学涵养地方税源等4篇建议报告被市委、市政府主要领导批示。

【企业上市服务】 4月,市地税局组建"上市快车税收服务团队",进驻8家拟上市高新技术企业进行现场指导。4~8月,对企业境内重组、跨国股权并购、关联交易等事项开展5次税收政策专题辅导。年内,为1家上市企业自然人股东非货币性资产投资办理分期缴纳个人所得税1.04亿元,为8家拟上市企业落实不征税或免税优惠金额4000多万元。

【国地税联合检查】 年内,市地税局将国地税合作范围从以往的税务登记、税收宣传、纳税信用评价、代征税款、定额核定等扩大到联合检查等方面。7~11月,地税稽查部门联合国税稽查部门在全市开展联合专项检查行动,重点对房地产及建筑安装业、医疗药品业及部分"营改增"行业等企业进行政策辅导、集中约谈、税收自查及联合稽查,实施发票检查。年内,共集中约谈3次,督促企业自查31户次,入库税款1200万元。

【涉税事项容缺受理】 5月,市地税局制定《涉税事项容缺受理服务办法》,明确容缺受理服务受理范围、服务对象、暂缺材料、办理流程和后续事项,资料补报情况纳入纳税信用评定范围。全年共办理"容缺受理"事项191件。10月9日被中央电视台《中国新闻》报道。

【"互联网+办税服务"】 年内,市地税局落实"互联网＋”战略,搭建网上办税服务平台,通过网络在线数据共享与分析,及时评估纳税服务工作状况,找出纳税人关注的热点问题并提供和改进相关服务。年内,通过网上办税服务平台办理涉税业务占市地税局办税总量的 79.56%,11200 户纳税人对网上办税满意度为 93.87%。12 月 3 日被中央电视台《晚间新闻》报道。

【税收执法】 年内,市地税局依法减免各类税收 2.15 亿元。组织税收执法质量检查,4 月开展重点执法督察 1 次,查纠执法问题 11 个,5 月开展专项执法督察 1 次,查纠执法问题 32 个,全年评查执法案卷 35 户次,推送税收风险疑点核查信息 35 条,督察入库税款 2388 万元。实施稽查 88 户次,查补税款 9400 万元,其中千万元以上大要案 2 件、百万元以上大要案 10 件,1 个案件被省地税局评为优秀案例。

【税收风险管理】 2015 年,市地税局开展中等风险应对任务积分量化管理创新,全年实施中等风险应对 1543 户次,入库税款 1.71 亿元,占税收总量的 4.66%。该创新被泰州地税局评为“2015 年度十二大工作品牌”。12 月 23 日,省地税局在泰兴召开现场推介会,推广市地税局创新经验。（焦　瑾）

银　　行

·中国人民银行泰兴市支行·

【概况】 2015 年,全市有金融机构 18 家,新增中国民生银行泰兴支行、招商银行泰兴支行 2 家银行,机构数泰州县域最多。全年本外币贷款余额达 512 亿元,首次突破 500 亿元大关,比年初净增 108.74 亿元,同比增长 26.97%,同比上升 8.6 个百分点,位居泰州各市区第一,增速高于泰州市平均水平 10.87 个百分点。贷款增量连续 23 个月泰州排名第一。至年底,全市本外币各项存款余额为 768.97 亿元,较年初增加 110.98 亿元,同比多增 23.79 亿元,增量、增幅均居泰州各市区第一。全市增量存贷比为 97.98%,高于泰州市平均水平 5.68 个百分点;余额存贷比为 66.58%,同比上升 4.79 个百分点。泰兴市被评为“江苏省金融生态环境优秀市”。年内,举办 7 场政银企对接活动,累计促成 105 家企业签订 100 多亿元融资意向。其中金融超市 4 场,金融工作恳谈会 1 次,金融团队园区行 1 次,金融服务进企业 1 次。创新发展直接债务融资、PPP 融资,利用政策性银行贷款、资产证券化、银团贷款等融资产品,为各资金需求企业提供融资服务。2015 年,在 280 个行政村建成农村金融综合服务站 288 个,实现所有行政村全覆盖。在黄桥、分界镇发放首笔农村土地流转经营权抵押贷款。为法人金融机构争取信贷规划 19 亿元,争取专项再贷款 5000 万元定点支持黄桥地区。全年办理预算收入入库 101.36 笔,金额 168.59 亿元;办理预算收入退库 4737 笔,金额 12.13 亿元;受理财政预算支出 8.07 万笔,金额 207.6 亿元。办理小微企业退库 3392 笔,金额 230.28 万元。全年共核准开设基本账户 4115 户、其他账户 20 户,撤销各类账户 516 户,变更账户 687 户,审批非预算单位专户取现 11 户。办理企业和个人信用信息查询 340 人次和 8871 人次,日均 35 人次,同比提高 200%。（陈　莉）

·中国农业发展银行泰兴市支行·

【概况】 2015 年,农发行泰兴市支行日均存款 4.90 万元,完成年度目标的 108.96%;实现利润 3261.65 万元,超过年度目标 450.65 万元;中间业务 189.7 万元。年内,累计支持企业托市收购库存小麦 1.12 亿千克,库存值 2.20 亿元;累计发放储备贷款及轮换贷款 9132 万元,收购小麦 1680 万千克;累计发放收购贷款 6798 万元,累计收购粮食 2773 万千克。（姚　明　朱爱军）

·中国工商银行泰兴支行·

【概况】 2015 年,中国工商银行泰兴支行强化代发工资客户批量化营销和高端客户拓展,抓好中高端客户分层维护、三方存管客户资金归集、存贷化精细化管理和“工商企业通”平台运用,加大“存管通”产品、融 e 购商城和个人住房贷款营销力度,开展互联网金融宣传和银政企对接活动,推广快捷贷业务。全年各项存款账面余额 92.37 亿元,比年初增加 389 万元;各项贷款余额 60.92 亿元,比年初增加 4.85 亿元。全年实现利润 2.45 亿元。经营效益创历史最好水平。

·中国农业银行股份有限公司泰兴市支行·

【概况】 2015 年,农行泰兴市支行各项存款余额 106.45 亿元,比年初净增 4.91 亿元。各项贷款余额 62.46 亿元,比年初净增 10.23 亿元。不良贷款余额 635 万元,不良率 0.09%。全年实现利润 2 亿元。堵截各类诈骗案件 50 余起,避免银行和客户资金损失 1000 多万元。通过公安、银监部门安全评估验收,全行保持平安运行,未发生案件、安全责任事故和重大风险事件。（张　峰　丁　玲）

· 中国建设银行泰兴支行 ·

【概况】 2015 年，建行泰兴支行一般性存款余额 81.92 亿元，存款新增 6.26 亿元，新增额当地同业第二；贷款余额为 52.5 亿元，贷款新增额为 12.5 亿元，新增额当地同业第一；实现账面利润 1.47 亿元，比上年同口径增 1500 万元。在泰兴地区设立 14 个营业网点，5 个离行式自助区，共 55 台自助设备，提供 24 小时全天候服务。 （张荣华）

· 中国银行泰兴支行 ·

【概况】 2015 年，中国银行泰兴支行本外币折人民币各项存款余额 55.19 亿元，较年初上升 4.74 亿元，同业四大行市场份额 16.37%，较年初增加 0.70 个百分点。本外币贷款余额 47.05 亿元，比年初增加 7.84 亿元，同业四大行市场份额 21.10%，较年初增加 0.17 个百分点。个人消费贷款余额 22.27 亿元，较年初新增 3.83 亿元，同业四大行市场份额 27.64%，零售贷款余额与市场份额均为同业四大行第一。 （李济民）

· 交通银行泰兴支行 ·

【概况】 2015 年，交通银行泰兴支行人民币存款余额 13.27 亿元，较年初增长 3514 万元。各项人民币贷款余额 21.89 亿元，较年初增加 5.54 亿元，其中对公实质性贷款 18.22 亿元，较年初增加 6.34 亿元，小企业和个人消费类贷款 3.03 亿元，较年初增加 6036 万元。（曹 建）

· 吴江农村商业银行泰兴支行 ·

【概况】 吴江农村商业银行泰兴支行是吴江农村商业银行在苏中地区设立的首家异地支行，为泰兴市“三农”、中小企业和区域经济发展提供覆盖面广、综合化、多功能、全方位金融服务。2015 年，手机银行 APP、微信银行上线，实现个人业务电子银行渠道零收费。全年，各项存款 35865 万元，信贷总量 32544 万元。

（吴 莉）

保 险 业

·中国人民财产保险泰兴支公司·

【概况】 2015 年，中国人保财险泰兴支公司拓展特色产品险种，经营全市农业保险承保工作，对种植业、养殖业等农业产业在生产过程中因遭受特定自然灾害、意外事故或者疫病所造成的经济损失进行赔偿。公司获集团公司农村保险业务竞赛“优秀团体奖”。成立三责险调查小组，针对涉及人伤、死亡伤残案件进行提前介入，了解受害人情况、伤情程度、调查伤者治疗情况过程、对伤者住院护理、工资收入等情况进行调查，告知被保险人、伤者保险公司可承担的医疗费用范围，伤者伤残等级评定及户口性质调查。公司 24 小时开通服务专线 95518 和人保微信服务平台，向客户提供咨询、投诉、回访、救援、预约投保等服务，还推出以全员全流程服务为内涵的“金牌服务工程”。全年完成保费 2.14 亿元，其中车险保费 1.43 亿元，同比增长 28.8%；非车险保费 4246 万元，同比增长 11.74%；农险保费 2806 万元，同比增长 20.68%。全年实现利润总额 2587 万元，同比增长 10.87%，利润率达 12.09%。

（张 联）

· 中国人寿保险股份有限公司泰兴支公司 ·

【概况】 2015 年，中国人寿保险股份有限公司泰兴支公司保费规模突破 5 亿元，占据泰兴寿险市场份额 60%。老年险、失独家庭保险、自然灾害惠民保险业务保费规模达 500 多万元。承保医护人员综合保险，累计保费 60 多万元。全年自办短险 550 多万元。泰兴新农合、城镇居民 5 个大病保险项目参保人数达到 190 万人，管理基金 4.19 亿元。 （蔡 琦）

证 券 交 易

· 申银万国证券股份有限公司泰兴营业部 ·

【概况】 2015 年，申银万国证券和宏源证券合并为申万宏源证券。泰兴营业部是泰兴地区成立最早也是规模最大的证券网点，经营面积 800 平方米，证券从业人员 10 人。全年新开户 3000 余户，实现交易额 400 亿元，位列泰兴地区首位。营业部由单一通道服务模式向提供全方位服务的财富管理方向转型。落实客户分类和适当性管理制度，从代销品种选择、客户风险承受评估、客户投资需求分析、风险揭示等关键环节落实投资者适当性管理，保护投资者合法权益。 （卢松年）

城乡建设·环境保护

■编辑　冯　莉

城 乡 规 划

【概况】 2015年,市规划局办理"建设项目选址意见书"35件、"建设用地规划许可证"138件、"建设工程规划许可证"135件、"乡村建设规划许可证"1474件,维修加固手续28件;出具用地性质确认、竞价出让红线图、规划设计红线图、联合审批表302件;审批修建性详细规划91件,发出建筑设计方案审定意见72件;办理项目规划核实30个;全年共审批各类建设项目约221.14万平方米。提请召开市规划委员会4次,讨论建设项目52个。共进行规划批前公示60件,批后公布69件。

【总规修编】 2015年,市规划局围绕"文昌、城秀、生态、宜居"要求,推进《泰兴市城市总体规划(2014—2030)》修编工作,按照省厅审查意见督促设计单位加快修改完善城市总体规划成果。规划于2015年9月经省政府批准实施。

【控规修编】 2015年,市规划局委托设计单位编制形成《城市东北片区控制性详细规划修编及启动区城市设计》《东阳路东侧地块控制性详细规划修编及城市设计》等设计成果,并报请市政府审批;以打造济川药业"健康产业园"为契机,加快整合城市西区和西南片区控制性详细规划,完成《城市西区控制性详细规划及核心区城市设计》规划成果编制工作,并通过专家论证。

【专项规划编制】 2015年,市规划局组织编制重大基础设施和城市公共服务设施专项规划。年内,编制完成《城市养老服务设施布局规划》和《城市规划区内村民集中居住点布局规划》评审成果;开展内外环城河历史文化风貌价值专题研究,形成《泰兴市城区内外环城河风貌区历史文化专题研究》中期方案;完成《泰兴市城市综合交通规划》最终成果论证,报市政府审批;完成《泰兴市地下综合管廊工程规划》和《泰兴市消防专项规划》招投标工作及初步方案设计。

【镇村规划编制】 2015年,市规划局组织乡镇开展集镇总体规划修编和建设用地范围控制性详细规划修编工作。《古溪镇横垛社区控制性详细规划》经市政府批准实施;组织对《张桥镇总体规划》和《张桥镇区控制性详细规划》进行专家论证,督促设计单位根据专家组意见对方案进行修改,并上报市政府审批;《曲霞镇总体规划》通过专家论证,并经市政府批准实施。完成古溪、新街、元竹、姚王4个乡镇的镇村布局规划初步成果。开展《泰兴市城区工业园区控制性详细规划》审查及报批工作。

【规划设计】 2015年,市规划建筑设计院完成7个控制性详细规划、2个专项规划和3个镇村布局规划编制工作;编制完成70多个单位修建性详细规划;完成虹桥物流码头、根思路北侧、文江路西侧等10多个地块测算方案;完成中建房产、华东减速机、老叶环卫站、上海金陵电机、元竹镇村级增收标准厂房5个项目建筑工程设计。

【测绘工作】 2015年,市规划测绘院完成地形图测绘589宗,占地面积约392.67公顷;房产面积测量43.3万平方米;完成18条道路工程测量工作,全长18.8千米;完成9条道路竣工测量工作,全长13.2千米;完成13个道路交叉口改造工程测量工作;完成32家建设单位建设工程放线,建筑面积约56万平方米;完成39家建设单位竣工测量,管线总长度65.9千米;对拟上市的15个地块进行现状图修测,并对上市方案进行日照分析。 (姚俊茂)

城乡建设

·综　述·

【概况】 2015年,市住建局实施48项道路桥梁工程,完成33项绿化工程,实施3项房屋征收工程,动迁394户,整治11个老小区,8个社区背后街巷改造完成。全市集镇基础设施建设累计投入43亿元,新增城镇道路面积85.8万平方米、绿化面积117.4万平方米,开发商品房80万平方米,铺设污水管网30千米,动迁房屋120万平方米。管道燃气输送到11个乡镇。

【建设管理】 2015年,市住建局发放商品房预售许可证52件,准许销售面积128.08万平方米。出具房屋安全鉴定报告232份,鉴定房屋面积25万平方米,核查老危旧房屋680幢(处)。全年组织燃气安全检查2次,取缔无证供应站点4家,组织应急预案演练4次。建筑节能审查备案工程项目127.6万平方米,获得省级建筑节能及绿色建筑示范项目14个,上争建筑节能及绿色建筑专项引导资金295万元。城市中心避难场所设计方案通过省级评审,审查施工图项目367个,约224.8万平方米,消除施工图设计文件中安全隐患30多个,完成勘察设计合同备案264个。

【可再生能源建筑应用工程示范】 2015年6月,泰兴市第二人民医院移址新建项目申报为可再生能源建筑应用工程示范。该项目在设计和施工中综合运用外围护结构外保温隔热、中空Low-E玻璃遮阳、活动外遮阳、土壤源热泵空调制冷制热、太阳能光热系统、能耗分项计量等多项节能技术,降低建筑物能耗。可再生能源建筑应用工程面积为6万平方米,综合节能65%。

·市区建设·

【概况】 2015年,市住建局实施48项道路桥梁工程,文江大桥、羌溪大桥建成通车,文江路全线贯通,东阳路、羌溪南路、金沙路、拱极路33项绿化工程,新增城市绿地面积55.18万平方米,城市绿地率达37.47%,建成区覆盖率41.12%;迎幸中学周边地块扫尾工作接近尾声,长征路北延及周边地块签约率达97%,运输机械厂项目全部完成;济川新村、银杏新村等7个老小区整治,南街、西郊等8个社区背后街巷改造完成;后营佳园保障房通过竣工验收并交付使用,龙河路保障房、银杏路保障房通过竣工验收,济川南路保障房启动建设;铺设污水管网30千米,城北片区污水主管网实现全覆盖。

【园林绿化】 2015年,全市新增城市绿地面积55.18万平方米,城市绿地率达到37.47%,人均公园绿地面积达到9.9平方米。城区新建社区游园、街旁绿地、滨河景观绿地等公园绿地15处,主要有星火绿地、如泰运河泰兴大桥西南侧绿地、济川路与大庆路节点、如泰运河原毛纺厂地块绿化、红星游园、苏城游园等;新建道路绿化7条,分别是文江北路、文江路南延、济川路南延、东阳路、银杏路、银杏路东延、龙河路。主要栽植行道树品种有法桐、香樟、广玉兰、实生银杏;实施羌溪河两侧、张堡中沟、老上横港河等6条河道绿化;完成南郊苗圃和济川路南延西侧苗圃两处生产绿地建设任务,种植3～4厘米广玉兰、紫叶李、栾树等园林用苗木20多万株。

【小区改造】 2015年,泰兴市投资3200多万元对7个老小区(食品加工厂小区、文岱小区、亚泰小区、济川新村三区、银杏新村二区、银杏新村三区、济川南苑)、8个社区26处背后街巷实施道路改造、绿化亮化、管网改造、管线整改、环境整治等工程。改造重点主要集中在雨污水管网改造、拆除新建混凝土路面、化粪池、雨水井、墙面刷白等方面,改造基本达到管网通、路面平、路灯亮、绿化新、环境美、管理优目标。另外阳光家园生态停车位改造4100平方米,增设生态停车位220个。

【物业管理】 9月,市住建局邀请省住建厅专家进行物业上岗及继续教育培训,解读物业管理条例、政策、法规,继续教育人员180人,取得项目经理资格85人,取得管理员资格130人。全年新审批9家物业服务企业,19家资质通过年检。根据国务院、省、市《住宅维修资金管理办法》,全年在建项目缴存维修资金1279万元,全年维修50多个项目,使用维修资金总额约390万元,为

1000多户业主解决屋面漏雨、外墙脱落等问题。

【透明物管】 10月,市住建局开展“透明物管”活动,主要公开物业公司组织人事、工作信息、财务收支三大类内容,保障业主知情权,增进业主对物业管理理解,倡导大家共创和谐幸福小区。要求物服企业将上年物业管理总结、服务费收支情况、汽车停放费使用情况,共有部位收益和使用情况一并公之于众。活动期间,市住建局不定期开展物服企业指导活动,帮助企业解难释疑,督促企业查漏补缺,对业主提出问题进行核查,给出满意答复。组织物业服务企业观摩活动,推广经验做法,并将项目实施成效列入对社区、企业年终考核,确保“透明物管”活动推进。

· 村镇建设 ·

【概况】 2015年,全市村镇建设投入82亿元,新增城镇绿化面积117.4万平方米,开发商品房80万平方米,铺设污水管网30千米。虹桥镇毗芦村、张桥镇褚陈村创成“江苏省美丽乡村”。印桥、三阳、夏家岱等11个村通过“江苏省三星级康居乡村”考核验收。宣堡镇荣膺2015年“江苏省特色景观旅游创建示范镇”称号,曲霞镇印达村荣膺2015年“江苏省特色景观旅游创建示范村”称号,黄桥镇获得“江苏省建制镇示范试点镇”称号。

【美丽乡村建设】 2015年,市住建局把美丽乡村建设与城乡发展一体化相结合,与生态环境保护和发展旅游业相结合,明确精品村建设内容和特色,确保建成后各村串点成线连面,形成一批美丽乡村线路和精品板块。各乡镇以新农村建设11个重点村、51个示范村为基础,分期分批,递次推进,全力打造新亮点,做到一村一景、一村一品、各具风情,彰显泰兴特色。北片区以蔡港线为重点,着力提升郭寨、宣堡、张河、井垐、毛庄、东顾等村整治水平;东片区以古溪周庄、谢荡为核心,着力打造张竹、祁巷等村循环线路;西片区结合滨江、虹桥、济川、张桥等镇村建设,重点提升六圩、印桥、三联等新农村建设,形成沿江特色;南片区围绕曲霞、广陵等镇的亮点,重点打造印达、丁桥、曲霞、木行等村,发挥辐射效应。2015年,11个村成功通过“三星级康居乡村”省级验收,毗芦、褚陈通过省美丽乡村验收,张河、新洋、双联、李圩4个村被命名为江苏省美丽乡村示范村庄。

【农村危房改造】 2015年,市住建局、市民政局、市残联联合开展农村危房改造规划、指导、协调和组织工作,抽调人员到村,逐户调查,对符合改造标准的农村危房全部登记造册,建立台账,实行一户一档。全年完成1026户危房改造任务。 (王　欢)

城市管理

【概况】 2015年,市城管局共下发各类法律文书1822份,拆除违法建设496件,拆除不符合设置标准的户外广告831件,组织整治城区废旧品回收点24处、车辆清洗点13家、车辆维修点11家,取缔流动摊点和店外经营摊点1.8万个。为中国重要农业遗产发布会、第十届全国木球锦标赛、省老促会换届选举、泰州市委扩大会议等重大活动提供市容保障。

【城市环境综合整治】 2015年6月3日下午,市政府召开第26次政府常务会议,讨论研究城市环境综合整治创建工作。9月2日下午,市政府召开全市城市环境综合整治工作推进会,市委副书记、市长张育林和市委常委、常务副市长刘荣华出席并发表讲话,会议由副市长凌玉富主持,市城管局、住建局、济川街道办作表态发言。年内,城管局完成10个类别323个整治项目,五里墩社区创成“江苏省优秀管理示范社区”。

【市容专项整治】 2015年3～4月,市城管局组织65人对鼓南、百川,国庆桥、长江新村、宁态园、金泰、济川等农贸市场进行整治。经过近两个月的集中整治,城区农贸市场周边秩序良好。5月,成立城区夜间市容经营秩序专项整治工作小组,组织市容管理人员、公安干警共58人,重点对曾涛路、陵园路、星火路、江平路等路段及鼓楼中心地段的大排档、烧烤摊点进行整治,证据先行登记保存139件,取缔大排档、烧烤摊点21处,规范管大排档、烧烤摊点31处。2015年5月,组织80多人对庆云禅寺周边及沿线开展市容专项整治,共拆除经营香烛台、佛教用品的亭棚9个,拆除违法建设6处,面积352平方米,清理横幅6条,帐篷7个,乱张贴50余处;清理乱堆乱放13处,路边建筑垃圾和生活垃圾16车,拆除硬质路面200平方米;证据先行登记保存占道经营、流动摊点各类物品42件。庆云禅寺大殿落成佛像开光方丈升座典礼及金秋经贸洽谈会前开展市容整治。8月,市城管局组织60多人对鼓楼文化广场开展市容环境整治。经过整治,广场占道经营、流动摊点现象基本消除。9～10月,组织70多人对大润发西广场、东润路、五里墩社区、根思路、兴燕路、鼓楼东路、国庆路、江平路、万桥路、济川路开展市容秩序整治。证据先行登记保存450多件,取缔流动摊点、占道经营的摊点320多处,城区主次干道两侧市容市貌得到改观。12月，组织65人对金泰、宁态园、济川、鼓南、国庆桥、百川、天罗等7个城区主要农贸市场开展经营秩序整治。经过整治，农贸市场周边经营秩序良好，为元旦、春了营造良好的节日氛围。

【城区环境卫生保洁】 2015年，市城管局围绕“让城市每一天都干净”目标，加大城区主次干道、河坡绿地、河道、公厕保洁力度，全年累计清运生活垃圾8.42万吨，清理化粪池250只，无害化处理粪便1.09万吨，疏通下水道2675米；清理城区主次干道两侧暴露的建筑装潢垃圾和生活垃圾7.5万立方米；将学院河、东风河西延、幸福河三条河道纳入环卫处保洁范围，新增河道保洁长度约2800米，打捞河道漂浮物980多吨。

【路灯照明管理】 2015年，市城管局完成背后街巷路灯补缺工程，共安装路灯346盏；完成城黄路全线路灯线路改造工程，新安装箱变3座；完成分界镇镇区6条主要道路路灯安装工程，新安装路灯287盏。积极探索合同能源管理模式，将鼓楼中路和国庆中路路灯改造工程列入首批试点路段。做好路灯巡检工作，全年共维修路灯2516盏，更换电缆4932米，城区主次干道亮灯率常年保持在99%以上。

【防治违法建设】 2015年，市城管局根据《泰兴市城区防治违法建设工作督查考核办法》规定的“1、3、5、7”工作流程(“一日内发现”“三日内拆除”“五日内案件上报”“七日内零存量”)，进一步完善《百分考核实施办法》，加大督查考核和责任追究力度，联合济川街道办成立常态化拆违队伍，提高违建防治快速反应能力，遏制违法建设迅猛增长的势头。全年共拆除违法建设496件，面积29257平方米。

【环卫基础设施建设】 2015年，七里群建筑垃圾堆放场改造工程、大生垃圾处理场封场工程、姚王建筑垃圾填埋场工程等项目按期完工。完成环卫车辆和船舶采购，与联泰固废公司、卡万塔公司商谈，于11月13日签订飞灰处置协议。会同卡万塔公司做好全市生活垃圾产量测算，积极推动生活垃圾焚烧二期工程建设。完成《泰兴市餐厨废弃物处理规划》评审工作，并经市政府批准实施。

【农村生活垃圾收运处理】 2015年，市城管局印发《乡镇环卫工作站建设指导意见》，全力推进城乡生活垃圾收运处理一体化进程。指导建成分界镇、古溪镇、曲霞镇、河失镇、虹桥新市集镇、张桥镇、广陵镇、虹桥镇、宣堡镇、黄桥三里社区、溪桥集镇、韩庄新区、金溪家园、南沙集镇、刘陈集镇、新街镇、根思乡等17座乡镇环卫工作站，优化转运方案，对乡镇生活垃圾组织清运，全年累计转运乡镇农村垃圾2.66万吨。(陈　宏)

环境保护

·综　述·

【概况】 2015年，泰兴市践行“环保优先、生态立市”战略，以生态创建工作为抓手，推进污染减排，强化执法监管。国家生态市建设通过环保部考核验收，创成1个国家级生态镇、9个省级生态村。区域环境质量好转，全年累计削减化学需氧量2337.34吨、二氧化硫1900吨、氨氮315.45吨、氮氧化物680吨，全市PM2.5平均浓度为61.6，较2014年下降10%。央视新闻联播对泰兴市加强环境监管工作进行专题报道。

【国家生态市创建通过考核验收】 11月21～22日，环保部对泰兴市生态市创建工作进行考核验收，总体达到国家生态市创建标准，同意通过考核验收。年内，市委、市政府将生态市创建作为生态文明建设的重要载体，将创建工作列入部门绩效考核内容。2015年，滨江污水处理总厂二期二阶段工程投入运行，城北片区生活污水收集管网完成施工，分界、珊瑚、宣堡、曲霞、广陵、张桥、河失、新街等镇完善污水配套管网，大生垃圾填埋场、危险废物无害化填埋场建设接近完工。张桥镇国家级生态镇现场核查，沿界村、塘湾村等9个村创建省级生态村通过考核验收。国家技术评估和验收前，泰兴市组织模拟检查，对迎检现场点、线路及环境状况进行逐一过堂，对存在问题制定整改措施、明确责任、限定整改时间。5月23～24日，泰兴市国家生态市创建工作通过环保部技术评估。技术评估后泰兴市制定下发整改任务通知，要求各乡镇、园区、各部门制定整改计划，抓好整改落实。

【环境监管】 年内，市环保局组织开展全市环境保护大检查，各乡镇(街道)、园区履行属地管理职责，根据环保大检查工作方案要求，对辖区内工业企业进行全面检查，重点排查治污设施建设运行及达标排放、危险废物规范化处置、自动监控设施建设运行、持证排污等情况。全年累计出动检查人员3958人次，检查企业3862家次，组织企业网上申报2127家。坚持日常监察常态化，白天检查和夜间检查、日常巡查和突击检查相结合，确保全天候监管无缝隙，提升监察效能。创新“约谈”警诫机制，对于轻微违法行为，约谈企业负责人进行提醒，督促及时整改；对情节严重、可能造成重大环境影响的违法行为,约谈企业负责人提出严重警告,避免造成更大损害。完善联动执法机制,公安、检察院驻环保部门联动执法室对重大环境违法行为提前介入、联合行动、共同查处。2015 年,全市共查处环境违法行为 220 多件,责令 60 家企业实施限期整改,下达行政处罚决定书 59 份,累计处罚金额 500 多万元,实施查封扣押 1 件,停产整治 3 件,向公安部门移送环境犯罪案 3 件、移送行政拘留 3 件。

【环境宣传】 年内,市环保局开展《中华人民共和国环境保护法》普法宣传和培训。编印《环境保护法及配套办法》《中华人民共和国大气污染防治法》《江苏省大气污染防治条例》《水污染防治行动计划》等多个知识读本,分发到乡镇、部门和企业。取材"12·19"废酸倾倒案,制作法制宣传微视频《天价赔偿案的背后》,组织播放。举办环保知识电视大奖赛,全市机关、企事业单位、学校等 50 家单位、200 多人参赛。举办"环保小天使"评选大赛,吸引全市 20 多所学校 300 多名小选手参加。开展"生态泰兴"书法展,共收到书法作品 60 多件,编印《生态泰兴》书法特刊。

【环境治理】 年内,市环保局督促 4 家热电企业完成大气污染限期治理,完成 148 家燃煤锅炉整治淘汰任务。邀请国家恶臭气体重点实验室、天津大学 10 名专家,对经济开发区江苏常隆农化有限公司等 13 家废气排放企业进行"废气深度治理"专项排查,组织专家对企业整改方案进行评审,督促企业按方案实施整改。2015 年全市 PM2.5 平均浓度为 61.6,较 2014 年下降 10%。加强危险废物管理,规范危险废物转移网上申报工作,组织开展危险废物产生、利用、处置环节专项检查,对查出问题明确整改要求,督促限期整改。按照电镀行业专项整治要求,对 18 家电镀生产企业进行现场核查,督促各企业开展专项整治。开展覆盖拉网式农村环境综合整治,组织召开整治工作现场会、推进会,全力推进污水处理土建工程和污水管网铺设,20 个整治村全部达考核要求。

【污染减排】 年内,市环保局启动违法违规建设项目清理工作,严格禁止新上高排放项目,对不符合环保产业政策、高污染高消耗低产出、超环境容量和生态承载能力项目坚决予以否决。对全市 400 多家企业环境行为进行评级,评级结果向社会公示。对 19 家污染企业实施强制性清洁生产审核,提高资源利用率。组织实施水减排工程 5 个、气减排工程 4 个、结构减排工程 6 个及 50 个农业源减排工程。强化减排监测体系建设,定期组织监察、监测人员对减排工程、治污设施运转情况进行专项督查,针对督查中发现的问题,进行预警通报。全年累计削减化学需氧量 2337.34 吨、二氧化硫 1900 吨、氨氮 315.45 吨、氮氧化物 680 吨,完成泰州市下达减排任务。推行排污权有偿使用,13 家企业完成排污权交易。开展刷卡排污试点工作,新浦化学率先建成刷卡排污系统,并正常投入使用。委托南京大学对经济开发区 98 家化工企业开展污染源普查活动,重点突出"三产"(产品、产能、产量)、"三废"(废水、废气、废渣),形成污染排查报告和整改建议。

【设备更新】 2015 年,泰兴经济开发区投资 1200 万元建设大气预警系统,建成 1 个监控中心、2 座空气自动监控子站和 24 个监控点位,对开发区大气环境进行实时预警监控。市环境监测站投入 580 万元购置电感耦合等离子体质谱仪、离子色谱仪等监测仪器设备,更新环境空气监测子站更新,购置流动监测车及车载式监测设备。积极依靠专家智库推行"把脉问诊",提高解决环保问题的准确性和可行性。

· 环境质量 ·

【环境空气】 2015 年,全市设新区信访局和襟江小学 2 个空气质量自动监测站。全年空气中二氧化硫、二氧化氮、可吸入颗粒物(PM10)、细颗粒物(PM2.5)年均值分别为 23 微克/立方米、32 微克/立方米、101 微克/立方米、64 微克/立方米,主要污染物为细颗粒物、可吸入颗粒物。环境空气质量优良天数占全年总天数 71.2%。降尘年均值 6.2 吨/平方千米·月。降水 pH 年均值 6.08,全年未出现酸雨。

【水环境】 年内,泰兴市城市集中式生活饮用水由泰州三水厂供水,泰州三水厂取水口水质达标率 100%。2015 年城市水域功能区水质达标率 100%。

【声环境】 2015 年,区域环境噪声平均值 54.7 分贝(A),交通噪声平均值 67.1 分贝(A)。泰兴市噪声功能区 1 类区、2 类区、3 类区、4 类区噪声监测结果(Ldn)分别为 51.9 分贝(A)、56.2 分贝(A)、62.2 分贝(A)、65.0 分贝(A)。

2015年环境空气质量指数(AQI)统计表

表4

AQI≤50		50<AQI≤100		AQI>100		AQI小于100的天数比例
天数	比例	天数	比例	天数	比例	
34	9.3	226	61.9	105	28.8	71.2%

2015年城市水域功能区监测结果表

表5 单位:毫克/升,pH无量纲

河流	断面	pH	溶解氧	高锰酸盐指数	五日生化需氧量	氨氮	水质目标
季黄河	北关桥	7.06～8.6	7.13	5.4	3.3	0.701	GB 3838—2002Ⅲ
如泰运河	冷库码头	7.19～8.32	8.45	3.2	2.3	0.672	GB 3838—2002Ⅳ
古马干河	马甸闸西	7.12～8.29	7.87	3.6	2.6	0.509	GB 3838—2002Ⅲ
靖泰界河	毗芦大桥	6.94～8.70	8.34	5.1	3.3	0.655	GB 3838—2002Ⅲ

2015年功能区定点噪声监测结果统计表

表6 单位:分贝(A)

功能区	白天的等效声级(Ld)	夜间的等效声级(Ln)	昼夜等效声级(Ldn)
1类区	51.5	42.6	51.9
2类区	56.2	46.1	56.2
3类区	61.8	52.9	62.2
4类区	65.9	52.6	65.0

(顾　建)

泰兴火腿(二)

清末至民国初年，泰兴的猪业加工日趋发达,逐渐形成规模。1925年,黄桥镇裕成腌腊行(附图)开设,紧接着涌现出七八家。到三十年代,生猪加工就遍布县内城乡各地。据《泰兴县志》记载:仅泰兴、黄桥、口岸三镇就有120家。民国21年,全县有专业火腿栈18家,年产20.8万只,内销上海、苏州、汉口、天津、广东、浙江及东北三省,外销菲律宾、新加坡、马来西亚、缅甸等国。当时泰兴火腿与如皋火腿统称北腿,为全国三大火腿之一。

泰兴腌制猪肉虽然历史较长,但真正打响名气是因为有了金华、宁波一带的师傅来此传技授艺。据黄桥腌腊老师傅张兆友讲,他师傅的师傅就是从那些地方来的。

腌制火腿,从生猪的鲜肥验收、修割腿胚、腌制、浸腿、洗腿、晒腿、整形、发酵、保管,到落架分散、翻堆擦油,全过程一共有八十几道工序,而每一道工序都有其独特的工艺和学问。成型后的火腿色泽鲜艳,红白分明,瘦肉香咸带甜,肥肉香而不腻,美味可口。

按照腌制季节、方法的不同,火腿又有不同的名称。隆冬季节腌制的,叫正冬腿;修成月牙形的,叫月腿;用前腿加工成长方形的,称风腿;挂在锅灶间,经柴火烟熏烤制的,称熏腿;用白糖腌制的,叫糖腿;与狗腿一起腌制的,叫戌腿。据清朝赵学敏编纂的《本草纲目拾遗》中记载,火腿有益肾、养胃、生津、壮阳、固骨髓、健足力等功能,除日常生活中蒸煮食用外,还是各种高档菜的必备佐料。

建筑业·房地产业

■编辑　冯　莉

建　筑　业

·综　述·

【概况】 2015年,全市建筑企业完成施工产值560亿元,工程结算收入462亿元,同比增长16%;建筑业增加值80亿元,同比增长16.7%;入库税收6.63亿元,同比增长11.5%;在建工程建筑面积5835万平方米,同比增长16% ;承建规模工程1436栋,其中29层以上超大规模工程363栋,占规模工程总数25%。全市产值超亿元企业50家,超20亿元8家。中兴建设总承包、一建公司参建苏河湾一街坊荣获“鲁班奖”,一建公司承建成都华侨城纯水岸、香山里花园荣获国家优质工程奖。至2015年底,全市共有218家建筑企业,施工总承包企业共89家,其中一级以上资质9家、二级资质31家。全年新增资质企业13家,均为专业承包及劳务分包资质,种类涉及钢结构、预拌混凝土、地基基础、机电设备安装等;中兴公司取得钢结构专业承包一级资质,收购上海东辰建设公司,获得市政道路桥梁一级资质。(资质分主项和增项,一个企业可有一个主项,若干个增项资质。新增,就是新申请。晋升就是原来的资质升级。)2015年泰兴市内创省优质工程“扬子杯”9项,泰州市优质工程“梅兰杯”11项,创省标化工地9项,泰州市标化工地10项。

【市建管局设立】 2015年9月17日,经市机构编制委员会同意,设立泰兴市建筑工程管理局。机构规格相当正科级,受市住房和城乡建设局委托,履行全市建筑行业管理、建设工程和建设市场管理职责。

·建筑业科技进步·

【概况】 2015年,全市建筑行业拥有一级建造师452人、二级建造师1953人,各类经济技术职称人员9178名,其中中高级2045名。获发明专利7项,实用专利8项,国家级工法2个,省级工法13项,省级QC成果奖9项,省级科技示范工程2项。报送泰州市建筑业协会科技论文共38篇,其中一等奖5 篇,二等奖19篇,三等奖11篇。

【教育培训】 2015年,市住建局组织各类业务培训班26期,共计6470人次。新增一级建造师93人,二级建造师298人,新增国家高级职称15人,工程师223人。组织初级职称考试与评审3批次, 新增初级职称263人。组织三类人员培训3期2615人次、网上继续教育2019人, 建筑企业企经人员专业理论培训班一期,举办建筑施工特殊工种培训班9期258人次, 复审培训5期357人次;技经人员专业理论培训3期208人,岗位管理人员培训1期40人,技术工人职业技能培训 4期815人次,物业管理员培训1期158人。

·质量安全管理·

【概况】 2015年,市住建局共受监工程132项,面积385.43万平方米,提前介入工程20项,面积61.72万平方米;保障性住房项目5项,面积14.28万平方米;

商品住宅房40项，面积237.93万平方米；监督竣工验收工程97项，建筑面积175.94万平方米。

【工程质量治理两年行动】 2015年，泰兴市住建局采取日常巡查、专项检查、不定期抽查等方式，结合“工程质量治理两年行动”对各在建工程进行4次综合质量巡查，对混凝土企业和检测机构巡查各1次；主体结构监督抽测340次，合格率为92%，签发整改通知书125份，查处不合格试样94组；接受质量投诉89件，其中处理“12345”市长热线投诉58件，办结率达100%。提交工程质量监督报告91份。6月21日，住建部专家督查组一行10人，对泰兴市工程质量治理两年行动进行督查，分质量、安全和建设市场3个小组，检查“祥生未来城”项目，指出首检项目存在问题，对参建、监管单位提出书面反馈意见。

【建筑安全专项整治】 2015年，市住建局组织建筑安全检查6次，签发安全隐患整改指令书183份，检查记录135份，全面停工通知书1份，局部停工通知书5份，发现安全隐患1248条要求整改。组织专业检测人员对全市25%在用起重机械进行抽查，签发整改指令书45份，查出各类安全隐患 214条，整改合格率达90%。现场查封塔吊3台、施工升降机4台。责令停用塔吊4台，施工升降机5台。暂停起重专业承包资格企业2家。

· 建设市场管理 ·

【概况】 2015年，市住建局开展建筑市场信用管理和打击无资质施工行为，整治层层转包、违法分包问题的打非治违综合检查，完成省外建筑企业资质核验换证10家，信用手册工程业绩认定36家，新办信用手册62家。将合同备案管理工作纳入建筑市场管理事务，受理办结总承包、专业承包合同备案180份。全年共办理1533件外地建筑业企业项目备案手续，建立对备案企业常态化跟踪监督制度，完成对28家外地在泰承建工程建筑企业专项跟踪监督检查63次，3家企业被纳入黑名单管理，6家企业被清出泰兴建筑市场。

【打非治违专项行动】 全年，市住建局开展打非治违专项综合检查3次，采集116个次项目信用信息，签发停工(核查)通知书17份，责令改正通知书162份。全年共查处无施工许可等违法违规建设项目172个，签发停工核查通知书172份，整改通知书14份，并对5个违法违规建设项目进行移送，依法实施行政处罚。征缴保证金1329万余元，帮助3580名农民工追讨近5820万元欠薪。

【服务乡镇园区建设】 年内，市住建局重点做好对乡镇(园区)建筑市场管理指导工作，改变过去一年一检、不报不查管理方式，实行全覆盖、无死角监管模式，上报检查与主动巡查相结合，定期季度检查与不定期巡查相结合。全年共处理乡镇村建站上报打非项目处理函17份；实施乡镇业务指导42个次，建筑市场巡查42个次。

2015年泰兴市建筑业在建29层以上超高层建筑工程一览表

表7 单位：层、幢

企业名称	工程名称	工程所在地	建设单位	建筑层数	高层幢数
中兴建设有限公司	东方(国际)广场A塔楼施工总承包工程	重庆市	重庆润山置业有限公司	56	1
中兴建设有限公司	重庆恒阳房地产开发有限公司	重庆市	重庆恒阳房地产开发有限公司	52	2
泰兴市第一建筑安装工程有限公司	英利金融街项目	重庆市	重庆英利辉利房地产开发有限公司	48	2
泰兴市第一建筑安装工程有限公司	星河揽月湾西侧地块项目三期	常州市	常州星河协达房地产开发有限公司	47	2
泰兴市第一建筑安装工程有限公司	燕含组团工程	广东省	深圳华侨城房地产公司	47	1
泰兴市第一建筑安装工程有限公司	锦绣花园四期工程	广东省	深圳华侨城房地产公司	47	1
泰兴市第一建筑安装工程有限公司	苏河湾1街坊	上海市	华侨城(上海)置地有限公司	45	19
泰兴市天润建筑安装有限公司	渝中区京剧团地块开发项目	重庆市	重庆瑞孚和房地产开发有限公司	43	2

续表 7

企业名称	工程名称	工程所在地	建设单位	建筑层数	高层幢数
泰兴市天润建筑安装有限公司	重庆江北嘴金融城 3 号项目	重庆市	重庆市江北嘴置业有限公司	43	3
中兴建设有限公司	华润置地重庆二十四城三期工程	重庆市	华润置地(重庆)有限公司	40	3
泰兴市第一建筑安装工程有限公司	攀峰·创世纪商业广场 A 区	四川省	成都泰合瑞峰实业有限公司	39	1
泰兴市第一建筑安装工程有限公司	华联城市全景花园	广东省	华联控股股份有限公司	39	1
中兴建设有限公司	合肥市华润置地·熙云府项目工程	安徽省	合肥庐阳房地产开发有限公司	39	15
泰兴市天润建筑安装有限公司	花语城一期三批项目	湖南省	长沙荣成房地产开发有限公司	34	4
泰兴市天润建筑安装有限公司	新城国际花都四期南区一标	湖南省	长沙新城万博置业有限公司	34	2
泰兴市天润建筑安装有限公司	橡树湾二期工程	湖南省	华润置地(湖南)有限公司	34	7
泰兴市第一建筑安装工程有限公司	同祥城 AB 区 11#、12# 楼	河北省	石家庄金石房地产开发有限公司	34	2
泰兴市第一建筑安装工程有限公司	西古城城中村改造 7#、9# 高层及花园洋房	河北省	石家庄国龙房地产开发有限公司	34	2
泰兴市第一建筑安装工程有限公司	经纬城市绿洲 B3 地块一期二标段 12、13、17、18 号楼	天津市	经纬城市绿洲(天津)置业有限公司	34	4
泰兴市第一建筑安装工程有限公司	天山·熙湖高层住宅 10#、16# 楼及车库	河北省	天山房地产开发有限公司	34	2
中兴建设有限公司	无锡中海太湖新城	无锡市	无锡中海太湖新城置业有限公司	34	5
中兴建设有限公司	长沙置地广场一标段	湖南省	华润置地(湖南)发展有限公司	34	9
泰兴市天润建筑安装有限公司	南院改扩建项目 1#、2#、3# 楼	陕西省	中国科学院西安光学精密机械研究所	33	3
泰兴市天润建筑安装有限公司	宫园壹号官邸 2# 楼	陕西省	陕西荣民房地产集团	33	2
泰兴市天润建筑安装有限公司	宫园壹号官邸 3# 楼	陕西省	陕西荣民房地产集团有限公司	33	3
泰兴市天润建筑安装有限公司	王贺村 4#、5# 楼	陕西省	陕西煜隆房地产公司	33	2
江苏金江建筑安装工程有限公司	石家庄孙村 1# 地块 3#,5#,6#	河北省	河北盛邦房产有限公司	33	4
江苏金江建筑安装工程有限公司	石家庄孙村 5# 地 8,# 楼	河北省	河北盛邦房产有限公司	33	2
江苏金江建筑安装工程有限公司	石家庄盛世御园 5#,7#1 楼	河北省	河北省盛邦房产公司	33	2
江苏金江建筑安装工程有限公司	中登文景家园 21#、24# 楼	陕西省	西安中登房产开发公司	33	2
泰兴市天安建筑安装工程有限公司	滨河新苑 4# 楼及车库	山东省	济南小清河开发建设投资有限公司	33	1
江苏金龙建设有限公司	常州·城置御水华庭二期三标段	常州市	常州城置置业有限公司	33	1
源丰建设有限公司	广西凭祥市 2#\3# 商住楼	广西壮族自治区	广西凭祥市商业街房地产开发有限公司	33	2
源丰建设有限公司	山西长富房地产开发有限公司城市春天公寓	山西省	山西长富房地产开发有限公司	33	4
泰兴市第一建筑安装工程有限公司	首盛广场	广东省	深圳市华园房地产开发有限公司	33	1
泰兴市第一建筑安装工程有限公司	金源城三期	广西壮族自治区	广西金源置业集团有限公司	33	2

续表 7

企业名称	工程名称	工程所在地	建设单位	建筑层数	高层幢数
泰兴市第一建筑安装工程有限公司	中海国际社区二期	广西壮族自治区	广西南宁中海宏洋置业有限公司	33	4
泰兴市第一建筑安装工程有限公司	中储城市广场 A、B 座	河北省	石家庄三利房地产开发公司	33	2
泰兴市第一建筑安装工程有限公司	阳光华府	海南省	海口中金久盛房地产咨询服务有限公司	33	4
泰兴市第一建筑安装工程有限公司	西安华侨城天鹅堡三期	陕西省	西安曲江华侨城投资发展有限公司	33	2
泰兴市第一建筑安装工程有限公司	肖家营商品区 1#、4#、5# 楼、会所	河北省	河北旭运祥华房地产开发有限公司	33	2
泰兴市第一建筑安装工程有限公司	天成嘉园 1#、2# 住宅楼	河北省	保定市福顺天成房地产开发有限公司	33	2
泰兴市第一建筑安装工程有限公司	东方之珠住宅小区 25#、27# 楼	河北省	中石房地产开发有限公司	33	2
泰兴市第一建筑安装工程有限公司	公园壹号 1-1#、2#、3# 楼	河北省	衡水斯凯学园房地产开发有限公司	33	4
泰兴市第一建筑安装工程有限公司	西仰陵城中层改造项目	河北省	石家庄西仰陵村委会	33	2
中兴建设有限公司	大沙环苑	内蒙古自治区	内蒙古大沙房地产开发公司	33	1
中兴建设有限公司	万科楼	徐州市	徐州万科城置业有限公司	33	1
中兴建设有限公司	王贺村 4#、5# 楼	徐州市	万科城 A-5-5# 住宅楼工程	33	1
中兴建设有限公司	金吉华冠苑一期二标段工程	淮安市	淮安金吉置业有限公司	33	3
中兴建设有限公司	金吉华冠苑一期一标段工程	淮安市	淮安金吉置业有限公司	33	2
中兴建设有限公司	XDG-2011-86号地块 C 块 B 标段	无锡市	无锡中海太湖新城置业有限公司	33	5
中兴建设有限公司	红星国际二期项目 II 标段工程	云南省	红星国际房产	33	14
中兴建设有限公司	怡合景苑一期一标段、二标段	云南省	怡合景苑房地产	33	12
中兴建设有限公司	中海城项目二期 02H1、02H2 地块二标段	辽宁省	中海地产(沈阳)有限公司	33	3
泰兴市天润建筑安装有限公司	恒大中央广场首期	重庆市	重庆恒大鑫溉置业有限公司	32	8
泰兴市天润建筑安装有限公司	重庆恒大山水城	重庆市	重庆恒大鑫泉置业有限公司	32	8
泰兴市天安建筑安装工程有限公司	花园小镇	山东省	山东燕熙置业有限公司	32	4
泰兴市天安建筑安装工程有限公司	世通新生活家园 43#、44# 楼	山东省	山东世通房地产开发有限公司	32	2
江苏星月星建筑安装工程有限公司	凯旋华府 11#、12#	南通市	江苏取生置业有限公司	32	2
江苏星月星建筑安装工程有限公司	凯旋华府 9#、10#	南通市	江苏取生置业有限公司	32	2
江苏星月星建筑安装工程有限公司	凯旋华府 6#、7#、8#	南通市	江苏取生置业有限公司	32	3

续表 7

企业名称	工程名称	工程所在地	建设单位	建筑层数	高层幢数
源丰建设有限公司	山西金美龙房地产开发有限公司金美华府工程	山西省	山西忻州市原平市山西金美龙房地产开发有限公司	32	2
泰兴市第一建筑安装工程有限公司	云辰国际城市综合体项目	四川省	四川云辰置业有限公司	32	4
泰兴市第一建筑安装工程有限公司	西安华侨城天鹅堡四期	陕西省	西安曲江华侨城投资发展有限公司	32	2
泰兴市第一建筑安装工程有限公司	成都华侨城六期高层区	四川省	成都天府华侨城实业发展有限公司	32	2
泰兴市第一建筑安装工程有限公司	四川内江世纪滨江四期	四川省	四川内江浦发置业有限公司	32	6
泰兴市第一建筑安装工程有限公司	东岗怡园 A 南区 20# 楼及车库	河北省	石家庄市聚和置地房地产开发有限公司	32	2
泰兴市第一建筑安装工程有限公司	天津华侨城地产项目二期 C 地块高层三期 18#、19#、25# 楼	天津市	天津华侨城实业有限公司	32	3
泰兴市第一建筑安装工程有限公司	天鹅湖花园一期	广东省	华侨城房地产公司	32	1
泰兴市第一建筑安装工程有限公司	香山里花园三期	广东省	华侨城房地产公司	32	1
泰兴市第一建筑安装工程有限公司	嘉汇尚悦一期工程	广西自治区	广西桂嘉汇房地产集团有限公司	32	4
泰兴市第一建筑安装工程有限公司	西安华侨城天鹅堡二期	陕西省	西安曲江华侨城投资发展有限公司	32	2
泰兴市第一建筑安装工程有限公司	四川内江世纪滨江三期工程	四川省	四川内江浦发置业有限公司	32	2
泰兴市第一建筑安装工程有限公司	成都华侨城五期高层区	四川省	成都天府华侨城实业发展有限公司	32	10
中兴建设有限公司	御湖熙岸一期三标	广西壮族自治区	中海地产	32	5
中兴建设有限公司	国际社区 13 号地块一期一标	广西壮族自治区	中海地产	32	3
江苏金禾建设工程有限公司	内蒙古舍必崖	内蒙古自治区	内蒙古铭德房地产开发有限公司	31	10
泰兴市第一建筑安装工程有限公司	顺德华侨城天鹅湖二期二标段	广东省	广东顺德华侨城实业发展有限公司	31	1
泰兴市第一建筑安装工程有限公司	东方龙公馆二期	广东省	深圳宝安南方特种化工厂	31	1
泰兴市第一建筑安装工程有限公司	生态住宅社区二期工程(A-9)T26～28	湖北省	武汉华侨城实业发展有限公司	31	3
泰兴市第一建筑安装工程有限公司	生态住宅社区二期工程(A-9)-T31、T34	湖北省	武汉华侨城实业发展有限公司	31	2
泰兴市第一建筑安装工程有限公司	栖湖花园三期 1 号地块	广东省	深圳华侨城房地产开发有限公司	31	1

续表 7

企业名称	工程名称	工程所在地	建设单位	建筑层数	高层幢数
中兴建设有限公司	生态住宅社区二期工程(A-7)-T26～28	湖北省	武汉华侨城实业发展有限公司	31	2
中兴建设有限公司	生态住宅社区二期工程(A-9)-T31、T34	湖北省	武汉华侨城实业发展有限公司	31	0
中兴建设有限公司	华润置地(昆明)有限公司	云南省	华润置地(昆明)有限公司	31	7
中兴建设有限公司	首开万科台湖一期项目	北京市	北京首开万科房地产开发有限公司	31	1
泰兴市天润建筑安装有限公司	海兰云天盛世华城二期	重庆市	重庆力扬物业发展有限公司	30	2
泰兴市天润建筑安装有限公司	橡树湾三期工程	湖南省	华润置地(湖南)有限公司	30	9
泰兴市天润建筑安装有限公司	华润置地广场	湖南省	华润置地(湖南)有限公司	30	7
江苏金禾建设工程有限公司	智堡安置区 1#-8#	泰州市	泰州市海陵房产开发公司	30	8
源丰建设有限公司	唐人中心二期三标段	黑龙江省	黑龙江大庆昆仑唐人商业街投资有限公司	30	4
源丰建设有限公司	汇阳幸福城三期项目建安工程 1#\2#5#\6#	山东省	山东汇阳置业有限责任公司	30	4
泰兴市第一建筑安装工程有限公司	留村旧村改造回迁安置楼工程 11～17# 楼	河北省	石家庄高新技术产业开发区长江街道留村村民委员会	30	2
中兴建设有限公司	丰和坊一期项目	陕西省	陕西福源置业有限公司	30	11
中兴建设有限公司	告庄西双景栋赛主体项目	云南省	西双版纳海诚旅游发展有限公司	30	8
中兴建设有限公司	绵阳中玮海润城一期 A 标段项目	四川省	中玮房产公司	30	5
中兴建设有限公司	博雅海润广场一期工程	四川省	成都华润置地驿都房地产有限公司	30	5
中兴建设有限公司	海兰云天·盛世华城二期工程	重庆市	海兰云天房产开发公司	30	2
中兴建设有限公司	3#楼等 3 项（房山区良乡镇 17-01-03、17-01-04 地块 C3 商业金融用地项目）	北京市	北京旭科置业有限公司	30	7
泰兴市第一建筑安装工程有限公司	宝辉·幸福城	江西省	江西宝辉置业有限公司	29	1
泰兴市第一建筑安装工程有限公司	明悦—怡居万泉	海南省	琼海明悦房地产开发有限公司	29	7
中兴建设有限公司	安定湖壹号	江西省	瑞昌市福银实业有限公司	29	4
中兴建设有限公司	恒大世纪城首期	重庆市	恒大世纪房产	29	5
中兴建设有限公司	香溢花城四期	上海市	上海昊川置业有限公司	29	3
	小计			3496	387

2015年泰州市建筑施工标准化文明示范工地项目一览表

表 8

序号	项目名称	专业类别	结构层次	建筑面积(平方米)	施工单位	项目经理
1	新世界广场一区 6、15 号楼	房屋建筑	框剪 25 层	51060	江苏金禾建设工程有限公司	刘　伟

续表 8

序号	项目名称	专业类别	结构层次	建筑面积（平方米）	施工单位	项目经理
2	韩庄安置房一期 11、12 号楼	房屋建筑	框剪 17 层	25927	江苏国裕建设有限公司	殷小明
3	泰兴市威尼斯维莱特宫 12#、13#、17#、18#	房屋建筑	框剪 18 层	44282	巨匠建设集团有限公司	顾小荣
4	泰兴市威尼斯维莱特宫 10#、11#、15#、16#	房屋建筑	框剪 26 层	48617	巨匠建设集团有限公司	顾小荣
5	泰兴建工大酒店	房屋建筑	框架 24 层	42287	泰兴市第一建筑安装工程有限公司	陆金城
6	祥泰未来城市花园	房屋建筑	框剪 15 层	116942	浙江祥生建设工程有限公司	楼俞儿
7	皇家水岸花园 9 号地块	房屋建筑	框架 26 层	94669	江苏金禾建设工程有限公司	徐新章
8	威尼斯圣皇宫	房屋建筑	框剪 33 层	202993	江苏省苏中建设集团股份有限公司	葛　宏
9	泰州师专泰兴附属实验小学东润校区建设项目	房屋建筑	框架 5 层	14020	源丰建设有限公司	杨鱼庆
10	滨湖国际 A4#、A7# 楼	房屋建筑	框架 18 层	25786	江苏大隆鑫建筑工程有限公司	杨　晶
11	中介大厦	房屋建筑	框架 18 层	26586	江苏华腾建设有限公司	周吉鹏
12	鑫泰置业商业办公综合楼	房屋建筑	框架 11 层	14065	泰兴市第一建筑安装工程有限公司	周　健
13	金御华府	房屋建筑	框剪 18 层	33000	中机环建集团有限公司	陈冬明

2015年江苏省建筑施工标准化示范工地推荐统计表

表 9

序号	项目名称	结构层次	建筑面积（平方米）	施工单位	项目经理
1	新世界广场一区 6、15 号楼	剪力墙 26 层	51060	江苏金禾建设工程有限公司	刘　伟
2	泰兴市威尼斯维莱特宫 10#、11#、15#、16#	框剪 26 层	48617	巨匠建设集团有限公司	顾小荣
3	泰兴市威尼斯维莱特宫 12#、13#、17#、18#	框剪 18 层	44282	巨匠建设集团有限公司	顾小荣
4	韩庄安置房一期 11、12 号楼	框剪 16 层	25927	江苏省国裕建设有限公司	殷小明
5	国裕华府一期	框剪 16 层	38000	江苏省国裕建设有限公司	李东华
6	都市江南二期 11#、12#	框剪 18 层	17958	浙江欣捷建设有限公司	周水龙
7	皇家水岸花园 9 号地块	框剪 26 层	94669	江苏金禾建设工程有限公司	徐新章
8	祥泰未来城市花园	框剪 18	116942	浙江祥生建设工程有限公司	楼俞儿
9	泰兴建工大酒店	房屋建筑	42287	泰兴市第一建筑安装工程有限公司	陆金城

2015年度泰兴建筑业科技进步及工程创优荣誉榜

表 10

类别	获奖内容	备注
科技进步	国家级工法:顶管工程预制装配工作井施工工法(建质〔2015〕215 号)	泰兴一建
	国家级工法:张弦钢屋盖预应力拉索提升安装施工工法(建质〔2015〕215 号)	泰兴一建
	省级工法:装配式三角支撑外挂架施工工法(苏建质安〔2015〕24 号)	中兴建设
	省级工法:自适应减压排水管桩施工工法(苏建质安〔2015〕311 号)	泰兴一建
	省级工法:刚柔复合预位移挡土墙施工工法(苏建质安〔2015〕311 号)	泰兴一建
	省级工法:碳纤维筋混凝土抗拔桩施工工法(苏建质安〔2015〕311 号)	泰兴一建
	省级工法:单面支模薄抹混凝土隔墙施工工法(苏建质安〔2015〕24 号)	泰兴一建
	省级工法:覆土层下的变形缝防水施工工法(苏建质安〔2015〕24 号)	泰兴一建
	省级工法:外墙钢木组合模板施工工法(苏建质安〔2015〕24 号)	泰兴一建
	省级工法:伞状抗拔锚施工工法(苏建质安〔2015〕24 号)	泰兴一建
	省级工法:地下室桩承台外置塔吊三角形桩基础施工工法(琼建质〔2015〕313 号)	泰兴一建
	省级工法:地下室桩承台外置塔吊三角形桩基础施工工法(苏建质安〔2016〕27 号)	泰兴一建
	省级工法:超高层电梯井筒模板支设平台施工工法(苏建质安〔2016〕27 号)	泰兴一建
	省级工法:反射型泡沫水泥质隔热地暖工法(苏建质安〔2015〕311 号)	江苏金禾
	省级工法:超大超深基坑中心岛结合多级退台综合支护结构施工工法(苏建质安〔2015〕311 号)	源丰建设
	发明专利:一种多向穿心钢牛腿.环梁.钢管混凝土柱梁节点施工方法(证书号第 1621751 号)	泰兴一建
	发明专利:一体化快速炭化处理城市垃圾的工艺(证书号第 1773781 号)	江苏河海
	发明专利:一种悬挂立式炭化炉(证书号第 1785789 号)	江苏河海
	发明专利:电子车间洁净系统施工方法(证书号第 1694917 号)	江苏金禾
	发明专利:一种电梯井道提升式钢管脚手操作平台(证书号第 1713358 号)	泰兴一建
	省研发中心:第七批江苏省认定建筑业企业技术中心(苏经信科技〔2015〕812 号)	泰兴一建
	发明专利:变电所外墙无机保温装饰一体板施工方法(证书号第 1701751 号)	源丰建设
	发明专利:一种脚手架钢管辅助搬运装置(证书号第 1569135 号)	源丰建设
	新技术应用:上海苏河湾一街坊项目 T3 楼(沪建施协〔2015〕05 号)	中兴建设
	新技术示范:陕西华侨城天鹅堡二期西区 2# 楼及地下车唐(陕建发〔2015〕51 号)	中兴建设
工程创优	上海苏河湾一街坊项目 T3 楼——鲁班奖(参建)	泰兴一建
	成都华侨城纯水岸四期 72#.73#.79#.80#——国优	泰兴一建
	深圳香山里花园二期——国优(参建)	泰兴一建
	国仕山 (位通城中村改造 H 地块 1#-5# 住宅楼)- 河北省建设工程安济杯奖 (省优)(冀建协字〔2015〕33 号)	泰兴一建
	上海苏河湾一街坊项目 T3 楼——鲁班奖	中兴建设
	湖南华·凤凰城三期 24# 栋——湖南省优质工程(湘建建〔2015〕78 号)	中兴建设
	陕西华明辉 CBD 二期工程——长安杯(陕西省优质工程)(陕建发〔2015〕174 号)	中兴建设
	黄南州人民医院住宅楼——青海省优质工程“江河源杯”(青建协〔2015〕第 11 号)	中兴建设
	滨江俊园 9-12 栋——云南省优质奖(云建协〔2015〕49 号)	中兴建设

2015年泰兴市建筑业总产值超亿元规模企业一览表

表 11

企业名称	建筑业总产值(亿元)	企业名称	建筑业总产值(亿元)
中兴建设有限公司	205.25	江苏鑫泰建设工程有限公司	2.92
泰兴市第一建筑安装工程有限公司	75.03	泰兴市路桥工程有限公司	2.88
江苏金禾建设工程有限公司	20.88	泰兴市姚王建筑安装工程有限公司	2.79
源丰建设有限公司	19.63	江苏华腾建设有限公司	2.72
泰兴市天安建筑安装工程有限公司	18.89	江苏道源市政建设有限公司	2.66
江苏省国裕建设有限公司	17.27	泰兴市江海水利建设工程有限公司	2.42
江苏金龙建设有限公司	15.14	泰兴市福利建筑安装工程有限公司	2.36
江苏黄桥建设工程有限公司	13.96	江苏鑫天晨建筑安装工程有限公司	2.24
泰兴市天润建筑安装有限公司	1.55	泰州市山泰建筑安装有限公司	2.24
江苏民生建设有限公司	8.35	江苏中房建设有限公司	2.15
江苏隆和建设有限公司	8.16	江苏国润水利建设有限公司	2.08
江苏华兴城建有限公司	7.22	泰州广厦建设工程有限公司	1.69
江苏中昱建设工程有限公司	6.26	泰兴市金华公路养护工程有限公司	1.66
江苏金江建筑安装工程有限公司	5.85	泰州市苏北建设工程有限公司	1.52
泰兴市天工建设有限公司	5.40	泰兴市新兴建筑工程有限公司	1.47
江苏信成交通工程有限公司	5.36	泰兴市方圆建筑有限公司	1.45
江苏星月星建筑安装工程有限公司	4.84	江苏锦城建设有限公司	1.32
江苏泰宇建筑安装工程有限公司	4.79	江苏永发建设工程有限公司	1.28
泰兴市机电设备安装有限公司	4.71	江苏国枫机电设备安装有限公司	1.18
江苏河海科技工程集团有限公司	4.32	江苏裕泰建筑工程有限公司	1.17
江苏鹏图建设工程有限公司	3.8	江苏方诚建设有限公司	1.15
泰兴市十里甸建筑安装工程有限责任公司	3.51	江苏扬子净化工程有限公司	1.11
江苏鹏腾建筑有限公司	3.41	泰兴市蒋华建筑安装工程有限公司	1.04
江苏昌泰建设工程有限公司	3.18	江苏晟安建设有限公司	1.04
江苏祥宇建设有限公司	3.01	泰兴市兴农电力工程有限公司	1.02

· 河海公司 ·

【概况】 2015年,江苏河海科技工程集团有限公司工程施工、海外项目和工业制造三大业务板块,经济总量28亿元。在国内工程施工方面,中标29个项目,年度新增施工产值3.89亿元。在海外项目承建方面,公司取得援外A级资质,承建印尼唐格朗围海造陆工程项目和棉兰电厂项目,实现产值16亿元,被泰州市政府表彰为“十佳外经企业”“十佳专业施工企业”。在工业制造方面,河海工业企业年增长率12%,开票销售收入3.6亿元。

【产品转型】 河海集团旗下工业企业申报实用型专利、发明专利38项,生产规模和综合实力提升,成为集团公司支柱产业之一。获得“一种悬挂立式炭化炉”发明专利(专利证号第1785789)及“一体化快速炭化处理城市垃圾的工艺发明专利”(专利证号:1773781)两项发明专利授权。全司高新技术产品销售额占全部产值的60%,2015年江苏河海给排水成套设备有限公司和江苏河海纳米科技有限公司被评为江苏省高新技术企业。

【海外工程】 2015年,江苏河海公司继印尼KNI2A岛围海造地项目后,承接唐格朗围垦、苏拉威西KOLAKA 13万吨镍铁冶炼、棉兰热电厂工程项目,工程造价达10亿美元。2015年海外项目获得江苏省财政厅对外承包工程大项目奖励基金、贷款贴息等1350余万元。江苏河海公司积极策应"一带一路"战略,加快"走出去"步伐,形成以雅加达为支点,辐射首都周边;以棉兰为基地,辐射苏门答腊岛五个岛;以泗水为基地,辐射西爪哇岛;以旺家锡为基地,辐射苏拉维西岛。

房地产业

【概况】 2015年,全市完成房地产投资59.19亿元,同比增长7.48%;新开工面积104.41万平方米,竣工面积106.74万平方米;销售109.15万平方米,同比增长14.77%,销售金额68.27亿元。竣工项目主要有香景苑、隆盛花园等。在建项目有新能源·新世界广场、中南世纪城、凤凰和泰、祥生·未来城市花园、襟江豪景苑等。

【房地产业管理】 2015年,全市发放商品房预售许可证52份,准许销售面积128.08万平方米;审核确权发证及办理各类抵押权证登记共24699件;完成房屋安全鉴定232件,鉴定面积约25万平方米;实施白蚁预防约104.88万平方米,灭治面积约0.81万平方米。

【住房保障体系建设】 2015年,住房保障范围和标准调整为:对具有城区居民户口五年以上,人均住房建筑面积在20平方米以下,人均月收入在900元(含)以下的市区非农户口的家庭,通过发放租赁补贴的方式进行住房保障;对具有城区居民户口五年以上且实际居住三年以上,无房或人均居住建筑面积20平方米以下,人均月收入在1500元(含)以下的住房困难家庭,通过公共租赁住房保障,城区低保、特困家庭优先配租;对具有泰兴常住城区户口五年以上且实际居住,人均居住建筑面积20平方米以下,人均月收入1500元(含)以下的住房困难家庭可通过购买经济适用住房进行保障。全年实际发放廉租房租赁补贴19.75万元。完成2015年经济适用房摇号工作,337户家庭获得购房资格并确定具体的房源。完成公共租赁住房摇号配租工作,116户家庭参加摇号抽签选择房源,另有6户低保特困家庭优先进行配租。从2015年7月22日起,公共租赁住房的申请、审核、配租定为常态工作,做到随时申请、随时审核公示、随时配租,全年完成两批共14户家庭公共租赁住房的审核配租工作。

市领导参观"五一房博会"　　(住建局　供稿)

【保障房建设】 2015年,龙河路保障房项目(总建筑面积2.4万平方米,计238套)及后营佳园安置房项目(总建筑面积5.35万平方米,计448套)顺利通过竣工验收并已交付使用;兴南佳园26#、27#楼完成主体工程建设;新开工建设银杏路棚户区改造安置房项目,2015年底桩基工程已完成,进入基础开挖阶段。

(王　欢)

交通·电力·邮政·电信

■编辑　蒋淑颖

交 通 运 输

【概况】 2015年,全市完成交通固定资产总投资8.23亿元。公路建设项目完成总投资8亿元,实施334省道城黄段景观绿化、京沪高速泰兴北互通至新334省道连接线、东部南北干线先导段、虹桥园区临港大道、新长铁路平改立等重点工程建设投资5.9亿元;实施航道桥梁改建11座,农村公路提档升级113千米、连接道路73千米、危桥改造24座,市道改建10千米、大中修30千米,同步实施相关交通安全设施等总投资约2.1亿元。航道建设完成总投资123万元,实施古马干河驳岸工程,新建重力式护岸400米启动黄桥二级客运站建设筹备工作,完成先期投资350万元。全年完成公路客运量0.0778亿人次,客运周转量8.2468亿人千米;货运量0.1105亿吨,货运周转量22.8378亿吨千米。水路货物运输量0.0088亿吨,货运周转量1.4831亿吨千米。全市有各类清洁能源客运车辆133辆。全年航政执法人员上航895人次,航政艇巡查14602千米,扫床总里程665.32千米,清除碍航物34处计13吨,清除暗桩14根,维护航标1座计48次。全年共受理航道行政许可20件,办理行政处理案件1件。全年共办理船舶进出港签证9215艘次,其中:危险品船舶签证425艘次,安全检查635艘次,实施营运检验130艘,88567总吨,41014.9千瓦,拆解船舶6艘。水上接警36次,救助船舶21艘次,挽回直接经济损失近400万元。全年共办理路政许可22件,立案路政处理案件129件,处罚案件42件;悬挂宣传标语4幅,发放各类路政管理通知书1950余份,发放路政管理宣传图册360余本;清理占路堆积物1056立方米,清理种植物520平方米,拆除非交通标志牌975块,清除摊点1281个,迁移、拆除路边垃圾箱29个。全面加强国省干线公路养护,共计修补路面26958.9平方米,干线公路技术状况指数(MQI)达93,路面损坏状况指数(PCI)为92.5,路面行驶质量指数(RQI)为91.6。全年累计出动路政执法人员3688人次,检查疑似超限车辆15079辆,处罚364辆,卸驳载745.74吨。

【江广高速公路扩容工程泰兴段施工】 3月5日,市委、市政府召开江广高速公路泰兴段征地动迁动员会。该工程在境内长约34.2千米,投资约26.4亿元,同步改造泰兴东、北互通等,涉及济川街道、宣堡镇、根思乡等7个乡镇,新征土地101.37公顷,路基填土约301.6万方。搬迁总户数97户,约3.4公顷,迁移电力、通信杆线523道。

【首届“最美的哥的姐”评选】 3月15日,泰兴市举行首届“最美的哥的姐”评选活动启动仪式。活动由市运输管理处、交警大队合作主办,由市广播电视台、出租车协会承办,历时9个月,报名方式分个人报名、公司推荐、市民推荐3种,以无有效服务质量投诉、无重点交通违法行为、无交通责任事故等“三无”为标准,经市民、网民、专家投票,评选出30名候选人,通过先进事迹介绍、交通文明法规竞答、个人才艺表演等方式,最终评选出10名最美的哥的姐以及10名提名奖、10名鼓励奖获得者。

【春运工作】 2月4日至3月15日，为期40天的2015年春运工作期间，全市共投入客运车辆1156辆，其中，投放长途正班运力268辆，14267座，加班运力51辆，应急运力9辆。投放城市公交车辆94辆，镇村公交车辆142辆，出租车592辆。旅客发送量达到225万人次，较上年增加近1.5%，其中：公路旅客发送量达40万人次、农交客运量达85万人次、城市公交客运量达到100万人次。七圩汽渡共渡运3661个航次，渡运各类车辆85272辆次，

【20辆新能源公交车投入运营】 4月20日，市泰通公交公司融资1400万元购置的20辆新能源公交车正式投入2路线运营。该车型采用气电混合动力，车身长10.49米。

【城区7路公交线开通】 5月1日，泰兴公交7路线正式开通。该线路总里程为9千米(单程)，从新客站开往爱群商贸公司，途经鑫都小商品市场(好来居)等20个公交站点，运行时间约63分钟，日发10个班次。

【城市公交IC卡启用】 6月10日，泰兴市正式启用城市公交IC卡。公交卡分为普通卡、团体卡、免费卡3类，其中免费卡包含学生卡、老年卡、爱心卡、拥军卡4种。市民持普通卡乘坐公交可享受9折票价优惠；团体卡享受4～6折票价优惠。

【"泰渡8号"投入运营】 7月20日，泰兴七圩汽渡"泰渡8号"新船成功完成首航，正式投入运营。该船主船长49米，时速达18.5千米，配备GPS、AIS、雷达等现代化助航设备，其安全性能、抗风等级和报警系统在长江客运汽渡船中均处于领先水平。

【城西公交首末站建设】 11月12日，泰兴市城西公交首末站项目进入扫尾阶段，年底前建成投入使用。该项目位于鼓楼西路北侧、金城路西侧，总投入430万元，建设10个30千瓦充电桩和一个可容纳25辆公交车的停车场。

【镇海路北延工程全线建成通车】 12月18日，泰兴市首条八车道高等级公路——镇海路北延工程投入使用。该工程北起江广高速扩容移位后的泰兴北互通，南接镇海路，工程总投资约3.2亿元，全长约3.9千米，路面宽42米，按一级公路兼顾城市主干道标准设计，两块板双向八车道，新建桥梁2座；整体工程采用沥青混凝土面层，设计车速80千米／小时，道路两侧同步实施景观绿化。该项目于2014年下半年正式开工建设。

（田留军）

港口建设

【概况】 2015年，泰兴港区完成货物吞吐量3519.72万吨，同比增长24.88%。其中，外贸货物吞吐量387.31万吨，同比下降3.42%。化工、粮食、建材和煤炭3大主要货种分别完成804.44万吨、755.57万吨、918.44万吨和952.68万吨，同比分别增长18.31%、4.03%、37.31%和40.49%。至2015年底，泰兴港区建成码头13座，泊位18个，其中，生产性泊位17个，舾装泊位1个；万吨级以上泊位12个，其中，生产性泊位11个(含2个趸船泊位)，舾装泊位1个；对外开放泊位9个。2015年，泰兴港区完成建设投资6亿元。正在建设、报批码头项目12个，总投资40亿元以上。

【港口管理】 2015年，市港口管理局开展港口危险货物大检查、特种设备、打非治违等专项行动，督促港口企业加大隐患排查治理力度。推进信息化系统建设，建成集实时监控、视频会议、港口安全监管与应急管理系统于一体的信息监控中心，实现对船只进出港、危险货物装卸、外轮靠离泊等实时监控。完善应急救援体系，开展应急救援演练，提升港口突发事件的应急处置能力。发挥建设主管与质量监管一体化优势，外聘专家，组织对在建码头工程施工现场开展安全检查和质量安全综合督查，虹桥仓储有限公司码头工程通过"平安工地"验收。

电　力

【概况】 至年底，全市共有变电所31座，其中500千伏变电所1座，220千伏变电所6座，110千伏变电所18座，35千伏变电所6座。全年供电量47.58亿千瓦时，售电量46.15亿千瓦时，分别同比下降3.85%、3.99%；全年社会用电总量51.94亿千瓦时，同比下降4.29%；年最高负荷77万千瓦，同比下降7.45%。2015年，市供电公司完成"依法治企年"17项35个重点工作，通过省公司专项检查。落实同业对标风险抵押考核责任制，综合排名第16，营销获得专业标杆，管理和物资获进步标杆。加强绩效考核，公司业绩加分泰州第一。注重科技管理，全年获得授权专利8项。

【电网供应保障】 2015年，市供电公司制定泰兴电网

"十三五"规划。全年完成电网建设投资 6.55 亿元,新建两座 110 千伏变电站,完成 4 座 110 千伏变电站主变租赁工程。按期投运 3 个迎峰度夏项目,成功应对"灿鸿""苏迪罗"台风等恶劣天气,泰兴电网平稳度夏。完成 17 个片区一流配电网规划,实施 8 个样板工程,新建改造 10 千伏线路 472 千米。强化配农网运维,开展配电线路诊断式互查,消除各类隐患 1164 处。配网故障、强停率分别同比下降 32%和 50%,获得市公司配网降跳和无功电压优胜单位称号。低压频繁跳闸投诉、超重载设备数量同比均下降近 90%,低压报修率同比下降 50%。

【电力服务】 2015 年,市供电公司成立"服务一区五园专业小组",建立"服务客户零距离"机制。走访客户 80 余次,征求并落实用电服务需求 203 条。实施"业扩直通车",高压业扩接电周期缩短至 69 天,客户满意率达 100%。推进电能替代,建成 57 套岸电系统及 2 个快充站。开展用户电气设备预试活动,预试率达 58%。重视电费回收,新上专变用户负控购电率达 100%;大力推广卡扣,新增户数泰州最高。 (王 韵)

江苏省电网销售电价表

表 12 单位:元/千瓦时

用电分类			电度电价						基本电价	
			不满1千伏	1～10千伏	20～35千伏以下	35～110千伏以下	110千伏	220千伏及以上	最大需量(元/千瓦·月)	变压器容量(元/千伏安·月)
一、居民生活用电	阶梯电价	年用电量≤2760千瓦时	0.5283	0.5183						
		2760千瓦时<年用电量≤4800千瓦时	0.5783	0.5683						
		年用电量>4800千瓦时	0.8283	0.8183						
	非阶梯电价		0.5483	0.5383						
二、一般工商业及其他用电			0.882	0.867	0.861	0.852				
其中:1.中小化肥生产用电			0.439	0.424	0.418	0.409				
2.限制类高耗能生产用电			0.982	0.967	0.961	0.952				
3.淘汰类高耗能生产用电			1.182	1.167	1.161	1.152				
三、大工业用电				0.667	0.661	0.652	0.637	0.622	40	30
其中:1.离子膜法氯碱生产用电				0.658	0.652	0.643	0.628	0.613	40	30
2.中小化肥生产用电				0.297	0.291	0.282	0.267		32	23
3.限制类高耗能生产用电				0.767	0.761	0.752	0.737	0.722	40	30
4.淘汰类高耗能生产用电				0.967	0.961	0.952	0.937	0.922	40	30
四、农业生产用电				0.509	0.499	0.493	0.484			

说明:1.以上附表所列价格,除贫困县农业排灌用电外,均含国家重大水利工程建设基金,具体标准为:中小化肥企业生产用电、居民生活用电 0.3 分钱,其他用电 1.491 分钱。除农业生产用电外,其他用电均含国家大中型水库移民后期扶持资金 0.83 分钱以及地方小型水库后期扶持资金 0.05 分钱

2.以上附表所列价格,除农业生产、农村居民生活用电外,均含城市公用事业附加费,具体标准为城镇居民生活用电 3 分钱,其他用电 0.6 分钱。大工业用电、一般工商业及其他用电含可再生能源电价附加 1.5 分钱

3.惩罚性电价标准:单位产品能耗超过限额标准一倍以上的,比照淘汰类高耗能生产用电加价标准执行;超过限额标准一倍以内的,比照限制类高耗能生产用电加价标准执行

4.对国家明确规定执行居民用电价格的非居民用户,按其他居民生活用电价格标准执行

江苏省企业峰谷分时销售电价表

表 13　　　　单位:元 / 千瓦时

类别		价格 / 时段	高峰	平段	低谷
大工业	非优待	1～10 千伏	1.112	0.667	0.322
		20～35 千伏以下	1.102	0.661	0.320
		35～110 千伏以下	1.087	0.652	0.317
		110千伏	1.062	0.637	0.312
		220千伏及以上	1.037	0.622	0.307
	离子膜法工艺氯碱生产用电	1～10 千伏	1.097	0.658	0.319
		20～35 千伏以下	1.087	0.652	0.317
		35～110 千伏以下	1.072	0.643	0.314
		110千伏	1.047	0.628	0.309
		220千伏及以上	1.022	0.613	0.304
	中小化肥生产用电	1～10 千伏	0.495	0.297	0.199
		20～35 千伏以下	0.485	0.291	0.197
		35～110 千伏以下	0.470	0.282	0.194
		110千伏	0.445	0.267	0.189
	限制类高耗能生产用电	1～10 千伏	1.212	0.767	0.422
		20～35 千伏以下	1.202	0.761	0.420
		35～110 千伏以下	1.187	0.752	0.417
		110千伏	1.162	0.737	0.412
		220千伏及以上	1.137	0.722	0.407
	淘汰类高耗能生产用电	1～10 千伏	1.412	0.967	0.622
		20～35 千伏以下	1.402	0.961	0.620
		35～110 千伏以下	1.387	0.952	0.617
		110千伏	1.362	0.937	0.612
		220千伏及以上	1.337	0.922	0.607
	非优待	不满 1 千伏	1.470	0.882	0.394
		1～10 千伏	1.445	0.867	0.389
		20～35 千伏以下	1.435	0.861	0.387
		35～110 千伏以下	1.420	0.852	0.384
	中小化肥生产用电	不满 1 千伏	0.732	0.439	0.246
		1～10 千伏	0.707	0.424	0.241
		20～35 千伏以下	0.697	0.418	0.239
		35～110 千伏以下	0.682	0.409	0.236
	限制类高耗能生产用电	不满 1 千伏	1.570	0.982	0.494
		1～10 千伏	1.545	0.967	0.489
		20～35 千伏以下	1.535	0.961	0.487
		35～110 千伏以下	1.520	0.952	0.484
	淘汰类高耗能生产用电	不满 1 千伏	1.770	1.182	0.694
		1～10 千伏	1.745	1.167	0.689
		20～35 千伏以下	1.735	1.161	0.687
		35～110 千伏以下	1.720	1.152	0.684

江苏省电热锅炉(蓄冰制冷)峰谷分时销售电价表

表 14　　　　单位:元 / 千瓦时

类别	价格 / 时段	平段	低谷
服务于居民生活的电热锅炉蓄冰制冷用电	不满 1 千伏	0.5283	0.2561
	1～10 千伏	0.5183	0.2528
非工业普通工业	不满 1 千伏	0.882	0.394
	1～10 千伏	0.867	0.389
非工业普通工业	20～35 千伏以下	0.861	0.387
	35～110 千伏以下	0.852	0.384

说明:1. 非普工业两段制分时电价的执行范围是宾馆、饭店、商场、办公楼(写字楼)、医院等用户中电热锅炉(蓄冰制冷)部分的用电

2. 大工业生产车间的电热锅炉(蓄冰制冷)用电,执行大工业峰谷分时电价

邮　　政

【概况】 2015 年,泰兴市邮政分公司完成业务总收入 14225 万元,完成年计划的 100.07%,位列县公司第一,同比增幅 21%;完成有效收入 11043 万元,同比增幅 20%,位列全省县市前十,有效收入占比达 77.6%,列全区第二,超过全区平均水平;完成收支差额 2572 万元,位列全区第二;实现现金流 2751 万元,代理金融类收入比重占 72.14%; 邮务类收入比重占 26.29%;代理速递物流类业务收入比重占 0.49%。代理金融类业务收入 10214 万元, 完成年计划的 101.37%,同比增幅 20.3%;代理速递物流业务收入 70.56 万元, 完成年计划的 274.34%, 同比增幅 53.39%;邮务类业务收入 3987.5 万元,完成年计划的 106.7%,同比增幅 21.46%。全年累计送培 32 批 191 人次,落实各类业务自培 59 批 3554 人次;在全区邮政营业技能鉴定考试中,通过率排名泰州全区县公司第一,取得历史性突破;开展 98 人次的“神秘人”检查,平均得分 94.4 分,列泰州全区第一。

金融业务　年内, 市邮政分公司开展大走访、网沙活动、“预防邮路”、村邮站等多渠道宣传邮政金融业务,开展“元旦快乐,销量无限”“月满中秋、邮情意至”“九九重阳、浓浓邮情”等多个主题理财沙龙活动,保险实绩累计超 10 亿元, 绝对值和完成率位列泰州全区第一; 跨赛新增理财 1586 万元, 增幅达

286.83%,“短板”成“亮点”,全年累计实现金融总量近13亿元。推行“一点一策”,网点产能提升19%。其中,与邮政储蓄银行开展“资源共享、发展普惠金融”邮银融合营销活动,发放信用卡307张、贷款2521万,公司存款146万元;联合经信委开展“邮政金融服务中小微企业”活动,累计代发1600户;联合农管所、收粮站开展夏秋粮收购项目,实现金融总资产近900万元;成立大项目团队开展拆迁款项目,实现金融总资产近3100万元;开展“夕阳红”项目,举办健康讲座、广场舞比赛等,老年客户资产提升近450万元。

电商业务　年内,市邮政分公司开展车险业务“一人一月一单”“年末大冲刺抢单”“横扫市场 团购邮礼”“平安夜砸金蛋、送苹果”等活动,围绕车主需求,丰富“享邮天涯”车友俱乐部会员服务功能,全年实现收入330余万元,位列泰州全区第一;利用数据库开发代发工资集团客户,实现短信业务收入410万元,收入完成率居泰州全区首位;推动分销酒水转型,发展30个商场超市、烟酒店等社会批销商,加强渠道运营,定制酒水的规模同比增长26%,高效酒水占比同比增长32%;整合省市旅游资源,逐步丰富旅游产品体系,组织近1000人次短途游。

集邮函件业务　年内,市邮政分公司实施生肖贺岁、新邮预定、人才招聘会、社保账单、信报箱等长效项目,累计实现业务收入315万元;开发《巨变泰兴》、广告牌等新项目,举办大型儿童剧《蓝世界》商演,形成收入70余万元;与旅游局签订《“游邮联合”战略合作框架协议》,提供门票设计、制作和代销,旅游纪念品的特制,形成收入2万元;开发《劳动最美》礼品册、企业形象年册、学习型明信片和车饰产品等,实现收入近140万元;举办《包公》暨“预防邮路 廉政专邮”特种邮票、《诗词歌赋》邮票、《抗战胜利70周年》纪念邮票及“预防邮路”明信片首发式,累计实现收入80多万元,首发场次及业务收入均创历史新高。

报刊业务　年内,市邮政分公司联合团市委开展“让阅读点亮生命”书香校园活动,实现校园报刊流转额近300万元,同比增长13.2%,以《经典作文》和《经典阅读》为宣传重点,订阅经典系列1300余份,形成流转额13余万元;以公益活动为切入口走进社区服务站,开展健康知识讲座等特惠便民服务活动,设立移动订阅点,主打《家庭医生》《扬子晚报》《泰州晚报》等,实现流转额近20万元。开发《准则》和《条例》近4000本,实现流转额2万余元;开发“听爸爸讲故事”图书项目,销售图书3000本,实现码洋近6万元。

两包业务　年内,市邮政分公司加大产业集群市场的开发,开发国际小包直客1名,快递包裹客户10名;提供增值服务,增强老客户黏性,吸引2名新客户,“双11”期间走件量均达2000件;组建商务投递服务队伍,集中力量做好处理及揽投工作,保障邮件并网及双11、12旺季服务质量;引导客户安装使用热敏打印机,提升发货效率、降低成本。

【“预防邮路”创建】　年内,市邮政分公司加强与市检察院沟通,丰富“预防邮路”创建内涵,“预防邮路”创建经验在全省推广。8月8日,借助《包公》特种邮票首发式之机,联合开展“预防邮路 廉政专邮”活动,弘扬新时期反腐倡廉正能量;10月9日世界邮政日启动“预防邮路”明信片首发仪式,设计印制1000枚明信片。开展“预防邮路杯”有奖知识竞答活动,设计制作“预防邮路”专用信箱、个性化邮票和宣传小饰品等。2015年,“预防邮路”志愿服务活动获评省文明办“文明江苏”志愿服务行动创新案例二等奖。

【综合服务平台建设】　年内,市邮政分公司制定下发《综合服务平台建设实施方案》,快速推进综合服务平台的建设。全年累计建成“苏邮惠民”加盟店220个,样板店2个,村邮站328个,邮政综合服务体验区3个,电商中心1个,放装邮掌柜130个;成功转岗47名投递员。加快业务叠加速度,促进金融、车险、报刊、分销等各项业务发展,实现收入近250万元,其中,实现车险保费额217万元,渠道车险占比15%;分销收入108万元,渠道分销占比35%;报刊收订自费流转额达450万元。强化三级管理体系,配备渠道经理3名、区域经理33名。

【车险业务创历史新高】　年内,市邮政分公司加盟渠道累计发展车险700余笔,实现车险保费275万元,占分公司车险总保费的15%,创历史新高。分公司联合保险公司在全市80%的加盟店配备车险宣传物料(铭牌、单页等),组织开展34场次“横扫市场、团购有礼”活动,提高邮政车险在乡镇的品牌知名度,制定营销政策,编制下发渠道车险业务指导手册,定期组织渠道店主进行经验交流。(赵婷婷)

电　信

【概况】　2015年,中国电信股份有限公司泰兴分公司围绕智能机、天翼、宽带、ITV4大业务开展工作,天翼用户达28万元,宽带用户达17万元,ITV用户达到8.5万户。公司年运营收入超过3亿元。

【网络建设】　2015年,中国电信泰兴分公司投资5216万元,建成开通346个4G基站,实现泰兴主城区及农村镇区 4G 覆盖。完成全市 327 个行政村 H 薄覆盖,完成 21 个新建小区的 H 建设, 实现泰兴光网全覆盖,新装宽带用户 H 占比达 97%以上。光纤用户达 10.4 万户,H 宽带用户占比达 68.4%。全年 PSTN 退网 5 个端局,退铜 86 吨,节电 212 万元。

6 月 17 日,全省综治信息化建设试点工作推进会在泰兴召开 (电信公司 供稿)

【智慧城市建设】 2015 年,中国电信泰兴分公司完成市“天网工程”建设、地税局机房建设项目合同、市财政局机房建设项目合同、“平安泰兴” 社会面治安视频监控系统一期和二期、市公安交巡警大队存储设备项目合同、市公安局视频取证系统、市汽车运输总公司车载视频监控及监控中心平台的建设。实现市民政局虚拟养老服务系统建设项目远程座席系统集成、市公安局蒋华派出所电视上墙系统集成、石桥花园三期智能化、市财政局网络无线化、市虹桥医院智能化等。

移动通信

【概况】 2015 年,中国移动通信集团江苏有限公司泰兴分公司全年实现运营收入 4.06 亿元, 纳税 1800 万元,4G 用户数已达 23 万户。投诉一次解决率 70%,万客户投诉比全省排名前三; 投诉客户满意度全区第一;垃圾短信被举报量全区第一,客户满意度全区最高。先后荣获江苏省价格诚信单位、江苏省五四红旗团支部、泰州市文明单位等多项省市级荣誉称号。

【网络支撑】 2015 年,公司全年新建 4G 基站 90 个、新建管道 22 千米、光缆 131 千米、光交 20 个、购置节点机房 5 处。通过开展“室分扫楼”,提升室内网络质量。开展宽带装维专项活动,提升装维能力。开展网络集中优化工作, 明确集中优化管理流程, 提升网络 2/4G 网络质量。专项优化后,高质差小区占比 0.12%,高掉话小区占比 0.08% ,LTE 手机流量驻留比 96.96%,均排名全省前列。

【信息化服务】 2015 年,公司与市水务局签约水政执法信息化平台运营项目,助力市水务局“智慧水务”信息化项目建设。与市农工办签约“蓝天卫士”项目合作协议, 通过系统平台实时做好秸秆焚烧违法行为的有效监控。与市经信委、市公安局联合开展企业信息化推进会,通过“村务通”“警民通”等业务助力党政机关、执法部门提升工作效率;根据客户需求,量身定做包含互联网专线、4G 终端、工作手机等业务在内的“一揽子”信息化服务方案,创新服务党机关、企事业单位的新模式。

【服务社会】 2015 年,公司开展 5·17 世界电信服务日期间,围绕世界电信日“电信与信息通信技术:创新的驱动力”的主题,结合泰兴市委市政府提出的“新时期‘黄桥决战’,走进乡镇、园区,服务基层、服务企业”的总体要求,泰兴分公司开展体验 4G 网络、提高 4G 品牌认知度,以“打造移动 4G 优势网络,服务老区经济发展”为主题的服务咨询活动。承办“何健忠志愿者服务社”授牌仪式活动,组织志愿者为老百姓免费提供手机义诊、手机贴膜等服务;协办市级机关“移动杯”羽毛球比赛;开展“情暖冬日”“学雷锋”“五四青年志愿者服务进社区”等志愿帮扶活动,为挂扶的行政村、社区的福利院的孤寡老人和留守儿童送移动的关爱。开展秋季高校迎新服务,为学生提供免费贴膜、软件辅导业务。

(常美琴)

联通通信

【概况】 2015 年,泰兴联通公司全年累计实现主营业务收入实现收入 5206 万元,推进“沃超越”精品网络建设,实现 4G 网络的全面覆盖。总体建设量(含搬迁)超过历年工程建设量的总和, 全年累计完成 IDC 机房 1 座,4G 基站建设 80 座、3G 基站 78 座、室分 3 个点布放各类光缆 40 千米,新增小区接入 16 个。公司全年有责申诉率月均 2.4 件 / 百万户, 低于省分 KPI 考核指标 4.3 件 / 百万户及全省的平均水平 5.3 件 / 百万户,列全省第 2 位。

(谢忠霞)

综合经济管理与服务

■编辑　辛　仕

计 划 管 理

【概况】 2015年,泰兴市启动“十三五”规划编制工作,起草形成《泰兴市国民经济和社会发展第十三个五年规划草案》《2015年国民经济和社会发展计划执行情况及2016年计划草案的报告》。分解下达2015年全市经济工作指标,编制2016年主要经济工作指标年度计划,按季度完成全市经济形势分析,逐月编印《泰兴经济社会发展及重大项目月报》,一月两次编发《发改快报》进行重点指标完成情况分析,编发《发展和改革参考》10期。全年争取上级安排泰兴市农林水项目计9大类,争取上级资金2.5亿元,其中中央资金1.61亿元,省配套资金8929.43万元,主要有总投资501.79万元的水土保持项目、上争资金3000万元的千亿斤粮食产能规划田间工程(灌区末级渠系)项目、上争资金1.1亿元的天星洲河道综合整治工程项目等。举办’2015中国泰兴金秋经贸科技洽谈会,现场签约重大项目29个,投资总额224.5亿元,协议利用外资9.95亿美元;其中工业项目24个,总投资216.5亿元。上海宝化甲醇制烯烃、济川药业儿科新药及黄桥老区标准厂房建设项目申报为省重点项目,会同国土局为济川儿科新药申请到30公顷点供土地。兆胜集团申报军民融合项目,获176万元资金补助。

服务业发展　全年实现社会消费品零售总额191.5亿元,增长12.2%;实现服务业税收33.5亿元,增长24.2%;实现服务业增加值329.2亿元,增长11.7%,服务业增加值占GDP比重达45 %。市一联物流公司获批苏北唯一一家4A级物流企业资质,虹桥物流园被命名为省级重点物流基地。1家酒店获批4星级资质,4家酒店获批3星级资质,曲霞镇被评为“江苏汤包美食名镇”,“黄桥美味鲜”通过江苏省老字号首批认定。批发零售企业税收超1000万元企业达10家,营业税或营改增税收超100万元企业达60多家;成交额过亿元市场达8家;天星洲港口物流园洲体综合整治工程完成工程投资7.1亿元。

固定资产投资　2015年,全市完成固定资产投资560.6亿元,同比增长23.3%,其中规模以上固定资产投资501.4亿元,同比增长25.5%。全年完成工业投资367.7亿元,同比增长28.3%;完成服务业产业投资95.5亿元,同比增长47.4%;完成房地产投资59.2亿元,同比增长7.5%。房地产销售面积达118.94万平方米,同比增长25.41%,其中住宅面积111.13万平方米,同比增长25.71%;销售额达73.78亿元,同比增长28.18%,其中住宅67.13亿元,同比增长27.82%。

社会事业　2015年,落实中央预算内投资项目6个:马甸卫生院、横巷卫生院、广陵卫生院、长生幼儿园、曲霞幼儿园、南沙老年关爱之家,共争取国家投资资金310万元。通过国家督察组社会养老服务体系项目专项督察。

涉企中介机构管理　2015年,制定《关于进一步加强行政审批中介服务规范管理的意见》《关于开展清理规范行政审批中介服务专项治理的实施方案》。江苏中鸿永信会计师事务所、泰兴市万源土地测绘有限公司、泰兴市规划测绘院、江苏润泰工程项目管理咨询有限公司和江苏海信项目管理有限公司被评为2015年度星级中介。

经济协作　2015年,组织凤灵乐器有限公司赴西安参加第19届“西洽会”,展示小提琴特色产业。与陕西省汉中市勉县联系挂钩扶贫工作,商定对勉县挂钩扶贫协作项目2个:一是勉县定军山镇罗营村村级道路项目,援助资金15万元,对该村村级长0.8千米、宽3.5米的公路进行整修与硬化;二是陕硬学校操场项目,项目总投资260万元,援助资金15万元,新建塑胶运动场一个,配套建设70平方米体育器材室、110米护坡(含看台)等设施。

体制改革　2015年,成立市委全面深化改革工作领导小组,设立6个专项小组,制定《泰兴市全面深化改革两年行动计划》《改革任务责任清单》。市场监管局、卫计委、民宗局、建工局等均调整到位,政府部门挂牌机构由16个精简为13个,人员编制精简10%。发行虹桥工业园6亿元企业债券,全市已发债券总额累计达41亿元。推进企业排污权有偿使用,启动初始排污权核定工作,完善排污权交易制度。全年共25家企业(项目)完成排污权交易,交易额达393.5万元。

能源建设　2015年,全市分布式光伏发电项目总装机8.67兆瓦,其中农光互补光伏发电项目5兆瓦,利用闲置屋顶面积3.45万平方米。永能光伏发电有限公司惠尔信机械(泰兴)3.5兆瓦项目、红旗制衣有限公司分布式光伏40千瓦项目、江苏睿济鼎州科技工程有限公司屋顶52.02千瓦项目、欧标包装材料厂屋顶44.88千瓦项目、海胜通讯器材有限公司屋顶29千瓦项目竣工并网,宣堡农光互补一期5兆瓦项目竣工。

散装水泥推广　2015年,完成推广散装水泥96万吨,预拌混凝土180万立方米,预拌砂浆1.2万吨,水泥散装率达93%。广陵镇、河失镇通过省级发展散装水泥示范镇创建验收。　(赵　波　朱　菲)

工商行政管理

【概况】　年内,江苏亚太泵业有限公司“亚太及图”商标、江苏蓝电环保股份有限公司“蓝电及图”商标、江苏幸运宝贝安全装置有限公司“贝贝卡西及图”商标被认定为中国驰名商标,19家企业被认定为江苏省著名商标(其中重新认定12家,新认定7家),31家企业被认定为泰州市知名商标(其中重新认定20家,新申请11家),培育“守合同重信用企业”泰兴县级23家、泰州市级21家、省级7家。

【商事制度登记改革】　2015年,市市场监管局推进“三证合一”“一照一码”商事制度改革创新,设立“三证合一”联办窗口,组织“先照后证”业务培训,将143项前置改后置项目编列成册,为科技孵化园和大学生创业楼449家企业放宽住所登记条件,出台推进“双创”实施意见。全年共办理各类企业开业登记3106户、注册资金122.62亿元,同比分别增长了7.07%和24.46%。

【“走进园区、服务项目”活动】　2015年,市市场监管局开展“走进园区、服务项目”活动,走访园区企业260多家,确定重点挂钩帮扶企业45家,解决新浦化工、梅兰化工等技改项目登记难题5个,对51个投资千万以上新项目跟踪服务。

【双打行动】　2015年,市市场监管局制定《泰兴市市场监督管理局2015年打击侵犯知识产权和制售假冒伪劣商品工作要点》和实施方案,出动工作人员650多人次,车辆220多台次,检查加油站26家,检查商品经营户1300多户,29个商品批发市场;查获假冒靖江双鱼肉脯商标侵权案件3起,暂扣涉案肉脯36箱,案值2.5万多元;查处莫干山板材、KTV假洋酒、雀霸麻将商标侵权等一系列典型案件。

【“黄桥烧饼”地理标志商标保护】　2015年1月,“黄桥烧饼”地理标志商标获得“2014年江苏农产品和地理标志商标20强”。年内,市市场监管局开展保护地理标志商标专用权专项行动,检查黄桥烧饼经营户80余户,发现侵权行为28起,立案查处2起,共计处罚1.7万元,当事人协商解决26起,查扣商户印制有“黄桥烧饼”商标的包装物360只、侵权商品4400余只。

【年报公示及信息抽查】　2015年,市市场监管局开展2014年度企业年报公示,全市共有46121户市场主体参加年报,年报率为71%,其中企业10759户、个体户33862户、农民专业合作1500户,年报率分别为67.5%、71.4%、83.4%。上半年对企业即时信息开展2次不定向抽查,下半年对年报信息开展1次定向抽查,共抽查企业955户,其中公示信息正常的836户,未按规定公示即时信息的22户,通过住所无法联系的89户,抽查期间注销15户。

【农资市场监管】　2015年,市市场监管局农资抽检82个批次。开展专项考核和信用分类双评。出台《关于对农资市场专项整治活动进行考核评比的通知》。对全市1100多家农资经营单位开展“ABCD”四级信用评定和省市级“放心农资经营店”创建活动。加强农资经营龙头企业进销监控,对6家农资批发企业推行“农资批发企业进销备案制”和“进销货台账电子化”。

【流通领域商品质量抽检与整治】 2015 年，市市场监管局开展 3 次商品监测，抽检 692 批次，涉及服装、皮衣、羽绒服、床上用品、儿童玩具、液化气、成品油、装饰装潢材料、烟花爆竹、手机等 53 个品种 692 个批次。开展家用电子电器、服装鞋帽、成品油等五大类商品和服务、农村商品质量、住宅装饰装修行业及汽车市场四个专项整治，抽检 12 个品种 232 批次，立案查处 31 件。全年查处销售假冒伪劣商品、不合格食品、虚假宣传等一系列侵害消费者权益的违法案件 62 件。

【放心消费"百千万"工程】 2015 年，全市开展"放心食品""放心药品""放心粮油""放心农资""放心市场"等创建活动。全市共培育省级诚信品牌企业 2 家，省级先进示范单位 46 家。全年市市场监管局共受理 12315 申(投)诉 478 件，已全部办结，调解成功 340 件，为消费者挽回经济损失 35.02 万元，审查、督办诉转案案件 10 件。

(刘松岭 张翠莲)

质量技术监督

【概况】 2015 年，泰兴市开展"全国质量强市示范城市"创建活动，下发创建工作规划。质量强市工作纳入市委、市政府对各乡镇目标考核。年终，组织市发改委、经信、农业、住建、科技、安监等质量强市领导小组成员单位成立考核小组，完成 5 个园区、13 个乡镇的质量强市绩效考核。

【质量监督管理与认证】 2015 年，泰兴市召开名牌工作会议、名牌申报辅导班，新增省名牌产品 5 个、泰州名牌 6 个，复评通过 7 个。申报成功泰州质量管理奖 3 家、服务质量奖 1 家，江苏省工业企业质量信用等级 2A 级 3 家、3A 级 1 家。全年开展市质量诚信示范单位评定活动，在一、二、三产次企业中评定 20 余家企业获得诚信示范单位认定。开展质量月、国际认证日等活动，对全市质量红黑榜等质量信息进行发布。组织企业开展 QC 小组活动，QC 成果获泰州二等奖 1 个，优胜奖 3 个。开展氯碱、农药、压缩气体等许可证企业、危化品生产企业专项监督检查，全年巡查企业 50 余家、专项监督检查企业 30 余家，对国家、省级监督抽查不合格企业开展后处理工作，警示约谈企业 4 家。

【标准化管理】 2015 年，河海纳米公司牵头制定的 ISO 18473-2 国际标准于 8 月实施，为泰州市第一件企业制订的国际标准。全年，市市场监督管理局主持和参与制订修订国家标准 2 项，行业标准 3 项，获得国家标准立项 4 项，上报省、市级地方标准 5 项。获省级标准化试点立项 3 个，市级标准化试点 2 个。6 家企业创成 AAA 级标良企业，7 家企业通过标良复评，其中亚太泵阀和泰宇减速机公司获得 AAAA 级标良企业称号，良好行为企业总数名列全省县市第一。全市 21 家企业获得市财政标准创新奖励 97 万元，省财政标准化专项补助资金 100 万元。全年备案审查企业标准 521 个；完成产品采标 27 个，全市采用国际标准产品已达 181 个；商品条码新办 18 家，续展 42 家，二维码申办 2 家，商品条码续展率位居泰州市第一。

【计量管理】 2015 年，市市场监管局对全市集贸市场、乡镇卫生院、村(社区)卫生室以及计划生育服务站在用计量器具实施免费检定，共免费检定计量器具 3480 台(件)，提供配套免费修理血压计、免收材料费"两免费服务"。举办加油站计量管理员培训班，分季定期进行产(商)品定量包装专项检查，全年共检查 130 个批次、合格率达 100%；对全市机动车尾气检测用计量器具进行调查摸底；组织对新浦化学等 8 家国家"万家节能低碳行动企业"重点用能单位能源计量审查工作，新浦化学公司列入全省重点用能单位能源计量审查示范单位。引导和帮助全市企业建立计量管理体系，48 家企业通过计量确认，其中 6 家计量保证确认、42 家计量合格确认；考核复查制造计量器具生产许可证企业 3 家；计量标准考核 4 家；获得国家定量包装保证能力确认"C 标志"企业 3 家。创省级诚信计量示范单位 7 家，泰州市诚信计量示范单位 7 家。

【特种设备安全监察】 2015 年，全市特种设备使用单位共 2735 家，在用特种设备 12985 台，在用压力管道约 1400 千米，在用气瓶登记总数 141870 只。是年，全市在用电梯 2183 台，年递增 29%，年内共处理电梯问题投诉举报 54 起。是年，市市场监管局印发特种设备安全管理文件 35 个，召开特种设备安全监察会议 2 次，开展专项行动 4 项，办理行政许可项目 4016 件，组织和参与安全大检查 8 次，检查和日常监督检查企业 412 家，发现隐患 307 条，查处投诉举报案件 57 件，挂牌督办 4 家单位，取缔 3 家瓶对瓶气瓶非法充装站点。开展广场宣传活动 4 次，开展安全知识进学校、社区和企业发放宣传材料 4000 多份，开展应急救援演练 2 次。

【计量检测服务】 2015 年，市市场监管局建立和完善计量检测服务平台，跟踪服务，续检率达 95%以上，与 25 家企业签订服务协议，开展打包式服务。全年服务企业 4000 多家次，检测计量器具 5.5 万台件。开展对加油机、蒸汽流量计和夏粮收购衡器等计量器具强制检定,强检率达98%;首检燃气表10000多只,抽检电能表1500多只。年检定可燃气体报警器800多台件,与苏州计量院合作为全市化工企业落实400多台有毒气体报警器的强制检定。与常州、镇江、南京等计量院合作落实149台件大口径蒸汽流量计强制检定。

【质量检验检测】 年内,市市场监管局为农村饮水工程和农村水网改造增补工作中使用的管材、泵阀,住建局房屋建筑过程中使用的太阳能热水器、电线电缆等产品进行质量检验,累计出具报告180多份。接受企业委托食品检验651批次,举报投诉检验32个批次,完成食品安全监督抽样检验任务4600批次。全年共出具报告委托检验达2602多批次、监督抽查1617批次。

食品药品监督管理

【概况】 2015年,市市场监管局组织一线执法人员培训班8场,参训人员440人次。开展食品安全百题知识竞赛,在中小学校举办"安全食品助我成长"主题教育课,举办送知识进社区、进农村、进田头活动。全年共查处案件495件,其中药品案件20多件,食品类案件150多件。其中,2万元以上案件24件,5万元以上案件12件,10万元以上案件9件,案件类型涉及食品药品、医疗器械、商标侵权、电缆建材等多个领域。成立市食品药品和环境刑事案件查处大队。开展"2015食药打假利剑行为",多部门联动,开展专项整治20余次,捣毁制假售假窝点11个,查处各类涉假案件12起,抓获犯罪人员15名,刑事拘留13人,逮捕8人。

【食品安全城市创建】 2015年,泰兴市启动食品安全城市创建活动,召开全市食品安全工作会议,与食安委成员单位和乡镇园区签订责任状。市编委发文明确乡镇(街道)社会事务办公室加挂食品药品安全监督管理办公室牌子,增设食品药品安全助理中层职位,专职负责辖区内食品药品安全管理工作。市食安办修订完善《泰兴市食品安全事故应急预案(试行)》,下发《关于进一步加强镇村食品安全管理明确镇村食品安全工作职责的通知》。食品安全监管部门出台《泰兴市农业委员会农产品质量安全工作专项考核办法》《农产品质量安全协管员管理办法》《泰兴市城区餐厨废弃物处理规划(送审稿)》等管理制度。

【食品安全监管】 2015年,市市场监管局开展农药及农药使用、"瘦肉精"、生鲜乳违禁物质、兽用抗菌药经营使用、生猪屠宰、水产品质量安全、农资打假等专项整治,共出动执法人员8111人次,检查生产经营企业879家次,养殖场(户)5595家次,屠宰点55场次。联系厂方专业打假人员,重点对酒类市场,特别是农村和城乡接合部进行专项检查。开展食品安全风险排查,对食用油生产和食品分装企业、发酵性面制品生产企业开展专项检查。实现食品生产企业监管全覆盖,录入省食品动态监管系统167家次,录入率100%。筛选30家食品经营主体,开展食品经营信用分类分级监管试点,签订《食品安全责任状》,建立健全经营主体信用档案,实施动态管理。与市教育局联合开展学校食堂食品安全专项整治2次,检查学校食堂103家。开展节日期间食品安全专项检查,开展乳制品、食用油脂、食品添加剂等食品安全综合治理,开展火锅店食品原料专项检查和监督抽检。全年共计抽检样品5040份,检出不合格样品48份,合格率99.0%。实施初级农产品上市前快检,全年共完成药残速测13955份。2015年,共立案查处各类食品违法案件177件。

【药品安全监管】 2015年,全市2家药品批发企业、8家药品零售连锁企业和100家药品零售企业通过新版GSP认证现场检查,取得认证证书。市市场监管局推进药品电子监管,辖区内所有药品零售企业均已完成网上信息确认,全年共处理预警信息5199条,预警处理率100%,发布药品不良反应(事件)监测情况通报4期,上报药品不良反应病例报告1119份(新增、严重病例报告占比38.5%),完成全年目标任务的103.6%,药物滥用上报100例。召开中药饮片专项整治行动动员大会,对辖区内所有中药饮片经营企业进行检查,出动执法人员260人次,抽验中药饮片50多批次,检出不合格药品9批次。全年检查药包材生产企业18家,限期整改4家。

【医疗器械安全监管】 2015年,全市办理一类医疗器械产品备案27件、一类生产企业备案2件、三类医疗器械经营企业备案16件、二类器械经营企业备案126件。3家无菌医疗器械生产企业通过省食药局GMP检查。落实生产经营企业分级分类监管,开展医疗器械整治专项行动"回头看"活动。上报医疗器械不良事件报告913份。全年查办医疗器械违法违规案件5件,涉案货值130余万元。

【保健食品化妆品安全监管】 2015年,市市场监管局开展保健食品生产企业质量授权人试点工作,实施保健食品委托生产专项整治,对企业负责人培训一次、约谈一次、签订一份承诺书。对全市250家保健食品、化妆品经营单位开展普查。 (刘松岭 张翠莲)

安全生产监督管理

【概况】 2015年,全市共发生各类事故25起,死亡25人,同比分别上升1起、1人。其中:工矿商贸企业发生事故3起、死亡3人,事故起数、死亡人数与去年持平;生产经营性道路交通事故21起、死亡21人,事故起数、死亡人数与去年持平;建筑事故1起、死亡1人,事故起数、死亡人数分别比去年上升1起、1人。安全生产各项指标均控制在泰州市年度指标内。

【安全责任体系建设】 2015年,市政府出台《泰兴市安全生产"党政同责、一岗双责"暂行规定》,明确全市各级党委、政府及部门安全生产工作职责。市安委会组织重点企业负责人观看安全生产月宣传教育专场演出和事故案例巡展。梳理103家重点企业,分别约谈企业厂长(经理)。印制《企业安全生产责任体系"五落实五到位"规定》挂图3000份,分送全市各企业;开展《企业安全生产风险公告六条规定》《化工(危化品)企业保障生产安全十条规定》等法规规范专项检查。

【隐患排查治理】 2015年春节前后和"两会"期间、天津"8·12"事故发生后、安全生产百日专项行动期间、国庆期间,市安监局组织4次大检查,对全市80多家重点生产经营单位开展安全检查,查出隐患3864条,现场交办被检查单位负责人隐患整改任务,整改隐患3709条,整改率达96%。全年开展8轮拉网式大检查,下达整改指令书108份,下达隐患整改交办函65份,对5家企业下达停产指令,对4家化工企业采取停电措施并立案查处。推广新浦化学、百力化学班组查隐患经验,完成隐患排查整改闭环。全市2000多家企业和16家职能部门,通过自查自报系统定期上报隐患排查和整改情况,平均每月上报隐患1.1条,一般隐患整改率达98%,重大隐患整改率达100%。

【监管监察执法】 2015年,市安监局组织开展危化品和易燃易爆物品、危化品仓储安全、石油化工、罐区库区、油气输送管道、粉尘涉爆、烟花爆竹"两关闭"、电梯安全"大会战"、危险物品寄递物流等专项检查和整治。对97家危化品企业、2002年前注册成立的老旧企业,以及全市28条、31.8千米危化品输送管道开展安全隐患排查治理;对高危装置自动化改造、危险工艺岗位操作人员持证上岗率、化工装置设计诊断、二级标准化达标创建、危险与可操作性(HAZOP)分析等,开展专项督查。全年化工企业二级标准化创建达47家,HAZOP分析完成53家,居泰州之首。召开全市危化品企业班组安全管理能力建设暨博帕尔事故警示教育大会,刻录260张警示教育光盘下发到乡镇及企业。开展烟花爆竹专项整治行动,对涉及异地经营、超量存储、无证经营等违法违规行为的251家零售网点进行关闭,注销491个到期零售许可证。重点对28家涉化企业(含12家氟塑企业、3家涉氨制冷企业)、17家粉尘防爆企业以及建材行业涉及料仓(罐)生产企业、劳动密集型企业开展安全生产专项整治,对全市4家造拆船企业进行检查。开展"道路运输平安年"活动,开展劳动密集型企业消防安全专项检查开展"建筑施工专项方案落实年"活动。全年,事前处罚立案45件,处罚金额236.8万元,比去年同期增长18.03%。

(杨　娟)

物 价 管 理

【概况】 2015年,泰兴市落实价格调节基金500万元,实际下拨价格调节基金80.63万元。对全市平价商店进行提档升级,开展收费规范清理,减轻企业负担3500万元,开展价格专项检查,查获重大价格违法案件6件,收缴违法所得和罚款共计1000多万元。拓展价格认定领域,价格认定469件,标的额9.48亿元。全年CPI指数运行平稳,1~12月居民消费价格指数涨幅控制在2%内。

【价格调控目标考核责任制实施】 年内,市政府下发《泰兴市2015年价格调控目标责任制实施意见》,开展目标责任落实督查和考核。安排落实财政预算价格调节基金500万元,实际下拨价格调节基金80.63万元,用于平价商店考核、建设、运营补贴和市自来水公司生产经营补贴。开展商品房明码标价专项检查,全市房价平稳;出台涉及民生的调价项目,做到水、天然气、热力、出租车价格和一般政府定价收费项目不高于周边地区。

【价格改革】 年内,泰兴市建立和完善居民用水阶梯价格制度,实施居民用管道天然气阶梯价格制度,适时调整热力价格。5月,对3家公立医院进行动态考核,实施《城市公立医院医药价格综合改革实施方案》,调整医疗服务项目价格,降低收费项目275项,减轻患者负担约1000万元。推进基层签约服务,核定乡村医生签约服务包收费试行标准;实施《泰州市建筑施工工地扬尘排污收费征收管理办法》,实施排污权有偿使用。

【平价商店提档升级】 2015年,全市淘汰平价商店3家,新增大型超市平价直销区2家、平价直销店1家。3

月,统一平价商店站牌,使用液晶电视公示价格,实现在线监控,推进平价商店提档升级,完善平价商店考核办法。

【成本监审和农本调查】 年内,泰兴市完成农本各类专项调查和常规性调查任务,分析报告被省局录用9篇。组织成本监审和调查,全年被监审单位上报成本3.91亿元,核减成本2269.27万元,核减率5.81%。调整成本监审专家库,构建成本监审大格局,得到省局肯定。

【收费规范清理】 2015年,《泰兴市行政事业性收费项目目录》《泰兴市涉企行政事业性收费项目目录》《泰兴市涉企经营服务性(中介)收费项目目录》《泰兴市涉房收费项目目录》《泰兴市涉车收费项目目录》《泰兴市涉农收费项目目录》,《泰兴市社会困难群体价费优惠项目表》在政府网、泰兴网、物价局网站公示,做到"目录清单之外无收费"。市政府制定《泰兴市行政审批中介规范管理意见》,下发《关于印发开展清理规范行政审批中介服务专项治理实施方案的通知》,公示《泰兴市行政审批前置中介服务事项和收费标准清单》,减轻企业负担3500万元。

【诚信建设】 2015年,市物价局开展"价格诚信有序年"市场监管主题活动,发放宣传手册5000份。3月15日,会同市工商局、商务局及餐饮等行业协会开展价格政策宣传咨询、诚信经营、放心消费宣誓等活动。开展商业零售、商品房销售、旅游服务及宾馆饭店、汽车4s店、物业服务、金融及民办学校等行业价格收费专项整治工作。全年命名表彰"泰兴市价格诚信单位"8家。

【价格专项检查】 2015年,泰兴市开展港口收费、管道天然气工程价格等专项检查,开展民生价费专项检查。对重点高中和部分乡镇中心幼儿园、中心初中、中心小学进行检查,处理收缴违法所得860万元。市物价局完成市属公立医院医疗收费检查任务,收缴违法所得近100万元;开展计生收费、药品价格、旅游价格、商品房明码标价等专项检查;联合市教育局等部门对私立学校乱收费等问题开展联合执法检查,取消1所高中2015年秋学期高一新生录取资格。

【价格认定和价格争议调解】 2015年,市物价局开展经济案件价格认定,增加经济案件认定经费财政预算10万元。开展价格矛盾纠纷调解工作,帮助协调农村翻水灌溉闸执行农业用电价格矛盾和经济开发区企业的价格矛盾。全年,完成各类价格认定案件469件,标的额9.48亿元。其中:刑事案件210件,标的额410万元;交通事故车辆财产损失案件8件,标的额32万元;涉纪价格认定2件,认定金额8500元;二手房计税交易价格认定249件,标的额9.43亿元。

(王春中 朱志平)

国土管理

【概况】 2015年,全市上争农用地转用计划141.67公顷,争取规模流量指标1066.67公顷。全年出让土地85宗248.16公顷,土地出让金32亿元。实施耕地占补平衡项目新增耕地163.73公顷;实施城乡建设用地增减挂钩项目新增耕地275.87公顷。完成滨江镇、虹桥镇、黄桥镇同一乡镇范围内村庄建设用地布局调整试点工作一期工程,新增耕地57.2公顷。全年办理各类登记、审批收件16477宗。

【耕地管护】 2015年,全市执行《泰兴市乡镇政府耕地保护责任目标考核办法》,将耕地保有量不低于7.23万公顷、基本农田保护面积不低于6.29万公顷任务分解到各个乡镇(街道)。年初,市政府与各乡镇政府签订土地管理模范乡镇(街道)创建责任状,严格考评,形成市、乡镇、村组齐抓共管的管护体系。研究出台《泰兴市耕地占补平衡补充耕地项目培肥工作方案》,从专项资金中安排1200元/亩对年度耕地占补平衡项目新增耕地进行统一培肥。

【永久保护基本农田划定】 2015年,市国土资源局对优先划入和可以划出基本农田的耕地进行普查,落实基本具备高标准条件项目11个,建成高标准基本农田4846.67公顷,连续3年超额完成省国土资源厅下达的年度建设任务。

【征地管理】 2015年,市国土资源局印发《关于进一步规范建设用地报批工作的通知》。建立征地风险评估、征地补偿预存款、三公告一登记(征地告知书、征收土地公告、征地补偿安置方案公告、补偿登记)及现场审查等制度。全年市政府从土地出让金中提取统筹配套资金2.83亿元,社会保障农业人口5095人。是年,市国土资源局上争济川药业儿科新药项目点供计划31.67公顷,上争单独选址项目3个,面积48公顷,其中:京沪高速泰兴北互通项目22.71公顷、珊瑚110千伏输变电项目0.37公顷、国家物资储备局江苏655工程24.92公顷。

【土地市场宣传推介】 2015年,市国土资源局开展电话沟通、上门访谈、约请座谈、现场推介等方式宣传推介泰兴土地市场。全年挂牌出让土地85宗248.16公顷,土地出让金32亿元,其中工业用地47宗141.51公顷,土地出让金5.36亿元;经营性用地38宗106.65公顷,土地出让金26.64亿元。

【不动产统一登记整合】 2015年9月,市编办印发《关于市不动产登记职责整合有关事项的通知》,将房屋测绘成果审核、房产档案管理工作调整至市国土资源局,同时明确机构设置和要求。市政府印发《市政府关于增挂市不动产登记局牌子的通知》,明确在市国土资源局增挂市不动产登记局牌子,完成全市不动产统一登记机构建立、职责整合等工作。

【土地收购储备】 2015年,市国土资源局调研土地市场供需状况,编制储备出让计划,全年计划储备出让经营性土地65宗572.13公顷。年内,实施羌溪北路周边、新型工业泵厂等19个项目收购储备工作,土地收购面积25.68公顷,收购补偿款7181万元。

【矿产资源保护】 2015年,市国土资源局开展建设项目地质灾害危险性评估85宗。全年收取矿补费204.4万元,采矿权价款30.03万元,采矿权使用费0.35万元,合计234.78万元。

【土地节约集约利用】 2015年,全市盘活存量建设用地280公顷,处置批而未供项目32宗51.1公顷、闲置土地2宗8.53公顷;收购储备存量用地及批而未供项目用地15宗57.07公顷;处置9宗房地产开发项目超容积率行为,补交土地出让金412.23万元。全年建成标准厂房15.8万平方米。 (张 伟)

5月12日,土地节约集约利用工作现场
(国土资源局 供稿)

审 计

【概况】 2015年,市审计局共完成审计项目单位62个,其中预算执行审计20个、财政决算审计6个、专项资金审计2个、投资审计30个、企业审计4个,累计完成市政府交办的工程预算审计、资金拨付审核、竣工结算审计901个。审计查出主要问题金额62.19亿元,其中违规金额37.53亿元、损失浪费金额1349万元、管理不规范金额24.52亿元。审计发现非金额计量问题116个,移送纪检监察机关事项3件,移送有关部门事项2件。审计期间,被审计单位整改金额7139万元;审计后,促进增收节支3.55亿元、已调账处理金额1351万元。核减政府投资建设项目预算、决算、结算5.25亿元。

【经济责任审计】 2015年,市审计局对16名领导干部实施任期经济责任审计,其中任中审计3名、离任审计13名。审计查出主要问题金额4.33亿元,其中领导干部负有领导责任的违规金额226万元、负有主管责任的管理不规范金额2.31亿元、负有领导责任的管理不规范金额1.95亿元。其中,首次对3名副处级领导干部实施任期经济责任审计。

【政府投资审计】 2015年,市审计局完成30个政府投资项目竣工决算审计,完成市政府交办的工程预算审计、资金拨付审核、竣工结算审计901个,累计完成投资额21.88亿元。

【保障性住房跟踪审计】 年内,市审计局根据上级部署对淮安市淮安区2015年城镇保障性安居工程投资、建设、分配、运营等情况进行跟踪审计。审计发现,农村危房改造任务143户未完成、政府购置锦绣山阳安置房单价高于市场平均价、部分保障对象不符合保障条件、棚户区征收分户缺乏依据,部分分户多的家庭中存在违规享受拆迁低保房、有25户不符合保障条件违规享受住房保障待遇问题、有9户农村危房改造户不符合条件、违规改变103套保障性住房用途、23套已建成保障性住房空置超过一年以及保障性安居工程建设管理等问题,提出整改建议,督促部门清理退出25户住房保障对象、取消9户危房改造户资格。 (周 祥)

统 计

【概况】 2015年,开展全国1%人口抽样、企业创新、月度劳动力、企业景气等专项调查工作;完成更高水平小康、农业基本现代、妇儿发展等专项监测工作;开展统计法制培训、统计监审、统计检查工作。对全市 1196 家规模以上企业进行名录库维护更新。

【人口抽样调查】 2015 年全国 1% 人口抽样调查,抽中泰兴市 47 个调查小区,覆盖全市 16 个乡镇(街道)47 个村(居),共调查 4584 户共 1.23 万人。4 月,市工作领导小组成立,各乡镇(街道)成立调查办公室,选调调查指导员、调查员 156 名。调查前,泰兴电视台、泰兴日报等媒体宣传报道,各乡镇(街道)以张贴宣传画报、在调查小区悬挂宣传横幅,登门入户发放致调查户一封信,广泛动员。开展各层次、各阶段业务学习及培训,做好登记试点,调查员挨家挨户摸底,编制调查底册,登门入户使用 PDA 进行数据采集等工作,按时完成调查任务。

【统计法制培训】 2015 年 4 月,市统计局组织各乡镇(街道)、园区分管统计工作的负责人、统计站站长共 38 人赴泰州市委党校参加泰州市统计局组织的《统计改革与创新》《统计法律法规与工作规范》培训。全年,组织 215 人申请统计从业资格认定,有 198 人参加全国统一考试,考试率达 92%,考试通过 186 人,通过率达 94%。组织新增执法检查员参加全省统计执法检查员培训班;组织新增执法检查员参加全省统计执法检查员培训班;组织全局公务员参加依法行政网上学习。

【统计"四走进"活动】 2015 年,市统计局开展"四走进"(走进企业、走进校园、走进村居、走进媒体)活动。开展系列宣传活动,组织省泰兴中学学生现场观摩企业联网直报流程,普及统计知识;利用市委《泰兴微学习》微信公众号宣传统计工作,发动公众参与省"服务型统计建设最佳团队""最美统计人"评选。12 月,组织 3 个宣传小分队,分别开展"走进企业""走进社区""走进农村"宣传活动。

【统计监审检查】 2015 年,市统计局下发《2015 年泰兴市统计监审工作计划》《2015 年泰兴市统计检查工作计划》。4～11 月,对全市规模以上工业、能源、固定资产投资、房地产业、限额以上批零住餐业、劳动工资统计等专业抽取 164 家企业单位和投资项目进行统计监审检查,对统计人员从业资格持证上岗情况专项监审。

(黄继东)

泰兴火腿(三)

黄桥解放前夕,新四军驻姜堰莫家庄的一支队伍派了两个年轻的军官专程找到腌腊师傅张胜友,请他出面组织工人生产腌肉食品。于是他们在镇西寺桥外租用了四五间房子,招聘了六名技工和十八名杂工,主要生产咸肉、肉松和火腿,后来自己宰杀生猪腌制火腿。制成的火腿,除供应部队和本地销售外,大部分销往上海。

1949 年 1 月,黄桥解放,泰州专署合作推进社投资小麦 741144 斤,办起新民腌腊公行,在黄桥丁氏义庄和火星庙内加工制作咸肉、风干肉、火腿等。1950 年更名为黄桥猪业产销合作社。当时在上海开设了"华东腌腊部"专营黄桥火腿,地址在南京路附近的鑫鑫公司楼下。由于产品制作工艺正宗,销势很旺,每隔几日,就用船装上几千只发往上海。为防止脱销,还在上海关桥码头租用了三间仓库存放成品火腿。这期间,年销售火腿五万多只,黄桥火腿也逐渐有了名气,声誉可与"金华火腿"媲美,一时成了上海滩的抢手货。1957 年,产销合作社更名为黄桥食品加工厂,并开始向苏联和东欧国家出口火腿等。该厂在 1981 年被确认为国家中型企业,1986 年,该厂生产的冷香耳、肉松获省优产品。

1956 年,县食品公司在县城东北郊建宰杀加工厂,次年扩建为泰兴食品加工厂。1966 年,泰兴食品加工厂生产肉制品 70 余吨援助越南。1979 年后,溪桥、珊瑚、焦荡、三里、常周、刘陈、田河、黄桥等社镇先后办起 10 家肉制品加工厂,进行猪肉产品的深度加工和综合利用。泰兴食品加工厂生产的银杏牌红肠、肉脯,金梅牌肉松等 8 个产品先后获 14 项省以上优质产品奖。

改革开放后,随着科学技术的发展,传统的手工腌制技术逐渐为大工业生产所代替,人们的生活水平也有了很大提高,出于对健康理念的追求,泰兴火腿也就逐渐淡出市场。

(何锡龄 刘明生)

科技·教育·体育

■编辑　翁元锋

科学技术

·综　述·

【概况】 2015年,泰兴市全社会研发支出占GDP的比例为2.25%,比上年提升0.13个百分点,在泰州三市四区中排名第二,增幅第一。全市获省(部)级科技进步奖三等奖2项,获泰州市科技进步奖一等奖2项、二等奖6项、三等奖12项。省市科技进步奖获奖数量居泰州各市区之首;实施亿元以上新兴产业项目44个,总投资200.3亿元,实现新兴产业产值584.6亿元,增长25%,占规模以上工业比重提高1.5个百分点;高新技术产业产值1103.94亿元,增长23.13%,占规模以上

11月1日,百名海外博士江苏行泰兴洽谈会

技项目182个;获批三部委认定高新技术企业23家,全市高新技术企业总数达62家,高新技术产品82个,省民营科技企业73家。至2015年底,泰兴市拥有国家火炬计划特色产业基地1个,江苏省级高技术重点实验室1个,江苏省级院士工作站4个,江苏省级企业研究生15个,江苏省级技术研究中心20个,江苏省级现代农业科技园1个,泰州市级以上工程技术研究中心49个。

·科技计划实施·

【概况】 2015年,泰兴市共申报江苏省级以上科技项目182项。其中:江苏泰隆减速机股份有限公司机器人关节用摆线包络精密减速器研发及产业化项目被列入省重大科技成果转化专项资金项目,获得江苏省财政资金扶持1200万元;江苏星鑫分离设备制造有限公司低能耗高效处理高浓度氨氮废水关键技术开发与应用项目列入省重点研发计划(社会发展),获得江苏省财政资金扶持80万元;济川药业集团有限公司等6家单位项目被列入国家火炬计划项目,江苏省泰兴高新技术众创集聚区获得省众创空间建设补助专项资金140万元;江苏省农村科技服务超市泰兴设施蔬菜产业分店、便利店建设获江苏省农业科技社会化服务奖补资金19万元,新建江苏农村科技服务超市便利店2家;江苏菇本堂生物科技股份有限公司、泰兴市绿色经典蔬菜专业合作社等6个企业项目被列入2015年国家星火计划面上引导项目。

2015年度泰兴市承担国家火炬计划项目一览表

表15

序号	项 目 名 称	承担单位
1	蛋白琥珀酸铁及口服溶液的研发及产业化	济川药业集团有限公司
2	聚四氟乙烯大跨度空间结构建筑膜材产业化	江苏维凯科技股份有限公司
3	镁铝合金披覆式多功能智能互感器	江苏科兴电器有限公司
4	机器人关节用摆线包络精密减速器	江苏泰隆减速机股份有限公司
5	蛋白聚合酶谷氨酰胺转氨酶的产业化	泰兴市一鸣生物制品有限公司
6	泰兴市清洁生产公共技术服务中心建设	泰兴市科技创业服务中心

2015年泰兴市获得省级以上项目清单一览表

表16

序号	项目类别	项目名称	承担单位	资金额(万元)
1	国家科技支撑计划	桥式起重机械轻量化关键技术研究与应用	江苏泰隆减速机股份有限公司	513
2	江苏省科技成果转化专项资金	机器人关节用摆线包络精密减速器研发及产业化	江苏泰隆减速机股份有限公司	1200
3	江苏省重点研发计划(社会发展)	低能耗高效处理高浓度氨氮废水关键技术开发与应用	江苏星鑫分离设备制造有限公司	80
4	省重点企业研发机构绩效优良补助	江苏省(济川)儿科药物工程技术研究中心	济川药业集团有限公司	50
5	省级众创空间建设补助专项资金	江苏省泰兴高新技术众创集聚区	泰兴市智光环保科技有限公司	140

2015年度泰兴市承担泰州市级以上研发机构情况一览表

表17

序号	项 目 名 称	承 担 单 位	备注
1	江苏省(济川)儿科药物工程技术研究中心	济川药业集团有限公司	省级优良
2	江苏省高性能锂电池正极材料工程技术研究中心	江苏凯力克钴业股份有限公司	省级
3	江苏省超高纯节能环保溶剂工程技术研究中心	泰兴金江化学工业有限公司	省级
4	研究生工作站	泰兴市东圣食品科技有限公司	省级
5	研究生工作站	江苏瑞和化肥有限公司	省级
6	研究生工作站	江苏友诚数控科技有限公司	省级
7	研究生工作站	江苏森萱医药化工股份有限公司	省级
8	研究生工作站	江苏德福来汽车部件有限公司	省级
9	研究生工作站	泰兴市梅兰化工有限公司	省级
10	泰州市节能环保并联制冷机组工程技术研究中心	江苏科立德制冷设备有限公司	市级
11	泰州市数控高速提花毛巾剑杆织机工程技术研究中心	江苏友诚数控科技有限公司	市级
12	泰州市功能性全麦面粉工程技术研究中心	江苏宇宸面粉有限公司	市级
13	泰州市含磷工业废水资源化工程技术研究中心	江苏瑞和化肥有限公司	市级

2015年度泰兴市承担国家星火计划项目一览表

表 18

序号	项　目　名　称	承担单位
1	南美白对虾调理食品生产技术示范应用	泰兴市江泰水产专业合作社
2	超高压改性凝胶技术在鱼糜制品加工中的应用示范	泰兴市新渔食品加工有限公司
3	设施果菜优质轻简栽培技术集成创新与示范	江苏古溪农业发展有限公司
4	泰兴"梅岱山药"优质高效露地栽培技术集成示范应用	泰兴市和平蔬菜种植专业合作社
5	设施蔬菜栽培连作障碍生物解除技术示范与推广	泰兴市绿色经典蔬菜专业合作社
6	鹿茸菇等食用菌现代工厂化生产技术集成创新与产业化	江苏菇本堂生物科技股份有限公司

· 科技成果 ·

【概况】 2015 年度,泰兴市获省(部)级科技进步奖 2 项,泰州市科技进步奖 20 项,表彰泰兴市科技进步奖 47 项。

2015年度省(部)级科技进步奖获奖项目名单一览表

表 19

序号	项　目　名　称	完　成　单　位	主要完成人员
1	锂电池级高活性球形四氧化三钴绿色制备	江苏凯力克钴业股份有限公司,南京航空航天大学	李军秀　周　飞　袁国和 孔继周　杜长福　张爱青 唐　洲
2	高效节能型高电压低转速大功率潜水轴(贯)流泵关键技术研究与产业化	江苏亚太泵阀有限公司,江苏大学	蒋文军　张成华　张德胜 蔡可宁　孟凡有　张爱霞 封　玉

2015年度泰州市科技进步奖项目名单一览表

表 20

一等奖			
序号	项　目　名　称	完　成　单　位	主要完成人员
1	蛋白琥珀酸铁及口服溶液的研发及产业化	济川药业集团有限公司	曹龙祥　曹　飞　董自波 祝纪文　牛　犇　赵　菁 夏立武　邵建国　杭夏清
2	新型电解槽与氯化钴电积新技术研究及其产业化	江苏凯力克钴业股份有限公司	张爱青　邱定蕃　仲扣成 杜长福　袁国和　江培海 王振文　牛镇岭　伍一根
3	船用膜法污水处理系统	江苏南极机械有限责任公司	倪治忠　金　星　倪建峰 倪吉林　汪立庆　李玉章 黄卫国
4	舰船用特种防爆双速耐高温轴流通风机关键技术研究与工程应用	江苏兆胜空调有限公司、泰州职业技术学院	秦伯进　朱正贵　宋正和 树龙珍　陈　兵　蒋晨飞 高海燕
5	花生新品种——泰花 7 号选育及应用	泰兴市农业科学研究所、泰州市旱地作物研究所、盐城市粮油作物技术指导站	王书勤　谢吉先　冒维维 刘军民　朱晓燕　季建文 何建国

续表 20

序号	项 目 名 称	完 成 单 位	主要完成人员
二等奖			
1	防治仔猪腹泻的中药制剂制备技术与应用	泰兴市农诺科技有限公司	钱 峰 钱 尉
2	孤立性肺结节早期诊治的临床研究	泰兴市人民医院	奚小祥 吕必宏 陈 瑞 刘 慧 秦爱华 陈建忠 赵雪琴
3	腰静脉预处理在累及腔静脉腹膜后肿瘤切除术中的应用	泰兴市人民医院	朱学锋 陈益君 朱永胜 卜 剑 陶 慧 黄建军 吴 新
三等奖			
1	压克力厚板一次成型自动浇铸机	泰兴汤臣压克力有限公司	汤月生 季一岷 季峥越 成 伟 朱正同
2	大型复杂电子装备用高精控温系统	江苏永昇空调有限公司	戴亚东 石滨泉 冯 卫 李新华 鞠 虎
3	JBS-50舰船用一体化冷热水机组	中船重工天禾船舶设备江苏有限公司	戴 伟 郁 斌 花 军 曹杨健 袁 超
4	固体有机废弃物规模化分区式气化装置	江苏金江生物能源科技有限公司	周建斌 顾云江 金国华 宋依青 林 品
5	沿江高沙土地区水稻生产全程机械化技术集成与推广	泰州市泰兴市农业技术推广中心	王迎春 栾书荣 罗品忠 杨卫建 黄巧云
6	血清脑红蛋白与新生儿缺氧缺血性脑病预后的相关性研究	泰兴市人民医院	施元美 张 泓 周保健 程 超 王泳霞
7	泰兴地区人群中MN及P血型表型分布频率调查及其在临床输血中的应用	泰兴市人民医院	曹国平 罗 云 丁 婧 韦 颖 张美英
8	固定腭杆牵引装置在腭侧埋伏阻生上颌尖牙矫治中的应用	泰兴市人民医院	鞠 镇 陈幼新 雷 磊 吴敢峰 章文海
9	氟伏沙明联合羟考酮缓释片治疗中重度癌痛的研究	泰兴市人民医院	肖 扬 刘 君 顾丽华 马益敏 蔡丽华
10	法舒地尔对大鼠心肌缺血再灌注损伤的保护作用及机制研究	泰兴市人民医院	蒋智慧 冯广智 钱智勇 徐曙东 周汝娟
11	雷帕霉素治疗伊马替尼耐药的难治性慢性髓系白血病的研究	泰兴市人民医院、苏州大学附属第一医院	谢 静 张 翔 方宝枝 黄玉娟 李 娟
12	牵舌法在帝视内窥镜引导气管插管中的临床应用	泰兴市第二人民医院	朱晓军 钱梅花 朱海蓉 陆 磊 王 兵

2015年度泰兴市科技进步奖项目名单一览表

表 21

序号	项 目 名 称	完 成 单 位	完成人员
一等奖			
1	蛋白琥珀酸铁及口服溶液的研发及产业化	江苏济川控股集团有限公司	曹龙祥 曹 飞 董自波 祝纪文 牛 犇 赵 菁 夏立武 邵建国 杭夏清

续表 21

一等奖

序号	项 目 名 称	完 成 单 位	完成人员
2	新型电解槽与氯化钴电积新技术研究及其产业化	江苏凯力克钴业股份有限公司	张爱青 邱定蕃 仲扣成 杜长福 袁国和 江培海 王振文 牛镇岭 伍一根
3	船用膜法污水处理系统	江苏南极机械有限责任公司	倪治忠 金 星 倪建峰 倪吉林 汪立庆 李玉章 黄国卫 黄红梅 刘 燕
4	舰船用特种防爆双速耐高温轴流通风机关键技术研究与工程应用	江苏兆胜空调有限公司 泰州职业技术学院	秦伯进 朱正贵 宋正和 树龙珍 陈 兵 蒋晨飞 高海燕 张 良 焦月红
5	YTYZB型一体化预制泵站	江苏亚太泵阀有限公司	张成华 栾金秀 谭晓强 孟凡有 辛 健 谢 萍 王文荣 潘 毅
6	花生新品种-泰花7号选育及应用	泰兴市农业科学研究所 泰州市旱地作物研究所 盐城市粮油作物技术指导站 泰兴市劲丰农业科技有限公司	王书勤 刘荣甫 马小凤 洪 斌 黄荣华 殷 云 罗 敏 洪 娟 季国民
7	防治仔猪腹泻的中药制剂制备技术与应用	泰兴市农诺科技有限公司	钱 峰 方希修 曹 旭 叶智生 陈霞林 杨春明 周红娟
8	孤立性肺结节早期诊治的临床研究	泰兴市人民医院	奚小祥 吕必宏 陈 瑞 刘 慧 秦爱华 陈建忠 赵雪琴 何光明
9	腰静脉预处理在累及腔静脉腹膜后肿瘤切除术中的应用	泰兴市人民医院	朱学锋 陈益君 朱永胜 卜 剑 陶 慧 黄建军 吴 新 张文平
10	腹腔镜下腹主动脉旁淋巴结切除在子宫内膜癌诊治中的临床研究	泰兴市人民医院	杨纪实 周留林 王 君 印慧琴 邵莉萍 周秋霞 徐彩霞 叶春美

二等奖

序号	项 目 名 称	完 成 单 位	完成人员
1	固体有机废弃物规模化分区式气化装置	江苏金江生物能源科技有限公司	周建斌 顾云江 金国华 宋依青 林 品 何亚明 夏明生
2	基于非贯穿式空心线圈和链式电容器电阻分压电子式互感器	江苏科兴电器有限公司	姚海明 朱冬明 杨 峰 印 慧 胥 卫 周莉萍 张 辉
3	大型复杂电子装备用高精控温系统	江苏永昇空调有限公司	戴亚东 石滨泉 冯 卫 李新华 鞠 虎 王春华 郭 进
4	一种高性能全向天线	泰兴市迅达通讯器材有限公司	张桂兴 周 虎 胡树梁 何卫国 何炳发 贺增贵 杨鹏雨
5	轿车智能全景天窗	江苏德福来汽车部件有限公司	王鹏翔 张小祥 肖章俊 陈金涛 李志林 张春生
6	深基坑多层钢筋混凝土内支撑梁分段切割整体吊运施工技术研发与应用	源丰建设有限公司 南通大学	何金城 成 军 杨鱼庆 陈永忠 张云龙 戴 晋

续表 21

序号	项 目 名 称	完 成 单 位	完成人员
7	JBS-50舰船用一体化冷热水机组	中船重工天禾船舶设备江苏有限公司	戴 伟 郁 斌 花 军 曹杨健 袁 超 谢建虎 徐正国
8	压克力厚板一次成型自动浇铸机	泰兴汤臣压克力有限公司	汤月生 季一岷 季峥越 成 伟 朱正同 汤宏强 肖建霞
9	沿江高沙土地区水稻生产全程机械化技术集成与推广	泰兴市农业技术推广中心	王迎春 栾书荣 罗品忠 杨卫建 黄巧云 孔维善 向玲洁
10	葡萄设施避雨高效栽培技术示范推广	泰兴市林业技术推广中心	王坤荣 袁 觉 丁 飞 夏 玲 殷国怀 谭春兰 刘红霞
11	法舒地尔对大鼠心肌缺血再灌注损伤的保护作用及机制研究	泰兴市人民医院	蒋智慧 冯广智 周汝娟 严文娟 钱志勇 肖 飞 丁 宏
12	氟伏沙明联合羟考酮缓释片治疗中重度癌痛的研究	泰兴市人民医院	肖 扬 刘 君 蔡丽华 马益敏 魏 巍 黄小红 张荣侠
13	固定腭杆牵引装置在腭侧埋伏阻生上颌尖牙矫治中的应用	泰兴市人民医院	鞠 镇 吴敢峰 郭建军 章文海 陈幼新 雷 磊
14	泰兴地区人群中MN及P血型表型分布频率调查及其在临床输血中的应用	泰兴市人民医院	曹国平 罗 云 丁 婧 韦 颖 张美英 丁晓鸿 黄 霞
15	血清脑红蛋白与新生儿缺氧缺血性脑病预后的相关性研究	泰兴市人民医院	施元美 张 泓 周保健 程 超 王泳霞 王照平 殷小平
16	2型糖尿病合并缺血性脑卒中临床研究	泰兴市第二人民医院	何国富 季立功 刘世新 袁文全 陈 灵 钱霞萍 孔娇娜
17	牵舌法在帝视内窥镜引导气管插管中的临床应用	泰兴市第二人民医院	朱晓军 钱梅花 朱海蓉 陆 磊 王 兵
18	泰兴市城乡居民高血压流行状况及防治策略研究	泰兴市疾病预防控制中心	常 军 周余春 刘红建 徐 兴 谢正兴 范 敏 李亚军

三等奖

序号	项 目 名 称	完 成 单 位	完成人员
1	多功能新型复合材料滤板压滤机	江苏苏东化工机械有限公司	汪统华 丁宏明 陈怀兵 陈留银 徐东军
2	高压电机研制	江苏星光发电设备有限公司	顾小兴 段义武 谭金武 段阳阳 顾仁林
3	一种D)-2-苄基-N,N-二甲基氮杂环丙烷基-1-磺酰胺合成方法	江苏森萱医药化工股份有限公司	顾维龙 封乃军 严 箐 陈学伟
4	热胀冷缩无龟裂彩色橡塑板/管	赢胜(江苏)节能有限公司	秦伯军 刘远斌 焦 义 常 琛 姚小琴
5	新式多功能四件泵	泰兴开广塑胶有限公司	丁要武 刘 蓉

续表 21

序号	项 目 名 称	完 成 单 位	完成人员
6	活性深兰 LA 及其制备工艺	泰兴市锦鸡染料有限公司 泰兴锦云染料有限公司	苏金奇 赵卫国 鞠苏华 王国民 张卫平
7	超高纯度二氟一氯乙烷的制备装置技术	泰兴市梅兰化工有限公司	全文德 陈 明 张 龙
8	动物防疫消毒系统研制与推广应用	泰兴市济川街道畜牧兽医站	丁建红 程卫平 徐晓军 李祥圣 杨根章
9	奥沙利铂致肝损伤的预防研究	泰兴市人民医院	吕建峰 刘 华 丁荣杰 叶爱琴 范 健
10	抢救 56 例哮喘持续状态患者的体会	泰兴市第二人民医院	林 杰
11	星状神经节阻滞治疗黄褐斑的临床效果	泰兴市第三人民医院	王宏伟 曹 兵 胡百奇 田斌斌 顾春亮
12	星状神经节阻滞治疗经前期综合征的研究	泰兴市第三人民医院	王宏伟 曹 兵 胡百奇 田斌斌 李晓琴
13	肝纤维化的中医治疗	泰兴市中医院	常 杰 黄春波 钱 进 张一德
14	中药内服联合灌肠治疗淤胆性肝炎	泰兴市中医院	常 杰 黄春波 钱 进 张一德
15	中医五联疗法治疗寻常性痤疮临床疗效及安全性研究	泰兴市中医院	余 鹏
16	生化汤对产妇康复的影响	泰兴市中医院	陈爱华 刘建华 刘林涛
17	改良扁桃体摘除术	泰兴市中医院	张丽华 朱新华 陈 阳 封 敏
18	胸乳入路腔镜下甲状腺切除术	泰兴市中医院	丁朝晖 卜建仁 洪 章 孙 燕
19	中西医结合治疗干眼症	泰兴市中医院	陈 阳 张丽华 封 敏

· 知识产权保护 ·

【概况】 2015 年,全市专利申请量 5786 件,其中发明专利申请 1833 件,实用新型专利 1080 件,外观设计专利 2873 件;全市专利授权 2795 件,其中发明专利 87 件,实用新型专利 555 件,外观设计专利 2154 件,有效发明专利累计达 660 件,PCT 申请 13 件;万人有效发明专利拥有量达 6.13 件。其中,专利申请量、发明专利申请量、有效发明专利量三项指标列泰州市第一。泰兴经济开发区在泰州市率先获批国家知识产权试点园区、江苏省知识产权示范园区,黄桥工业园区和虹桥工业园区获批江苏省知识产权试点园区。

【企业专利工作】 2015 年,泰兴市新增 10 家企业参加知识产权贯标备案;新增 5 家泰州市“正版正货”承诺试点单位;3 家企业承担省级以上知识产权计划项目,获扶持资金 75 万元。济川药业专利项目“治疗外感发热的药物组合物及其制备方法 ZL200510041514.2”、一鸣生物专利项目“一种分离纯化谷氨酰胺转氨酶的方法 ZL201110034437.3”获得第十七届中国专利优秀奖。江苏凤灵乐器集团“贝拉竹制拉弦低音乐器(贝拉琴)690”荣获第四届“太湖奖”设计大赛产品组二等奖。

2015年泰兴市发明专利十强企业表

表 22 单位:件

企业名称	发明专利拥有量	企业名称	发明专利拥有量
济川药业集团有限公司	22	江苏中丹集团股份有限公司	12

续表 22

企业名称	发明专利拥有量	企业名称	发明专利拥有量
江苏兆胜空调有限公司	18	江苏南极机械有限责任公司	9
泰兴市航联电连接器有限公司	17	江苏幸运宝贝安全装置制造有限公司	8
江苏泰来减速机有限公司	17	泰州百力化学股份有限公司	7
江苏友诚数控科技有限公司	14	泰兴市第一建筑安装工程有限公司	6
江苏泰隆减速机股份有限公司	13		

2015年度泰兴市知识产权项目情况表

表 23

序号	企业名称	项目承担单位	序号	企业名称	项目承担单位
1	中国专利优秀奖	济川药业集团有限公司	3	江苏省"正版正货"示范创建行业	泰兴市乐器协会
		泰兴市一鸣生物制品有限公司	4	江苏省企业知识产权管理标准化示范创建	泰兴市圣达铜业有限公司
2	江苏省企业知识产权战略推进计划项目	泰兴市华诚机电制造有限公司	5	第四届"太湖奖"设计大赛产品组二等奖	江苏凤灵乐器集团
		泰兴市航联电连接器有限公司			

【知识产权保护】 2015年,泰兴市推进正版正货示范工作,在全市营造尊重知识产权、保护知识产权和诚信守法经营环境,组织泰隆减速机、兆胜空调、南极机械、永昇空调、河海纳米等5家企业申报泰州市"正版正货"承诺试点单位;泰兴市乐器协会获批承担2015年度江苏省"正版正货"示范创建行业项目。开展"护航"专项行动,联合省、市知识产权局对农工商超市、大统华超市黄桥店等企业开展专利执法专项检查,抽查日用百货、家电、文具等商品200余件,对涉嫌假冒和标注不规范专利商品现场登记并拍照取证,累计对涉嫌假冒专利(专利标识标注不当)产品立案92件,结案92件,结案率达100%。指导宏大特钢开展专利维权活动,帮助企业分析侵权产品,比对技术特征和权利要求,制定诉讼方案和策略,全年诉讼立案2件、专利侵权纠纷调解立案2件。

· 科技活动 ·

【概况】 2015年,泰兴市与国内著名高等院校、科研院所合作,引进海内外优秀人才到泰兴创新创业。全年共签订正式产学研合作协议81项,建成产学研联合体24项。

【产学研活动】 2015年,泰兴市组织企业,参加"企业院校行"兰州活动,组织泰隆集团等机械行业企业赴重庆大学及重庆铁马工业集团开展产学研活动,泰隆集团与重庆大学通过对接洽谈,达成研究开发智能机器人关节用精密减速器技术合作意向。12月,组织泰兴市军工生产企业赴北京参加"民参军"政策报告会。2015年,市委、市政府负责人先后带队赴北大、清华、哈工大等高校开展政产学研对接交流活动,北大工学院、哈工大、南开大学先后与泰兴市签订战略合作协议。开展"请进来"活动,上海第二工业大学校长俞涛、上海同济大学副校长吕培明、中北大学副校长沈兴全、上海大学科学发展研究院院长施利毅等先后带领专家团到泰兴开展产学研对接活动。

【"百企百校(院、所)"协同创新洽谈活动】 10月20日下午,泰兴市举行"百企百校(院所)"协同创新洽谈活动。全国各地39所高校和科研院所专家教授与泰兴市118家企业代表现场洽谈。"天津大学—泰兴节能环保产业联合研究中心""上海大学泰兴技术转移中心""中北大学军民结合技术泰兴研究院""安徽省工业设计中心泰兴分中心" 等科技平台项目揭牌;在"先进制造""航天科技军转民技术"和"化工新材料"三个分会场上,专家教授与企业代表双向发布信息,面对面洽谈,达成32个合作意向。

2015年科技合作(正式协议)项目统计表

表 24

序号	项目名称	单位名称	技术支撑单位
1	北京大学工学院　泰兴市人民政府战略合作协议	泰兴市人民政府	北京大学工学院
2	共建中科院上海高等研究院产业技术创新与育成中心泰兴分中心	泰兴市人民政府	中科院上海高等研究院
3	共建上海理工大学技术转移中心泰兴分中心	泰兴市人民政府	上海理工大学术转移中心
4	合作协议	泰兴市人民政府	上海东部科技成果转化有限公司
5	共建中科院泰州中心泰兴工作站协议书	泰兴市科技局	中科院泰州应用技术研发及产业化中心
6	共建“精细化工协同创新服务示范基地”协议	泰兴市经济开发区	江苏省化学化工学会 泰州市科协
7	战略合作协议	江苏联昇化学有限公司	四川大学华西药学院
8	联合成立《合肥工业大学—泰兴冶炼铜化合物产品研发工程中心》协议书	泰兴冶炼厂有限公司	合肥工业大学
9	产学研合作协议	江苏兆胜科技有限公司	江苏科技大学
10	产学研合作协议（一体化隔舱式独立调气智能型气调保鲜库）	江苏兆胜科技有限公司	天津商业大学 江苏科技大学
11	合作协议(舰船空调用等离子体空气净化模块)	江苏兆胜科技有限公司	安徽泽众安全科技有限公司
12	泰州市含磷工业废水资源化工程技术研究中心联合申报协议	江苏瑞和化肥有限公司	江南大学
13	江苏省企业研究生工作站项目合作协议（含磷工业废水深度处理及回用关键技术）	江苏瑞和化肥有限公司	江南大学
14	项目合作协议（关于精对苯二甲酸残渣资源化利用及处理技术研发及应用）	泰兴市富昌固废处理有限公司	常州大学
15	江苏省企业研究生工作站项目合作协议（高纯度二氟一氯乙烷项目）	泰兴市梅兰化工有限公司	南京航空航天大学
16	合作研发协议（利用膜分离及生物酶技术从鱼糜加工废水中回收生产活性肽）	泰兴市江泰水产专业合作社	江南大学
17	科技合作协议书（长江系斑鳜品种改良选育及规模化繁育技术研究）	泰兴市天禄珍品水产有限公司	江苏鑫兴源农业科技有限公司 中国水产科学研究院淡水渔业研究中心
18	产学研合作协议书	泰兴市航天电器有限公司	江苏大学
19	产学研合作协议书	泰兴电除尘设备厂有限公司	南化集团研究院
20	产学研科技合作协议书	江苏中兴水务有限公司	常州大学
21	江苏省研究生工作站项目合作协议（高效高精度汽车天窗功能性组件及对室内环境的影响研发与应用）	江苏德福来汽车部件有限公司	常州大学
22	产学研合作协议书	江苏源泉泵业有限公司	常州大学

续表 24

序号	项目名称	单位名称	技术支撑单位
23	项目合作协议书（基于无人植保机的稻麦重大病虫害防控技术与装备研发）	江苏绿源航天科技有限公司	扬州大学 江苏省农机具开发应用中心
24	合作协议	江苏省泰兴环保科技产业园	上海大学
25	技术服务合同书（光合菌阻遏植物吸收部分重金属及有机污染实验）	泰兴智光环保科技有限公司	常州大学
26	高层次专业技术人员聘用合同书	江苏亚太泵阀有限公司	成立(扬州大学)
27	产学研合作框架协议书(草案)	江苏华骋科技有限公司	上海第二工业大学技术转移中心
28	合作协议(设立“科技服务站”)	江苏中丹集团股份有限公司	江苏省化学化工学会
29	江苏省企业研究生工作站项目合作协议（D)-2-苄基-N,N-二甲基氮杂环丙烷基-1-磺酰胺合成方法以及生产设备改进项目）	江苏森萱医药化工股份有限公司	常州大学
30	泰州市百冠泵阀科技有限公司与上海理工大学产学研合作协议书	泰州市百冠泵阀科技有限公司	上海理工大学
31	挂职协议	江苏江大环保科技有限公司	李瑞怡(江南大学)
32	挂职协议	江苏江大环保科技有限公司	周晓燕(江南大学)
33	挂职协议	江苏江大泵业制造有限公司	刘博文(江苏大学)
34	挂职协议	江苏江大泵业制造有限公司	高振军(江苏大学)
35	共建安徽省工业设计中心泰兴分中心协议书	黄桥工业园区管委会	合肥学院艺术设计系
36	江苏省企业研究生工作站项目合作协议(1.码垛搬运机器人运动控制技术及系统开发;2. 剑杆织机控制系统)	江苏友诚数控科技有限公司	南京林业大学
37	战略合作协议书	江苏凯旋林业有限公司	南京林业大学
38	空心刨花板合作协议书	江苏凯旋林业有限公司	南京林业大学
39	产学研合作协议书	江苏宇宸面粉有限公司	南京农业大学
40	项目合作协议书（功能性全麦面粉生产关键技术与产品开发）	江苏宇宸面粉有限公司	南京农业大学
41	优质抗病苏姜猪新品种产业化及持续育种能力项目合作协议	江苏百汇农业发展有限公司	江苏农牧科技职业学院
42	关于创办珍稀食用菌菌种研发中心合作协议	江苏菇本堂生物科技股份有限公司	清华大学无锡应用技术研究院生物育种研究中心
43	技术合作合同(摆线包络精密传动成套技术研究)	江苏泰隆减速机股份有限公司	重庆大学
44	校企合作协议书	泰兴市实验化工厂	东南大学
45	基于聚碳酸亚丙酯二元醇的水性聚氨酯联合研发协议书	江苏中科金龙化工有限公司	中国科学技术大学
46	校企合作协议书	中科金龙化工股份有限公司	华南理工大学
47	产学研战略合作协议书	江苏黑松林粘合剂有限公司	合肥工业大学
48	产学研合作协议书	泰兴市东宁机电公司	湖北工业大学
49	校企合作协议书	泰兴市宏大汽车配件厂	江苏科技大学
50	校企合作协议	江苏强达新材料科技有限公司	浙江工业大学

续表 24

序号	项目名称	单位名称	技术支撑单位
51	技术开发合同书（甲苯高效氧化制备苯甲醛小试工艺优化及放大研发）	江苏施美康药业股份有限公司	南京大学
52	技术开发合同(醋酸阿托西班原料药)	江苏施美康药业股份有限公司	常州四药制药有限公司
53	技术开发合同(醋酸卡贝缩宫素原料药)	江苏施美康药业股份有限公司	常州四药制药有限公司
54	技术开发合同(醋酸利那洛肽原料药)	江苏施美康药业股份有限公司	常州四药制药有限公司
55	技术合作合同书(可得然胶、红曲红色素项目深层次研发中心)	泰兴市一鸣生物制品有限公司	山东省食品发酵工程实验室
56	技术合作开发合同（ε－聚赖氨酸盐酸盐提取技术的中间试验）	泰兴市一鸣生物制品有限公司	江南大学
57	技术转让合同书(生物发酵法生产可得然胶技术)	泰兴市一鸣生物制品有限公司	赵双枝课题组
58	技术开发合同(抗菌型洗涤用品的技术开发)	泰兴市一鸣生物制品有限公司	江南大学
59	技术开发合同（聚赖氨酸盐酸盐和苯乳酸抑菌技术配方）	泰兴市一鸣生物制品有限公司	江南大学
60	技术开发合同(可得然胶衍生物的技术开发)	泰兴市一鸣生物制品有限公司	江南大学
61	技术合作开发合同（10 立方米规模 ε－聚赖氨酸生物制造关键技术的研发与试生产）	泰兴市一鸣生物制品有限公司	江南大学
62	技术开发合同(酶法制备苯乳酸的关键技术)	泰兴市一鸣生物制品有限公司	江南大学
63	技术许可合同（棉麻脱胶用碱性果胶酶的高效发酵技术）	泰兴市一鸣生物制品有限公司	中国科学院天津工业生物技术研究所
64	技术转让合同(L-天冬酰胺酶发酵生产技术)	江苏一鸣生物股份有限公司	江南大学(如皋)食品生物技术研究所
65	技术转让合同(脂肪氧合酶发酵生产技术)	江苏一鸣生物股份有限公司	江南大学(如皋)食品生物技术研究所
66	技术转让合同(利用专一性壳聚糖酶生产壳寡糖)	江苏一鸣生物股份有限公司	山东省农业科学院农产品研究所
67	江苏省研究生工作站项目合作协议（环保制冷剂二氧化碳制冷系统设计与试验研究）	江苏科立德制冷设备有限公司	上海理工大学
68	高层次专业技术人才引进	江苏泰来减速机有限公司	林菁(上海师范大学)
69	项目合作协议（设施蔬菜清洁化集约化生产关键技术集成创新与示范）	泰兴市九州农业发展有限公司	江苏省农业科学院蔬菜研究所 江苏省农业科学院农业资源与环境研究所 农业部南京农业机械化研究所
70	合作协议书（大豆基面制品生物调质剂生产关键技术研究与新产品开发）	江苏新广生物科技有限公司	江南大学
71	项目合作协议书（农作物秸秆高效燃烧技术及炉具研发）	江苏金江生物能源科技有限公司	农业部南京农业机械化研究所
72	天线技术合作协议	泰兴市东盛电子器件厂	解放军理工大学通信工程学院

续表 24

序号	项目名称	单位名称	技术支撑单位
73	合作协议书	泰兴市睿济科技有限公司	复旦大学环境科学研究所
74	合作协议	波瑞电气有限公司	株洲南车机电科技有限公司
75	合作框架协议	波瑞电气有限公司	江苏宝胜电气股份有限公司
76	技术服务合同	波瑞电气有限公司	扬州生源电气安装有限公司
77	合作协议	江苏省国盛稀土有限公司	有研稀土新材料股份有限公司
78	技术依托协议书	泰兴市竹海生态园有限公司	江苏省农科院泰州农科所
79	新产品合作协议(船用雷达导航系列产品)	江苏泰宇减速机有限公司	上海亨远船舶设备有限公司
80	顺丰商业平台服务协议	泰兴市江源农牧有限公司	北京顺丰电子商务有限公司
81	高档地板合作协议	泰兴巴洛克林业有限公司	DUSAN塞尔维亚共和国企业

· 科技产业化 ·

【概况】 2015 年,全市高新技术产业产值 1103.94 亿元,增长 23.13%,占规模以上工业比重达 43.43%。2015 年获得三部委认定高新技术企业 23 家,新认定省高新技术产品 82 个,73 家企业被认定为江苏省民营科技企业。

2015年获批高新技术企业名单一览表

表 25

序号	企 业 名 称	备注
1	江苏海澄水工机械有限公司	国家税务总局、科技部、财政部认定的高企
2	江苏菇本堂生物科技股份有限公司	国家税务总局、科技部、财政部认定的高企
3	江苏九天光电科技有限公司	国家税务总局、科技部、财政部认定的高企
4	江苏德福来汽车部件有限公司	国家税务总局、科技部、财政部认定的高企
5	江苏科曼机械制造有限公司	国家税务总局、科技部、财政部认定的高企
6	泰兴科立德制冷设备有限公司	国家税务总局、科技部、财政部认定的高企
7	江苏森萱医药化工有限公司	国家税务总局、科技部、财政部认定的高企
8	泰兴市海泰船舶成套设备有限公司	国家税务总局、科技部、财政部认定的高企
9	江苏炳凯富汽车零部件制造有限公司	国家税务总局、科技部、财政部认定的高企
10	泰兴市冶炼厂有限公司	国家税务总局、科技部、财政部认定的高企
11	江苏瑞鑫电器有限公司	国家税务总局、科技部、财政部认定的高企
12	泰兴市航天电器有限公司	国家税务总局、科技部、财政部认定的高企
13	江苏久保联实业有限公司	国家税务总局、科技部、财政部认定的高企
14	江苏中丹化工技术有限公司	国家税务总局、科技部、财政部认定的高企
15	爱森(中国)絮凝剂有限公司	国家税务总局、科技部、财政部认定的高企
16	泰兴市锐利翔石油机械有限公司	国家税务总局、科技部、财政部认定的高企
17	江苏亿尔等离子体科技有限公司	国家税务总局、科技部、财政部认定的高企
18	泰兴市凌飞化学科技有限公司	国家税务总局、科技部、财政部认定的高企
19	泰兴电除尘设备厂有限公司	国家税务总局、科技部、财政部认定的高企

续表 25

序号	企 业 名 称	备注
20	江苏宏大特种钢机械厂有限公司	国家税务总局、科技部、财政部认定的高企
21	泰兴市圣达铜业有限公司	国家税务总局、科技部、财政部认定的高企
22	江苏永昇空调有限公司	国家税务总局、科技部、财政部认定的高企
23	江苏南极机械有限责任公司	国家税务总局、科技部、财政部认定的高企
24	江苏佳佩环保机械设备有限公司	江苏省高新技术企业(后备)
25	江苏苏东化工机械有限公司	江苏省高新技术企业(后备)
26	江苏新广生物科技有限公司	江苏省高新技术企业(后备)
27	江苏瑞和化肥有限公司	江苏省高新技术企业(后备)
28	泰兴市迅达通讯器材有限公司	江苏省高新技术企业(后备)
29	泰兴市博越众科自动化设备有限公司	江苏省高新技术企业(后备)
30	泰兴市东盛电子器材厂	江苏省高新技术企业(后备)
31	江苏泰润物流装备有限公司	江苏省高新技术企业(后备)
32	江苏荣拓实验设备有限公司	江苏省高新技术企业(后备)
33	江苏扬子鑫福造船有限公司	江苏省高新技术企业(后备)
34	丰益春之谷生物科技(江苏)有限公司	江苏省高新技术企业(后备)
35	惠尔信机械(泰兴)有限公司	江苏省高新技术企业(后备)

2015年度泰兴市新认定江苏省高新技术产品一览表

表 26

序号	产品名称	企业名称
1	压克力厚板一次成型自动浇铸机	泰兴汤臣压克力有限公司
2	轻便智能型大排量防洪抢险潜水泵	江苏亚太泵阀有限公司
3	10千伏～35 千伏电缆附件	泰兴市圣达铜业有限公司
4	固体有机废弃物规模化分区式气化技术设备	江苏云江生物能源科技有限公司
5	紧凑型大比压船舶中间轴承	江苏南极机械有限责任公司
6	汽车儿童安全座椅 591	江苏幸运宝贝安全装置制造有限公司
7	汽车儿童安全座椅 590 底座	江苏幸运宝贝安全装置制造有限公司
8	双馈式风力发电机用空水冷却器	江苏兆胜科技有限公司
9	((5-噻唑基)-甲基)-(4-硝基苯基)碳酸酯	江苏森萱医药化工股份有限公司
10	2-氰基-苯基丁酸乙酯	江苏森萱医药化工股份有限公司
11	抗艾滋病药物利托那韦中间体 5-羟甲基噻唑	江苏森萱医药化工股份有限公司
12	抗癫痫药苯巴比妥前药苯甲酰苯巴比妥	江苏森萱医药化工股份有限公司
13	抗癫痫药苯巴比妥中间体二乙基丙二酸二乙酯	江苏森萱医药化工股份有限公司
14	节能、环境友好型 10000TEU 箱大型集装箱船	江苏扬子鑫福造船有限公司
15	节能环保型 208000DWT 散货船	江苏扬子鑫福造船有限公司
16	环保型高强耐温高度绝缘特氟龙粘胶带	江苏东剑材料科技有限公司

续表 26

序号	产品名称	企业名称
17	医疗固体废弃物无害化处置成套装置	江苏亿尔等离子体科技有限公司
18	利拉萘脂乳膏	江苏中丹制药有限公司
19	新型复合彩钢板	江苏扬子净化工程有限公司
20	高分散高纯氧化亚铜	泰兴冶炼厂有限公司
21	速溶性高纯氧化铜	泰兴冶炼厂有限公司
22	玻璃钢集成泵站	江苏亚太泵阀有限公司
23	防松脱乳液泵	泰兴开广塑胶有限公司
24	改进型球团成套装备	江苏宏大特种钢机械厂有限公司
25	基于非贯式空心线圈智能化 / 网络化电子式电流互感器	江苏科兴电器有限公司
26	基于链式电容器电阻分压电子式电压互感器	江苏科兴电器有限公司
27	汽车空调用平行流冷凝器	江苏炳凯富汽车零部件制造有限公司
28	汽车空调用层叠式蒸发器	江苏炳凯富汽车零部件制造有限公司
29	一体式预制污水提升泵站	江苏海澄水工机械有限公司
30	低操作扭矩低泄漏浮动球阀	江苏泰伯铸造有限公司
31	四氧化三钴	江苏凯力克钴业股份有限公司
32	舰船用高可靠型 YM 圆形电连接器	泰兴市航天电器有限公司
33	低阻抗快速连接分离的 J14 特种矩形电连接器	泰兴市航天电器有限公司
34	高信号屏蔽耐环境手柄式机柜专用线缆组件	泰兴市航天电器有限公司
35	环保型高纯度多效乙酸乙酯	泰兴金江化学工业有限公司
36	高纯低残留环保型乙酸正丁酯	泰兴金江化学工业有限公司
37	2-(2-(3- 氯苯基)丙 -2- 烯 -1- 基)甲基)-2- 乙基茚满 -1,3- 二酮	江苏广域化学有限公司
38	反 -4-[(乙氧基 -2,3- 二氟苯氧基)甲基]- 反 -4'- 乙基 -1,1'- 双环己烷	江苏广域化学有限公司
39	反 -4-[(乙氧基 -2,3- 二氟苯氧基)甲基]- 反 -4'- 丙基 -1,1'- 双环己烷	江苏广域化学有限公司
40	汽车儿童安全座椅 Q7	江苏幸运宝贝安全装置制造有限公司
41	U-PVC管道保温防护套	赢胜(江苏)节能有限公司
42	电动双卷筒定位绞车	江苏海泰船舶成套设备有限公司
43	环保型高风压移动式空气处理器	中船重工天禾船舶设备江苏有限公司
44	众泰汽车 T500 空调系统微通道冷凝器	江苏炳凯富汽车零部件制造有限公司
45	江淮二代皮卡平行流蒸发器	江苏炳凯富汽车零部件制造有限公司
46	克林霉素磷酸酯凝胶制剂	江苏中丹制药有限公司
47	阿达帕林凝胶制剂	江苏中丹制药有限公司
48	他扎罗汀凝胶制剂	江苏中丹制药有限公司
49	柴油机灰口铸铁飞轮壳	江苏松林汽车零部件有限公司
50	精质间苯二酚	江苏中丹化工技术有限公司

续表 26

序号	产品名称	企业名称
51	多功能用 4- 乙氧基苯胺	江苏中丹化工技术有限公司
52	采用萘邻混合法制备的优级苯酐	泰兴协联众达化学有限公司
53	高分子高活性聚合医用软胶体敷料	嘉恒医药(江苏)有限公司
54	全钢链条启动式防腐通风柜	江苏荣拓实验设备有限公司
55	蒲地蓝消炎口服液	济川药业集团有限公司
56	健胃消食口服液	济川药业集团有限公司
57	三拗片	济川药业集团有限公司
58	川芎清脑颗粒	济川药业集团有限公司
59	雷贝拉唑钠肠溶胶囊	济川药业集团有限公司
60	蛋白琥珀酸铁口服溶液	济川药业集团有限公司
61	HC车辆仪表液晶屏动态显示驱动软件 V3.0	江苏华骋科技有限公司
62	CGK·RZ·04B 数控炭块自动加工线	江苏晨光数控机床有限公司
63	凝胶发泡抽真空橡塑保温材料	赢胜(江苏)节能有限公司
64	医药工业用高纯可得然胶	泰兴市东圣食品科技有限公司
65	石墨改性聚丙烯复合材料滤板压滤机	江苏苏东化工机械有限公司
66	HDDR贴衬分布吸收塔	江苏蓝电环保股份有限公司
67	舰船用小型低磁高效拼装式空调	中船重工天禾船舶设备江苏有限公司
68	耐低温耐冲击 3.0 兆瓦风力发电机组轮毂	惠尔信机械(泰兴)有限公司
69	高强度易散热低能耗增压机壳体	惠尔信机械(泰兴)有限公司
70	康明斯柴油机球墨铸铁六缸曲轴	江苏松林汽车零部件有限公司
71	聚氨酯水凝胶烧创伤敷料	嘉恒医药(江苏)有限公司
72	TJ烧伤敷料	嘉恒医药(江苏)有限公司
73	医用肛肠敷料	嘉恒医药(江苏)有限公司
74	夹板式特种工业耐酸泵	江苏科曼机械制造有限公司
75	动力锂电池钢壳专用冷轧带	江苏九天光电科技有限公司
76	通信电缆光缆专用钢基光亮带	江苏九天光电科技有限公司
77	智能预装式箱式变电站	江苏瑞鑫电器有限公司
78	模块化抽出式低压柜	江苏瑞鑫电器有限公司
79	智能型远程控制高压柜	江苏瑞鑫电器有限公司
80	无级能调式全自动高效环保型制冷机组	江苏科立德制冷设备有限公司
81	智能型高可靠低压开关柜	江苏明德广济电气有限公司
82	S13型油浸式电力变压器	江苏明德广济电气有限公司

2015年度泰兴市被列入江苏省民营科技企业名单一览表

表27

序号	企业名称	序号	企业名称
1	泰兴市福昌固废处理有限公司	35	江苏晟楠电子科技有限公司
2	江苏同源堂生物工程有限公司	36	江苏兆胜空调有限公司
3	江苏百汇农业发展有限公司	37	江苏太兴隆减速机有限公司
4	泰兴市江源农牧有限公司	38	江苏塑光汽车部件有限公司
5	江苏福坤玻璃有限公司	39	泰兴市航联电连接器有限公司
6	泰兴开广塑胶有限公司	40	江苏海澄水工机械有限公司
7	泰州远大家俬有限公司	41	江苏睿济鼎洲科技工程有限公司
8	泰兴市宏阳服装有限公司	42	泰兴琴艺乐器有限公司
9	泰兴市恒鑫肠衣食品有限公司	43	泰兴市凯鹏合成材料有限公司
10	泰兴电除尘设备厂有限公司	44	江苏美味鲜食品有限公司
11	江苏启星新型材料科技有限公司	45	江苏九天光电科技有限公司
12	江苏科兴电器有限公司	46	泰兴市康泰生物制品有限公司
13	江苏宇宸面粉有限公司	47	泰兴市华诚机电制造有限公司
14	江苏中凯升降设备有限公司	48	江苏瑞鑫电器有限公司
15	泰兴市琴海乐器有限公司	49	泰兴市宇航电子有限公司
16	江苏东剑材料科技有限公司	50	江苏泛华传动机械有限公司
17	江苏南极机械有限责任公司	51	江苏东华玻搪窑业工程有限公司
18	江苏森萱医药化工有限公司	52	泰兴市云阳兽用器械有限公司
19	江苏松林汽车零配件有限公司	53	泰兴市瑞丽电器有限公司
20	泰兴市银杏光电科技有限公司	54	泰兴市康威塑业有限公司
21	江苏泰宇减速机有限公司	55	泰州永和塑料包装有限公司
22	江苏绿源航天科技有限公司	56	江苏大洋海洋装备有限公司
23	泰兴市衡新电子纺配有限公司	57	江苏裕虎新材料科技发展有限公司
24	江苏源泉泵业有限公司	58	江苏巨力齿轮有限公司
25	泰兴先先化工有限公司	59	泰兴市金辉橡胶制品有限公司
26	江苏恒熠金属制品有限公司	60	嘉恒医药(江苏)有限公司
27	江苏明德广济电气有限公司	61	江苏富强特钢有限公司
28	江苏科立德制冷设备有限公司	62	江苏一鸣生物股份有限公司
29	江苏达力叉车有限公司	63	泰兴市东圣食品科技有限公司
30	江苏金泰堡机械制造有限公司	64	江苏中科金龙化工有限公司
31	泰兴市梅兰化工有限公司	65	江苏佳佩环保机械设备有限公司
32	江苏维凯科技股份有限公司	66	江苏天脉化工有限公司
33	泰州百力化学股份有限公司	67	江苏昊星化纤纺织有限公司
34	江苏幸运宝贝安全装置制造有限公司	68	泰兴市圣达铜业有限公司

续表 27

序号	企业名称	序号	企业名称
69	江苏中丹集团股份有限公司	72	江苏炳凯富汽车零部件制造有限公司
70	泰兴市东盛电子器材厂	73	江苏久保联实业有限公司
71	泰兴市迅达通讯器材有限公司		

· 防震减灾 ·

【概况】 2015 年,市地震局组织开展地震科普宣传进社区、进学校活动,组织广场宣传活动 2 次,发放宣传资料 1 万余份,展出画板 85 块,群发短信 2 万多条。“7·28”唐山大地震纪念日期间,市地震局向全市群发短信“防震减灾,从我做起”和“依法防震减灾,建设安全和谐泰兴”等宣传标语 1 万条。地震局工作人员加入科普讲师团,在济川街道华泰社区、兴燕社区和五里墩社区宣讲地震常识、社区地震应急、地震宏观异常测报等内容。济川街道五里墩社区成功创建省级地震安全示范社区,曲霞镇初级中学创建成省级防震减灾科普示范学校。是年,强震台和数字测震台监测仪器全部安装到位,专用数据传输光缆与上级地震部门无缝对接,安排专人在台站定期维护,保证监测仪器运行正常,数据传输到位。定期组织工作人员到各宏观测报点实地考察,对全市地震宏观测报点重新认证,健全联络体系,确保地震信息报送渠道畅通无阻。 (吴 斌)

教 育

· 综 述 ·

【概况】 截至 2015 年底,泰兴市共有各级各类学校 149 所,其中幼儿园 55 所、小学 43 所、初级中学 36 所(含九年一贯制 6 所)、普通高中 10 所、职业学校 3 所、特殊教育学校 1 所、教师进修学校 1 所,教职工 11393 人,在校学生 123933 人。2015 年,泰兴市被国务院教育督导委员会认定为“全国义务教育发展基本均衡市”,通过“全国中小学校责任督学挂牌督导工作创新县(市、区)”省级验收。

【学校建设】 2015 年,泰兴市投入 4000 多万元,新建曲霞中心幼儿园、广陵镇中心幼儿园、实验幼儿园香景苑园区、新街镇梅鞠幼儿园、根思乡中心幼儿园等 5 所幼儿园,改扩建分界镇中心幼儿园、元竹镇中心幼儿园、姚王镇中心幼儿园桑木分园、黄桥镇金苹果幼儿园、分界镇长生幼儿园、黄桥镇刘陈幼儿园、新街镇中心幼儿园等 7 所幼儿园;投入近 6000 万元,推进校安工程、“改薄”工程及现代化学校建设,完成 3000 多平方米校舍新建、改扩建工程;异地建成省黄桥中学,组建虹桥实验学校;泰师附小东润校区主体工程封顶,省泰兴中学新校区、根思初中新建以及溪桥小学、溪桥初中异地新建等工程有序推进。

【学校安全】 2015 年,泰兴市成立校车服务公司,实现义务教育阶段利用公交接送学生全覆盖,顺利完成省定过渡期目标要求。加强“安全教育实验区”建设,成立泰兴市安全教育实验区工作指导小组,构建“区域划分,网格包干”安全教育管理模式,安全教育平台任务完成率位居泰州第一。9 所学校创建为“泰州市平安校园示范学校”。泰兴市被泰州确定为“江苏省平安校园建设示范市”申报推荐单位。全年全系统未发生一起安全责任事故。

【教育督导】 2015 年,市教育督导委员会成立,调整中小学校责任督学挂牌督导工作领导小组,划定 7 个督学责任区,聘任 31 名责任督学,建成“泰兴教育督导网”。树立“发展性挂牌督导”新理念,推行“1+X+N”督导模块。“1”即市教育督导室根据教育部门重点工作确定统一的工作主题,称为主题性督导项目;“X”即各责任督学根据挂牌督导实际和自身业务专长从常规督查内容中自行确定若干督导项目,称为基础性督导项目;“N”是根据学校自身发展需求和发展过程中遭遇的瓶颈、困惑、困难等,由学校提出需要责任督学帮助协调推进项目,称为发展性督导项目。开展国家《义务教育学校管理标准》实验区工作,25 所学校通过泰州市《管理标准》示范校验收。创新实施义务教育学校目标管理考核,将义务教育阶段学校分为“规模学校”和“其他学校”两类进行差别化考核,调动学校争先创优积极性。

【教师队伍】 2015 年,泰兴市分两个批次公开招聘新教师 118 名,其中学前教育事业编制教师 26 名,研究生 9 名。面向社会认定 128 人具备所申请教师资格。新增市级以上名校长、名教师、骨干教师 627 人。印发《泰兴市2015年中小学、幼儿园教师继续教育计划》,开展在职教师全员培训,实施2个班次“引智培训”项目,安排21名骨干教师参加出国培训;组织1000多名教师参加学历提升培训,安排专项经费进行学历提升奖补。出台《泰兴市优秀教育人才奖励基金实施意见》,安排专项经费奖励优秀教育人才。义务教育学校691名教师参加交流,占比19.1%,其中,骨干教师169人,占比28%;4名教师赴甘肃酒泉部队子女学校支教;2名教师赴西藏拉萨江苏实验学校支教。

【教育科研】 2015年,泰兴市推广“洋思高效课堂”“襟江高效管理”经验,推进“三多两少一转变”(课前准备多一点,自主探索多一点,多维活动多一点;单向传授少一点,课后作业少一点;变“学会”一元教学目标为“乐学、学会、会学”多元目标)教学新常态建设。开展集体备课、专题研讨、经验交流、示范教学等活动,促进教师专业成长和学校强弱互补。全市8名教师荣获省青年教师基本功比赛一、二、三等奖,30多名教师获泰州市优秀课一、二等奖,3000多篇论文发表或参赛获奖。新增省规划课题、省教研课题20余项,其中,重点课题8项,两项课题获省第九期教科研优秀课题二等奖。

【教育装备】 2015年,泰兴市投入3460万元,用于学校教育技术装备、信息化基础设施建设,新增“班班通”多媒体教学系统422套、全自动高清录播教室3套、教师电脑860台,优质资源“班班通”覆盖率达100%,16所学校通过“泰州市数字化校园合格校”验收。积极推进“泰微课”资源建设与应用,举行“泰微课”制作与应用培训20多场,完成“泰微课”资源16578条,其中A、B级资源9145条;学生注册103348人次,师生网络学习空间“人人通”覆盖率达95%以上,省级教育资源服务平台覆盖率达94.4%。开展城乡学校网络结对工作,义务教育学校网上结对率达100%。组织1161名教师参加“一师一优课 一课一名师”活动,网上“晒课”900多节,其中11节课被教育部评定为“优课”。

· 义务教育 ·

【概况】 截至2015年底,全市义务教育阶段小学入学率、巩固率均达100%,小学毕业生升入初中入学率为100.27%;初中入学率、巩固率分别为101.69%、99.97%,初中升入高中(含职中、中专、高职)入学率为97.57%。全市小学、初中教职工分别为3182人、3343人,在校生分别为50556人、27169人。

【未成年人思想道德建设】 2015年,泰兴市开展“小百家讲坛”“与爸妈一起知行”“寻访红色足迹”“告别交通陋习,倡导文明出行”“法润泰兴”等主题教育实践活动;举行“师生同品经典”读书活动,评选“我的读书故事”优秀作品300余篇;围绕师德教育、家庭教育、科普教育、法制教育等举办专题讲座。其中,举办班主任论坛15场、家庭教育讲座60多场、心理健康讲座16场、泰兴籍“清华北大优秀学子成才报告会”3场。全市150多名学生获省、泰州市美德少年、三好学生、优秀学生干部、优秀少先队员等称号;7名教师分别获泰州市中小学班主任基本功比赛一、二、三等奖,3名教师分别获省中小学班主任基本功比赛二、三等奖。

【特色学校建设】 2015年,市教育局按照《泰兴市特色学校建设工作指导意见》要求,围绕体艺“2+1”(其含义是通过课内外体育和艺术教育活动,要求每位学生在九年义务教育阶段能较好地掌握2项健身锻炼的体育技能和1项艺术技能)、素质教育、学生社团、综合实践等,通过现场观摩、区域研讨、个别指导创建特色学校。西城初中被评为省绿色学校;襟江小学被评为省心理健康教育特色学校;23所学校通过泰州市义务教育现代化学校创建评估;济川初中、市第二高级中学等9所学校被评为泰州市“素质教育5+2”工程(主题德育、自主学习、青春活力、实践体验和未来素养五大行动,构建区域推进展示和学校微创新激励两大机制)先进学校;黄桥中小、滨江实验学校等8所学校被评为泰州市文明礼仪示范校;马甸初中、元竹小学被评为泰州市绿色学校;9所学校在泰州市“素质教育5+2”理论及成果评比活动中获奖;56个项目在泰州市第五届中小学艺术展演评比中获奖。

11月27日,市人大代表视查评议农村义务教育薄弱学校改造提升工作情况

· 普通高中教育 ·

【概况】 截至2015年底,全市共有普通高中10所,其

中省四星级4所,教职工1953人,在校学生16836人。在泰州市普通高中考核中获一等奖。全市高考本二以上进线3733人,本二以上进线率达52.42%,比上年提高3.98%。5名学生被清华大学、北京大学录取,其中,理科最高分列全省第20名,文科最高分并列全省第5名,本二以上录取总量和比例在泰州地区继续保持领先位置。

· 幼儿教育 ·

【概况】 截至2015年底,全市共有幼儿园55所,其中省优质园44所,占比80%,泰州市优质园3所,泰州市级以上优质园占比85.5%。教职工2238人,其中专任教师1376人。大专以上学历1367人,占专任教师总数99.3%;970人取得教师资格证书,占专任教师总数70.5%。是年,全市共招聘事业编制幼儿教师26名,占新招聘教师总数22.6%,适龄幼儿25130人,在园幼儿24743人,学前三年入园率达98.46%。泰兴市在泰州地区率先启动幼儿园房屋安全鉴定工作,并在年底前全部取得《江苏省幼儿园校舍安全鉴定报告》。2015年,全市公办幼儿园、普惠性民办幼儿园生均公用经费每生每年360元,全部拨付到位。同时,按1000元/生标准资助,资助贫困幼儿4271名,占比10.04%。滨江镇中心幼儿园"快乐体验课程游戏化"申报为省课程游戏化建设项目,实验幼儿园被评为泰州市课程游戏化基地。

【创建省优质园5所】 2015年,市财政安排400万元省优奖补资金,奖补通过省优质园评估单位,提升幼儿园创优积极性。虹桥镇中心幼儿园、济川街道实验幼儿园、黄桥镇刘陈幼儿园、黄桥镇金苹果幼儿园、姚王镇中心幼儿园桑木分园通过省优质园评估。

【学前教育区域教研发展共同体】 2015年,市教育局印发《关于深入开展学前教育区域教研共同体活动的通知》,以实验幼儿园、育红幼儿园、机关幼儿园为牵头园,组建3个发展联盟,开展教师培训、支教送教、观摩研讨、课题共研、创建指导等活动,推动城乡幼儿园均衡发展。市育红幼儿园牵头申报、共同体成员均参加省规划课题《以共同体为依托,共同推进农村幼儿园自主发展的研究》开始实施。

【幼儿园园长培训】 5月17日,市教育局与省教师培训中心联合举办幼儿园园长省级专题培训班举行,全市100多名园长接受师德培训、学历提高培训、教育管理培训、岗位技能培训,并取得培训证书,实现园长持证上岗全覆盖。

· 职业教育 ·

【概况】 截至2015年底,全市共有职业学校3所(含部门办2所),即省泰兴中专校、市技工学校和市供销职业技术学校,教职工527人,在校生5245人,毕业生中职双证、高职高级工通过率分别达98%、90%以上,就业率达97%以上。在泰州市中等职业教育考核中获一等奖。全市职业学校共招生1961人,其中应届生1845人;开展职业技能培训,年累计培训超过1万人次。全市524名考生参加对口单招考试,122人进入本科分数线,本科进线人数连续20年蝉联泰州市第一。

【"一区一校"建设】 2015年,泰兴市推进省职业教育创新发展实验区和省高水平现代化职业学校建设。新增省级特色专业1个(电子电器应用与维修),成功申报省职业院校技能大赛2个项目的赛点(化工生产技术、化工仪表自动化),2个省高水平示范性实训基地建设按序进行。泰兴中专校与泰州学院和南京理工大学泰州科技学院联办中职本科"3+4"3个专业(数控、建筑、精细化工),共招收新生101人。

【泰兴中专校通过省首批高水平现代化职业学校验收】 10月19~20日,省教育厅组织省高水平现代化职业学校项目建设考察组对泰兴中专校项目建设情况进行现场考察,副市长周桂香参加考察,校长潘晓群向考察组专家汇报省高水平现代化职业学校项目建设工作及成效特色,专项资金使用与管理情况。视导组专家查看项目建设材料,并实地考察,特别是建设期间新增设备。参加现场考察会的还有泰州机电高职校、靖江中等专业学校、高港中等专业学校、兴化中等专业学校、姜堰中等专业学校项目建设负责人。考察组总结项目建设成绩,并提出建议。

【技能训练】 2015年,泰兴市分专业、分工种成立技能运动队,提高参加各类比赛的整体水平。全市职业学校师生在全国技能大赛中获两个二等奖,在省技能大赛中获得1个一等奖、1个二等奖、21个三等奖,其中,泰兴中专校封春玉老师获省一等奖第一名;在创新大赛中,两件作品入围创新大赛,两人分别获省青少年科技发明大赛二、三等奖;在省职业学校"两课"评比中,两节课分别被评为示范课、研究课。

· 成人教育 ·

【概况】 截至2015年底,全市共有省标准化社区学院1所、省标准化乡镇(街道)社区教育中心11个、泰州市标准化乡镇(街道)社区教育中心5个、省标准化村(居)民学校87所。民办教育机构共34个,其中,民办学校13所(高中3所、九年一贯制学校一所、幼儿园9所)、民办非学历教育机构22个。

【社区教育】 2015年,泰兴市加大社区教育中心及居民学校硬件建设投入,建设社区教育场所,配备功能室和图书设施设备;指导社区教育中心、村(居)民学校加强内涵建设。虹桥、河失、宣堡、珊瑚、广陵5个镇创成省级标准化乡镇社区教育中心,27个村(居)通过省标准化村(居)民学校验收。

【成人教育培训】 2015年,全市各乡镇(街道)开展集中培训、上门指导、举办讲座、网上学习、召开现场会、举行全民终身学习活动周等途径加强成人继续教育工作。从业人员继续教育年参与率达61.04%,城镇、农村居民参加社区教育活动年参与率分别达60.5%、48.25%以上,老年人继续教育活动年参与率达20.2%以上。 (王 浩)

体 育

【概况】 2015年,泰兴市推进农村“20分钟体育健身圈”建设,全年投入300多万元资金,重点建设9个乡镇多功能运动场、120个行政村(社区)农民体育工程提档升级和全民健身户外拓展营地建设,新增健身路径110套,健身步道6千米,支持村、居建设综合性文体服务中心,配发乒乓球桌54张,篮球架80余副,行政村体育设施实现全覆盖。完善城区“10分钟体育健身圈”功能,为群众提供健身指导、健身咨询等服务。完善体育设施管护机制,落实市镇村三级管护责任,组建全民健身设施三级管护队伍,提升城乡体育公共服务和社会治理水平,为城乡群众健身活动提供优质服务。是年,全市举办各级各类全民健身展示活动100余次。元旦万人长跑、老年人体育节、全民健身日等活动已成为泰兴市传统健身项目。建成省级一线社会体育指导员再培训基地,106人次参加国家级、省级社会体育指导员培训及交流。是年,全市有体育社团组织28个,民办非俱乐部15个,乡镇体育社团覆盖率达100%。2015年,泰兴市社会资本投资建设室内外游泳池5个,健身会所(包括健身场所)6个,新增体育产品制造业2家。全年向省运动队输送田径项目运动员2名,向省体校输送摔跤、武术、赛艇等项目运动员4名;连续第五次承办江苏省柔道比赛,获省级最佳赛区奖;组织举办市中小学生田径、篮球、象棋、围棋、乒乓球、阳光体育等6项比赛;组队参加省县组田径比赛、省青少年阳光体育年赛、泰州市中小学生田径、篮球、乒乓球等比赛。2015年,泰兴市运动员殷海云在亚洲击剑锦标赛中获女子佩剑团体亚军;黄妍获亚洲田径大奖赛400米第7名,全国首届青运会女子400米栏冠军、400米亚军;何俊航获全国青年锦标赛古典式摔跤亚军;张慕鸿获全国中学生象棋比赛第三名。省县组田径比赛,泰兴市获5金4银3铜,团体总分96分,全省排名14名。新增国家一级裁判员2人。

【全国第十届木球锦标赛】 5月30日至6月1日,第十届全国木球锦标赛在泰兴市举行。这是该市承办规模最大、项目最多、参赛人数最多的一届体育赛事,整个比赛为期3天。竞赛项目设置20项,比赛共有48支代表队参加,全国14个省市、行业体协、香港特别行政区及31所大中小学的运动员、教练员共600多人参赛,泰兴市摘得4枚金牌、2枚铜牌,创历史最好成绩。国家体育总局党组成员、局长助理李颖川,国际木球协会主席翁明辉出席开幕式。泰兴市被国际木球协会授予“木球重镇”。

【国民体质监测】 2015年,省级体质测定与运动健身指导站创建工作和完成3200人国民体质监测,是全市创建公共体育服务示范区和市政府绩效考核必须完成的目标任务。国民体质监测队伍于9~10月到全市16个乡镇(街道)开展成年人体质监测工作。受测人员3100多人,有效数据3082人,完成上级下达目标任务。

【体育彩票发行】 截至2015年底,泰兴市共有体彩终端机153台,其中因各种原因退机或停售站点10台,实际在售站点143台。全年实现体育彩票销售总额1.36亿元。其中传统电脑彩票销售4468万元,11选5销售6465万元,即开彩票销售614万元,竞彩销售2008万元,年销量增幅为16.41%。

文化·新闻·卫生

■编辑　冯　莉

文　化

· 文学艺术 ·

【概况】 年内,市文广新局组织召开题材规划会、作品研讨会、专家评审会9次。歌剧团小品《谁之过》获全国小戏小品曲艺大赛金奖;童声小合唱《会飞的花》参加上海之春国际音乐会展演;文化馆"晨风歌队"走进江苏卫视老年春晚舞台,荣获金奖;独唱《走进千家万户》荣获省委宣传部、省文化厅组织的茉莉花声乐比赛银奖;《泰兴花鼓》参加江苏省"乐舞金陵"传统音乐舞蹈展演;29件作品在泰州梅兰芳艺术节市民才艺大赛中获奖;3件作品在泰州新创文艺节目调演中获奖。全年,各乡镇(街道)文化站创作103部文艺作品。

· 新闻出版 ·

【概况】 年内,市文广新局制订《泰兴市2015年"扫黄打非"行动方案》等专项行动方案。联合公安、工商等部门,组织开展"校园周边环境集中整治月"活动,治理网络环境的"净网行动",查堵非法出版物源头的"清源行动",打击非法报刊非法印刷的"秋风行动"等6次专项行动。全年共处理举报线索2件,检查印刷企业112家次、出版物市场168家次,出动执法人员540人次,取缔无证经营书报刊摊点6个,收缴非法图书242册,收缴非法音像制品516件,办结案件3起,罚款1000元。

· 文博图书 ·

【概况】 年内,泰兴市加强文化遗产保护传承,开展历史文化研究,完成全国第一次可移动文物普查工作,完善文保单位标志牌8件,完善"四有"(即有保护范围、有保护标志、有记录档案、有保管机构)档案15册。组织文物安全检查,文保单位完好率95%以上。组织黄桥明代古墓群考古成果展,实施文物"解读工程"、非遗"记忆工程"、优秀传统文化"展示工程"。观道博物馆、红色博物馆、农耕文化博物馆、猪文化博物馆等一批各具特色的民间博物馆受到观众好评。2015年,泰兴市在全省率先实施完成三级图书馆、农家书屋图书借还"一卡通"全覆盖工程。实施农家书屋图书更新计划,开展"星级农家书屋"建设,组织书屋管理员培训,黄桥镇翁庄村农家书屋被评为"江苏省五星级农家书屋"。

· 新华书店 ·

【概况】 年内,泰兴新华书店营业收入完成凤凰出版传媒集团下达任务114.79%;同比增长1.1%;利润完成103.89%,同比增长7.9%。各零售门店实施转型升级,创新拓展多元项目。教材发行做到连续37年"课前到书,人手一册"。

【"写作让我如此'卷心菜'"校园讲座】 5月13日,晓玲叮当到大庆路小学、鼓楼小学以"写作让我如此'卷心菜'"为题进行校园讲学。晓玲叮当是儿童文学作家、少儿电台节目主持人，被誉为“孩子心灵成长的魔法师”“童话女皇”，曾荣获“中国图书奖”“全国优秀少儿图书奖”“冰心儿童图书奖”等。

【公益捐赠】 4月23日，市新华书店在“同建书香泰兴，共筑中国梦想”读书节暨2015年度全民阅读活动启动仪式上，向5家活动单位各捐赠价值5000元图书。 (杨正荣)

·电影　戏剧·

【概况】 年内，市电影院全年共接待各类重要会议和大型演出活动38场。全市拥有农村电影放映队25个，全年送电影下乡6200多场。组织放映由教育部、国家广电总局联合向全国中小学生推荐的《少年杨靖宇》《心曲》《百团大战》《神笔马良》《少年毛泽东》《诱狼》等7部优秀影片。组织开展送电影进校园活动，全年共进校园放映52场。全年开办会员卡充值优惠购票业务；与邮政储蓄银行合作，观众凭银行客户卡购票享受折扣优惠；与电信公司合作，观众通过天翼院线通电子售票系统购票享受5折优惠；与“美团网”合作，实行网上订票订座优惠结算业务；与汇银家电连锁公司签订联盟合作协议；与“时光网”合作，授权在其所属网站发布影城影讯。全年市电影院经营收入达470.2万元。市歌剧团全年共接待各类会议52场，接待演出24场，全团累计创收262余万元。年内，市歌剧团创作排演法制类小品《谁之过》，在全国小戏小品曲艺大赛中荣获金奖。

·文化市场·

【概况】 2015年，市文化博览中心接待观众3万多人次。市文广新局全年执法检查文化经营单位1122家次，开展专项行动8次，共出动执法人员1517人次，立案查处违法违规经营案件21件，组织开展文化市场经营场所视频监控系统建设，年内完成22家经营场所视频监控系统建设任务。在省文化厅张家港会议上，泰兴执法检查情况录入技术监管平台率92%，居于全省第一；案件实时录入率100%，全省第一。全年办理行政许可事项391件，办结率100%。

·群众文化·

【概况】 年内，泰兴市推进基层综合文化服务中心建设，完成28个村(社区)综合文化服务中心建设试点任务，试点工作得到省委办公厅、省委宣传部考核组肯定。全市举办欢乐广场28场、梦想剧场12场，承办道德讲堂26场。开展“四送”活动，送书2.5万册、送戏272场、送电影5130场、送展览19次。举办春节文艺调演、电视春晚、广播电视台走基层大型文艺演出、职工大舞台、“唱响泰兴”“舞动泰兴”“最美泰兴”等群众文化活动87场次。举办抗战胜利70周年史料文物展、江苏省反腐倡廉图片展、“生态泰兴”书法展、大运河非物质文化图片展、长三角书画名家作品展、非遗项目成果展示15场次。各乡镇(街道)文化站组织特色文化团队，开展1000多场群众文化活动。开展全民阅读活动，组织实施16个读书项目，开展8类系列评选活动，建立800多人阅读推广人队伍。

·非物质文化遗产·

【概况】 年内，泰兴市建成非遗展示馆和“泰兴花鼓”“泰兴杖头木偶戏”两个非遗项目传习所并对外开放。《泰兴花鼓》作为省级非遗保护项目参加“乐舞金陵”传统音乐舞蹈展演。组织“泰兴麻将雕刻技艺”、黄桥烧饼、黄桥卤菜参加泰州市第三届文化企业产品展示会。组织泰兴市济川街道鼓楼社区“泰兴花鼓”民间演出队赴泰州参加民歌、民乐、民舞及民俗风情展演。 (徐　牧)

新　闻

·广播电视·

【概况】 年内，市文广新局开展“三大战役”宣传，开设专题专栏43个，策划连续系列报道39组。《泰兴新闻》《直播泰兴》《社会正能量》《延陵雅韵》《行风热线》《泰兴论坛》等品牌栏目建设得到加强。围绕泰州市委工作会议和创建全国生态市、国家双拥模范市、国家综合行政执法改革试点市、全国质量先进市等市委市政府中心工作，制作宣传片12部。在《人民日报》用稿1篇，中央电视台用稿(片)9条，中央广播电台用稿6篇，《新华日报》用稿41篇，对外宣传保持苏中地区领先位置。构建“声屏网报”四位一体运行机制，在党委政府、部门单位与群众之间架设联系沟通桥梁。办好中国·泰兴网和泰兴政府网，把握网上舆论引导主动权。“智慧泰兴”APP注册用户突破2万，“智慧泰兴”微信公众号用户突破2.5万，公共信息联播网终端在全市布点100个。设立全媒体新闻中心和新媒体编辑部。

·《泰兴日报》·

【概况】 2015年开通《泰兴日报》微信公众号。全年策划、开设《顺应新常态,奋发勇担当,全力夺取三大战役新胜利》《聚焦项目建设》《逐梦2015》《走镇村、看发展》等30多个主题栏目,运用图片、现场、特写等报道全市各条战线取得的成绩。完成市党建会"三创之星"20个企业创新创业人物故事的撰写。全年出版报纸298期,自采文字图片7000多篇(幅)。全年在《泰州日报》以上媒体用稿258篇,其中,《人民日报》1篇,《新华日报》40篇。在全省县市新闻中心好新闻评比中,11篇作品获奖,其中一等奖1个,二等奖4个,三等奖3个,版面优秀奖2个,标题类优秀奖1个。

· 泰兴网 ·

【概况】 2015年,中国·泰兴网成立新媒体编辑部,实行审稿制度,对新闻稿件进行二次编辑,全年未出现1起差错。11月8日,在泰兴网上线十周年之际,对泰兴网进行改版,使用PHPCMS系统进行二次开发,对频道、栏目、版块设置进行重新规划,页面风格重新设计。建立泰兴网手机版。全年制作"全市领导干部警示教育暨作风效能建设大会""全市工业经济工作会议""创建全国质量强市示范城市动员大会"会议图文直播和"关心民生实事工程,倾听民声诉求"会议视频直播;制作行政服务中心办事流程专题、统计工作专题、经贸科技洽谈会专题等多个专题专栏;上传信息2万多条;20个图文直播和专题专栏被省政府网站采用。全年编发《泰兴网情》52期。泰兴网全年总访问量(PV)730余万人次、总独立访客数(UV)350万人次,其中月度最高访问量120万人次、独立访客数85万人次,日最高访问量为9.5万人次,最高独立访客数为8.5万人次。注册会员超过10万人次。泰兴政府网、政府信息公开、行政权力网上公开透明系统、网上村委会、民生资金公开平台、两公开平台运行正常,每天对内外网数据进行交换。配合市政府办公室对接受国务院办公厅普查的40家机关部门、乡镇(街道)、园区网站进行整改,上述网站全部通过第一次全国政府网站普查。

(徐 牧)

卫 生

【概况】 2015年,市卫计委推进卫生信息化、分级诊疗体系、卫生应急体系等医改重点工作。完成卫生计生机构整合工作,制定《泰兴市医疗卫生设施布局规划(2015～2030)》和《泰兴市卫生和计生事业"十三五"专项规划》,新区医院、市二院新院等大型建设项目加快推进,启动新中医院、妇幼保健院等一批新建项目,虹桥医院投入运行,12家建制镇卫生院3年建设改造项目进入扫尾阶段,村卫生室提升工程和卫生信息化建设被列为2016年市政府十件实事工程,全市医疗卫生机构建设全面推进。

【卫生许可审批】 2015年,市卫计委发放公共场所卫生许可证1219份,其中新发证190份,复核184份,延续129份,量化分级716份,变更12份,注销38份;新批准设置医疗机构21家,执业登记17家,校验381家;医师、护士许可370多件;新发放放射诊疗许可证5份、变更3份、校验27份;复核生活饮用水卫生许可证2份。加强行政权力清单标准化建设,制订完善行政审批事项目录清单14项、政府行政权力清单172项。

【疾病预防控制】 2015年,市卫计委加强对人感染高致病性禽流感、甲型H1N1流感、手足口病、乙肝等急性传染病监测防控,法定传染病网络直报工作正常开展,网络报告率、报告及时率达100%,全年未有甲类传染病报告,及时处置、流调和上报突发公共卫生事件3起。各种疫苗接种率维持在较高水平,平均接种率98.94%,以乡镇为单位适龄儿童预防接种率达99.08%。开展"全民健康生活方式行动"和巩固"慢性病综合防控示范区",推进结核病、艾滋病等重大疾病防控,慢性病和重性精神病防控加强,完成近1万亩血防江滩查螺和1078万平方米内陆查螺任务,血吸虫病、结核病、艾滋病、疟疾、麻疹等重大传染病达到防治规划目标。

【医政管理】 年内,市卫计委开展医疗技术临床应用专项检查,严肃查处违规开展医疗技术行为。组织开展医疗机构预防与控制、医院感染、医疗废物管理、消毒供应明查暗访,对管理不严、存在安全漏洞的医疗机构予以惩处并限期整改。市人民医院29个专业107个病种、市二院14个专业20个病种开展临床路径管理。加强药事管理,组织开展毒麻药品专项整治活动。严格医疗机构准入与监管,加大医疗机构不良行为记分管理力度,对2家医疗机构主要负责人诫勉谈话,对1家医疗机构暂缓校验,责令整改。推进预约诊疗服务工作,市人民医院专家门诊预约就诊率保持在85%以上。实施优质护理示范工程,二级以上医院优质护理服务全覆盖,优质护理服务已延伸部分乡镇卫生院。推进科研课题立项,承担泰州市级以上的科研课题资助项目30余项,5个项目获得省级科研立项,4项获省级科研项目资金资助,2个项目获省计生委新技术引进奖,12个项目获报泰州市科技进步奖。市人民医院刘阳晨入选江苏省“六大人才高峰”第十二批高层次人才选拔培养对象，实验室李皓博士获2015年江苏省“双创博士”资助。

【基层卫生】 2015年,全市基本公共卫生服务项目经费补助标准提高到每年40元/人，共投入经费4075.41万元。开展“建设群众满意的乡镇卫生院”活动,首批创建单位宣堡卫生院、曲霞卫生院通过国家卫计委验收。河失卫生院创建成省示范乡镇卫生院，珊瑚镇徐庄村、曲霞镇肖榨村、河失镇司马村、滨江镇五杨村卫生室创建为省示范村卫生室。为在职677名乡村医生办理养老保险,为744名离岗乡村医生办理补助。制定全市村卫生室提升工程建设规划,规划建设村卫生室(社区卫生服务站)191家。在珊瑚、常周和燕头3个卫生院开展乡村医生家庭签约服务试点。新建数字化门诊3家,全市累计建成数字化门诊14家。

【妇幼健康服务】 2015年,泰兴市母婴保健技术服务机构和人员持证率100%,爱婴医院4家、爱婴社区卫生服务中心2家、爱婴卫生院20家,托幼机构卫生保健合格率100%；市人民医院妇产科建成省级重点学科;获得省妇幼健康科研项目立项2项。住院分娩率100%、孕产妇死亡率为0%、孕产妇系统管理率95.47%、孕产妇保健管理率96.82%、婴儿死亡率2.88‰、7岁以下儿童保健管理服务率96.34%、出生缺陷发生率为2.04‰、免费孕前优生健康检查覆盖率106.78%,项目连续五年以全优成绩通过国家、省质评。农村孕产妇住院分娩补助项目共完成3978人,补助金额582.88万元；农村妇女补服叶酸完成5789人;“两癌”筛查25161人,发现宫颈癌前病变38例,确诊乳腺癌12例,宫颈癌14例。

【中医药服务工程】 年内,市卫计委开展“基层中医药服务能力提升工程”,推广省、市级中医药适宜技术项目25项,组织技术培训3场,培训350人次。乡镇卫生院至少开展12项中医药适宜技术,90%社区卫生服务站、村卫生室至少开展6项中医药适宜技术。加强乡镇卫生院中医科建设,建成中医馆14家,马甸卫生院通过乡镇卫生院示范中医科验收,河失卫生院评为乡镇卫生院示范中医科创建单位,建成泰州市基层中医药示范点5个。举办市级中医药文化科普巡讲活动10场,开展中医文化讲座和义诊120余场,发放资料7000余份。开展中医公共卫生项目,65岁以上老人体识辨识和0~3岁儿童中医保健覆盖率分别达49%和35%。“基层中医药服务能力提升工程”通过泰州市验收评估,基层卫生机构中医药服务量达到总服务量35%,较“十一五”上升5%。

【行风监察】 年内,泰兴市开展廉政文化进机关、进医院、进科室活动,举办“省十佳健康卫士”李爱萍等先进人物事迹巡回演讲活动,对系统内发生的违纪案件和媒体所曝光的违规违纪案件进行大讨论,增强廉洁从医意识,做到警钟长鸣、防微杜渐。加快推进权力清单制度,制订完善行政审批事项目录清单14项、政府行政权力清单172项。开展“阳光用药”网上监管平台的试点工作，探索建立合理用药网上监管机制,规范用药行为。先后组织暗访73次,发现上网炒股、打游戏等违规违纪行为78件，发放整改通知书53份。全年立案26件,结案26件,处分27人,其中给予开除处分1人、记过6人、警告处分20人。全年处理各类信访175件,办结率100%。 （陈二虎）

社会生活

■编辑　鞠志祥

人民生活

【概况】2015年,全体居民人均可支配收入25508元,增长8.9%;按常住地分,农村居民人均可支配收入16392元,增长8.8%;城镇居民人均可支配收入33800元,比上年增长8.9%。全年全体居民人均生活消费支出16121元,增长8.2%,其中农村居民人均生活消费支出10630元,增长9.8%;城镇居民人均生活消费支出21117元,比上年增长7.5%。

民族宗教工作

【概况】　2015年5月,市委、市政府在新一轮机构改革中,将民宗局由在市委统战部挂牌调整为单独设置,列政府工作部门;市编委会明确民宗局人员编制数7人,其中设领导职位3人,内设科室2个,科室工作人员4人。至2015年底,全市依法登记的佛教寺院9个,道教宫观5个,基督教堂点34个。全市有基督教信徒近1.2万人。

【民族政策落实】　年内,泰兴市组织16个乡镇(街道)做好回族等10个少数民族群众2015年度牛羊肉补助的申报核实工作,年底前发放牛羊肉补助共计2.25万元,127名少数民族群众得到补助。办理162名少数民族考生加分和91名少数民族子女更改成分手续。

【法律顾问制度】　12月4日,市民宗局与江苏律园律师事务所签订法律顾问合同,聘请一名律师担任民宗局法律顾问。根据双方签订的合同,法律顾问负责日常咨询,起草、审查、修改法律事务文书,举办法律知识讲座,审查行政规范性文件合法性,对重大决策及行政诉讼中的法律责任进行法律风险评估和风险防范,并对重大突发性、群体性事件指导应急处理。

【宗教政策法规学习】　年内,市民宗局集中开展以"国法与教规的关系"为主题的政策法规学习月活动,专题召开"国法与教规关系"为主题的学习月活动推进会,邀请泰州市局领导到会作宗教政策法规专题讲座,利用"12·4宪法宣传日",在鼓楼广场设置宗教法规宣传台,组织近100人参加泰州统战部开展的民族政策法规竞赛,举办教职人员宗教政策培训班,开展反邪教宣传活动,引导宗教界进一步增强法治意识。

【宗教事务管理】　年内,泰兴市全面落实国家宗教局2、3、4、7号令,完成全市各宗教活动场所组织机构代码证办理、银行账户开设等工作。指导黄桥镇做好野向基督教活动点拆迁安置工作。指导宗教团体做好河失镇基督教活动点、张桥接引禅寺等宗教活动场所的财务审计工作,并对专业审计机构的财务审计结果进行通报。

【宗教场所安全管理】　6月,市民宗局按照《泰兴市夏季消防检查工作实施方案》,制订《宗教场所安全大检查工作方案》,全面部署6~9月对宗教场所安全情况进行全面检查,清除消防安全隐患,保证场所安全。6月18日,与各乡镇(街道)、重点宗教活动场所负责人签订夏季消防安全责任状,落实安全目标责任。邀请泰州市安居消防培训中心的专家作消防安全知识培训。7月17日,市民宗局组织开展宗教场所消防安全演练,提高全市宗教活动场所负责人和消防管理人员的消防安全意识和消防技能。

【星级宗教活动场所创建】 6月,市民宗局以参观考察与业务培训形式召开星级场所认定工作推进会。7月,召开星级宗教活动场所创建工作座谈会,汇报交流创建工作情况。12月底,成立档案、消防、财务、民宗等部门参加的星级宗教活动场所认定工作委员会,组织认定委员会成员对全市首批申报的7个宗教场所进行星级考核认定。经过星级认定委员会集体投票,评定四星级场所2个、三星级场所3个、二星级场所2个。

【8个宗教场所档案室通过省星级评定】 10月,市民宗局联合市档案局在黄桥教堂召开宗教档案室星级创建现场会,全市宗教活动场所负责人和档案业务工作人员实地观摩黄桥教堂星级档案室的创建经验和做法。11月,黄桥教堂、观音禅寺等8个宗教活动场所的档案室通过省星级档案室评定,其中三星级5个、二星级3个。

【市基督教三自爱国会第二次代表会议】 4月10日,泰兴市基督教三自爱国运动委员会第二次代表会议召开,全市76名基督教信徒代表参加会议。省宗教局、省基督教两会、泰州市民宗局、泰州市基督教两会负责人出席大会。会议总结市基督教三自爱国会的工作,部署了今后的任务。会议讨论修改市基督教三自爱国会章程,选举产生新一届委员会、常委会。李树岭当选为市基督教三自爱国会主席,季元莲当选为副主席兼秘书长。

【黄桥教堂结对捐资助学活动】 7月26日,泰兴市黄桥教堂举行结对捐资助学品学兼优贫困学生活动启动仪式,现场捐助黄桥中学高一年级20名品学兼优的贫困生,向每名学生提供助学金1000元,全市近300名信徒代表参加活动。该捐资助学活动系黄桥教堂管理组成员发起,组织该教堂200多名信徒每年筹集2万元专项资金,资助在黄桥中学就读的20名品学兼优的贫困学生,每3年一个周期,每批20名贫困学生,直至这些学生考上大学。这些学生由黄桥镇政府和黄桥中学推荐,经广大信徒调查核实,确保爱心款项送到急需救助的学生手中。

【庆云慈善会20万善款资助贫困学子】 8月25日,泰兴市庆云慈善会在庆云寺广场举办成立十一周年庆典暨“播撒爱心 放飞希望”捐资助学活动,市政府、市政协领导参加活动,来自全市社会各界爱心人士,贫困学生及佛教信众300多人到场祝贺。活动现场发放助学金近20万元,资助贫困学生100名。庆云慈善会此次大型活动旨在为爱心人士与贫困学子之间搭建起爱心交流的平台,号召更多爱心人士加入到救助弱势群体的队伍中来,此次资助30名贫困大学生的9万元善款由慈善会名誉会长、济川药业董事长曹龙祥提供。

【“寒冬送暖黄桥行”公益慈善活动】 12月5日,省道教协会在泰兴市黄桥镇举办“寒冬送暖黄桥行”慈善公益活动,昆山市道教协会、昆山白塔龙王庙、天德宫的各位道长、居士以及在昆山的台湾籍爱心人士,募集善款11万元,资助黄桥老区110户贫困家庭。活动现场表演太极拳、道情说唱等节目。

(孔晓梅)

人口与计划生育

【概况】 2015年,泰兴市推进单独两孩政策实施,累计批准照顾再生育对象3645例,其中单独两孩2728例。建立政策兑现动态管理机制,计划生育特别扶助对象1194人参加住院保险,发放特扶资金3310.89万元,计划生育手术并发症特别扶助金180.75万元,独生子女奖励金189.65万元,持证退休企业职工一次性奖励金981.1万元。全年上报避孕药具不良反应/不良事件776例,被国家卫计委计划生育药具不良反应监测中心表彰为先进集体。有3个乡镇6个村居被列为国家流动人口动态监测样本点。

民政工作

【概况】 2015年,泰兴市规范婚姻登记收养工作,全年共办理结婚登记16082对,离婚登记2622对;依法办理收养登记19件。成功开设福利彩票中福在线销售二厅,福彩销售全年销量达1.35亿元,同比增长3%;全市福利企业58家,安置残疾职工1960人。年内,泰兴市积极开展“5·12”防灾减灾日宣传活动,开设防灾减灾知识专栏,发送公益短信4万余条。泰兴市率先实施“佑护万家”自然灾害惠民保险,累计赔付54万元。

全年共下拨冬春救助经费 134 万元。

【城乡居民最低生活保障】 2015 年 7 月,泰兴市全面提高各类困难群体的保障水平,实现了与城乡居民收入的同步增长。城市低保月保障标准由 520 元 / 人提高到 570 元 / 人,全年共保障 1928 人 814 万元;农村低保月保障标准由 370 元 / 人提高到 420 元 / 人,全年共保障 19705 人 5619 万元。

【农村五保供养】 年内,泰兴市五保分散供养年保障标准由每年 4800 元 / 人提高到 5800 元 / 人, 集中供养由每年 6300 元 / 人提高到 7300 元 / 人, 全年共保障 6953 人 2862 万元。创成 6 个星级敬老院,下拨奖补资金 262 万元。

【普惠性社会福利】 2015 年,泰兴市出台《困境儿童分类保障实施意见》和《未成年人社会保护联席会议制度》,困境儿童救助经费全部纳入社会福利事业资金预算。提高孤儿养育标准,全市 128 名孤儿的集中和散居补助标准分别提高至每人每月 1600 元和 1160 元,城市“三无”老人集中和散居补助标准分别提高至每人每月 1480 元和 1100 元,全年共支出 182 万元。是年,全市发放困难群众节日慰问费 649 万元。执行尊老金制度,对全市 41382 名 80 周岁以上高龄老人发放尊老金 2746 万元。

【市救助管理站启用】 2015 年 3 月,泰兴市按照国家三级站标准建成市救助管理站暨市未成年人救助保护中心正式启用, 救助管理站建筑面积 2400 平方米,站内设有综合科、救助科,拥有床位 80 张,可年均救助 400 余人次。年内,全市共实施救助流浪乞讨人员 284 人次,其中未成年人 22 人次,疑似精神病人 68 人次,110 护送到站 63 人次,街头主动救助服务 21 人次;查无下落流浪滞留人员 38 人,在全省率先开展流浪乞讨人员 DNA 数据比对并成功查找 1 例。

【困难群众医疗救助】 年内,泰兴市开展重性精神病患者和尿毒症、白血病患者专项救助活动,共发放资金 191 万元。全年医疗救助 1.01 万人次 2481 万元。

【双拥工作】 2015 年,泰兴市实施双拥创建“五个一”工程,即“录制一部双拥宣传片、设置一条双拥宣传街、出版一套双拥画册,谱写一首双拥歌曲、发表一篇高质量的双拥文章”;各乡镇(街道)和民政部门在元旦、春节、八一期间走访慰问现役官兵家属、烈军属、残疾军人、在乡老复员军人、带病回乡退伍军人和军队离退休干部 2000 多人, 赠送慰问金、慰问品累计 200 多万元。

9 月 2 日,泰兴市举办“中国人民抗日战争胜利 70 周年纪念章”抗战老兵代表颁发仪式(民政局　供稿)

【退役士兵安置】 年内,泰兴市共接收退役士兵(士官)558 名,其中,经省集中交接、服现役满 12 年的退役士官、选择政府安排工作的 11 人,6 人得到岗位安置。集中发放 12 年以下退役士兵一次性经济补助金 1900 多万元,自主就业率达 100%。退役士兵免费职业技能培训参训率达 91.9%, 双证获取率达 95%以上。投入 100 余万元,实施市干休所搬迁改造工程,改善军休干部生活休闲环境。

【优抚工作】 年内,泰兴市调整在乡残疾军人、“三属”抚恤金标准,1~4 级残疾军人护理费标准, 在乡复员军人、带病回乡退伍军人、“两参”退役人员定期生活补助标准, 发放义务兵家庭优待金和大学生奖励金共计 1774 万元。开展优抚对象数据核查,核查比例达 80% 以上。纪念抗战胜利 70 周年和“老年节”庆祝活动期间,先后开展抗战纪念日悼念英烈、抗战老兵免费入住照护中心和“庆重阳·敬英模”座谈、烈士纪念日公祭等活动。

【社会组织登记管理】 年内, 泰兴市共登记社团 15 个、民办非 29 个,基金会 1 个,全市社会组织注册登记总数达到 343 个。全年评定 3A 级社会组织 42 个,4A 级 16 个,全市获 3A 级以上等级的社会组织 58 个。年检社团 152 个,民办非 149 个。出台《加快社会组织培育发展的实施意见》,全市 58 个行业协会商会中 48 个一次性脱钩到位。

【殡葬改革】 2015 年, 泰兴市全面落实惠民殡葬政策,全年火化遗体 9338 具,累计减免殡葬服务费 800 多万元,全年火化率保持 100%。全市建成镇村两级公益性公墓公墓 67 座。开展联合执法行动,依法取缔非法经营性公墓 4 座、棺木制作窝点 70 多个、“三无”运尸车 6 辆。

【社区建设】 年内，泰兴市制定《关于全面推行“政社互动”工作的实施意见》、双向评估操作办法和《关于减轻城乡社区负担提升服务群众效能的实施意见》，全市各乡镇(街道)与所辖村居(社区)签订履约事项协议书，明确社区准入事项33项，清理非社区履职事项23项，取消社区活动阵地40个。是年，加快推进社工人才队伍建设，337人参加2015年全国社会工作者职业水平考试，72人获证，并对获得初、中级证书人员分别给予了1000、1500元奖励，共发放奖金8万余元。

【区划地名】 2015年，泰兴市实施地名命名专家论证制度，对11个住宅小区、2个建筑物和21条道路进行了命名。完成《地名考》编撰工作，公布全市第二批历史地名保护名录4大类120个。

【慈善事业】 年内，泰兴市实施“情暖江苏”“慈善助学”“贫困家庭儿童大病救助”等一批慈善项目，共支出2719多万元。出台《加快慈善事业发展的实施意见》，接受慈善捐赠2800万元。

【社会化养老管理】 全年，泰兴市新增养老床位1152张，全市养老机构总床位达10130张，每千名老人拥有养老床位数达36张。制定《关于全面推进医养融合发展的实施意见》，引导南沙、天星等非建制镇卫生院建立护理院，开设老年医疗护理服务特色科室。制定《城镇职工(居民)基本医疗保险定点护理院管理办法》和《民营医疗机构新型农村合作医疗定点医疗机构设置方案》，在泰州市率先全面落实护理院医保定点报销政策。制定《养老服务机构扶持经费补贴实施办法》，共发放建设补贴、营运补贴和护工补贴1066万元。出台养老机构责任综合保险实施方案，联合慈善总会、保险公司、养老机构共同筹资40多万元投保，惠及全市2800多名老年人。丰富老年人精神文化生活，老年文艺节目《泰兴花鼓》《欢聚一堂》荣获第四届江苏老年春晚金奖。

【烈士褒扬】 年内，杨根思烈士陵园和市革命烈士纪念馆在清明节期间，精心组织凭吊革命先烈活动，共接待凭吊祭扫近10万人次。完成杨根思烈士陵园外部环境改造工程，河道、路桥、广场、雕塑焕然一新，共计投入600多万元。

【烈士纪念日活动】 9月30日是中国第二个烈士纪念日，在市烈士纪念馆开展烈士纪念日公祭活动。市四套班子以及烈士亲属、老战士、社会各界和少先队员代表敬献花圈、肃穆默哀，缅怀先辈的丰功伟绩，表达深切哀思和无限敬仰之情。 (常　庆)

人事管理

【概况】 2015年，泰兴市面向社会公开招录58名公务员(其中市级机关19名，乡镇公务员30名，参照管理事业单位工作人员9名)，根据上级部署录用人民警察16名；聘用事业单位工作人员204名，均为面向社会公开招聘，其中：教师121名、医护人员29名、卫生系统高层次人才17名，其他事业单位37名。根据人事调配管理政策法规和办事程序，办理100人调动手续(调入本市7人、调出本市61人、市内调动32人)、169人系统内流动手续和95人划转手续；顺利完成12名军转干部(其中1名团职干部)和3名随调家属的安置、落户工作，组织9名军转干部参加岗前培训。

【公务员管理】 2015年，泰兴市进一步加大公务员队伍管理力度，加强公务员业务能力培训和政策法规培训，组织全市各级机关乡局级及以下公务员和参照公务员法管理单位工作人员，开展公务员网上培训、依法行政知识竞赛和优秀调研报告评选活动；组织全市机关、乡镇的59名新录用公务员和19名选聘的高校毕业生开展公务员初任培训。继续实施“年轻公务员成长计划”，紧紧围绕提升公务员业务能力和思想素质，开展丰富多彩的理论培训和交流实践。在泰州市第二届年轻公务员基本功大赛演讲比赛中，泰兴市推荐的两名学员分别获得二等奖和三等奖。加强公务员奖惩管理，充分发挥公务员奖惩的激励和约束作用，提高公务员队伍科学化、规范化和制度化管理水平。

【事业单位岗位设置】 2015年，市人社局采取宣传政策和个例分析等方式，指导市部分机关及乡镇共21家事业单位按照规定要求完成岗位核准及人员聘用工作，共核准岗位180个，其中管理岗位75个、专业技术岗位105个。另外，根据岗位设置管理工作要求，重新核准了国土资源局土地开发储备中心的岗位设置方案，重新核准岗位15个，其中管理岗位9个、专业技术岗位6个。

【机关事业单位工资制度改革】 7月14日，泰兴市召开机关事业单位工资调整工作会议，市人社局在全市启用统一的工资软件，对全市工资工作人员开展业务培训，落实在职人员基本工资标准调整和离退休人员增加基本离退休费工作，调整全市在职人员工资标准1.9万人次、各类离退休人员基本离退休费1.2万人次，严格按省市要求的时间节点兑现到位。

【职称管理】 2015年,市人社局通过组织专家论证研究,在泰州市率先开展建设工程、建筑工程量化评审。2015年新增专业技术人才3150人,其中高级284人、中级633人、初级2233人,知识更新工程培训1.8万余人。

【博士后工作站】 2015年,泰兴市航联电连接器有限公司被江苏省人社厅批准为博士后创新实践基地,并获得20万元的建站奖励;泰隆集团在站博士李保家获中国博士后科学基金特别资助,中丹集团在站博士庄玲华获江苏省"博士计划"资助。

【"江苏泰兴招才引智北京名校行"系列活动】 2015年5月,泰兴市委常委、组织部部长钱娟和市委常委、常务副市长刘荣华率领17个企事业单位负责人先后走进中国人民大学、清华大学、北京大学等北京高校,开展"江苏泰兴招才引智北京名校行"系列活动。中国人民大学、清华大学、北京大学、北京航空航天大学、北京理工大学、北京师范大学、中国农业大学等多所高校20多名专家教授、200多名学生参加活动。活动期间,举办泰兴招才引智政策推介宣讲会1场,开展校地、校企合作、项目洽谈会3场,人才专场招聘活动2场。本次活动共签订校地、校企合作协议2个,分别为北大工学院与泰兴市签订的战略合作协议,清华大学化学系与中丹集团签订的项目合作协议;与专家教授达成项目初步合作意向8个,柔性挂职意向近20个;达成毕业生就业意向18个,报名到泰兴开展暑期实践活动15人。

5月28日,北京大学工学院与泰兴市政府签订战略合作协议 (人社局 供稿)

【"百名海外博士江苏行"泰兴洽谈会】 2015年11月1日,泰兴市举办"百名海外博士江苏行"泰兴洽谈会,来自美国、加拿大、英国、法国、德国、日本、澳大利亚、比利时等10多个国家和地区的36名海外博士来泰兴考察洽谈。这是2008年以来,泰兴市连续第八次成功举办该项活动,本次活动有21个项目达成初步合作意向,正式确认合作项目1个。

【高层次人才引进】 年内,泰兴市引进"千人计划"专家孙云权、刘晓鸣博士科研团队,投资1亿美元创办"德沃尔智能机器人产业开发(江苏)有限公司";引进2015年省科技创业大赛新材料组第一名、海归博士马昕和"千人计划"闫全忠团队,投资2亿元建立中全新能源技术有限公司,生产锂电池负极材料纳米多孔硅;引进"千人计划"美国国立卫生研究院终身教授陈小元与施美康药业开展"正电子心肌灌注显像剂"项目合作;清华大学"百人计划"入选者、化工系副主任、生物化工研究所所长邢新会教授团队与泰兴市菇本堂生物科技股份有限公司就联合筹建"中国工业化生产食用菌菌种库"正式签订了合作协议。2015年,全市共引进优秀人才364人,其中海外人才62人,共有6人入选省"双创计划",有10个人才项目入选泰州市"双创计划",为全市经济转型发展注入了新"引擎"。

劳动就业和社会保障

【概况】 2015年,泰兴市新增城镇就业1.61万人,城镇下岗失业人员再就业1.24万人,新增创业2.31万人,带动就业7万多人,城镇登记失业率为1.9%;新增农村劳动力转移1.03万人。城镇零就业家庭和农村零转移家庭实现动态消除。企业职工养老、医疗、失业、工伤和生育五大险种参保人数分别达到17.3万人、30.41万人、12.9万人、15.7万人和11.8万人;机关事业养老保险参保人数达1.26万人;城乡居民养老保险参保人数达26.85万人,续缴费率达95%,参保覆盖率和基础养老金按时足额发放率均达100%。引进高层次人才364名、其中海外人才62名,新增专业技术人才3400人,新增高技能人才2717名。全年开展城乡创业培训1.07万人,开展城乡劳动者职业技能培训2.27万人。全年发放创业小额贷款6265万元、劳动密集型小企业贷款4000万元,新增创业2.83万人。全年专职监察员主动监察用人单位790户,为职工特别是农民工讨要工资、加班费等共计3300万元。全市规模以上企业劳动合同签订率达98%,已建工会企业集体合同签订率达95%,劳动合同备案19万人。仲裁委"三方驻会"(工会、经信委、企业家协会)办公室建成率100%,劳动争议人民调解工作室组建运行率达100%,劳动争议"五位一体"调处机制运行率达100%,劳动、人事争议仲裁办案准确无错率达100%,各类劳动、人事争议案件全年结案率达100%,各类劳动、人事争议调解仲裁机构全年调解和撤诉结案率达93%,集体劳动争议“三方”处理率100%。

【推进大众创业】 2015年,泰兴市制定《关于进一步推进大众创业的实施意见》,采取财政扶持、金融支持和社保补贴等措施,对高校毕业生、返乡农民工和外来人员等创业主体予以资助。全年有6个大学生创业项目被省厅确定为优质创业项目,黄桥中小企业创业园被省厅命名为“江苏省创业孵化示范基地”,全市新增创业1.61万人,扶持城乡劳动力自主创业4726人,引领大学生创业836人。

【第二届创业富民大赛】 泰兴市第二届创业富民大赛于8月启动,比赛分为项目组和创意组,比赛鼓励大学生、大学生村官、返乡农民工、失业职工、退役士兵等群体参加,以“创客梦·创业路”为主题。10月16日举行决赛,9个实施项目和5个创意项目进入决赛。进入决赛项目经过评估,可获得入驻创业孵化基地的机会,享受3年租金补贴;受奖选手可享受小额贷款政策、税费减免和社保补贴。

【五星级人力资源市场】 泰兴市人力资源市场于2014年底动工建设,工程投资3000多万元,纳入泰兴市2015年为民办十件实事之列。市人社局严格按照江苏省公共人力资源市场功能建设五星级单位服务要求,对人力资源市场建设进行高起点规划、高标准设计,着力加大软硬件设施建设投入力度。2015年11月,市人力资源市场竣工并投入使用,做到环境优美化、服务人性化、信息网络化和办公智能化,为城乡求职者提供了更高质量和更高水平的就业服务,被省人社厅认定为2015年度五星级公共人力资源市场功能建设单位。

【困难群体就业帮扶援助】 2015年,市公共就业服务中心加大就业援助力度,与265名就业困难人员签订就业援助协议,会同市总工会、民政局、财政局等单位开展注册登记、援助策划、能力培训、就业推荐和跟踪指导,为帮扶对象提供高效、便捷的“保姆式”服务。开展“个性化”岗位匹配、技能培训、创业融资和技术指导等服务,促进帮扶对象就近就地就业创业,实现就业困难对象动态清零。

【职业技能培训工作】 2015年,市人社局适应企业用工需求,指导各类培训基地开展“订单式”“储备式”培训,不断提升职业培训的针对性和实效性。推行“技能培训+创业意识引导、创业能力培训+创业项目推介、小额担保贷款+创业提升培训”等复合培训新模式,提升了职业技能培训的针对性和实效性。为推进“互联网+”快速发展,开设电子商务创业师资培训班,为全市电子商务创业提供人才支撑。

【劳务合作基地】 年内,为满足企业的用工需求,帮助企业解决用工短缺的问题,市公共就业服务中心远赴甘肃省平凉、庆阳等地开展劳务合作对接活动,分别与静宁、正宁、泾川、宁县4个县劳务办和泾川县职教中心等3所职技校签订劳务合作协议,为引进外来劳动力、缓解泰兴市企业用工难搭建交互平台。

【技能型人才培养】 2015年,市人社局立足全市经济发展和企业转型升级要求,依托市就业训练中心、技工学校和各类等培训基地,进一步加大技能型人才培养力度,为重点骨干企业培训和鉴定服装制作、建筑、钳工、焊工和数控工等技术工人5000多人次。适应全市化工产业绿色发展的需要,邀请专家教授开发化工“三废”处理工初、中级鉴定题库,为企业培训环保专业人员276人次。狠抓职业技术学校学生技能培训,全市有1000多名职、技校学生通过中级工职业技能鉴定。狠抓技术工人升级考核和技师评聘工作,选派2名技术工人分赴德国和美国参加为期30天的海外培训。举办维修电工、焊工、手工木工和护理工等职业技能大赛,积极为企业发现和培养紧缺急需、量足质优的技能型人才。

【全民参保登记】 2015年,泰兴市启动“全民参保登记”工作。该项工作实行属地化管理,由市人社局牵头,组织各乡镇(街道)劳动保障协理员逐家逐户开展调查登记,建立起全面、完整、准确的参保状况基础数据库,全市累计完成入户调查20.15万人,信息采集完整14.9万人,信息比对录入14.86万人,登记完成率达98%,为进一步加大社保扩面征缴力度,实现应保尽保、应缴尽缴提供准确依据。2015年,全市用人单位续保14771人,个人缴费续保5721人。

【城乡居保“四不出村”服务模式】 市人社局与泰兴农村商业银行合作,运用高科技手段拓展城乡居民养老保险便民服务功能和服务领域。2015年在已有的600多家农村小超市金融便民服务点基础上,又在180个村劳动保障服务站设立金融便民服务点,公开招录40名协理员,充实到岗位空缺的村居,加强信息网络建设,确保市镇村“三级”网络全覆盖,实现全市所有行政村参保人员参保登记不出村、征缴查询不出村、待遇领取不出村、稽核认证不出村,享受便捷、高效、标准化服务。

【医保管理改革】 2015年,市人社局落实医改精神,推进医保管理改革,对定点医疗机构实施“总额控制、源头控制、过程控制和出口控制“四位一体”的医保监管,创新实施大额医疗费用异地专家会诊,规范医疗行为,提高医保基金使用效率和医保待遇。年内,全市城镇职工医保、居民医保和新农合政策范围内报销比例分别达到88.95%、71.03%和73.68%。泰兴市进一步调优大病保险政策,全年城镇职工医保、居民医保和新农合分别有1344人、75人和256人大病重症患者享受大病保险政策待遇,分别再报销661万元、86万元和80万元,稳固医疗保障底线。

【社会保障信息化建设】 2015年,市人社局以深化“金保工程”建设为抓手,进一步强化网站、智能手机、一体机和社保卡等服务手段的应用。推广社保业务网上申报经办模式,做到凡是能在网上经办的业务一律上网经办,全市已有2176个企业开通社保网上经办业务。全省统一的社保卡功能强大,使用起来更加方便、快捷,2015年,泰兴市发行省社会保障卡17.38万张。在全市多个社保经办机构推出多功能社保自助服务一体机,可供自助查询和办理打印社保清单、社保转出凭证等数10项单位及个人的社保业务,打造“一卡通应用、一体机自助和一网式经办”的社保信息化服务品牌,更好地为城乡群众“记录一生、保障一生、服务一生”。

【社会保险基金管理】 2015年,泰兴市企业职工养老、医疗、工伤和生育保险基金分别征收达14.48亿元、6.89亿元、7700万元和2600万元;其中企业养老保险基金累计结余18.98亿元,备付能力达19个月;城乡居保基金收入5.23亿元,被征地农民社会保障资金收入5.41亿元。2015年,市人社局制定《泰兴市社会保险基金安全评估工作实施方案》,健全机制、规范流程、发挥评估效能作用和改进基金监管方式方法等。市人社局采取定期和不定期检查的方式对各项基金的管理使用情况进行现场和非现场监督检查,增加公示环节,严防任何套取、侵占社保基金的行为,努力为参保人员管好“养命钱”。

【“12333”人社咨询服务中心】 “12333”是全国统一的人力资源社会保障公共咨询服务电话号码。市人社局“12333”咨询服务中心在江苏省率先实现机构设置、人员配备、服务场地、硬件设施和软件系统五到位,5名咨询员均通过省人社厅考核,获得上岗资格证。服务中心形成融电话咨询、网络咨询和现场咨询“三位一体”的泰兴模式。电话咨询,包括24小时电话语音服务和工作日人工服务,提供政策咨询、信息查询、社会保障卡挂失和热点业务问答等全天候、全方位的服务;网络咨询,在泰兴市人力资源和社会保障局网站上开设“12333”在线咨询服务,市民既可以通过该平台咨询、举报和投诉,也可以对人社工作提出意见或建议;现场咨询,在人力资源维权大厅设立信访接待窗口,每天有两名局负责人值班,面对面接访和释疑解难。市人社局“12333”咨询中心自2011年4月设立,以“情系民生”为服务理念,本着咨询问题“事事有着落,件件有回音”的服务精神,在人社部门与市民之间架起了一座真心沟通的“连心桥”。至2015年12月31日,该中心共接到咨询电话51860件,接通率90%,满意率99.6%,网上在线咨询3464件,发布政策法规业务信息、微博1993条。

【和谐劳动关系论坛】 市人社局分别于4月28日、5月28日举办两期构建和谐劳动关系论坛,全市工业骨干企业的法定代表人或分管人力资源工作的副总参加论坛活动。参会人员一起围绕构建和谐劳动关系进行沟通交流和深入讨论。济川药业集团介绍了成功创建泰州市十佳和谐劳动关系企业的经验,市人社局劳动监察大队、劳动争议仲裁院和政策法规科的工作人员还以案释法,对劳动争议进行点评。

【仲裁裁审对接机制】 2015年,市仲裁委与市法院联合在市人社局设立巡回法庭,邀请市法院法官审理劳动人事争议案件,组织仲裁员旁听庭审过程,通过学习吸取法院的办案经验和做法,提高仲裁员的办案水平和效率。市仲裁委与市法院每季度召开一次裁审对接座谈会,每次参会20人左右,大家共同就关注的法律适用方面的重大疑难问题进行探讨研究,达成共识后,形成内部座谈纪要,供以后在裁审工作统一口径,共同遵守。全年共发生因当事人不服仲裁委裁决而诉至法院的案件共22件,法院经过审理,基本都维持仲裁委的裁决结果,达到裁审一致,提高仲裁委的社会公信力。

【三级基层劳动人事争议调解仲裁网络】 2015年,市人社局积极应对劳动人事争议纠纷案件数量不断增多的态势,构建起三级基层劳动人事争议调解仲裁网络。在企业集中的滨江镇建立“三星级”巡回仲裁庭;全市16个乡镇(街道)均成立劳动人事争议调处中心,运行率达100%;339个行政村(社区)全部成立劳动争议调解工作室,运行率达95%;全市百人以上用人单位有176个成立劳动争议调解委员会,全年共处理劳动争议纠纷案件718件,健全争议纠纷快速应对机制,确保一旦发生劳资矛盾纠纷,能在第一时间介入并及时调处化解。年内,泰兴市劳动争议仲裁案件网上运行率和按时结案率均达100%。

【劳动监察"两网化"建设】 2015年,市人社局高度重视劳动监察"两网化"(网格化、网络化)建设,夯实工作基础,提升两网化管理效能。健全网格化管理工作机制,落实省人社厅《加强劳动保障监察网格化管理长效机制的意见》,完善网格队伍专职化、经费保障常态化、管理考核规范化等基础建设标准,积极推动网格化管理发展升级。充分发挥网格管理效能,以标准化建设为主线,以业务运行流程为重点,认真抓好网格化运行的日常管理,全面落实六项网格责任。根据《省人力资源和社会保障厅关于开展全省劳动保障监察两网化管理示范县(市、区)建设活动的通知》部署要求,积极开展两网化管理示范市创建活动,制定创建方案,落实专项经费,实行定期通报,指导全市各劳动监察网格严格按照创建标准落实措施,全面提升泰兴市两网化管理水平。

【联动举报投诉平台建设】 2015年,泰兴市全面提升劳动保障监察联动举报投诉平台的运行质量。推动平台全范围覆盖、全业务运行、全流程控制,实现联动平台运行常态化、精准化、规范化。在移动执法平台运行试点基础上,做到移动执法平台运行常态化,使用规范化。强化对联动平台数据的合法性、及时性、准确性、完整性动态管理。完善查审分离、自由裁量、全程说理等案件质量管理制度,推进和保障平台中的所有案件按照法定程序、法定时限规范运行。强化平台服务调处功能,积极拓展劳动监察网格政策解答咨询、传递举报投诉、开展简单劳资矛盾纠纷调处等职能,劳动者不出村(社区)、乡镇(街道)即可就近就便及时表达维权诉求,将劳资纠纷化解在基层。2015年,录入举报投诉案件327件,录入率100%,案件按期运行率100%,接待登记并录入咨询信息5730条,调处简易劳资纠纷308起。

【企业劳动保障诚信等级评价机制】 2015年,市人社局依托网格化管理基础信息和联动平台案件信息,建立健全企业劳动保障守法诚信档案,严格按照《江苏省用人单位劳动保障信用分类监督管理办法(试行)》要求,全面推行用人单位分类监管制度。制定《泰兴市用人单位劳动保障诚信红黄黑名单公布暂行办法》,对全市所有用人单位实行等级评价、建立红黄黑名单和实施分类监管。开展劳动保障诚信示范企业评定活动,市政府对51个劳动保障诚信示范企业进行表彰,通过表彰诚信,惩戒失信,促进企业增强社会责任感,做到诚信守法、依法用工。

【基层公共服务平台建设】 2015年,泰兴市16个乡镇(街道)按照国家人社部确定的基层公共服务平台建设机构、人员、经费、场地、制度和工作"六到位"要求,全部建立人力资源和社会保障服务所,319个行政村全部建立劳动就业和社会保障服务站。市人社局认真贯彻市政府下发的《关于进一步加强人力资源和社会保障基层公共服务平台建设的实施意见》,切实加强基层平台规范化和制度化建设,不断拓展基层公共平台的服务内涵和功能;构建上挂见习、在岗轮训与集中培训相结合的培训体系,努力提升劳动保障协理员的素质能力。依托基层平台,实行市、镇(街道)、村(社区)三级公共服务平台网络贯通、信息畅通、工作联通,将就业、社保和维权等工作的更多业务下放到基层。

(丁丽华)

街道·镇乡概况

■编辑　翁元锋

黄　桥　镇

【概况】 黄桥建镇于北宋神宗元丰年间,是一座具有悠久历史的千年古镇和丰厚底蕴的文化名镇。该镇位于泰兴、如皋、海安、姜堰、靖江县(市)中心,南临珊瑚镇、广陵镇,西接河失镇、根思乡,北依新街镇、元竹镇,东与分界镇、古溪镇接壤,区位优势明显,是"五县(市)通衢"的交通要冲,沟通苏南、苏北的重要门户,素有"北分淮倭、南接江潮"的水上枢纽之称,334省道、229省道在镇区内交叉穿越,宁靖盐高速穿境而过,新(浙)长(兴)铁路在黄桥设有客货编组站,水陆交通十分便捷。全镇下辖12个居委会、55个村委会,两个国营场圃,辖区面积176平方千米,总人口19.35万人,其中城区面积12平方千米,城区人口12万人。该镇是苏中、苏北规模最大的城镇之一,也是泰兴市东部地区的经济、文化、商贸和交通中心,泰兴的"副中心"和小城市,江苏省经济发达镇行政管理体制改革试点镇,国家级建制镇示范试点镇、国家新型城镇化综合试点镇。先后获得"中国历史文化名镇""中国提琴产业之都""全国文明镇""国家级生态镇""全国特色景观旅游名镇""全国音乐教育联盟示范基地"等15个国家级称号。2015年,该镇(含黄桥工业园)实现地区生产总值67.73亿元,年均增长9.8%;实现国税开票销售80.4亿元,同比增长34%;完成工商税收收入5.6亿元,比上年净增了1.2亿元,同比增长28%;完成规模以上固定资产投资64.7亿元,增长46.7%。实现建筑业工程结算收入53.66亿元;农民人均可支配收入为17366元,比上年净增1806元。

工业经济　黄桥工业园区进入省级经济开发区管理序列,与国家级高新技术开发区——江阴高新技术产业开发区合作共建,并与江苏大学材料学院签署产学研合作协议。举办江阴、广州项目推介会和上海乐器专题招商会。全年开发实施1000万元以上工业项目23个,总投资57.2亿元。实际利用外资3100万美元,其中,亿元以上项目11个、5亿元以上重特大项目1个,完成规模以上固定资产投资64.7亿元,同比增长46.7%。实现高新技术产业产值78.8亿元,申报专利274项。新增列统企业7家,新办私营企业959家,利用民资103.4亿元。

小城市建设　2015年,该镇修编完善总规、控规、修建性详规等18个规划,全年累计投入100多亿元,推进重点工程。河滨路、军民路东延、友谊路南延、致富路南延、老姜八线镇区段改造等基础设施工程建成通车,新334省道镇区段、军民路、定慧路、金溪路、清华园河等绿化景观工程全覆盖,新增绿化面积40万平方米。国裕华府、佳源广场、上海花园等一批商住小区交付;新黄中于8月底交付使用,新市二院、邻里中心等工程进展顺利,佳源四星级酒店、金融中心、新城生态湖启动。4个副中心社区正常运转,溪桥集贸市场迁建到位并投入运营,修缮南沙集镇南区道路300米,改造刘陈、南沙集镇内下水管网6500米。

农业和农村工作　2015年,该镇"三个万亩基地"建设成效明显,蔬菜基地核心区初步建成,黄桥现代农业产业园区成为首个省级现代农业产业园安全标准化示范区,新增高效规模农业面积4000亩。该镇实行"组保洁、镇村收集、市镇转运、市统一处理"生活垃圾集中收集转运处理体系。新建垃圾收集房 91 座,环卫工作站 6 座,完成 3 个村森林生态示范村创建工作。在全市率先组建农村财务管理服务中心、农村产权交易服务中心，规范农村财务管理和农村产权交易。全镇有农业产业化龙头企业 21 家,其中国家级农业产业化龙头企业 1 家,省级农业产业化龙头企业 1 家,全年完成销售收入 10 亿元,利润 3500 万元,税金 4200 万元,出口创汇 1200 万美元,龙头企业基地订单 4 亿吨。提档升级农村公路 38 千米,改建、新建农村公路桥梁 28 座,硬质道路 22.01 千米,整治中低产田 4 万亩。2015 年,全镇村集体经营性收入比 2014 年增长 16.7%,57 个村全面达 20 万元以上，其中 35 个村达 30 万元以上,占总村数的 61%。全年实现建档立卡 5000 元以下低收入农户 457 户、684 人全面脱贫。

服务业　2015 年，该镇开发 1000 万元以上项目 13 个,其中亿元以上 2 个(邻里中心和佳源大酒店项目),创建为泰州市现代服务业集聚区。东进路镇区商务区、大统华工业园区配套商务区、佳源商业广场新区商务区建设工程形成规模。2015 年,完成服务业增加值 47.5 亿元，完成计划 134.1%，服务业产业投资 15.61 亿元,完成计划 111.5%,新开工 1000 万元以上项目 13 个,完成计划 216.7%;服务业两税收入 2.61 亿元,完成计划 121.3%,净增规模以上企业 7 个,完成计划 140%,新增限上单位数 6 个,完成计划 120%,服务业个转企 9 个,完成计划 150%,限额以上企业零售额 1.64 亿元,完成计划 102.47%,工业企业主辅分离 2 个,完成计划 100%。黄桥美味鲜成功创建成为泰兴市唯一一家“江苏省老字号”,华溪社区创建成为泰兴唯一一家省级电子商务示范村。

旅游业　2015 年,该镇整合区域旅游资源,将原属市文广新局的黄桥战役纪念馆、黄桥大戏院和属农委的果园场等旅游资源整合到黄桥镇,形成旅游开发一盘棋格局。推进新四军黄桥战役纪念地配套和布展工程建设。何御史府修缮布展项目完成回收东侧居民房屋，主楼屋顶维修和布展方案设计。永丰客栈完成土建主体工程。丁西林故居修复工程开展房屋征收,14 户征收对象户 11 户完成签约,编制布展大纲。游客集散中心已完成土建工程和内部装修招标。黄桥古镇旅游总体规划完成评审,229、334 省道进入景区 18 块引导标识牌完成设置。开展景区内厕所改造工作，建立景区消防办公室,维修 28 个消防栓,对景点及所属居委会添置 100 个灭火器，配备 2 辆消防摩托车和消防应急器材。裕泰和茶叶店内部改造完成并对外开放。黄桥古镇被评为“长三角最佳慢生活旅游目的地”“第二届中国最具价值文化(遗产)旅游目的地”,祁巷村获评全国乡村旅游模范村。全年旅游人数超过 160 万人次。

社会事业　2015 年,该镇新建农桥 22 座、泵站 40 座,改造通村道路 25 千米;新建压缩式垃圾中转站 6 座、改造镇区厕所 4 座,新建 3 座;新增城市绿化面积 40 万平方米,森林绿化覆盖率达 30%。2015 年该镇农村新型合作医疗保险完成 1379 万元，参合率达 100%。社会保障全覆盖，城乡居民养老保险续保率 97%，中小企业创业园被认定为省级创业孵化示范基地,新增创业人数 1280 人,带动就业 4126 人。完成农村改厕 1224 户,改厕工作完成 100%。污水处理厂正常运转,城镇污水集中处理率达 60%。全镇开展“无访村”创建,信访总量同比下降 65%;开展安全生产大检查,排查安全隐患 4558 条,整改率达 98%以上。

2015年黄桥镇重要经济社会指标一览表

表 28

指　　标	单　位	数　值
地区生产总值	亿元	67.73
财政收入	万元	108693
农民人均收入	元	17323
农业总产值(按现行价格计算)	万元	177828
其中多种经营产值	万元	11
粮食总产量	万千克	15.5
农机总动力	万千瓦	9.6
出栏生猪	万头	49.7
出栏家禽	万羽	247.1
水产品	万千克	0.5
水果	万千克	0.4
蔬菜	万千克	15.6
工业总产值(按现行价格计算)	亿元	242.8
工业利税总额	万元	270612
中、小学校	所	14
在校学生	人	18242
专任教师	名	1632
医院、卫生院	家	5
村卫生所	个	46
参加社会保障人数	人	46436

2015年黄桥镇各村(居)委会主要负责人一览表

表 29

村(居)名	村(居)支部(总支、党委)书记	村(居)委会主任
东街居委会	翟桂兰	封春花
西街居委会	吴国生	何群英
南街居委会	宫龄寿	汪　浩
北街居委会	黄学东	李　霞
米巷居委会	朱莲珍	陈双红
口巷居委会	彭建平	孙　晖

续表 29

村(居)名	村(居)支部(总支、党委)书记	村(居)委会主任
永丰居委会	汪继立	吕正鑫
布巷居委会	闾春江	张新娟
震东居委会	狄举鹏	丁文国
太平村	黄　兵	黄亚国
横巷村	狄举鹏	狄举鹏
西洋村	丁卫东	李国标
韩庄村	焦红梅	王　进
祁巷村	丁雪其	何海宁
余庄村	李东升	李东升
站东村	李东升	蔡雪春
朱何村	何忠华	何　欣
胜利村	戴家礼	周春安
东场村	耿　杰	
直来桥村	周建春	周建春
西寺桥村	陈君孺	陈君孺
合心村	张建岳	
勤丰村	沈方君	陈　彬
浩堡村		李　彬
野屋村	钱卫东	
封庄村	吕文俊	吕根网
三里村	张灶泉	封和民
东闾村	何世成	张永富
革新村	曹伯兵	曹伯兵
前进村	张　伟	成国武
双桥村	常建国	严圣宏
樊家集村	张仁平	张圣良
白庄居委会	白建树	白建树
杨春村	张锁红	张锁红
东顾村	蒋铁军	蔡龙富
海顾村	刘雪平	朱国泉
大张村	刘朋建	刘朋建
吴庄村	吴荣健	吴龙俊
严徐村	徐朝进	徐献红
黄坍村	黄书锋	黄书锋
刘陈村	张留贯	翁正华
双联村	沈连建	沈连建
印家院村	赵建兵	赵建兵
鞠垛村	叶社章	叶社章
果园村	白新建	周康生
野向村	吕新国	张国宾
江堡村	封新成	吕宝生
南沙村	钱文荣	吴群建
新南居委会	钱文荣	秦建平
翁庄村	翁志群	翁志群
华溪居委会	向永中	向永中

续表 29

村(居)名	村(居)支部(总支、党委)书记	村(居)委会主任
钱葛村	陈炳生	钱玉如
南岱村	王贵斌	郭　亮
秦庄村		张晓霞
唐港村	唐禄华	何卫华
朱徐村	陈炳生	钱国明
金堡村	陈正华	白　云
路庄村	李文学	王　杏
陈桥村	印金文	杨雪生
南殷村	殷建成	王开吉
吴韩村	李建华	刘兴国
新洋村	钱玉芳	钱玉芳
中盐村	季克斌	夏桂林
华庄村	顾　斌	印灶生
王庄村		周金明
诸马村	王建美	王建美

【凤灵集团与广州诗帝堡签署战略合作协议】 1月14日上午,江苏凤灵乐器集团与广州诗帝堡钢琴有限公司战略合作协议签约仪式在泰兴银光大酒店举行。双方签约两年内合资1.2亿元在黄桥镇乐器文化产业园内新建4公顷的“凤灵·诗帝堡”钢琴项目,引进德国最新数控生产设备,打造高品质钢琴产品,缔造“凤灵·诗帝堡”钢琴品牌,创建江苏最大钢琴生产基地。

【“黄桥烧饼”获评江苏农产品和地理标志商标20强】 1月27日,在江苏省第八届新华高峰会上,“黄桥烧饼”商标与“淮安大米”“八卦洲芦蒿”“洞庭山碧螺春”“邳州大蒜”“溧阳白芹”等江苏农产品及地理标志商标跻身2014江苏农产品和地理标志20强。峰会由江苏省商标战略实施工作领导小组办公室、江苏省工商局、新华日报联合中国江苏网举办,这是“黄桥烧饼”继2003年荣获“中华民族小吃”称号、2004年获“江苏食品博览会金奖”、2013年“江苏国际餐博会”获得“天下第一饼”以后,获得的又一殊荣。

【溪桥社区矫正管服中心】 3月31日,黄桥镇在溪桥社区设立一个集公益劳动基地、集中教育、心理咨询于一体的社区矫正教育服务中心。该中心为全市首家,占地面积1000平方米,其中办公室面积350平方米。中心内设宣告室、检察警务室,心理测试室、娇治室、集中教育室等功能室;配置电脑、打印机、传真机、扫描仪、指纹签到仪等办公设备;聘请矫正教育志愿者73人,监督者73人,心理咨询师2人;中心建立工作例会制度、请示报告制度、档案资料管理制度、学习培训制度、监督检查制度、责任追究制度、考核奖惩制度等8项工作制度。

【黄桥镇入选国家建制镇示范试点】 4月23日，由国家发改委等部门联合开展的建制镇示范试点工作近日正式启动，全国共有90个建制镇被列为试点地区，黄桥镇位列其中，为全省5个试点镇之一。试点主要围绕探索城乡发展一体化体制机制、创新投融资体制等方面展开，旨在增强建制镇可持续发展能力、综合承载能力和辐射带动能力。

【《黄桥古镇旅游总体规划》通过评审】 4月24日，《黄桥古镇旅游总体规划》通过由扬州大学、南京三江学院、南京理工大学、省旅游局、泰州市旅游局专家组成的评审团评审论证。副市长张健羽出席专家评审会。《黄桥古镇旅游总体规划》按照因地制宜、精品打造、产业互动、综合高效、资源保护、持续发展的原则，对近期重点项目、中期配套项目、远期提高项目进行规划。评审组认为《规划》旅游项目策划较为细致，旅游产业与产品规划有一定新意，重视保护与开发相协调、产业融合发展。评审组同意通过规划。

【黄桥镇总工会成立】 6月24日下午，黄桥镇总工会成立，这是全市首个乡镇总工会。会议选举黄桥镇党委副书记张毅为第一届总工会主席，李建华为副主席；会议同时选举产生经费审查委员会主任。黄桥镇工会是江苏省首批"示范乡镇工会"，是泰州市唯一两度被全总表彰的"百强示范乡镇工会"。

【中国黄桥乐器文化产业园揭牌】 7月29日，"中国·黄桥乐器文化产业园"项目集中开工和产业园管委会揭牌仪式举行，市委常委、黄桥镇党委书记、黄桥工业园区党工委书记耿元进出席并为产业园管委会揭牌。乐器文化产业是黄桥一张响亮名片，以小提琴为主的乐器文化产业是黄桥乃至全市的特色产业，产销量占全国市场70%以上，占世界市场30%以上，成为全球最大提琴生产基地。2012年，黄桥镇党委政府决定规划建设"中国·黄桥乐器文化产业园"。2014年3月，"中国·黄桥乐器文化产业园"被省政府认定为省级文化产业示范园。此次集中开工的项目分别为：凤灵诗帝堡钢琴项目，总投资1.5亿元，建设期12个月；华格吉他项目，总投资1.2亿元；乐器产业标准厂房项目，总投资1亿元，规划总建筑面积4.5万平方米。

【泰兴乐器协会入选省"正版正货"示范创建行业】 8月26日，2015年度省"正版正货"承诺推进计划项目入选名单公布，泰兴乐器协会成为泰州市唯一入选省"正版正货"示范创建行业。泰兴乐器协会设立于黄桥镇，集聚56家提琴专业生产企业及26家配套企业，通过ISO质量体系认证企业20多家，形成提琴及提琴配套企业相互协作的多元化格局，年产各类普、中、高档提琴56万套，吉他系列产品60万套，提琴产量约占全国产量60%，占世界生产总量30%。

【《中国人民抗日战争暨世界反法西斯战争胜利70周年》纪念邮票首发式】 9月10日，国家邮政部门发行一套中国人民抗日战争暨世界反法西斯战争胜利70周年纪念邮票，江苏邮政公司和泰兴市人民政府主办，在黄桥大戏院前广场举行首发仪式，这是"国家名片"在该镇举行的第二次首发仪式，创全国首例！

【李圭白院士工作站】 8月31日，"李圭白院士工作站"在江苏睿济鼎洲科技工程有限公司成立，中国工程院院士李圭白与市委常委、黄桥镇党委书记、黄桥工业园区党工委书记耿元进共同为工作站揭牌。李圭白是中国工程院院士、市政工程专家、哈尔滨工业大学教授、博士研究生导师、全国高等学校给水排水工程专业指导委员会主任。主要研究方向为给排水处理技术，包括地下水除铁除锰技术、高浊度水处理技术、高锰酸盐饮用水除污染技术、流动电流混凝控制技术等，是国家级有突出贡献的中青年专家、全国高校先进科技工作者，获国家和省部级科技进步奖10余项。李圭白院士工作站成立，将使睿济鼎洲公司借助院士专家的科研优势，提高企业科技成果转化率，提升竞争力。

【泰州市首家乡镇足协】 10月17日由泰兴市体育局和该市足协主办的中国泰兴赛区"谁是球王"民间足球争霸赛在该镇东街小学举行，同日，黄桥镇足球运动协会也宣告成立。黄桥足协是泰州市首家成立的乡镇足协。

【黄桥入选首届"长三角最佳慢生活旅游目的地"】 10月20日，在第八届长三角投资发展论坛·长三角慢生活旅游峰会暨首届"长三角最美乡村"系列评选活动中，黄桥镇跻身"长三角最美乡村"之列，被评为"长三角最佳慢生活旅游目的地"。首届"长三角最美乡村"系列评选活动推选范围包括上海、浙江、江苏、安徽4省市特色旅游景区，含市县、乡镇、村落和其他乡村休闲度假类景区。

【江苏凤灵集团通过省"放心消费"考核验收】 12月22日，泰兴市唯一一家省级诚信品牌企业——江苏凤灵乐器有限公司通过江苏省放心消费创建"百千万"工程督查评估组考核验收。督查评估组参观企业的博物馆、体验馆、音乐厅,听取企业汇报,并查看创建资料,重点检查企业宣传氛围、产品质量和投诉处理等方面工作情况。考核组认为,江苏凤灵乐器有限公司是江苏本土、具有自主知识产权、与老百姓消费密切品牌。
(徐界平)

分界镇

【概况】 分界镇地处泰兴市最东部,是泰兴市的东大门,东临如皋市搬经镇,南接珊瑚镇,西靠黄桥镇,北连古溪镇。镇域面积7113公顷,耕地总面积3786.2公顷,下辖14个村(社区),380个小组,总人口6.03万人(其中非农业人口2162人)。2015年,该镇实现地区生产总值13.62亿元,完成全年计划102.33%,比上年净增1.73亿元,增幅13.56%;服务业两税收入达1355.8万元,完成全年计划125.5%,比上年净增370万元。

农业　2015年,该镇共投入2722万元实施农业综合开发、千亿斤粮食、水土保持等项目,新建、改建桥梁15座,疏浚河道15.65千米、7.4万立方米,新建渠道89千米,铺设农村道路39.98千米,改建泵站47座,创建泰州市级万亩粮食产业园,引进畜禽粪便处理项目,流转土地1.49万亩,创办家庭农场72个,建成连片150亩猕猴桃高效设施农业,林业绿化保有率达85%以上,集体经营性收入30万元的村6个,20万元以上的村8个,农民人均可支配收入达15439元,同比增长13%。

工业　2015年,该镇完成工业国税开票销售达6.02亿元,完成全年计划133.78 %,比上年净增1.94亿元,增幅47.33 %;工商入库税收达5317.27万元,完成全年计划118.16 %,比上年净增1644.65万元,增幅44.78 %,增量、增幅位于全市第二、第三。2015年,完成新开工1000万元以上工业项目3个(其中3000万元以上2个),签约项目4个,待签约项目2个,洽谈项目2个,跟踪项目2个。

城乡建设　2015年完成镇政府门前三角区24间门面房拆旧建新,繁荣中路4间棚户房改造。老334省道两侧新装416盏路灯,实现镇区道路亮化全覆盖,垃圾中转站、污水处理厂建成并正常运行,三产小区36间商铺改造工程基本竣工;长生社区建成社区综合便民服务中心大楼,建成37间商住房,建成1.2千米长寿路及两侧排水系统,安装57盏路灯,节点绿化2000平方米,长生垃圾中转站建成并运行。全镇新铺设连接集镇、社区以及6个村居污水管网19千米,全面完成繁荣路拓宽改造土地流转和动迁任务。

社会事业　2015年,该镇新增创业604人,带动就业1840人,转移农村劳动力421人,全年申报小额担保贷款151.5万元。实施精准扶贫,248户、409名贫困人口全部脱贫。城乡居民基本养老保险续保率达99%以上,城乡低保、农村五保供养标准提高,全年发放困补、救助、临时救济近20万元。
(姜生龙)

2015年分界镇重要社会经济指标一览表

表30

指　标	单　位	数　值
地区生产总值	亿元	14.49
工商税收收入	万元	5317.27
农业总产值(按现行价格计算)	万元	50591
粮食总产量	吨	52497
出栏生猪	万头	13.7208
出栏家禽	万羽	122.8322
工业总产值(按现行价格计算)	亿元	63.5
工业利润总额	万元	14300
工业国税开票销售收入	亿元	6.02
中、小学校	所	4
在校学生	人	3280
村(社区)卫生室	个	11
参加社会保障人数	人	18056

2015年分界镇各村(社区)委会主要负责人一览表

表31

村(居)名	村(居)支部(总支、党委)书记	村(居)委会主任
长生社区	陈培昌	丁中原
南周	潘锋友	潘锋友(兼)
七贤	王永进	吴伯元
张竹	王晓春	王晓春(兼)
赵庄	赵登平	王忠瑞
野庙	周小星	马银美
王厂	张家友	张圣才
耿厂	陈　琪	丁中寿
分界	杨长旗	杨其元
沿界	丁书荣	周　俊
滕兴	杨俊健	张为勇
官庄	丁桂林	张兴德

古溪镇

【概况】 古溪镇位于泰兴市东北部,地处泰兴、如皋、海安、姜堰四县市交界处,是泰州市22个重点镇、泰兴市5个中心镇之一,先后成功创建为国家生态镇、江苏省文明镇、卫生镇。全镇下辖12个行政村、2个居委会,407个村民小组,人口5.86万,其中非农业人口15921人,镇域面积76.11平方千米。2015年,全镇实现地区生产总值29.54亿元,同比增长13.5%;完成工业国税开票销售16.51亿元,同比增长22.2%;完成工商税收收入9308.68万元,同比增长28.8%。

农业　2015年,该镇整村推进商品化育秧和机插秧工作,完成机插秧面积3万亩;新增高效设施农业连片3个,面积达200亩,新增设施渔业面积125亩;新注册家庭小农场17个,新增土地流转面积4793亩;成立农机合作组织16家,新增拖拉机16台,插秧机10台,烘干机8台,其他各类农机具46台套;刁网高效农业园成功创建泰州市农业科技园区、泰州市级蔬菜园。14个村(居)实行"五位一体"市场化运作,配备管护人员176名;新栽各类苗木6万株,完善提升绿色通道1300亩,发展林下经济260亩,完成农田林网补网5000亩,创建泰兴市绿化示范村3个,发展高效林业300亩。村集体经济增收工作措施扎实、成效明显,绝大多数村(居)经营性收入突破20万元,其中6个村(居)超过30万元。

工业　2015年,该镇完成规模以上工业企业实现产值115亿元、利润9.86亿元,同比增长14.1%、19.2%;申报列统工业企业2户,全年竣工项目3个,分别是总投资5000万元泰兴市协盛家俬有限公司(泰州远大家俬分厂)家具项目,一期利用镇村共建标房1.7万平方米,设置6个编藤点,吸引劳动力200人左右,已全部投产,年内实现国税开票2000万元,税金120万元;投资3000万元弘积医疗器械项目,完成净化车间GMP验收,开票销售1500万元;慧海机械设备项目,厂房建设和安装设备均已到位,形成开票500万元。在建项目2个,江阴客商投资永昇纺纱纺织项目,总投资8000万元,厂房主体封顶,价值4000多万元德国产设备安装调试;总投资1500万元旭威高档时装项目。

服务业　2015年,该镇实现服务业增加值7.71亿元,同比增长16.2%;完成服务业税收3565万元,同比增长22.21%,其中物流税收988万元;完成服务业产业投资6120万元;完成限额上零售额1104万元。新增列统服务业企业和限额上企业各1户。

镇村建设　2015年,该镇委托规划设计单位科学编制《横垛社区修建性详细规划》,完成报批程序。实施新修编的《古溪镇镇村布局规划》,推进集中居住。新客运站建成投运;横垛社区垃圾中转站建成运行,采取以奖代补形式,全镇新增垃圾箱721个、垃圾集中堆放点50个;宝塔大桥竣工通车。实施工业园区星光路、幸福路、阳光大道和环溪路、横垛社区人民路和跃进路下水道清淤维修工程;实施园区4条道路和横垛社区2条道路沥青混凝土补强工程;完成东方寺路西延路段雨水管道、污水管道扫尾工程;实施古滨路、古马干河镇区段亮化、绿化工程。

2015年古溪镇重要社会经济指标一览表

表32

指　　标	单　位	数　值
地区生产总值	亿元	29.54
工商税收收入	万元	9308.68
农业总产值	万元	84979
粮食总产量	吨	50941
出栏生猪	万头	33.6
出栏家禽	万羽	187.5
规模以上工业总产值	亿元	115
规模以上工业利税总额	万元	168912
工业国税开票销售收入	万元	165106
中、小学校	所	4
在校学生	人	3087
村卫生室	个	10
参加社会保障人数	人	17081

2015年古溪镇各村(居)委会主要负责人一览表

表33

村名	村支部(总支、党委)书记	村委主任
横垛社区	沈新文(副书记主持工作)	张国宝
西雁岭	颜广军	顾章龙
刁网	刁晓兵	刁永红
野芹	何　滨	李　梅
钱荡	钱广林	
谢荡	朱朋富	吴先昌
塘湾	王春林	王春龙
东雁岭	王跃进	
古溪社区	顾庆生	汪东和
周庄	周红兵	周国龙
皂桥	张仁凤	刘　兵
尹垛	尹和建	尹朝阳
顾庄	顾文静	顾仁法
常桥	顾为平	夏明生

元　竹　镇

【概况】 元竹镇地处泰兴东北部,与泰州市姜堰区顾高镇、蒋垛镇相邻,总面积47.54平方千米。辖10个村民委员会、2个居民委员会,259个村民小组,2015年底有12502户,38973人。镇政府驻大元居委会,距泰兴市区42千米,距泰州火车站33千米。宁通高速公路、一级省道姜八公路、古高公路、东姜黄河和西姜黄河穿镇而过。

农业 2015年,该镇实现农业总产值5.27亿元,粮食总产量2.96万吨,出栏生猪14.12万头,出栏家禽101.45万羽,水产品109.9万千克,水果49.2万千克,蔬菜4770.8万千克。农业技术持证培训500人,专项技术培训180人。全年新增高效农业面积4000亩,其中设施农业3000多亩。商品化集中育供秧面积189亩,完成机插秧面积1.89万亩,秸秆全量还田面积3.57万亩次,植保统防统治服务面积6000亩,新增植保专业化服务组织2个,新增农机合作联社3个,新增稻麦两熟家庭小农场45个。该镇成功创建成"省农产品质量监管示范乡镇"、被评为"泰州市农产品质量监管十佳乡镇"。农村土地承包经营权确权颁证试点工作顺利开展。野叶村创建成森林生态示范村。全年农民人均可支配收入15345 元。

工业 2015年,该镇完成工业国税开票销售14.9亿元,同比增长28.89%;工商税收达4753万元,同比增长15.14%;民营经济加快发展,利用民资6.25亿元,新办私营企业58个,新办个体户281家,其中500万元以上企业13个,新增注册资本3.96亿元。新招引实施1000万元以上项目12个,其中新竣工项目5个,新开工项目4个,报批项目3个。

服务业 2015年,该镇实现服务业增加值3.3亿元,同比增长15.2%;服务业两税收入完成941万元,同比增长25.8%;新办50万元以上服务业企业20家。

镇村建设 2015年,该镇完成总长度1.3千米申成路南延工程和总长度1.9千米幸福路拓宽改造工程;新建通村路14.1千米,农村公路提档升级 6.4千米;实施涉及10个村居的农村饮水安全项目,铺设支管338.8千米;新建农桥3座,新建改造泵站4座;完成改厕550户;农民集中居住区天然气主管铺设到位,新安装及改造工业集聚区路灯153张、集镇路灯175张,铺设污水管网850米。投入100多万元对大元居委会元前段环境连片整治,铺设污水管网5.1千米,建设微动力污水处理站1座。省级危房集中居住区项目通过验收,占地面积5000多平方米农民休闲广场建成。推进土地复垦和挂钩项目实施,复垦土地128.6亩,实施挂钩项目65亩。全镇新建垃圾房10个、垃圾池300多个。

社会事业 2015年,全镇核减不符合条件低保、五保对象67户67人。落实新增城乡低保、五保对象96户104人。社会保障体系完善,低保、五保、残疾等弱势群体社会保障体系、临时救助体系健全。新型农村合作医疗保险参保率达98.5%,农村社会养老保险参保率达99.3%,续缴率达96%,企业职工养老保险参保率达95%,基本实现全覆盖。10个村(居)被命名为"无访村"。

2015年元竹镇重要社会经济指标一览表

表34

指　　标	单　位	数　值
地区生产总值	亿元	9.67
公共财政预算收入	万元	2155.87
农民年人均纯收入	元	15345
农业总产值(按现行价格计算)	万元	52708
粮食总产值	万千克	29616
农机总动力	万千瓦	1.90
出栏生猪	万头	14.12
出栏家禽	万羽	101.45
工业总产值(按现行价格计算)	亿元	72.19
工业利润总额	万元	62683
中、小学校	所	2
在校学生	人	1854
村卫生室	个	10
参加社会保障人数	人	23752

2015年元竹镇各村(居)委会主要负责人一览表

表35

村(居)名	村(居)支部(总支、党委)书记	村(居)委会主任
丁庄村	王新天	王建华
兴杨村	王荣辉(主持)	王荣辉
申庄村	孙建龙	孙学彬(主持)
潘元村	王乔官	朱仲民(主持)
成庄村	成吉亮	成建房
野叶村	王全进	林松山
沿泰村	钱桂康	蒋爱兵
镇北村	蒋冬生	蒋冬生
芮徐村	蒋保领	徐石平
蒋堡村	蒋凤寿	蒋　旭
双赵居委会	蔡圣志	
大元居委会	周俊甫	丁康龙(主持)

(朱志庆)

珊 瑚 镇

【概况】 珊瑚镇位于泰兴市东南部,东与如皋市江安镇接壤,南与靖江市季市镇毗连,北与分界镇、黄桥镇相依,西与广陵镇为邻。省道姜(堰)八(圩)公路和新(沂)长(兴)铁路穿境而过。全镇土地总面积49.43平方千米,耕地面积27.37平方千米,辖10个行政村、3个居委会、315个村民小组,总人口52324人,其中非农业人口14072人。

农业 2015年,该镇实现农业总产值4.1亿元,粮食总产量达3.7万吨,建成泰州市粮食产业园,规划总面积2.15万亩,建成面积1.09万亩。全年新增家庭农场22个,新增规模经营面积3800亩。发展农民专业合作组织,创建星级示范社一星级5个、二星级3个、三星级1个。完成50亩以上设施农业项目1个,新增年上市生猪8000头养殖场2个。开展农业招商引资,实际利用内资7000万元。开展农村土地确权登记颁证工作,完成序时进度。2015年,3个村集体经营收入达30万元、3个村达20万元,其余村均达10万元以上。完成农田林网5000亩、绿色通道5千米、绿色河道2千米,新建森林生态示范村1个。

工业 2015年,该镇完成工业国税开票销售10.1亿元,完成工商税收5200万元,完成全部工业产值102亿元,其中列统工业产值53亿元,同比分别增长24.9%和26.7%;净增私营企业40家,净增个体工商户184户。该镇全年新开工1000万元以上工业项目8个,其中3000万元以上项目2个;新竣工1000万元以上工业项目7个,其中3000万元以上项目1个;新签约项目2个。项目建设计划总投资10.4亿元。加大对闲置低效土地盘活处置的力度,对征而不用、圈而不建项目,实行"腾笼换鸟",盘活3宗土地近20亩,实施土地占补平衡项目86.3亩、增减挂钩项目60亩。

镇村建设 2015年,该镇完成农村公路提档升级15.73千米,其中省计划12千米、市计划3.73千米,新建农桥3座。组织实施小型农田水利重点县项目,涉及5个村,共新建27座泵站、40千米硬质衬渠、28座涵洞。是年,该镇农贸市场建成运营,实施银珊瑚路绿化、亮化工程,秀才湖农民休闲公园土建工程到位,实施绿化工程。全镇新增垃圾运输车18辆、垃圾箱(池)1900个,建设生活垃圾房25个,实现生活垃圾收运全覆盖。

社会事业 2015年,该镇新型农村社会养老保险覆盖率大幅提高,新扩面438人,参保总人数达2.8万人,参保率100%,续保率达98%。新型合作医疗参保人数达4.08万人,参保率达100%。做好城乡低保和农村五保核查工作,核减农村低保95户108人,新增94户105人。全镇农村低保总人数972户1190人,城市低保61户76人,农村五保对象373人,特殊困难残疾人救助对象512人。该镇全年新增农村劳动力转移1789人,新增创业355人,带动就业1400人。实现农村居民人均可支配收入15841元,比上年净增1541元,增长10.8%。全镇信访总量同比下降80%,9个村(居)获市"无访村"称号,"无访村"创建比例达70%,首次获得"四无"乡镇称号。

2015年珊瑚镇重要社会经济指标

表36

指　　标	单　位	数　值
地区生产总值	亿元	14.7
工商税收收入	万元	5200
农业总产值	万元	40973
粮食总产量	吨	37168
出栏生猪	万头	10.57
出栏家禽	万羽	72.93
规模以上工业总产值	亿元	53.2
规模以上工业利税总额	万元	74998
工业国税开票销售收入	万元	103000
中、小学校	所	2
在校学生	人	3207
村卫生室	个	8
参加社会保障人数	人	28842

2015年珊瑚镇各村(居)基本情况一览

表37

村(居)名	村(居)支部(总支、党委)书记	村(居)委会主任
珊瑚新村	肖林峰	肖林峰
镇前新村	陆建国	陆建国
二河新村	刘玉才	刘玉才
洋港村	汤小青	汤小青
曹埠村	刘吉亚(2015.3免) 肖新国(2015.3任)	肖新国
祯祥村	王其明	王其明
顾堡村	黄大才	顾中文
周岱村	周明进	周明进
徐家庄村	顾宏岩(2015.10免) 吴建军(2015.10任)	柳长安
八达村	陈桂生	丁海琴
八户村	袁仁喜	丁红权
新桥村	吴文成	王建林
左庄村	狄海俊(2015.10免) 蒋跃建(2015.10任)	肖前进

【珊瑚镇商会举行新春招聘会】 2月25日,珊瑚镇商会举办2015年新春招聘会,梳理公告招聘岗位、扩大公告范围至周边乡镇。此次招聘会共有35家用人单位提供400多个用工岗位,涵盖车床工、服装、电子、数控等工种,吸引周边3个乡镇近1200多名求职者前来咨询,有近300个岗位达成合作意向。 (封 曦)

广 陵 镇

【概况】 广陵镇位于泰兴市东南部,西邻曲霞镇,东邻珊瑚镇,北邻黄桥镇,南与靖江市隔界河相望,属黄桥革命老区。由原广陵镇、宁界乡合并,是泰州市22个中心镇之一、泰兴市5个重点镇之一。辖2个社区、15个行政村,393个村(居)民小组,总人口5.32万人,全镇土地总面积58.44平方千米,耕地总面积29.2平方千米。

农业 2015年,该镇完成农业增加值2.12亿元。全镇推进商品化育秧,全镇实现机插秧面积3.2万亩,推广插秧机12台、反转灭茬机15台。发展规模种植养殖,新办各类养殖场4个。创建水稻小麦高产示范方各1个,新增高效农业2800亩、新建各类合作社10个。全镇新增村级标准房3个、高速公路广告牌6个,栽植各类苗木18万株,建成镇村绿色通道5千米,北肖村创建为省森林生态示范村、龙王村创建为市森林生态示范村。土地承包经营确权登记颁证工作在全市先行一步。新建绿化带12千米,新建农田林网示范区5000亩,完成农产品质量监管任务1200个,合格率达100%。粮食生产实现“十二连增”,农民人均可支配收入13969元,净增1371元,增长10.88%。

工业 2015年,该镇完成工业增加值9.2亿元。完成工商税收收入5375万元,增长10.5%;完成工业国税开票销售11.46亿元,增长17%;实际利用外资105万美元;完成工业投资3.26亿元,超额完成1500万元;完成进出口额869万美元,增长36.2%。全年新增6个新开工项目,超额完成2个,其中3000万元以上项目2个;新竣工项目4个,超额完成1个。该镇关闭规模以上化工企业1家,盘活闲置土地5宗4.07公顷。

服务业 2015年,该镇完成服务业增加值7.022亿元。全年新开工1000万元以上服务业项目2个,实现服务业税收1859万元,增长47.5%;服务业在两税收入中贡献份额超过30%。

城镇建设 2015年,该镇修编《广陵镇总体规划》《广陵镇控制性详细规划》,规划突出空间布局、突出功能区定位、突出生态文明。实施陵通路南延工程,使陵通路成为集镇各功能区的主干道;新建兴镇路东延段路道,中心幼儿园竣工。

社会事业 2015年,该镇化解矛盾纠纷236起,矛盾纠纷调处率达99%。新建桥梁10座、铺设路道12千米,实施投资800万元的小型水利重点县工程和投资800万元的农业综合开发工程,涉及9个村,新建泵站36座、硬质渠道32千米;加快改水进程,在全市率先完成村户自来水管网改造任务;加快农村改厕进程,联吴村、宁界村新改厕1227座,完成率达104%;新建公益性公墓1处。城乡居民养老保险续保率达95%,新型农村合作医疗保险参保率达99%。

【中心幼儿园建设】 广陵镇中心幼儿园项目于2014年1月经市发改委立项批准,总投资800多万元。中心幼儿园新址位于广陵中路北侧,广陵小学东侧。总用地面积4257平方米,容积率0.75%,绿地率35%。工程项目于2014年7月开工建设。幼儿园按五轨全日制学校规划建设,小班按25人/班,中班按30人/班、大班按35人/班计算,学生450人左右,并配套建设围墙、绿化、保安室、保健室、晨检室等配套工程。工程于2015年竣工,投入使用。 (张秋红)

2015年广陵镇重要社会经济指标一览表

表38

指 标	单 位	数 值
地区生产总值	亿元	16.95
预算内财政收入	万元	3432.2
农民人均纯收入	元	13969
农业总产值(按现价计算)	万元	37867
粮食总产量	万千克	3773.7
农机总动力	万千瓦	2.72
出栏生猪	万头	6.62
工业总产值(按现价计算)	亿元	89.06
工业利润总额	万元	111992
中、小学校	所	4
在校学生	人	2002
村卫生室	个	11
参加社会保障人数	人	24200

2015年广陵镇各村基本情况一览表

表39

村(居)名	村(居)支部(总支、党委)书记	村(居)委会主任
广陵居委会	肖爱东	成祝安
张拾	苏建林	林宏根
季圩	赵国章(代)	—
通靖	张文祥	陈高卿
曹市	周金兰	周金兰

续表 39

村(居)名	村(居)支部(总支、党委)书记	村(居)委会主任
木行	杨爱兰	杨爱兰
新圩	杜凤鸣	陆德本
顾周	钱文秀	钱文秀
大有	徐文华	徐文华
宁界	吴明阳	何玉林
联匡	孙建平	王德新
禅师	陈建群	陈建群
龙王	倪卫国	张中良
兴宁居委会	马　康	张金荣
北肖	肖克和	肖雪华
马庄	马章林	—
联吴	吴国坤	吴国坤

曲 霞 镇

【概况】 曲霞镇位于泰兴市南部,与靖江市马桥、生祠等乡镇接壤,是靖泰结合部颇具影响的历史古镇,是清乾隆年间武状元张兆璠故里,是江苏省生态镇、汤包美食名镇,交通十分便利,东接京沪、宁通、宁靖盐高速,西连泰常、沿江公路,江平公路从该镇西部穿境而过,距扬州机场和无锡、常州不到一小时车程。全镇区域总面积35.26平方千米,耕地总面积19.81平方千米,所辖行政村9个、居委会2个,村民小组243个,总人口3.05万人,其中非农业人口0.53万人。2015年全镇实现地区生产总值13.25亿元,增幅14.6%,完成工业国税开票销售11.2亿元,增幅18.3%,完成工商税收收入4331万元,增幅28.23%。

农业　2015年,全镇75%的耕地完成流转,家庭农场达46个,专业合作社49个,粮食烘干机9台,全面实施商品化集中育秧182.69亩,机插秧率90%以上,稻麦秸秆实现全量还田,粮食总产达26729吨,农民人均纯收入16300元,新建硬质水渠11.8千米,泵站22座,完成道路绿化4600米,河坡绿化5600米,国平渔业专业合作社投入38万元建成泰兴市第2家、乡镇级第1家标准化“四大家鱼”孵化室420平方米,新增堤水养殖450亩。

工业　2015年,该镇完成工业总产值93.7亿元,增长25.5%,完成固定资产投资7.016亿元,增长79.03%,实施1000万元项目10个,其中3000万元以上项目3个,总投资52亿元上海斐讯项目在市金秋经贸科技洽谈会成功签约,作为重大飞地项目落户虹桥工业园区。

服务业　2015年,全镇实现服务业增加值48732万元,增长17.7%,完成服务业两税收入1260万元,增长47.37%,完成物流业税收234万元。

村镇建设　2015年,该镇总投资1000多万元的曲霞幼儿园建成使用;完成集镇污水河整治,实施景观工程;建成陈公堂通靖大桥、中心街大街等;投资80万元新建的环卫工作站竣工运营。成功创建成泰州市文明乡镇、泰州市水美乡镇、泰州市卫生镇,全年新建农村硬质路道7.6千米,提档升级6千米,新建农村桥梁6座。2015年,该镇完成建筑业工程结算收入7300万元,建筑业工程税收入库1062万元。

社会事业　2015年,该镇投入120万元对改造敬老院,通过省一星级创建验收。投入近100万元新建镇级公墓2个,完成竣工验收。投资60多万元新建3个苏馨家园专为残疾人使用。印达村被授予全国民主法制示范村。

2015年曲霞镇重要社会经济指标一览表

表 40

指　标	单　位	数　值
地区生产总值	亿元	12.45
工商税收收入	万元	4331
农业总产值	万元	29394
粮食总产量	吨	26729
出栏生猪	万头	4
出栏家禽	万羽	26
规模以上工业总产值	亿元	57.16
规模以上工业利税总额	万元	49621
工业国税开票销售收入	万元	112010
中、小学校	所	2
在校学生	人	1029
村卫生室	个	10
参加社会保障人数	人	18902

2015年曲霞镇各村(居)委会主要负责人一览表

表 41

村(居)名	村(居)支部(总支、党委)书记	村(居)委会主任
印　达	沙志龙	沙　伟
曲　霞	张建伟	陈宏然
镇　西	李　强	谢春阳
丁　桥	王　琴	蔡美英
肖　榨	丁玉林	金建民
安　乐	张春雷(2015.9前) 李建(2015.10主持工作)	张春雷(2015.9前)
戴　窑	郜建华(2015.9前) 杜剑峰(2015.10主持工作)	刘永广
李　圩	王　伟	朱　伟
朱　圩	丁玉先	蒋社红

(徐克勤　吕　红)

张 桥 镇

【概况】 张桥镇位于泰兴市南郊,地处沿江经济发展带,江平线、334省道穿境而过,东通京沪、宁通、宁靖盐高速,南邻江阴长江大桥,北接泰兴市区,西距长江黄金水道5千米。镇区距上海浦东机场、虹桥机场和南京禄口国际机场2小时车程,距常州机场45千米,交通十分便利。全镇土地总面积61.76平方千米,耕地总面积32.23平方千米,下辖15个行政村、3个居委会,382个村民小组,总人口53349人。2015年全镇实现工业国税开票销售12.76亿元,实现工商税收1.11亿元。

农业 2015年,该镇积极引导农村土地承包经营权流转,完成家庭农场工商注册登记22个,申报泰州市示范农场2个,泰兴市示范农场3个。整镇推进实施机插秧,全镇92.6%中稻实现机插秧,居全市之首。植保专业化服务面积占全市近四分之一。

工业 2015年,该镇完成工业用电量1700万千瓦时,工业投资4.2亿元。净增私营企业76家,净增个体工商户186户,新增个转企12家。申报国家三部委高新技术企业2家、省民营科技企业4家,信用贯标企业3家。新开工1000万元以上工业项目9个,其中3000万元以上项目4个。新竣工1000万元以上工业项目7个,其中3000万元以上项目2个。

镇村建设 全年新建公路桥梁2座,农村小型桥梁16座。拓宽改造水泥路面4.48千米,新铺设以奖代补水泥路面5.94千米。组织对焦荡集镇、张桥集镇环境集中整治,新栽树木10.9万株,新增成片林590亩,其中果园面积252亩,新建农田林网8072.7亩,完善农田林网7515亩,完善绿色通道198.6亩,发展林下经济100亩,新建5千米通村路道及焦荡中沟2千米河坡整治,均超额完成市交各项指标。

社会事业 2015年,该镇积极推进公益性公墓建设,完成村级公墓12个。建成焦荡环卫工作站,方便东部6个村(居)的垃圾清运。投入200万元左右,铺设张桥集镇污水管网2500米,接通至污水处理有限公司。13个村(居)获市"无访村"称号,镇连续5年获得市信访工作"四无乡镇"称号。

2015年张桥镇重要社会经济指标一览表

表42

指　标	单　位	数　值
地区生产总值	亿元	19.91
工商税收收入	万元	10076
农业总产值	万元	46936
粮食总产量	吨	37683
出栏生猪	万头	39307
出栏家禽	万羽	210968
规模以上工业总产值	亿元	25
规模以上工业利税总额	万元	29349
工业国税开票销售收入	万元	127623
中、小学校	所	3
在校学生	人	1476
村卫生室	个	18
参加社会保障人数	人	27160

2015年张桥镇各村(居)基本情况一览表

表43

村(居)名	村(居)支部(总支、党委)书记	村(居)委会主任
汤庄	朱金海	汤延寿
匡庄	匡　慧	顾月萍
常巷	张　淦	朱庚林
陈庄	潘爱平	潘爱平
镇西	辛文俊	刘纪根
吴榨	鞠桂灿	赵新林
褚陈	蔡国林	花　明
西桥	袁瑞林	
张桥	辛纪元	汤荣富
东联	封连华	
圩港	张宏群	张雪堂
焦堡	焦　愚	焦　愚
焦荡	印平华	薛新民
杨庄		周明生
薛庄	印建忠	罗佳祥
郭桥	戴　军	谭国林
克仁	张振华	张振华
刘井	刘志进	刘幸福

(王　兵)

河 失 镇

【概况】 河失镇位于泰兴地理中心,素有"主附城市连接点、泰兴东花园"之称,是泰州市22个、泰兴市5个重点中心镇之一。2015年该镇实现地区生产总值20.66亿元,同比增长13.7%;工商税收达9200万元,同比增长16.46%。

工业 2015年,该镇完成工业国税开票14.07亿元,同比增长17.15%;完成产业投资5.01亿元,超额

35.6%，完成设备抵扣税金738.94万元，超额84.7%。年内竣工投产1000万元以上项目7个，其中3000万元以上4个，总投资3亿元聚酰亚胺保护膜项目成功落户经济开发区。

农业　2015年，该镇新增设施农业面积1300亩，新增50亩以上高效设施农业连片项目3个，新增设施渔业面积近300亩，生猪大中型养殖比达72%，关停河失、常周2个生猪无证屠宰点，建成市级农业产业化龙头企业4家和1个农产品电子商务服务站。建成农村产权交易中心，并于10月正式运行。农业生产全程社会化服务扎实推进，全程社会化服务面积达6000亩，发展植保(农机)服务组织19个。2015年实现农村居民人均可支配收入1.83万元，挂扶低收入农户195户309人，建档立卡人口全面脱贫。西黄村通过三星级康居示范村验收，同心村通过省级村庄规划建设示范点验收，2个村还被评为省水美乡村。

集镇建设　2015年，该镇投入500多万元，实施长800米、宽10米2号路和长1000米宽20米新广北线排水、绿化等改造工程；实施1号路绿化和亮化工程；完成先锋路与新广线节点绿化工程；铺设污水管网2100多米，污水处理厂在非园区乡镇中率先试运行；河仙路、学府路西延段安装路灯56盏，实现镇区主要街道亮化全覆盖。

社会事业　2015年，该镇新型农村合作医疗保险实现全覆盖。改造农村危房82户，城乡低保达1037人，五保供养对象达361人，其中集中供养35名五保老人，通过建立完善农村五保供养机制，解决衣食住医。免费发放轮椅、手杖、洗衣机、彩电给139名残疾人。举办各类创业培训班12期，培训1200余人次，适龄儿童入学率和在校学生巩固率达100%。全年实施一事一议路道6.2千米，连接路5千米，拓宽路道0.7千米，修建新334省道便道6.8千米，新建桥梁6座，改造电灌站12座，整治河道2条。拆除违章建筑28处近1800平方米，清运垃圾4200多吨。12个村居被评为市“无访村”，信访总量同比下降60%。开展安全生产大检查，排查安全隐患500多条，整改率达98.8%。

2015年河失镇重要经济社会指标一览表

表44

指　　标	单　位	数　值
地区生产总值	亿元	20.66
预算内财政收入	万元	9200
农民年人均收入	元	18187
农业总产值(按现行价格计算)	万元	71313
粮食总产量	万千克	4556.6
农机总动力	万千瓦	3.93
出栏生猪	万头	16.08
出栏家禽	万羽	76.8
工业总产值(按现行价格计算)	亿元	102.1
工业利润总额	万元	46936
中、小学校	所	4
在校学生	人	2840
村卫生室	个	9
参加社会保障人数	人	43478

2015年河失镇各村(居)主要负责人一览表

表45

村(居)名	村支部书记	村委会主任
夏港村	王　乾	
刘官村	王进寿	夏海军
李湾村	谭文林	赵进生
刘庄村	吴冬华	吴冬华
常周居	赵云华	冯国泉
刘桥村		刘伯龙
赵杜村	徐　勤	李新忠
西荡村	常建军	杜　江
印庄村	张万华	徐　非
印荡村	王继华	吴泽甫
元仙村	戴玉萍	
同心村	殷　群	蒋小红
失迷居	黄景华	
洋碾村	陈亚群	王雪生
司马村	蒋富生	季明华
西黄村	黄建庆	黄建庆
三军村	黄春庆	周玉明
沈丁村	鲁石兰	申银福
河头居	何永泉	王建全

新　街　镇

【概况】 新街镇地处泰兴市东北部，北靠泰州姜堰，东邻元竹、黄桥，西依宣堡、根思，南与河失镇接壤。镇域面积72.02平方千米，耕地面积3200公顷。下辖28个行政村，432个村民小组，人口58148人，其中非农人口4751人。2015年，全镇实现地区生产总值12.34亿元，较上年增长9.3%；完成工商税收收入2030万元，同比增长28.2%；农村居民人均可支配收入13892元，同比增长9.5%。

农业　该镇推进业主结构、大棚结构和产品结构深度调整，形成以洋芋为主的生态循环农业，以绿色经典、陆阳、瑞泰为主的设施蔬果农业,以原农园、生态园、新农园等为代表的观光休闲农业。全年累计新增规模种植3500亩,新建标准钢架大棚2100亩,其中,连栋增温设施葡萄大棚300亩,喷滴灌、防虫网设施农业620亩。探索股份合作为主要形式的规模农业发展之路,新办小农场9个3800亩。新建改造泵站19座、排灌涵闸12座、硬质衬渠29.6千米。2015年,全镇完成农业增加值4.1亿元,同比增长8.4%。

工业 该镇泰宇交通、PE管材、春雷水表、苏珀精密制造等项目竣工投产, 新广生物、振兴包装等企业通过追加投入、设备更新,实现规模扩增。2015年完成"飞地"项目2个,新开工1000万元以上项目5个,新竣工项目6个。全年累计实现工业国税开票销售7.23亿元、工业增加值4.6亿元, 同比分别增长31.5%、36.4%。

服务业 2015年, 该镇完成服务业增加值6.1亿元、两税收入510万元, 同比分别增长16.2%和41.2%。组织技能培训,引导全民创业。全年累计输出劳务2.6万人,新办民营企业48家。

新农村建设 2015年, 该镇完成农村公路提档升级14.6千米,乡村道路连接工程6.5千米,运用"一事一议"奖补政策铺设村庄循环路道17千米,新建干河、中沟、生产沟桥梁24座, 新栽景观树木、绿化苗木、经济林果14万株,完善农田林网1.35万亩,新建垃圾中转站1座,铺设污水管网1.4千米,宣堡港整治到位,集镇商品房全面竣工、销售过半。全镇秸秆全量还田比例达95%以上。

社会事业 2015年, 该镇新型农民合作医疗参保人口5.2万人,新农保累计参保人口18652人,年度新增315人,续保率达96%。加强自来水管网更新升级,长江水受益人口稳步提升。继续开展农村改厕,新增无害化卫生户厕892座。

2015年新街镇重要社会经济指标一览表

表46

指　标	单　位	数　值
地区生产总值	亿元	12.34
工商税收收入	万元	2030
农业总产值	万元	72018
粮食总产量	万千克	4651
出栏生猪	万头	12.5
出栏家禽	万羽	268
规模以上工业总产值	亿元	14.55
规模以上工业利税总额	万元	16474
工业国税开票销售收入	亿元	7.23
中、小学校	所	6
在校学生	人	4937

续表46

指　标	单　位	数　值
村卫生室	个	16
参加社会保障人数	人	16715

2015年新街镇各村(居)委会主要负责人一览表

表47

村(居)名	村支部(总支)负责人	村委会负责人
鞠　山	鞠九华	鞠九华
梅家庄	严　明	刘国祥
野　肖	肖建林	肖和民
张　吉	严晓堂	吉四龙
孔　叶	叶玉年	叶纪平
河　西	谢进明	叶　林
东　河	杨锦山	杨锦山
白　马	叶鸿儒	叶俊杰
车马庄	孙中军	孙中军
杏　陆	吴庆彪	刘梅英
严家堡	严新泉	严新泉
南新街	鞠昭山	肖忠祥
金　干	李俊杰	唐小林
管　凤	肖继业	管春明
顾庄寺	马阳春	马艮青
霍　庄	蒋益民	蒋平华
东　申	夏　鼎	申庆发
杨　芮	张月琴	张月琴
夏　徐	高裕广	陈桂泉
倪　浒	戴备战	陈爱军
钱　南	戴同文	戴同文
新　街	戴志宏	戴志宏
吴　岱	吴先锋	吴先锋
梧　桐	蒋如荣	程祥友
李　荡	钱明芳	李桥林
谢　荡	孔　飞	孔　飞
叶　利	叶玉华	叶圣青
宋　福	杨小明	戴大章

(鞠连生)

姚　王　镇

【概况】 姚王镇位于泰兴市东郊,南接张桥镇,东邻河失镇,北靠根思乡,西连济川街道办,镇内水路交通便捷,新老334省道穿境而过。京沪、宁通、沪陕高速穿境近10千米,泰兴东互通出口位于镇中心区,从泰兴东互通出口到江阴长江大桥20分钟车程,到上海、南京仅2小时车程,到合肥、杭州也只有2.5小时车程,到无锡、常州、扬泰、南通等机场只有1小时车程,新建的334省道西接长江东连大海,泰锡宜城际高铁即将开工,建成后1小时内可到达上海。西距长江黄金水道仅几千米,贯穿东西的如泰运河是通江入海的省级内河航道。省级高新技术产业园区位于镇区腹部,与城区无缝对接。该镇土地总面积57.92平方千米,耕地总面积23.35平方千米,辖行政村16个、居委会2个、村民小组364个、总人口53558人,其中非农业人口25954人。2015年镇区全年实现地区生产总值20.66亿元,增长14.5%;公共财政预算收入1.54亿元,增长16.3%。

工业　2015年,该镇实现工业国税开票销售收入11.65亿元,增长28.02%。全年新开工1000万元以上项目13个,其中3000万元以上项目6个,新竣工1000万元以上项目10个,其中3000万元以上项目4个。全年回购盘活企业6家,累计新增用地近5.33公顷。服务业增加值13.73亿元,产业投资5260万元,新开工1000万元以上服务业项目3个,服务业税收6579万元,物流税383万元,个转企1个,净增规上企业1个,净增限上企业2个,限上单位零销额1148万元。

农业　2015年,全镇实现农业总产值4.93亿元,该镇所属村集体经济纯收入全部突破30万元,农村居民人均可支配收入突破2万元。该镇推进土地流转,组建以粮食种植为主体的家庭农场46个,全镇新流转土地1.83万亩,占全镇可流转面积92%。探索组建姚王新型农业经营主体协会(简称"新农会"),吸收会员54个。

镇村建设　2015年,该镇累计拆除沿河沿路103户违章建筑及破旧房屋132间6474平方米,渔网鱼簖52处,杆管线迁移12千米550根,完成15.8千米中沟矮墙生态护坡工程,启动全镇262条庄台黑臭河道整治三年行动计划。实施新农村示范区连片打造,实行农村生活垃圾清运全覆盖。实施公路提档升级11.45千米、镇村连接公路21.4千米,新安装路灯15千米520盏,整理低压线10千米,新增绿化面积4.34万平方米,创成森林示范村2个。

【姚王镇获批省创新型试点乡镇】　2016年1月,江苏省科学技术厅公布全省28个乡镇为2015年度江苏省创新型试点乡镇,姚王镇成为江苏省创新型试点乡镇。姚王镇重视科技创新工作,实施科技强镇、科技强企战略,提升企业核心竞争力、提高自主创新能力,培育创新型企业集群,形成高效农业、环保产业和减速机龙头企业。

【《泰兴东、新东方》招商宣传片拍摄】　2015年,该镇弘扬"坚韧、包容、精致、卓越"的新时期减速机精神,拍摄《泰兴东、新东方》招商宣传片,对外宣传姚王,吸引资本姚王投资创业,对内激发全镇上下干事创业激情,掀起招商引资热潮。

【"服务质量大比拼"】　2015年,姚王镇将服务城区园区及市属重点工程列为全镇战略任务,举全镇之力"保稳定、强服务、攻难关",在全镇掀起以"比速度、比质量、比效益"为主要内容的"服务质量大比拼"热潮。5月在全市率先提前完成市交拆迁扫尾攻坚任务。宁通高速江广段贯穿姚王南北近10千米,涉及10个村70个村民小组。全镇瞄准"全市第一"目标,明确任务、落实责任、强力推进,仅用15天时间,全面完成70份590亩征地协议签订和附着物清点任务。4月20日完成主线37户、上跨23户,26000多平方米动迁任务,从动员、入户评估、签约、腾房到全部拆除,以"最晚启动,最先完成"完成拆迁任务。11月底至12月底,一个月时间完成同德路、镇海路东侧、国庆路东延三个地块343户、14万平方米的动迁任务,创造动迁工作"零尾欠、零上访、零冲突和矛盾零上交"佳绩。

【土地规模经营】　2015年,姚王镇推进土地规模经营、连片种植,组建新型家庭农场46个,成立农机、植保、商品化育秧等农业社会化服务组织23个,全镇土地流转面积达1.83万亩,占可流转土地面积的9%。镇政府整合支农项目资金,向示范家庭农场和村干部领办家庭农场倾斜;投入600多万元用于农田、路道、硬渠、电站等基础设施改造;投入近300万元购置大型农机具65台(套),无偿提供给农场主,实现农业机械化作业,并新建2000平方米农机库方便农场主存放大型农机具;投入70多万元,用于家庭农场统一耕种、统防统治、商品化育秧等补助。该镇农民土地集中流转所得租金收入比种田收益每亩增加200元至450元;农民有更多时间出去务工,每年人均增加务工收入500元左右,两项合计增加农民人均可支配收入近1000元。推行土地流转、规模经营,村居工作重心向服务转移,按每亩收取50元服务费计算,每个村居平均增加5万元;通过流转,新增"橡皮田""折头田"900多亩,按每亩平均1100元流转金计算,每个村居平均增收5.5万元,每个村(居)平均增加集体收入10万元以上。

2015年姚王镇重要社会经济指标一览表

表48

指　　标	单　位	数　值
地区生产总值	亿元	20.66
工商税收收入	万元	61846

续表 48

指　　标	单　位	数　值
农业总产值	万元	49269
粮食总产量	吨	322640000
出栏生猪	万头	10.1859
出栏家禽	万羽	72.0949
规模以上工业总产值	亿元	19.39
规模以上工业利税总额	万元	15400
工业国税开票销售收入	万元	116500
中、小学校	所	3
在校学生	人	1852
村卫生室	个	12
参加社会保障人数	人	18053

2015年姚王镇各村基本情况一览表

表 49

村　　名	村总支(党委、支部)书记	村　委主　任
新星村	朱雄虎	张进忠
姚岱村	季和女	姚新平
官沟村	周伯宏	周建和
王庄村	生俊虎	黄荣军
十里甸村	常国峰	翁亚林
朝阳村	孙桂林	朱　璐
桑木村	芦玲芳	赵建峰
东阳社区居委会	吕树琪	曾国祥
石桥村	刘爱群	/
阡岱村	殷锋庆	王　虎
夏家岱村	张卫青	黄军明
北殷村	殷维荣	唐天祥
鲁堡村	/	鲁建寿
东林村	梅永峰	周晓钦
王家堡村	周　宏	周金龙
毛庄村	李　军	徐英俊
封岱村	肖劲松	肖劲松
新镇居委会	李卫祥	葛展勇

（刘　艺）

根　思　乡

【概况】 根思乡是国际主义战士、特级英雄杨根思烈士的故乡。地处泰兴市北郊，东临新长铁路、西依长江水道，南靠泰兴城区，北接地级市泰州，宁通高速泰兴北出口位于该乡辖区，乡政府驻地距市区仅9千米，地理位置十分优越。全乡土地总面积58.9平方千米，耕地总面积34.7平方千米，下辖10个行政村，46个自然村，356个村民小组，总人口46154人。

农业　2015年，该乡探索土地流转服务机制，促进高效农业规模化经营，组建乡农村产权交易服务站，全乡土地流转率达75%，成功化解嘉泰1万亩土地流转危机；全乡各村集体经营性收入达200万元，同比增长150万元；整乡推进机插秧获泰州认定，成功创建泰州级粮食园区；创建星级合作社9个，泰州示范农场1个，泰兴级3个；城黄灌区、双港项目区和一事一议等基础设施项目累计上争资金超3000万元；全面完成村庄环境整治任务，打造根南线、同心线、古马线3条绿化通道，新建绿色河道8条，打造各村绿色循环线8条，构筑村级绿化节点10个，成功创建泰州市十强村1个，新农村示范村3个，森林生态示范村2个。

工业　2015年，该乡完成国税开票6.8亿元，同比增长21.4%，完成市交指标103%；完成工商税收5616万元，同比增长22.1%，完成市交指标100.3%，实现每年增长1000万元、三年翻一番目标。全年新开工1000万元以上工业项目6个；新竣工1000万元以上工业项目5个；新开工1000万元以上服务业项目2个。一鸣生物实现转型升级，国税开票销售突破亿元大关，成为全市非园区乡镇首个成功上市企业。鹏江电子、中兴电子、华通电子、盛远静电、中天物流等项目落户投产。

服务业　2015年，该乡服务业增加值完成4亿元，同比增长8%，服务业固定资产投资4293万元，服务业税收完成700 万元，同比增长32%。新开工1000万元以上服务业项目2个，服务业净增限上企业数和规上企业1个。

社会事业　2015年，该乡新农合、新农保做到应保尽保，全年新农合参保3.85万人，参保率达98.5%以上。全乡新建交通桥梁4座，完成连接道路5.35千米，提档升级道路1.62千米，一事一议道路建设13千米，建立健全信访值班和矛盾纠纷排查机制，建成3A级居家养老机构3家，建成残疾人日间照料点(苏馨家园)2家。建成公益性公墓10个，实现全乡公益性公墓全覆盖，提前一年完成市交任务。

2015年根思乡重要社会经济指标一览表

表 50

指　　标	单　位	数　值
地区生产总值	亿元	9.57
工商税收收入	万元	5616
农业总产值	万元	43975
粮食总产量	吨	40700
出栏生猪	万头	2.8
出栏家禽	万羽	15.9

续表 50

指　　标	单　位	数　值
规模以上工业总产值	亿元	24
规模以上工业利税总额	万元	29739
工业国税开票销售收入	万元	68000
中、小学校	所	4
在校学生	人	2110
村卫生室	个	10
参加社会保障人数	人	20495

2015年根思乡各村委会主要负责人一览表

表 51

村(居)名	村支部(总支、党委)书记	村　委主　任
双港	叶书明	周圣泉
新港	周小林	周小林
老叶	叶新红	叶正华
双联	叶书庆	叶遐龄
鞠顾	顾洪学	鞠建华
兴许	潘　亮	潘国峰
李秀河	汤继国	李　军
井垡	周忠秀	周忠秀
南湖	张　辉	
根思	冯年明	杨　伟

（巫秀梅）

宣　堡　镇

【概况】 宣堡镇位于泰兴市北部,宣泰线、宁通公路穿境而过。南至根思乡,东部、北部和西部分别与高港区胡庄镇、许庄街道办以及口岸街道办接壤,西南与市经济开发区(滨江镇马甸)交界。全镇镇域面积 3227 公顷,其中耕地面积 1770 公顷;下辖 12 个行政村,1 个居委会,203 个村民小组,总人口 30016 人。2015 年,全镇实现地区生产总值 8.3 亿元，完成财政总收入 9922.03 万元,农民年人均可支配收入 16712 元。

农业　2015 年,全镇实现农业增加值 1.45 亿元,同比增长 9.0%。新增草坪生产基地 93.33 公顷,新增成片林面积 53.33 公顷，新增发展林下经济 66.67 公顷。推行中沟河坡绿化产权制度改革，完成标准化河坡绿化 11.75 千米,增加村集体经济收入,得到省、泰州、泰兴各级充分肯定。推进总投资 3 亿元农光互补项目建设,一期 5 兆瓦光伏发电工程竣工。

工业　2015 年,全镇实现工业增加值 3.27 亿元,同比增长 4.8%；完成工业总产值 47.88 亿元，销售 46.95 亿元，实现利税 4.56 亿元，分别同比增长 22.17%、23.29%、15.44%。全年完成规模以上固定资产投资 2.33 亿元,比上年增长 12.02%。实现工业国税开票销售 5.57 亿元,同比增长 24.89%;完成工商税收入库 5235 万元,同比增长 24.67%。工业重大项目新竣工 6 个,新开工 1000 万元以上项目 3 个;完成工业设备抵扣税金 130.36 万元。

服务业　2015 年，全镇实现服务业增加值 3.59 亿元,比上年增长 20.47%。完成服务业固定资产投资 8750 万元,同比增长 14.98%;完成服务业税收 950 万元,同比增长 56.99%。

镇村建设　该镇先后组织实施镇区新区路东延、集贤路、泰胡线北段等 5 条道路工程和相关绿化亮化工程建设。镇区新增绿化景观节点 3 个，新安装路灯 160 多盏,新建垃圾中转站 1 座,新增省级绿化示范村 2 个。推进江广高速改扩建征地拆迁和苗木移栽工作,统一规划建成垃圾收集房 6 座，实现农村生活垃圾集中转运全覆盖。

社会事业　该镇新建中沟干河桥梁 4 座，实施农村道路提档升级工程 2.4 千米，完成乡村连接线工程 4.5 千米。土地承包经营权确权登记颁证工作完成序时进度,农村饮水安全工程涉及 8 个村,铺设管道 180 千米。新农合医疗参保人数 26934 人,新型农村社会养老参保人数 12031 人，农村居民最低生活保障人数 1057 人。全镇共有 5 个村被泰兴市表彰为“无访村”。

2015年宣堡镇重要社会经济指标一览表

表 52

指　　标	单　位	数　值
地区生产总值	亿元	7.83
工商税收收入	万元	5235
农业总产值(按现价计算)	万元	24796
粮食总产量	吨	20786
蔬菜总产量	吨	7835
肉类总产量	吨	4756
出栏生猪	万头	2.67
出栏家禽	万羽	5.36
规模以上工业总产值	亿元	18.11
规模以上工业利税总额	万元	1.92
工业国税开票销售收入	亿元	5.57
中、小学校	所	2
在校学生	人	1653
村卫生室	个	8
参加社会保障人数	人	13088

2015年宣堡镇各村基本情况一览

表53

村(居)名	村支部(总支、党委)书记	村委主任
宣堡村	朱宏生	高　荣
三堡村	许颐和	许颐和
崇头庄村	陈宝民	陈宝民
梅埝村	吴　辉(兼)	郭卫东
郭寨村	张国良	刘书明
北森庄村	姚满江(兼)	刘　浩
纪沟村	高进富(兼)	叶凤兰
毛群村	毛智彬	毛智彬
银杏村	丁正骥	沈和国
联新村	封国泉	封国泉
西宣村	马　杰	马国成
张河村	姜德华	姜德华

【泰兴银杏栽培系统入选第三批中国重要农业文化遗产】 11月17日,农业部在泰兴举办第三批中国重要农业文化遗产发布活动,泰兴银杏栽培系统榜上有名。当天下午在泰兴国家古银杏公园,农业部总农艺师孙中华、农业部农产品加工局局长宗锦耀、中科院院士李文化、江苏省农业委员会副主任张坚勇、泰州市委副书记史立军、市委书记孙耀灿为中国重要文化遗产——江苏泰兴银杏栽培系统揭牌。银杏栽培在泰兴已有千年历史,形成银杏嫁接、银杏授粉、银杏套种等完整的栽培系统。江苏泰兴国家古银杏公园也是全国面积最大、数量最多、树龄最高、林相最佳、保护最好的古银杏群落。按照"在发掘中保护、在利用中传承"的目标定位,泰兴市编制《中国重要农业文化遗产江苏泰兴银杏栽培系统保护与发展规划》,将农业文化宣传展示与休闲农业、观光旅游等有机结合,实现了文化、生态、社会和经济效益的和谐统一。(刘　琦)

虹　桥　镇

【概况】 虹桥镇地处泰兴市西南部,西濒长江,与无锡、常州、镇江隔江相望,南与靖江市接壤,镇域面积88.28平方千米,耕地面积66334亩。全镇辖24个行政村,2个居委会,624个村(居)民小组,户籍人口7.64万人、外来人口2万人。虹桥镇区位优越,交通便捷,境内拥有15.8千米长江黄金岸线(6千米-10米左右的深水岸线)和8平方千米江心洲,沿江高等级公路、泰常公路穿境而过,七圩汽渡连接大江南北。2015年,完成地区生产总值99.77亿元,同比增长16.5%;完成固定资产投资92.68亿元,增长32.55%;完成工业国税开票销售224.5亿元,工商税收收入6.43亿元,同比分别增长26.1%和23.5%;完成注册协议利用外资1.6亿美元,实际利用外资8761万美元;新增规上企业6家。

农业　2015年,该镇新增高效设施农业676亩;新建家庭农场24个、各类专业合作社17个、农业企业2家;新增省级无公害基地5000亩、无公害产品7个,三香果业物联网项目通过泰州验收;购置大型农业机械设备100多台(套),全镇机插秧面积达4.2万亩,秸秆还田利用面积达80%以上;超额完成市交林业绿化任务,新市村、四仙村分别荣获省级、市级林业绿化示范村称号。

工业　2015年,该镇拥有工业企业350多家,其中规模以上企业65家,全市60家骨干工业企业7家,外商投资企业50家,总投资达160多亿元。完成高新技术产业产值211.5亿元,增长18.15%;获批省级以上高新技术企业8家、省民营科技企业7家,新认定省级高新技术产品11个;扬子鑫福造船企业技术中心成功列入省海洋工程装备行业企业技术中心名录,并通过国家工信部"白名单"验收;幸运宝贝获批中国驰名商标,盛日机械通过国家科技成果认定;泰润物流、虹泰机械分别被评为省、市信用贯标企业;大洋海装、中丹瑞泰化工、锐利翔石油机械上市工作有序推进;全年专利申请总量300件,其中,发明专利100件,已授权专利200件。

服务业　2015年,该镇实现服务业增加值23.3亿元,服务业税收收入2.8亿元,分别增长17.3%和27.1%;新开工1000万元以上服务业项目6个,其中亿元以上2个;净增服务业列统企业5家;新办物流企业67家,完成物流业税收7098万元,增长370%,净增5714万元。

新农村建设　2015年,该镇实现农民人均纯收入23795元,同比增长11%;垃圾收运体系实现全覆盖;新建改造通村公路28千米,新建改建农桥9座、泵站4座,完成中沟疏浚、村庄河塘整治45.6万立方米;毗芦村创成省美丽乡村,六圩村通过泰州市"十强村"验收。

社会事业　2015年,该镇职工医疗、养老保险参保率达98%,城乡居民养老保险参保率达100%,续缴率达99%,建成泰州市城乡居民养老保险"四不出村"(参保登记不出村、征缴查询不出村、待遇领取不出村、稽核认证不出村)示范服务平台14个;中心幼儿园创成省级优质园,中考质量综合考评在全市农村学校中名列前茅;虹桥医院正式营运,食品安全监管网络实现全覆盖;开展系列平安创建活动,开展安全生产大检查活动,排查并整改隐患1328处。

【代表委员视察重点项目】 7月31日,虹桥镇组织市镇人大代表和政协委员视察重大项目开发和虹桥新城建设重点工程推进情况,听取园区经济发展局、规划建设局情况汇报以及工作打算和思路,并对各项工作进行评议。代表委员们先后视察虹桥新城邻里中心和起越流体科技、伟纳电气、远东智慧能源等重点工程和重大项目建设现场,肯定区(镇)项目开发、新城建设和重点工程建设等方面的显著成效,并建议强化服务协调,促进重大项目早日投产见效。12月29日,虹桥镇组织140多名人大代表、政协委员视察招商引资重点项目、新城建设重点项目和民生十件实事工程推进情况。副市长、虹桥工业园区党工委书记、虹桥镇党委书记钱军参加视察。

【"七彩夏日"留守儿童夏令营】 7月25日,虹桥镇妇联、文化等部门组织开展"七彩夏日"留守儿童夏令营,在志愿者陪护下,24名留守儿童参观中国人民解放军海军诞生地纪念馆、泰兴文化博览中心等地,孩子们通过聆听讲解,了解泰兴城市历史文化与沿革,泰兴历史名人和文化遗存。活动中,泰兴图书馆向孩子们赠送儿童读物。

2015年虹桥镇主要社会经济指标一览表

表54

指　　标	单　位	数　值
地区生产总值	亿元	99.77
公共财政收入	万元	39922
农民年人均收入	元	23795
农业总产值(按现价计算)	万元	91017
粮食总产量	万千克	6710
农机总动力	万千瓦	6.3
出栏生猪	万头	10.0038
出栏家禽	万羽	152.1612
工业总产值(按现价计算)	亿元	687.71
工业利润总额	万元	580671
中、小学校	所	11
在校学生	人	6330
村卫生室	个	24
参加社会保障人数	人	46605

2015年虹桥镇各村(居)委会主要负责人一览表

表55

村(居)名	村支部(总支、党委)书记	村委主任
公　殿	马桂良	马桂良
七　圩	钮纪平	何余祥

续表55

村(居)名	村支部(总支、党委)书记	村委主任
八　圩	陈永奎	徐　斌
九　圩	张正兰	耿龙建
桃　园	马建峰	郝文国
涌　兴	严灯明	杨爱军
高　圩	何光荣	何光荣
四　仙	陈廷明	黄志军
祥福居委会	张友荣	包信鹏
毗　芦	褚　鹏	张建余
新　市	严超良	孙　强
张　公	杨平先	匡福堂
唐　港	张小明	张立新
季　桥	焦磊华	张新达
封　祝	顾建国	黄志明
通　石	李忠平	焦爱军
蒋　华	胥昌健	胥昌健
上　元	蒋红兵	杭国生
同　德	刘世国	徐怀杰
三　桥	马桂良	孙道付
广　福	李立华	张文兵
崇　福	李振兴	李振兴
六　圩	黄殿亮	高金林
宋　桥	封江林	封江林
清　水	徐建新	朱丙生
新城居委会	于友龙	于友龙

【虹桥汽车客运站投入使用】 1月12日,市虹桥汽车客运站投入使用。该站按照国家二级汽车客运站标准建设,共设104辆停车位,设计日发送旅客量5000人次以上,是一座具有旅客集散、换乘和小件配送的综合枢纽场站。虹桥站采用全封闭管理模式,与泰兴站、黄桥站实施联网售票和检票。 (韦庆国)

滨　江　镇

【概况】 该镇地处泰兴西部沿江,与泰兴经济开发区实行"区镇合一"管理体制,辖区总面积104.04平方千米,耕地总面积64530亩、行政村31个、社区2个、村民小组660个、总人口83558人。2015年,该镇实现地区生产总值170.73亿元,增长18.5%。完成一般公共预算收入11.6亿元,工业国税开票销售收入635亿元,工商税收收入24.28亿元,实际利用外资2.53亿美元,外贸进出口总额16.9亿美元。新增规模以上服务业企业7个,实现物流税收8100万元。实现建筑业施工产值25.6亿元。实现粮食总产量5.47万吨,60%的村经营性收入达30万元以上。实现农村常住居民人均可支配收入18710元,同比增长12.5%。

基础设施　该镇全年完成拆迁961户,安置1228户,回购1755户,过船老镇区征收动迁任务全面完成,竣工交付安置房1080套。福泰大桥、文化路西延等在建工程加快推进,洋思港北路、疏港路西延、院士路等道路建成通车,道路框架基本形成。回购盘活存量工业建设用地500多亩。新建农村公路8.6千米、拓宽改造18.4千米,新建桥梁9座、电灌站6座、涵闸5座,疏浚河道7条累计10.5千米。

农业　该镇粮食生产实现"十二连增",良种推广率达98%以上。机插秧率达80%,秸秆综合利用率达90%。新增设施渔业面积60亩,2个渔业新品种项目荣获"泰州市科技进步三等奖"。全年新增家庭农场42个,创成省级家庭农场2个、泰州市级家庭农场8个。新增合作经济组织12个,创成星级农民专业合作社4家。新增森林覆盖面积310亩、高效林业设施面积50.5亩、绿色通道8050米、完善农田林网6530亩。通过一折通发放各类涉农补贴2473.33万元。

社会事业　2015年,该镇农家书屋"一卡通"实现全覆盖。义务教育入学率达100%,学前儿童入园率达98%。"农村20分钟健身圈"建设逐步推进。成功创建省级卫生镇,6个村建成省级卫生村。完成改厕1031户。孕前优生健康检查超额完成市交指标,流动人口服务率达90%以上。发放城乡低保保障金、农村五保供养经费、临时救济款等各类保障经费共计688.72万元。核减城乡低保460人、五保47人。滨江敬老院被省民政厅评为"先进敬老院"。完成技能培训、创业培训440人,新增创业797人。城乡保险续缴率、企业职工参保率连续多年达98%以上,城乡居民养老保险经办服务达到"四个不出村"工作要求,涉农保险完成市交目标任务。投入近2亿元资金用于被征地农民保障,基本做到应保尽保。社会救助、五保低保核查工作通过国家级审计验收"。三联村法治文化广场被评为省级法治文化建设示范点,仁寿村农民广场被申报为国家"反邪教教育示范基地"。镇司法所通过"省优秀司法所"验收。

【滨江镇通过省卫生镇考核】　12月4日,江苏省卫生镇考核评估组对滨江镇创建江苏省卫生镇工作进行考核评估。滨江镇组织全民动员,全员参与,突出抓好生态环境建设,先后被评为"中国产学研合作创新示范基地""江苏省生态镇"。考评组认为,滨江镇基础设施逐步完善,污水处理能力、处理率指数达标;健康教育形式多样,疾病防控能力不断提升;各项指标达到《江苏省卫生镇标准》要求。

【全市首家农村产权交易服务站成立】　7月4日,全市首家农村产权交易服务站在滨江镇成立。市领导孙云、孙群出席揭牌仪式,共同为滨江镇农村产权交易服务站揭牌。市委副书记孙云希望滨江镇进一步完善机制、规范运行,做好产权交易宣传。服务站要在规范产权交易的基础上,不断探索拓展服务功能,持续优化创新,为全市工作推广树立标杆、当好示范。农村产权交易市场建设是国家、省市深化农村产权制度改革的重点内容之一,泰兴市正在研究出台意见。滨江镇群众工作队经过调研,推动建成全市首家服务站,旨在为全镇农村产权交易建设一个集中服务平台。滨江镇农村产权交易服务站试运行阶段,服务范围为农村土地承包经营权、林地使用权、农村集体资产所有权等,服务内容包括受理交易申请、审核,发布信息,提供场地、设施、代办等事项。

【镇敬老院消防演练】　6月3日,滨江镇敬老院组织一场消防疏散演练。下午3点演习开始,工作人员组织老人们撤离。行动不便的老人们借助辅助工具,在工作人员帮助下疏散到安全区域。滨江镇敬老院住有42位老人,大多行动迟缓。滨江镇敬老院对院内所有设施进行大检查,并添置部分安全设施。每天实行24小时值班制,每天至少巡查3次,确保老人安全。

【新婚夫妇培训班】　3月4日,滨江镇计生服务站举办2015年新婚夫妇培训班,为全镇200多对新婚夫妇宣讲计生国策与健康知识。邀请市计划生育指导中心医师向新婚夫妇们普及生殖保健、优生优育、孕育保健知识。

(朱　炜　吕晓文)

2015年滨江镇重要社会经济指标一览表

表56

指　标	单　位	数　值
地区生产总值	亿元	170.73
工商税收收入	万元	242800
农业总产值	万元	42551
粮食总产量	吨	54747
出栏生猪	万头	6.87
出栏家禽	万羽	80.93
规模以上工业总产值	亿元	1025.46
规模以上工业利润总额	万元	2212948
工业国税开票销售收入	万元	6350000
中、小学校	所	5
在校学生	人	3266
村卫生室	个	26
参加社会保障人数	人	56026

2015年滨江镇各村(居)委会主要负责人一览表

表 57

村(居)名	村支部(总支、党委)书记	村委主任
蔡桥村	高　放	曹双喜
长沟村	季亚民	张春生
褚港村	石新国	王金荣
大何庄村	赵桂生	何广国
大马庄村	赵铁清	徐建伟
翻身村	刘幸福	潘长龙
顾阚村	陈向阳	周夕明
过船村	蔡平国	张金桂
红旗村	徐小平	褚新成
蒋港村	孙学银	周育俊
蒋榨村	陶登明(1-2月) 曹培林(3-12月)	曹培林(1-2月) 杨理明(3-12月)
联杨村	苏永青	王长剑
龙港村	周冬生	蒋兴龙
卢碾村	常如	陈建康
马甸村	成国庆	成玉生
仁寿村	于达宝	侯登国
三联村	常金凤(1-2月) 张玉建(2-12月)	郑巧福
石桥村	杨新海	杨新海
双彭村	季鸿生	曹　晨
苏垈村	张益民	季家锁
苏余村	刘培义(1-2月) 施　峰(3-12月)	陈国兴
天星村	刘香林	刘香林
五杨村	周玉霞	周玉霞
西江村	张其良	周建中
小马庄村	雍留明	雍留明
新星村	王　涛	施正国
洋思村	戴怀国	戴月霞
殷石村	孔德怀	孔德怀
永新村	曹金华	曹金华
中港村	蒋宏发	任国民
中兴村	陈荣武	刘玉军

济川街道

【概况】 济川街道地处泰兴城区，是泰兴市政治、经济、文化中心。街道土地面积73.31平方千米，耕地面积25.08平方千米，辖行政村22个、社区18个，总人口25.29万人，其中在籍人口24.5万人。2015年实现生产总值122.02亿元，财政总收入23.07亿元，规模以上固定资产投资60亿元。

农业　2015年，街道高效规模设施农业面积14798亩，建有园林通道、生态走廊带2万米，拥有大棚蔬菜、葡萄园、草莓园、苗木花卉、林果栽植带、家禽畜牧养殖等特色规模农产品基地。建成产业化龙头企业9家，成立农民专业合作经济组织29个。2015年实现农业总产值5.77亿元，增加值3.6亿元，农民人均纯收入同比增加1950元。

工业　2015年，街道私营工业企业近800家，其中规模以上工业企业88家、泰兴市60强骨干企业10家。形成减速机及机械制造、电连接器及新材料、船舶及空调设备、保健及药包材、汽车及摩托车零部件、纺织及针织服装等六大支柱产业。街道年产值5000万元以上企业25家，其中亿元以上企业16家。2015年实现工业总产值560.56亿元，销售550.6亿元，国税开票销售105.02亿元，利润45.04亿元。新开工重点以上工业项目14个，工业投资33亿元，两税收入7.98亿元，自营进出口1.97亿美元。

建筑业　2015年，街道建筑业(包括房地产、建筑装潢)企业159家，拥有总承包房屋建筑施工特级资质1家，一级资质4家，二级资质2家。2015年实现房地产销售56.31亿元，建筑业施工产值390.51亿元。

服务业　2015年，街道服务业经营企业2万家(户)，其中服务业列统企业121(其中限上企业73家，规上企业48家)家、泰兴市30强服务业骨干企业20家。形成鼓楼购物中心、大润发超市、好来居家饰城、红星美凯龙广场等规模市场。2015年实现服务业增加值80亿元，税收17亿元，新增规模以上企业11个，新增限额以上企业23个。全年新开工项目43个，总投资25.2亿元，其中亿元以上工业项目7个，3000万元以上工业项目7个；新签约项目39个，其中亿元以上工业项目10个，实现10亿元以上重特大项目的零突破。

城乡环境　2015年，街道征地1238亩，交地1655亩，旧项目扫尾302户，新项目动迁502户，380户动迁户得到了产权安置。防违治违力度加大，全年拆违112起，拆除违建204户。11个老小区、16条背后街巷改造到位。社区物业服务全覆盖，整治黑臭河道4条，生活垃圾收运体系覆盖所有村居。

社会事业　2015年，街道为城乡低保、五保户等建立电子档案，动态管理，年发放保障金822.61万元。为困难群体实施临时救助1675人次，51.74万元。年发放5起救灾资金7.58万元。退休人员活动中心和社区居家养老服务中心(站)实现全覆盖，养老待遇认证率100%。创省级充分就业示范社区1个，示范村级平台建设3个。企业职工社会参保率达95%以上，城乡居民养老保险续保率达96%。办理失地农民保险2248人。

【"厚德善行·美在济川"主题道德实践活动】 9月30日,济川街道举行"厚德善行·美在济川"主题道德实践活动启动仪式。市委常委、宣传部部长张国祥出席并为济川街道志愿者协会授旗。参加活动人员观摩了主题为"奉献他人提升自己"道德讲堂,观看2014年度感动中国人物短片,听取泰州市最美志愿者高玲、捐献造血干细胞志愿者肖军故事。"厚德善行·美在济川"主题道德实践活动分党员干部和市民群众两个层面开展,党员干部围绕"谋发展、争贡献、塑形象",开展"四比四有"活动;市民群众围绕"提升素质、乐享生活",开展"四践四行"活动。

【人大代表视察社区】 9月15日,济川街道组织部分市人大代表视察社区准物业服务工作,代表们视察华泰社区国庆新村七区、府前社区仙鹤湾小区、复兴社区南苑小区等老小区物业服务情况。2014年,济川街道对18个社区无人管理老旧小区、住宅组团、背后街巷、拆迁安置小区全面开展社区准物业服务,包括清扫作业标准化、垃圾收集日清化、绿化管护精细化、巡查考核经常化、长效管理常态化。一些老旧小区的脏乱差现象得到有效控制,环境面貌有所改观。人大代表们肯定社区准物业服务,希望继续深化改革,加强宣传教育,扩展服务内容,探索创新管理,使社区的物管水平上一个台阶。

2015年济川街道重要社会经济指标一览表

表58

指　　标	单　位	数　值
地区生产总值	亿元	122.02
工商税收收入	万元	7.98
农业总产值	万元	57683
粮食总产量	吨	56800
出栏生猪	万头	2.63
出栏家禽	万羽	32.50

续表58

指　　标	单　位	数　值
规模以上工业总产值	亿元	210.43
规模以上工业利税总额	万元	41.5
工业国税开票销售收入	万元	105.02
中、小学校	所	18
在校学生	人	31128
村卫生室	个	22
参加社会保障人数	人	119126

2015年济川街道各社区基本情况一览表

表59

村(居)名	村支部(总支、党委)书记	村　委主　任
鼓楼社区	周宁宁	卜　雷
府前社区	蔡小燕	陆红梅
复兴社区	蔡　军	张　云
西郊社区	刘俊凤	刘俊凤
跃进社区	李金芳	李金芳
商井社区	孙继东	潘春明
北站社区	孙　荣	孙　荣
兴燕社区	封　斌	
国庆二村社区	戴兴美	戴兴美
南街社区	杨金明	杨金明
三营社区	王　宏	王　宏
国庆社区	张玉杰	张玉杰
越街社区	刘　云	
东联社区	候战辉	
周曾社区	冯爱庆	
华泰社区	戴　莉	戴　莉
五里墩社区	成　伟	夏胤淼
东城社区	陈　明	陈　明

小康路上领头雁

■编辑　翁元锋

穷村蝶变

——记宣堡镇郭寨村党委书记张国良

人生感言：郭寨始终是我的牵挂，带领乡亲们共同致富是我的日思夜想。作为党员干部，只有坚持崇高的追求，历经艰苦的奋斗，人生才算充实，才算完美。

有人说，这里彰显着奇迹，“土疙瘩”突兀间矗立起一片高楼。路平，花香，景美。是小区，却处处洋溢着乡土气息；是农村，却时时呈现着现代文明。

有人说，这里富含着机遇，乡村旅游、花卉苗木成了富民产业。兄弟村参观后的评价是，这里是我们学习的榜样。上级领导的调研结论是，这里是农村走向富裕的样板。

这，就是宣堡镇郭寨村，曾经的穷村、乱村，而如今的跃迁蝶变，凝聚着村党委书记张国良十年的躬身吐哺。

上任时，他感到了压力

郭寨村是宣堡镇的南大门，2005年以前因为垃圾填埋场遗留问题，干群关系紧张，4年间就换了三任书记，各项工作在全镇排名倒数。

2005年初，时任宣堡镇企业服务管理站党支部书记、泰威开关厂厂长的张国良被镇党委主要负责人找去谈话，安排他去郭寨村当书记。当时，张国良心情很复杂，不去吧，自己是一名党员，怎么能在关键时刻不听从党的安排呢？去吧，郭寨村是个难啃的硬骨头，而且他也没有基层一线的工作经验，能干好吗？会不会辜负组织的信任和重托？而且，一旦到了村里，自己企业的经营肯定会受到影响。但他脑子里又不时响起镇领导的话：“要多为村里父老乡亲想想”。

是啊，自己当过兵，作为一个受党培养教育多年的共产党员，在党需要的时候，怎能临阵脱逃？权衡再三后，他迎接了这一份挑战，承担起了这一份压力，一干就是十年。

基层工作能否顺利地开展，关键在于基层党组织领导班子有没有凝聚力和战斗力。上任后的一个月里，张国良跑遍了全村所有的角落，走访了大部分村民，与每一名村干部进行促膝谈心。他把企业管理的手段用到干部的管理中去，用制度约束人，用奖惩机制激励人。从2006年实行百分赛考核制度以来，因为工作不达标，几乎每个村干部都被扣罚过年终奖金，村委会主任邱捌斤被扣罚过300元，村党总支副书记刘国林被扣罚过500元。因为考核奖惩公平公正，即使被扣钱了，他们也心服口服。

工作上严格要求，生活关心帮助。邱捌斤的妻子生病需要住院,张国良联系医院,跑前跑后帮助办理住院事宜。如今的郭寨村两委班子成员心往一处想,劲往一处使,个个干劲十足。班子团结了,干群关系也融洽了。

当家时,他体现出的是责任

要想富,先修路。刚到村里那会儿,张国良看到村里的道路雨天泥泞汪汪,晴天尘土飞扬。他当时就暗下决心,一定要在3年之内,把所有的主干道全部硬质化。

当第一车沙石运进村里时,村民们高兴地围了过来,"新来的书记要为我们修路了","既然是为村里修路,我们也应该出份力","国良,出钱的事儿帮不上忙,我来做点挑工瓦工的活儿。"就这样,村民们纷纷自发地加入到修路的大潮中。不久,一条一公里的水泥路很快建成,全村沸腾起来,大家还从家里带来鞭炮,在新路上举行了简单热闹的庆祝仪式。

随后,通过积极上争、找能人捐资等途径,他先后筹集资金200多万元,铺设水泥路50多条,总长达11800米,实现了村通组、组通户、户通户,终于将郭寨人从泥巴路中解脱出来。这其中,张国良个人捐助5万多元。

张国良又带领班子成员着手实施环境综合整治工程,先后投入上千万元,清理河道6条,整治河坡14000多米,新建桥梁2座,新增路灯120盏;新建绿化景观节点9处;村部综合办公大楼、农民休闲健身公园、村庄污水处理设施、郭家寨生态庄园纷纷建成……基础设施的完善,为郭寨村的发展积聚了后劲,也赢得了民心。

"这几年,村里的变化太大了,如今一点也不比城里差,还吸引了不少城里人来休闲观光。我们老百姓看在眼里、喜在心里,到村里转转,那心情真惬意,内心真自豪!"老党员刘日升说起村里的变化,抑制不住心中的喜悦。

"说一句,算一句,句句算话;定一件,干一件,件件落实",这是张国良的工作作风。在张国良的血液里,融汇着硬汉子的铮铮豪情,在他的心灵中又蕴含着对百姓乡亲的细腻情怀。这不,随着村里投入了100多万元,先后建成幸福路和沿河观光路后,张国良又忙碌了起来,沿着道路两侧打造商业街的想法也将付诸实施。

经营时,他发挥了超常的智慧

作为一名企业老板,张国良多年往返于经济发达地区,对当地走特色发展之路的做法非常感兴趣。那时他就想,有朝一日自己家乡的父老乡亲能过上这样的日子就好了。

成为郭寨的当家人后,他深刻认识到:农村发展集体经济是增强集体实力、稳定农村大局、增加群众收入的有效途径。

"我们村人多地少,守着几亩薄田不可能富起来,工业经济基础又比较薄弱,只有实行规模经营,最大限度地发挥土地效益,才能让村民增收致富。"到先进地区参观后,张国良决定把发展高效规模林业和乡村旅游作为该村的支柱产业来抓,并大胆提出要把郭寨村建成专业的林业村。对此,村民们议论纷纷,众说纷纭。有说风凉话的,也有不理解甚至反对的。

张国良没有退缩,而是首先极力说服和鼓励村党总支副书记的叶书明,带头流转土地300多亩,作为花卉苗木种植的试验田。引进了广玉兰、女贞、香樟等10多个品种,建立苗圃花卉基地,成立益民苗木合作社,吸纳村内剩余劳动力近100人打工,取得了不错的经济效益和社会效益。

随后,张国良又相继招引浙江、如皋、苏州、安徽等地老板来村投资兴业,推行土地集约规模经营,先后引导成立了赛貽龙虾养殖、凌云苗圃等企业和新生苗木等合作社,带动本村和周边村富余劳动力320多人务工就业,人均新增打工收入1万元以上。

目前,郭寨村2650亩耕地中,2000亩是花卉苗木,650亩是特水养殖,苗木种植业已经成为全村支柱产业和"绿色银行"。2005年前,全村人均纯收入只有3600元;到2014年,人均纯收入已达17382元,村集体经营性收入达到81万元。

郁郁葱葱的花卉苗木,不仅扮靓了郭寨村的生态环境,吸引了投资者的目光,也造就了郭寨村乡村旅游这一朝阳产业。2013年年底,郭寨村村集体和镇上能人合作投资300万元的郭寨生态园对外开放,仅去年就接待游客18万人,增加集体收入近30万元。

发展时,他把稳的是公正和创新

打铁还得自身硬。担任村总支书记以来,张国良没有在村财务报支过一根香烟钱,也没有利用公款招待三朋四友,相反,很多的公务支出都是张国良自掏腰包买的单。他说,村集体还是个穷"家"。有一次,一位在郭寨村投资办厂的客商为表感谢,硬要塞给张国良2000元钱分发给村干部,张国良推辞不了只好收下。当晚,他就在村干部的陪同下,把钱分别送到了贫困户的家中。

严于律己的张国良更是创新管理模式,将法治文明运用到了村务管理中。郭寨村总人口有3000多人,村干部只有6人。在市委政法委和宣堡镇党委的精心指导下,2009年,张国良探索出了"治安中心户长"的农村社会管理模式，发动群众参与到治安管理中。

“中心户长制”采取以原生产小组为基本单元，按照村民之间的亲缘关系、邻里关系、经济关系，与推选村计划生育信息员、环保管理员、绿化护理员、村民议事代表相结合，一个生产小组设立一名治安中心户长。中心户长具体职责是维稳信息员、治安防范员、纠纷协调员、法制宣传员、重点对象协管员，同时当好村干部的助手，协助做好其他社会管理工作。建立中心户长制度以来，全村治安状况有了明显改善，该村连续7年被评为泰兴市无访村。

从2012年8月份起，张国良又探索整合党员中心户、村民代表和社会能人的优势，依托党小组成立了6个功能型党群服务社，吸纳社员132人，从而实现了党员联系服务群众的全覆盖。现在，党员中心户和党群服务社两项制度已在泰州市、泰兴市全面推广，并得到了省委副书记石泰峰的充分肯定。

许多郭寨村人记得张国良：在规划全村发展时期，他夜以继日地调研谋划，努力当好长远发展的掌舵者；在发展特色农业阶段，他是转变观念、勇涉商海的探险者；在改变村貌、建设新农村的决定性时刻，他是舍弃自身利益、一心奉公的人民公仆；在得知贫困学子因贫不能就学时，他是志愿捐款救助的爱心使者……

近年来，郭寨村先后荣获国家级生态村、省新农村建设先进村、省三星级康居示范村、省绿化模范村、省民主法制示范村、省最具魅力休闲乡村、泰州市十强村、泰州市先进基层党组织、泰州市文明村等荣誉称号。张国良也先后被评为泰州市勤政廉政先进个人、泰州市第三届“我最喜爱的共产党员”和泰兴市优秀村党组织书记、泰兴市“十佳村党组织书记”。

“马大胆”新传

——记虹桥镇公殿村党总支书记马桂良

人生感言：农村干部千万不能等、靠、要，必须有追求、有目标，才能“逼”着自己不停地找事做、做实事；而且，农村干部千万不能因循守旧，必须敢闯敢干、胆大心细，才能抓得住机遇，适应得了新形势，成就一番事业，造福一方群众。

马桂良素以工作胆大心细著称，被群众称为“马大胆”。担任村党组织书记8年来，他和公殿村一直备受瞩目：通过扶持发展工业经济，打造生态休闲渔业，全面开展农村环境整治，加快基础设施建设步伐，公殿村已经连续7年夺得全镇三个文明建设综合考核一等奖，成功创建为江苏省生态村和江苏省环境综合整治示范村，2014年村集体经营性收入达到了110万元，农民人均纯收入超过了2万元；他本人也先后被表彰为泰兴市优秀共产党员、泰兴市第三届十佳村党组织书记，并于2013年当选泰州市劳动模范。“马大胆”身上一直有许多故事被群众津津乐道。近年来，这位大胆书记身上又有了一些新故事。

创造动迁新经验

“对于上级布置的中心工作任务，我们公殿村的党员干部从来都是不讲条件打头炮。”谈起2010年以来的5次征地动迁，马桂良依然是感慨万千。

公殿村位于万顷良田项目核心区。虹桥工业园区组建以来，重大项目纷纷落地，重点工程遍地开花，新城建设不断加快，征地动迁工作成为镇村干部的重点工作内容。

“征地动迁是推动长远发展的现实需要，所以必须全力支持。”但是，水清景美的家园即将被拆除，马桂良和大家一样，心中也是万般不舍。他从群众的眼神里，读出了对美好新生活的热切期盼。

征地动迁过程中，马桂良始终坚持把群众的利益放在首位，时刻坚持换位思考，设身处地地为动迁群众着想，逐户逐项地对评估单进行仔细核对，坚持依法阳光公平地维护拆迁群众的合法利益，赢得了群众信任和拥护。

“做好征地动迁工作，尤其要胆大心细。既要敢于顶真碰硬、敢啃硬骨头，又不能私开口子、私自表态，更要细心服务动迁户。”马桂良说，多数动迁群众不是在乎多拿多少补助，而是痛恨不公平现象。所以他和一班人始终坚持“一把尺子量到底”，毫不动摇地坚持阳光拆迁，从“拆迁人口公示”开始，对评估价格、折算价和特殊家庭的照顾情况全程公开，对群众关心的热点问题和关键事项全部公开，接受群众监督，并真正做到“拆先拆后、拆穷拆富、拆强拆弱、拆官拆民一个样”，避免群众相互猜疑，加快了推进速度。

作为公殿村征地动迁项目地块的副总指挥，马桂良始终按照园区党政负责人“质量第一、速度第二”的指示精神，坚定不移地实行阳光拆迁，一着不让地落实关键措施，不遗余力地服务动迁群众，因人而异地开展攻坚扫尾，又好又快地完成了各项征地拆迁任务，创造了征地动迁工作的“公殿模式”和“公殿经验”。整个征地动迁过程中，全村未发生一例上访滋事现象，真正实现了和谐动迁。马桂良还多次被邀请到兄弟乡镇传授征地动迁工作经验，他的工作方法深受兄弟乡镇动迁干部好评。

打造生态新农庄

征地动迁工作不仅让马桂良经受了责任的洗礼和考验，更让他感受到了村集体和农民增收的多重压力。

近年来，公殿村累计动迁村民1000多户，占总数的三分之二；关停或迁移企业10家，目前仅剩4家工业企业正常运转。公殿村何去何从？应该走什么样的发展之路？

“位于万顷良田项目区，这是我们的新优势；发展高效规模农业和生态休闲农业，这就是我们的新目标。”马桂良说，位于公殿村的虹桥滨江生态园，已经成为高效养殖、垂钓休闲、生态旅游胜地，并已成功创建为全国休闲渔业示范基地，这更坚定了他发展特色农业的信心和决心。

公殿村现有土地4000多亩，目前已经流转3000多亩。通过完善基础设施，优化发展环境，马桂良扶持本村3名群众建起了3个家庭农场，促进了精品农业、现代农业的快速发展。创办于2014年上半年的友庚家庭农场，流转土地近1000亩，建设了110亩核心示范基地，实施了“青花生—荞麦—甜豌豆”高效种植模式，并已成功入选江苏省农业三新工程项目，甜豌豆亩产2500斤左右。按照每斤2元的市场均价计算，亩产值将在5000元以上。农场吸收了100多个村民正常务工就业，每人每天收入100元以上，目前这种模式正在向其他两个家庭农场推广辐射。

为争创高效农业发展示范区，马桂良加大了基础设施建设力度，累计投资200多万元，将1.8公里南北中心路拓宽至5.5米，全村水系进行了完善，并对所有中沟进行了亮底清淤，统一绿化；同时增设了三台变压器，进一步改善了3个家庭农场的生产发展条件。

围绕既定的观光旅游、生态休闲农业发展方向，马桂良还对全村的高效农业发展规划进行了完善提高，将以南北中心路道为轴心，以农民休闲广场为依托，打造一条景观大道、一条景观河、一个生态小游园，同时规划建设一批凉亭、廊桥和休闲、娱乐设施，引导未动迁群众有序发展农家乐项目，打造富有公殿特色的生态农业旅游基地，与滨江生态园相得益彰、良性互动。

服务发展新常态

这些天，虹桥工业园区的临港产业大道进入了紧张的路基施工阶段，计划于国庆节前竣工通车。贯穿公殿村全境的临港产业大道建设工程，每时每刻牵动着马桂良的心，只要有“情况”，他就立即赶赴现场，帮助化解困难和问题，确保施工进度和质量。

“征地动迁以后，农村工作看似简单了许多，其实并非如此。”马桂良说，公殿村境内在建的重大项目多，重点工程多，引发的矛盾纠纷也比较多，对公殿村党员干部的服务水平和能力也提出了新的更高要求。“我们只有主动适应新常态，更好地服务发展、服务群众，才能在实践当中锤炼队伍、提升能力，才能无愧于肩头的责任和使命。”

总投资10亿元的宏峰新材料项目和临港产业大道开工之前，公殿村施工地段一批土坟需要迁移，但是园区的经济补偿到位之后，相关农户还是“一个看一个”，生怕坏了自家“风水”。马桂良和村“两委”一班人连夜登门，逐户劝说，并组织了专门的服务队伍，成熟一个迁移一个，确保了临港产业大道按时开工；即将开工的圣达产业园，同样位于公殿村境内，马桂良提前介入，逐户排摸相关情况，把问题化解在萌芽状态，为项目开工扫清了障碍。

服务企业，促进发展，是马桂良的“必修课”。除了带头加大技改投入，加快转型升级，把自己的企业做大做强，他还加大了对其他3家企业的帮扶力度，千方百计帮助他们上新品、拓市场，目前产销两旺。

迁离本村的1000多户动迁群众，一直让马桂良放心不下。目前，公殿村仍有1000多名动迁群众寄居在过渡房内，这让马桂良更为牵挂。马桂良强化了与中心户长、村民组长的联系，定期深入到动迁群众的临时住所，了解他们的生产生活情况，对于子女即将成家、老人突然患病的动迁户，马桂良千方百计帮助协调争取，让100多户情况特殊的动迁群众提前圆上了新居梦；对于遭遇重大疾病和意外变故的动迁群众，他总是尽己所能给予帮助，自掏腰包进行慰问，每年支出总额都在两三万元左右。

绿树、阡陌、红瓦；小桥、流水、人家。曾经的公殿，已经成为记忆中的一个符号。但在马桂良眼里，更加秀美怡人的绿色画卷，已经在公殿的土地上舒展开来。他和每一个公殿人，都是这幅长卷上的一根丝线，正在用智慧和汗水，为大地着色，为公殿添彩。

长江之滨写春秋

——记滨江镇中港村党总支书记蒋宏发

人生感言：在基层做村干部35年，我悟出了一个道理，农村干部得有三心：爱心、耐心、诚心！常怀爱民之心，想群众所想，急群众所急，“三农”工作就能做出大文章、大成绩、大前途！

个子不高，但铁肩担道义；

话语不多，但句句掷有声。

滨江镇中港村村民们这样评价他们的党总支书记蒋宏发。

从1980年到如今，从村会计到村党总支书记，35年的光阴在蒋宏发每一天忙碌的脚步中悄然走过。

作为村干部，农村就是他的舞台，农民就是他的亲人，农业就是他的最爱！

没有惊天动地的伟业，也没有轰轰烈烈的创举，在带领全村4000多名父老乡亲致富奔小康的路上，蒋宏发铁肩担道义，妙手著文章，如一头拓荒牛，开拓出了中港村幸福富裕的康庄大道，开拓出了中港村和谐安宁的美好家园！

从青春走向中年，在5平方千米的土地上，在百家千户的小院里，蒋宏发有着许多往事、许多故事！

蒋宏发，1961年出生，经济开发区（滨江镇）中港村党总支书记。近年来，他带领全体村民，锐意进取，奋力拼搏，取得了富民强村的显著成绩，中港村先后获评江苏省民主法治示范村、泰州市党风廉政建设示范村、泰州市创建文明村工作先进村，连续三年被评为泰兴市“六无平安示范村”、连续五年被评为区（镇）先进基层党组织。在他的任期内，每年都荣获村级目标管理考核综合奖，2013、2014年连续两荣获综合一等奖。

富村富民富口袋，集体经济收入过百万

泰兴经济开发区，泰兴市最早最大的经济开发区，江苏省沿江开发十五个重点园区之一。

随着经济开发区规模的不断扩大，工业经济步伐的持续加快，中港村作为开发区的核心村，耕地面积逐渐减少，越来越多的农民必须脱离面朝黄土背朝天的生活。

脱离了土地的农民今后的路该怎么走？蒋宏发日思夜想着这个问题！

因地制宜，发展二、三产业，让农民的钱袋子鼓起来，让农民的生活富起来，蒋宏发开拓出了一条崭新的发展之路！

一方面，充分发挥本村“工业基础、产业特色、交通区位”三大比较优势，重点培植申龙化工、洗毛碳化等骨干企业。通过盘活土地、厂房、设备等资产，村集体经营性收入达到90万元左右，其中筹集资金新建的厂房年租金达到了20万元，土地和设备等年租金近70万元。

“我们村里有土地，位于开发区内又有租赁市场，利用这些优势，我们向社会能人筹资，动员他们投资建设了5000多平方米的厂房。同时我们更加注重致力为企业的发展提供良好的服务环境，企业发展了，壮大了，才能为村集体和村民增加收入。”蒋宏发说。

近三年来，中港村的集体经济收入都在100万元以上，并逐年递增，位居全区（镇）第一，而在几年之前村集体收入还只有20多万元。

在发展壮大村集体经济的同时，如何充实老百姓的口袋，让村民们都富起来，是蒋宏发一直在思考的问题。他在新企业的不断进驻中发现商机，引导和鼓励村民发展个私经济以及运输、挖土机等三产服务业，有效推进全民创业，真正做到“家家能生产、户户能经营、人人有事干、个个有钱赚”，让更多的村民通过诚实劳动、艰苦创业实现更高水平的小康。

村民张新民本来开出租车，一年无休起早贪黑辛辛苦苦才挣几万块。蒋宏发在服务企业的过程中，了解到企业运输需求很大，他就动员张新民购买运输车辆，为开发区内企业提供运输服务。几年过去了，张新民生意越做越大，不仅自己拥有了两辆危化品运输车，还有自己的运输船，年收入近百万。张新民经常说：“以前开出租的时候从没敢想过现在能有这么高的收入，多亏当初蒋书记指点了一条发财致富的好路子。”在蒋宏发的引导下，村里从事运输服务业的农户达到了100多户。

实干巧干用心干，3个月动迁500户

如今，59岁的赵祝女逢人必夸蒋宏发。她说，村里动员她在动迁协议上签字时，人一急，晕过去了，蒋书记急急忙忙把她送人民医院检查身体，及时发现了她的头疾，并进行了有效治疗，恢复了健康。

中港村位于开发区的核心区，近年来共有500亩土地被征用,每年在辖区内开工建设的项目不低于10个,征地动迁和服务重大项目建设一直是蒋宏发牵头的中心工作。

2014年初，中港小区的500户被列入了动迁范围。众所周知,动迁是当前农村工作的第一难,况且中港小区的住户有的是二次动迁，更是难上加难。蒋宏发带领村组一班人,走门串户、逐户谈心掌握第一手资料,先后召开了几十次调查研究会,认真调查摸底,为小区的动迁打下了良好的基础。

去年3月份,中港小区如期动迁。由于基础工作做得细致深入,动迁工作进展较快,仅用3个月时间就提前完成了95%的动迁任务。

“很多人听到动迁就头疼畏缩,其实只要掌握几个要领顺利完成任务并不难。一方面要真心为动迁户着想,帮助他们解决生活生产难题;另一方面要保持公平公正,‘一碗水端平’。老百姓的心态都是不患寡而患不均,尤其是动迁,要真正做到一把尺子量到底。”对于动迁工作,蒋宏发有着自己的一套秘诀。

在动迁过程中,蒋宏发和村班子始终坚持“政策公开、标准公示、签约公正、扫尾公平”的原则,严格对照政策对动迁对象房屋进行评估、商谈、签约,并张榜公示,接受群众监督,做到阳光动迁。在动迁工作正式开始前,除了和老百姓签订书面承诺,保证最后一户和第一户签约的价格一样外,他还根据中港村的实际情况,和班子成员研究制定了一整套“动迁攻略”,将村里比较有威望的人列为第一批准签约对象。

“他们在群众中有一定的影响力,而且大多具有一定的文化水平，能够明白动迁对于园区建设和经济发展的重要意义,可以更好地配合动迁,同时也能帮助做其他人的思想工作。”蒋宏发说,也正是因为做到绝对的公平公正,这部分具有较大力度的“先行者”才没有后顾之忧地带头签约。

蒋宏发的哥哥也是动迁对象之一，要做通别人的思想工作，首先自家人得带好头。但是哥哥一家三口一致认为,作为“干部”的家里人没有沾光拿到一分钱好处,还会因为先签约成为众矢之的,这种蚀本的买卖坚决不能干。蒋宏发连续三天上门找哥哥聊天，一聊就到凌晨两三点。“我们主要是谈兄弟感情,并再三向他保证不会因为先签约就吃亏,这个时候打‘亲情牌’还是很有必要的。”在蒋宏发第四天找上门时,哥哥终于顶不住攻势签了约。

有了他这些靠实巧妙的方法，在班子成员的一起努力下,签约正式开始第一天就签下了60户。

为了顺利完成任务，蒋宏发每天工作至凌晨两三点，有时甚至是通宵达旦，解决了一个又一个棘手难题,保证了重点项目(工程)的建设需要,得到了市委市政府及区(镇)主要领导的高度评价。

当哥当姐当兄弟,4000群众一家亲

“小蒋是我们中港村的好儿子！”

“他是一个讲道义的好大哥！”

“蒋书记是我们的知心人！”……

在中港村班子成员和老百姓的心中，蒋宏发就像自家的一分子一样,遇上难事找他准没错。

中港村村民赵灯生,今年50多岁,几年前儿子媳妇离婚,没多久,妻子患上牙癌,家中还有个老年痴呆常年卧床的90岁老母亲。一连串的家庭变故,他没能承受住打击不幸中风，基本失去了生活自理能力。面对这样一个困难的家庭，蒋宏发主动与其结成帮扶对子,多次上门鼓励他们不要轻言放弃。他还向村里私营业主募捐4万多元,悉数交到赵灯生妻子的手中。在他的关注帮扶下,赵灯生的妻子得到了及时的治疗,病情渐渐恢复,并对生活有了信心,悉心照料全家人,坚强地挑起了生活的重担。

“中港上下都是一家人”。在他的感染下,中港村现在洋溢着浓郁的和谐、民主之风,已经连续三年被评为“无访村”。

给群众安一个心的港湾，就是要让他们的生产生活更加惬意、更有保障。前两年,中港村累计投入30多万元,用于修建休闲健身场地、添置农民健身器材以及其他公益事业;投资近10万元改建村卫生室,为动迁后的老百姓提供了良好的医疗条件。妥善安排困难户、残疾人等弱势群体的生产生活，经常走访慰问困难家庭,了解他们所想、所盼、所急,努力帮助解决实际困难。2014年村利用集体资金每人补助合作医疗费20元,每户补助家庭财产保险15元,补助60岁以上老年人每人意外伤害保险20元，每年投入10多万元补助困难户,减轻了村民的压力,解决村民的后顾之忧。

“让全村老百姓生活得更加幸福是我的追求,也是我一生割舍不下的情怀”。蒋宏发是这么说的,也是这么做的!

红梅香自苦寒来

——记黄桥镇韩庄村党总支书记焦红梅

人生感言：做好农村工作不容易，作为领头的村干部不能等靠要，也不能庸懒散，要靠一颗红心，要靠责任扛双肩，要靠两脚沾泥巴。这些年的工作经历告诉我，村干部的勤劳指数有多高，村庄发展的速度就有多快，村民的幸福感就有多强。

韩庄村地处黄桥工业园区核心地段，面临征地动迁和服务企业双重任务。目前，二分之二村民变身居民，社会管理模式也面临很大转变。这样的重担落在了一位女"领头雁"身上。

近年来，她始终保持高度的政治责任感，全心全意服务黄桥中心工作，处处彰显一位共产党员的担当意识；她始终践行立党为公的铮铮誓言，积极为百姓排忧解难，处处恪守为官一任造福一方的民生情怀；她始终坚守群众满意的第一标准，想方设法创新社会管理，为辖区村(居)民打造和谐幸福的家园。

她，就是46岁的黄桥镇韩庄村党总支书记焦红梅。

动迁一线的"女汉子"

韩庄村担负着服务黄桥工业园区的发展重任，作为工业项目落户的关键环节，征地动迁成为全村的首要工作。

多年来，焦红梅从思想上、行动上始终与镇党委、政府保持一致，把征地动迁作为全村工作的重中之重，举全村之力，动员党员、干部和村民代表做征地动迁的带头人、示范户。

在动迁之前，她注重做好每个动迁户的思想工作，把道理讲在前，把关心放在前，把疏导教育做在前，特别是争取重点户、难点户的理解、支持和配合。在动迁过程中，对凡涉及征地动迁工作的重要事项，采取特事特办、急事急办、难事巧办的工作方法，千方百计把事情办成、办实、办好。

俗话说，清官难断家务事。在当初王韩4组的动迁过程中，处理一对婆媳间的家庭矛盾成了完成动迁扫尾工作的关键。在处理过程中，焦红梅凭着女人特有的细腻心思，对事情的来龙去脉进行"X光式"透析，准确发现并成功调解了这个矛盾。当时，村民柳桂芳已经签约，却出尔反尔多次去村委会闹事，坚决不同意动迁。别人问她什么原因，她总是支支吾吾，有时嫌别人问烦了就转身离开。焦红梅发现其似乎深有苦衷，遂单独做其思想工作。经过春风化雨般的谈心，老人终于道出了隐情：她的家庭比较特殊，儿子是多年前抱养的，儿媳是她的侄女。当初动迁时，她把两处房产受益人都给了孙子，但如今婆媳之间闹矛盾，她担心将来老无所养才又后悔起来。了解到老人的顾虑后，她组织召开家庭会议，做通各自工作，最后达成一致意见：一套房产归柳桂芳本人，如果家庭和睦，等她去世后自动过户给孙子。双方为此专门找到镇司法所，并现场立下了协议。

在动迁过程中，她积极妥善处置不和谐因素，对群众的利益诉求不堵、不避、不拖、不压，对苗头性事项，做到早预防、早发现、早处理。对突发性事件，无论白天黑夜，她都会在第一时间赶至现场，及时有效地化解矛盾，绝不影响动迁整体工作的进展。

2012年3月8日，一起群体性事件震惊了镇村两级干部。动迁户陈斌已选了安置房，正等待拿房。期间，其妻心肌梗塞住院，后抢救无效死亡。出于关心，焦红梅迅速赶到医院病房慰问，并联系了殡仪馆布置灵堂。但陈斌受人蛊惑，带领亲朋好友强行把妻子的尸体搬到村委会，坚称"妻子是受动迁刺激去世的"，蛮横无理要求赔偿。一行人气焰嚣张，还把焦红梅围在中间训斥。焦红梅没有被吓倒，她严厉指责他们的不法行为，提醒他们继续闹事的后果。不久，公安部门赶到现场，对部分闹事者进行依法处置。但焦红梅不计前嫌，其妻"头七"当天，她特意赶去守夜，让其一家人惭愧不已。

近3年来，焦红梅带领全村干部共动迁800多户，征地交地2000余亩，保障了40多家企业的顺利落户，圆满完成了镇党委、政府的既定目标。

服务企业的"女伙计"

"她是个热心肠，平时经常来企业，询问有啥需要村里解决的"、"在施工过程中，遇有村民阻工，她都是第一时间来协调处理"……在园区不少企业老板眼中，焦红梅就是位"伙计"，有啥事找到她，只要合情合理她从不回绝。

"只要我们站在企业的立场上去想问题、办事情，再棘手的难题也能破解,再复杂的矛盾也能化解。"多年来,这句话被焦红梅奉为圭臬,被深深地写在她随身携带的日记本扉页里。

2013 年，江苏三零面粉集团扩建仓储项目时,遭到何韩四、五组村民的阻工。由于办理失地保险的时间不一,其对应的补偿政策待遇也不尽相同,但村民坚持要参照现行补偿标准执行，并强行封堵企业大门。得到消息后，焦红梅立即赶往现场处置。为打消村民疑虑,她组织部分村民代表去人社局查看相关文件,又带他们去兄弟村询问具体补偿标准，慢慢转变他们的思想。前后一个星期,她天天泡在村民家中,逐一促膝长谈,最终平息了这场纠纷。事后,企业负责人特意赶到村委会,激动地握着她的手,"感谢焦书记,你帮了我们企业一个大忙。如果这个项目不能按期开工，我们将损失近千万元。"

"现在全国经济形势不太好,要想招引一家企业谈何容易。企业发展了,园区才能随之发展,我们也能跟着受益"。村里大会小会,焦红梅总是强调做好服务企业工作的重要性，平时她也是带头践行的第一人。小到一家企业的施工项目,大到园区的基础设施建设,凡涉及该村的,哪里有问题哪里就有她的身影。

通站路连接园区和黄桥车站，是黄桥工业园内企业车辆和工人上下班的一条交通要道。因为建设需要,通站路先后分段分年代实施，由此带来不同年份不同的补偿价格。在通站路延伸工程中,王韩五、六、七组部分村民拒不签征地协议。当时，相隔不远的小组出现了三种征地补偿标准:何韩二组和部分四、五组村民补偿标准为 4650 元 / 亩，何韩四组部分村民为 6000 元 / 亩,何韩四、五组部分村民为 8000 元 / 亩。园区道路不能正常施工,不仅影响了附近企业的正常生产,还影响了整个园区基础设施的规划建设。"村民们不理解,是因为我们之前的宣传工作没有做到位"。焦红梅主动揽下责任,并将不同时间出台的征地补偿文件一一展示给村民看,还现场按免提给已经签订协议的村民打电话,让村民消除"被坑"的错误认识,使这条路终于顺利实施。

"企业建在我们地界,发生什么事理应由我们负责协调解决,这既体现了共产党员的责任和担当,也是为经济社会发展贡献自己的一分力量。"这么多年,有人背后说她"收了别人好处",也有人说她"没事找罪受",她总是置之一笑……

安民乐民的"女管家"

放眼如今的韩庄村，三分之一的村民居住在老庄台,三分之一的村民住在过渡房,三分之一的村民住在安置小区。如何适应现在的村(居)民生产生活需求、加强和创新社会管理、打造幸福和谐村居,成了摆在焦红梅眼前的一道难题。

在日常生活中,焦红梅主动关心村(居)民的生活冷暖,及时调处矛盾纠纷,做到"小事不出庄,大事不出镇"。她注重苗头管、协调管、内部管,本着"弘扬多数、转化少数"的原则,认真抓好村(居)民管理。

从前,韩庄村是"一个党支部,不如三个老太婆",老百姓有事到村里,不是听村干部解释,而是骂干部、拍桌子;现在,老百姓看到干部,是端凳子、泡茶水。这中间凝聚着焦红梅等村干部们多年的辛勤付出。焦红梅担任村党总支书记后，带领村干部变过去的被动应付为主动出击,采取问卷调查、座谈访问等形式,认真排查群众反映集中的历史遗留问题、上访矛盾纠纷,定人、定责、定时逐一主动上门调处。同时,充分发挥群众自治功能,邀请老党员、老干部当好村委会的义务调解员,协助做好重点对象的化解工作。矛盾成功化解了,群众发动起来了,连过去的"硬头户"也跟着村干部成为村风民风改善的"促进户"。

村民孙某过去一直酗酒,酒后无事生非,经常和邻居闹矛盾,村民对此意见纷纷。尽管村干部多次协调解决,但孙某总是"涛声依旧"。发现这一问题后,焦红梅就尝试着找原因。后来一次偶然机会,她看到孙某家中出现许多"招工启事",她便在心底猜测"是不是他失业了"。经过多次交谈,孙某才勉强告诉她"经常酗酒误事导致企业不敢要他"。于是,焦红梅鼓励他养成良好的生活方式，并牵线搭桥为其介绍工作，使其彻底大变样。如今,孙某与邻里关系和睦,还经常帮村里做志愿服务。

都说城里的世界很精彩,农民向往城市生活,千方百计从"楼上楼下"到"电梯上下"。但在实地走访安置区过程中，焦红梅发现安置区有些老人因为生活习惯或代沟等问题，不适应城市的生活，导致生活质量下降。为了解决这一问题,她除了平时发动村组干部多上门与老人交谈,还积极筹资准备建设老年人活动中心,吸引老年人走出家门，进一步丰富群众文化活动。目前,活动中心已经规划建设,届时将为安置区居民提供一个健身休闲的固定场所。

在焦红梅的带领下，韩庄村发生了喜人的变化：2010 年她上任村党总支书记时，村集体收入仅 10 万元左右，去年已达 66.3 万元；农民人均收入当时仅 9000 元左右,去年已达 16000 元。她也先后获得泰州市"三八红旗手"、"泰兴市优秀共产党员"、黄桥镇"优秀党组织书记"等荣誉称号。

祥福社区的幸福故事

——记虹桥镇祥福社区党支部书记张友荣

人生感言：“农村工作，要用心、用感情、用智慧”，这是我30年农村工作的感悟，党和政府将这份工作交给了我，我扎根农村，磨练自己，用最朴实的语言、更有效的行动将心和感情交予群众，让村民过上幸福的生活，村民的幸福亦是我的幸福。

6月17日凌晨3点，窗外雨声刷刷作响，虹桥镇祥福社区党支部书记张友荣辗转反侧，难以入眠。考虑到雨势较大，港口的水位可能快速上涨，需要实地监测。于是他快速起床穿上雨靴赶往港口查看水位。自6月15日夜间开始，我市连降大雨。虹桥镇祥福社区离长江约1公里，地势低洼，社区内没有蓄水池和河道及时排水，一旦雨势过大，积水会淹到居民家里。这两天，张友荣及“两委”班子成员紧绷了神经，抢时机排涝。“这几天我们安排了4个人一班，一天一个班，24小时不间断的查看水位。”张友荣介绍，“如果长江涨潮了，我们就要把水闸关了，用水泵抽水，把社区内的水往长江排。”

3年里实现6个承诺

“我们小区每家每户阳台上的不锈钢晾衣架都是社区给我们安装的。” 虹桥镇祥福社区村民王棋中介绍，“你看，我们的幸福小区，小区中心是花园，一步一景；社区休闲广场上，白天大家来这里锻炼，晚上来这里跳广场舞，我们的业余生活也丰富了很多；以前长得稀松的平面绿化，现在改成了立体绿化，还增加了100多个车位；原来楼道里堆满了拆迁后搬来的各种杂物，路道、绿化带上什么东西都有，现在则是24小时干干净净。”说到自己小区的变化，村民们都打心眼儿里感谢社区党组织建立的党群服务队。

2008年来，虹桥镇启动了多轮大规模拆迁，大批农民实行集中居住，逐步形成了多个农村新型社区。服务半径大了，服务人口多了，服务要求高了，但社区干部职数并未增加。基层党组织长期处于人少事多的局面，服务盲点多了。为解决这一难题，张友荣突破社区管理既有模式，以党小组为单位，整合党员中心户、村民代表、社会能人的力量和优势，组建党群服务队，把那些有文化、观念新，有本领、能致富，威信高、会管理的优秀人才聚集到党组织的周围。

党群服务队下设创业就业、文明和谐、环境卫生、扶贫帮困四个服务小分队，分别联系服务社区群众。这些服务队走家串户听民意、摸情况、讲政策，面对面了解群众诉求，能解决的当场解决，不能解决的记录下来逐级反映。

2011年一次居委会开会时，张友荣向全体村民承诺3年内实现六大愿望，即解决绿化、娱乐健身设施、下水管道、房屋质量、道路、物业管理六大问题。3年时间不到，这六大愿望已全部实现。王棋中说：“现在，我们这里谁家房屋有问题，只要向社区反映就行，社区有专人接待，专人处理。”

同时，文明和谐服务小分队组建了3个文体活动团体，规范了5个健身娱乐场所的管理秩序，整顿宗教场所1处，调处各类矛盾纠纷32起，并针对群众文化需求日益增长的实际，主动联系新华书店新设社区书屋，免费借阅图书。为促进民生改善，环境卫生小分队划区明确责任，加强宣传发动，组织村民小组和小区业主，每月集中督查环卫工作，整治周边环境，确保了社区每一个角落干干净净。扶贫济困服务小分队关注弱势群体，组织党员和社会能人结对帮扶22名孤寡老人、17个特困户、37位留守儿童，上门走访弱势群体582人(次)。

“张书记跟我说过‘在资金方面有困难就直接找我’。”祥福社区五十多岁的村民王长青身患尿毒症3年，一家人因病致穷，张友荣主动结对帮扶他。王长青原是一名普普通通的出租车司机，妻子在集镇上做点小生意，儿子正在上大学，一家人虽不富裕却十分温馨幸福，然而突来的灾难打破了原来简单温馨的生活。家人为给王长青治病卖掉了房屋，妻子去南京打工，儿子毕业后也在南京找到了工作，每个星期王长青独自去人民医院透析3次。了解了王长青的情况后，张友荣帮他找出租房、办理低保、咨询红十字会、申领困难补助等等。“张书记一有空就来看望我，给了我电话号码，让我有困难直接打他电话。”王长青说，“张书记真心实意地帮助我，我真不知道该怎么感谢才好。”

村集体从零资产到“上百万”

“村里要发展，首先要治穷根。只有集体强了，村民富了，党支部说话才有分量，为群众办事才有根基。”张友荣介绍，2005年祥福社区刚成立时，社区集体资产为0，连社区居委会的办公楼也是租的，当年的租金都没能交齐。然而祥福社区既有新建小区，又有集镇老区,维护和管理项目多、任务大,所需资金压力会一直很大,特别是有别于一般村居,祥福居委会既无上级拨款,又无企业上缴。

近几年来，张友荣秉持“无钱也要为群众办事”、“办好事才能有钱”的理念,为解决好建设改造任务与自身经济实力的突出矛盾,多头多路,广辟财源,在配齐配强居委会班子的基础上，于2005年充实环卫人员,成立了环卫队、城管队,2009年组建物业管理公司。

“党员看支部,群众看干部。村居工作好不好,全靠班长强不强。”张友荣介绍,在加强三支队伍管理的同时,他坚持以身作则、率先垂范。自拆迁安置户入住幸福、福安、福祥小区以来,居委会接手了物业管理任务。面对全新的任务和园区“建好管好小区，服务促进拆迁”的要求,张友荣先后去靖江、常州等地,虚心请教、真诚学习示范社区管理经验，学习社区创收经验。在员工招录管理、矛盾纠纷协调、村民接待服务、环境卫生保洁、安全保卫等方面,健全了一整套保障制度。在适当征收环卫费的基础上,创办家政服务公司,规范庙会管理,增加服务性收入。拓宽环卫服务范围,拓展物业管理公司对外业务,延伸服务触角,为镇域工业企业提供垃圾清运服务，为其他小区提供物业管理有偿服务,增加营业性收入。积极梳理创建项目,以项目建设争取为民办事资金,增加政策性收入。

自2005年的零资产发展至今,祥福社区集体资产已超过300万元。近四年，集体收入分别达到180万元、220万元、240万元、300万元，呈现出逐年稳步增长的良好态势,也为社区各项工作的开展和为民实事项目的建设提供了坚实保障。

“基层工作纷繁复杂,集镇管理矛盾更为集中,更为突出,处理起来也更为不易。”祥福社区主任鲍信鹏介绍,每遇到比较突出的矛盾,张友荣都亲上一线,摸实情,找症结,拿方案,哪怕磨破嘴、跑断腿,也不让矛盾扩大,更不让纠纷成为积案。同时,张友荣从不超脱于考核之外，始终坚持将自己与班子其他成员一视同仁,将实绩交给大家评分,将工作成果交给群众点评。为满足群众创业就业需求,创业就业服务小分队积极协调相关部门破解资金难题、提供技术支撑、助力开拓市场、规范协调用工,先后为福安花苑、福祥小区、幸福小区109名拆迁农民找到了合适的工作，为金棉服饰融资150万元，并协调镇劳服所举办就业技术培训7场、培训328人次。

一心为民有口碑

2013年，张友荣带领居委会4人响应镇政府号召,深入拆迁一线,来到虹桥镇四仙村西岸组,用了2个月时间拆了50多户，是第一支完成拆迁任务的队伍。“分到任务的时候,我们居委会几个人一点情况都不了解,到了四仙村西岸组才发现,我们负责的这一组每户家庭情况都比较复杂,而且困难户比较多。”张友荣介绍,做拆迁工作,要速度也要保质量,不仅是脑力活还是体力活,要自己先吃透政策讲解给村民们,还要做好拆后服务,特别是在做低保户、贫困户等工作时,要帮他们做好拆后保障，用行动让他们知道拆迁工作是把老百姓的利益放在第一位的，让他们感受到政府阳光般温暖的关怀。

“张书记很有担当。”虹桥镇四仙村西岸组村民韦习富说,“张书记虽然不是我们村的村支书，但对我们这组的拆迁户尽心尽力,很负责。”

今年85岁的韦习富是四仙村西岸组的一名五保户,几十年来一直独居,对自家的老宅有很深的感情,拆迁工作人员来到他家后,他闭门不让进。张友荣请来了老人的侄子来帮忙,和同事们一起每天上门做工作,考虑到老人孑然一身,拆迁后老无所依,张友荣向老人提出了住养老院的意见,随后,张友荣热情地开车带着韦习富实地考察了附近的几家养老院。“住养老院受拘束,我不去!”韦习富一句话给张友荣泼了一头冷水。张友荣只能重新想办法。张友荣及其他拆迁工作人员耐心地为老人讲解拆迁政策,最终,老人同意签字,拿了50多个平方的安置房。为了解决老人过渡期间的住房问题,张友荣亲自跑前跑后为老人找了过渡房,又和同事们一起为老人搬家。韦习富说:“一直都是这些村干部们帮的忙,我也体谅他们,他们的耐心和细心让我感动。”

村里实事,村民决策,干部来办。只有切实考虑村民感受、尊重村民意见,才能得到百姓认可。“蓝天碧水、整洁道路、美丽公寓……昔日小村旧貌换新颜。在这华丽的蜕变背后,离不开村支书张友荣的努力。”祥福社区村民叶根生不停地夸张友荣，夸着祥福社区。祥福社区地处虹桥新城核心区域，辖区总面积2平方公里,共有10条主要商业街道和5个村民小区,村民2958户、8068人,企事业单位21家。社区“两委”班子成员7人,党支部下设5个党小组,40多名党员。2012年，祥福社区被评为江苏省和谐社区建设示范社区和泰兴市先进基层党组织，省二星级康居示范社区,自2010年开始连续5年被评为泰兴市“无访社区”。

多年来,在张友荣的带领下,祥福社区的各项工作始终开展得有声有色，富有成效。该社区党支部班子成员不断强化政治理论学习,提高战斗力;推行集体领导、民主集中制度,提升凝聚力;注重廉政防腐建设工作，扩大号召力。张友荣在接受记者采访时深有感触地说:“我做了30年的农村工作，做好农村工作,体现党的先进性,必须充分发挥党员干部的模范作用,因为一盏灯能照亮一大片,一面旗能指引一条路。”

小康路上"拓荒牛"

——记古溪镇古溪社区居委会党总支书记顾庆生

人生感言：当村官，能力和激情是一方面，关键要有一颗赤诚为民的心，时刻不忘自己的使命和担当，困难越大越要迎难而上，盘活利用各种资源，善做"无中生有"的文章，促进村集体增收，让群众致富。

省卫生村、泰州市生态村、泰兴市文明村、泰兴市小康村，一张张奖状挂满了村办公室；三年投入250多万元用于民生事业建设，一件件实事办到了村民的心坎上。目睹古溪村10年喜人变化的村民们，无不交口称赞村党总支书记顾庆生。

古溪村是由原古溪、鲍顾、段庄三个自然村和溪中居委会合并而成，28个村民小组、7176人，是古溪镇人口最多、区域面积最大的村。合并时，村集体经济年收入不足10万元，偿还债务后更是所剩无几，农民年人均纯收入不到5000元。

2005年5月高票当选村党总支书记后，面对"一穷二白"的现状，顾庆生毅然迎难而上，挑起了振兴村庄、富裕村民的重担。

村集体经济10年翻24倍

穷则思变。上任伊始，顾庆生把招商引资作为头等大事，全力当好"招商书记"。为了能快速引来企业落户镇工业集聚区，他一家一家拜访，以期以商招商；市镇各级召开招商会，他全程参加，抓住信息紧跟不放；本村能人回乡过节，他上门推介投资环境和区位优势，鼓励他们回乡创业，致富乡亲。为招引好项目，他多次跑上海、去浙江、赴深圳，动员本地在外能人、名人和外地客商来村投资兴业。

古溪村办公室虽然位于镇区繁华地段，但陈旧不堪，既影响投资环境，又浪费土地收益。顾庆生统一村两委会一班人思想后，采取向上争取一点、社会能人捐赠一点、村集体挤出一点和10名干部带头集资的形式，投入60多万元建起六间三层近千平方米的办公楼及辅助用房，不但使村办公条件焕然一新，还租给能人办起了服装厂，增加了村集体经济收入，还让40多名妇女实现了在家门口就业的愿望。

本村能人鲍小卫在泰州经商。2005年7月的一天，顾庆生得知他要扩大投资后，当夜就赶到鲍小卫的公司所在地，向他介绍村里贫穷状况、招商引资优惠条件及当地配套产品可能形成的产业链，希望他能为家乡发展作贡献。经过顾庆生多次"软磨硬缠"，鲍小卫最终决定回村投资300万元，创办200亩水产养殖场。能人顾宏祥原先在徐州创业，在顾庆生倾心为民精神的感动下，他主动回乡投资600万元办起泰州市慧宇医疗器械有限公司，当年销售就达1500多万元。同时，他还与村委会合作建设标准厂房，招引了江苏旭威服装有限公司等3家服装厂进驻。

黎明发电机组有限公司投资100万元盘活村一家企业，不但年销售达3000万元，吸纳30人就业，还引进物流税收5000万元；江苏慧海科技有限公司生产船舶配件，总投资1000万元，预计年产值达3000万元。为让企业快建设快投产快达效，从征地、厂房建设、办理手续到协调解决矛盾，顾庆生带领村委会一班人全程参与，感动得能人周远红连连追加投资扩大规模……顾庆生和村委会一班人"筑巢引凤"的战术，产生了"洼地效应"，一个又一个企业接踵而至。截至目前，全村共引进企业20多家，解决了400多名剩余劳动力的就业难题。2014年，村集体经济经营性收入达241万元，居全镇各村之首。

让133户群众成功脱贫

村办企业的增多，也为三产服务业迎来了发展机遇。发现商机的顾庆生鼓励农户发展三产服务业。为了打消村民们的顾虑，他个人先筹资8万多元创办日用百货超市，当年获利3万多元。他的示范作用，立即让10多名原先犹豫不定的村民吃下了"定心丸"。随着有创业意向村民的增多，顾庆生又把自己的超市转变成为扶持群众就业创业的"孵化基地"，经常邀请成功人士和专家，对没钱、没项目、没店面、没经营经验的村民进行手把手、面对面免费培训，帮助他们解决各种困难。

大学生小鲍，毕业后想创业，但又没钱、没经验，父母始终不同意。顾庆生知道后不但主动找上门做工作，还用自己的超市为他抵押贷款3万元作为启动资金。为降低风险，鼓励年轻人大胆创业，顾庆生夫妇又将小鲍的店作为自己的分店挂牌，与自己的超市捆绑经营，风险共担。经过2年的努力，小鲍迅速盈利并成为当地有名的"小老板"，又开了三家连锁店。村民王明洲下岗在家,想创业但又没勇气,顾庆生得知后主动为他租店面,个人担保为他申请小额贷款,畅通进出货渠道,不但使小店当年赢利,还经过二次装修扩容后吸纳了2名下岗职工。"是顾书记给了我现在的一切。"王明洲说。不仅仅是帮助年青人,对于那些一没技术、二没创业项目、年龄又偏大的村民,顾庆生充分发挥该村距离集镇较近的地利,引导他们就地就业。50多岁的刘鹏举现在每天凌晨5点赶往菜场卖菜,老人逢人便说,菜场摊位是顾书记为他垫付租金租的;村民鲍明生首次开饭店亏损,为鼓励他二次创业,顾庆生发动周围朋友筹资5万元支持他,如今他经营的农家乐享誉全镇……

在顾庆生和村两委会一班人的帮助带动下,目前全村有550多户从事三产服务业,三业年总产值近1.4亿元,133户贫困群众成功脱贫。早在几年前,该村就已成为全市闻名的"小康村"。

3年投入250万元兴办民生实事

每天早上6点、中午11点和晚上6点,顾庆生都会骑着自行车在村上转悠。这一习惯他已坚持了10年,先后骑坏了3辆电瓶车。顾庆生说,"这样,群众有什么疑惑、怨恨,我们都可在第一时间掌握,确保让矛盾不出村、不过夜。"

鲍顾七组孤寡老人尹月芳,儿子患白内障,孙子孙女上学,家庭生活困难。顾庆生巡村时都要上门询问生活情况,经常组织村干部上门嘘寒问暖,送衣送粮,帮助解决生活困难。顾庆生说,现在由他个人资助的村民有6 人,每年捐赠达2万余元。

前不久,残疾人汪翠花家2块1亩多的小麦地,比较零碎,不适宜机械收割,而王翠花的父亲与母亲身体都不好。顾庆生得知后,立即带领村两委6名党员,拿着镰刀来到汪翠花家的麦地,帮助其父汪庆甲收割小麦。

为及时解决村民的难题,顾庆生在村办公室设立便民服务处,增挂意见箱,大到全村的发展大计,小到村民生产、生活的矛盾纠纷和困苦,都让人每天记在本子上交给他。孤寡老人段荣忠和抱养的一个孩子一直住在村集体的一个破房子里。一天晚上暴雨致房屋突然倒塌。接到报告后,顾庆生立即赶赴现场,看到爷孙俩正在雨中哭泣,便组织村干部把他们先安置到自己家中,当晚就召开村支部会议筹资7万元为段荣忠建房。事后,顾庆生又多方筹资10多万元,对全村6户低保户的房屋进行了修缮,确保每户水电等生活设施齐全。

村集体富裕了,让发展的成果更多地惠及百姓成为重中之重。近三年来,古溪村共投资250多万元,改善村民的生产生活条件,新建桥梁5座,安装路灯105张,栽植绿化苗木1.5万多株,新设垃圾箱65个,新购保洁车3台,累计疏浚河道近5000米,修建水电站5座、排灌涵闸10处、硬质渠5000多米,提高了生产设施的利用率。通过整治、修建、落实管护责任,全村基本达到了道路硬质化、河道清洁化、环境优美化。

10年来,顾庆生在平凡的岗位上,为村民谋利益、为集体谋发展,带领村民开拓出了一条富民强村的新路,先后被省、泰州市和泰兴市委、市政府命名为"卫生村"、"小康村"、"文明村"、"生态村",2009年以来连年在镇年度目标考核中获综合一等奖,连续多年荣获"泰兴市先进基层党支部"称号。顾庆生也多次被表彰为古溪镇"优秀共产党员"、"优秀党组织书记"和"泰兴市优秀共产党员"。

美丽乡村筑梦人

——记姚王镇夏家垡村党总支书记张卫青

人生感言:"只顾自己富,就不能当干部;不能带民富,就不配当村干部;只有带领群众共同富,才是合格的村干部。"我是这样想的,也是这么干的。过去,我凭的是一腔热血;现在,我靠的是一名普通基层党员干部的责任。组织上给了我很多荣誉,我要继续努力,争取更大的进步。

农村人,越成功,就越珍惜自己与父辈的奋斗故事,就越想守护乡土家园。这不关什么乡愁,而是责任!面对家乡的贫困,不少农家子弟倾其一切去努力,劳苦却不贪功,默默付出却无怨无悔,这种纯天然的乡土情怀,筑就了许许多多的美丽乡村。姚王镇夏家垡村党总支书记张卫青就是其中之一。

这一出,如履薄冰

生在农家的张卫青,从小就有一个把家乡建设成为富裕美丽乡村的梦。张卫青的父亲陈金才入赘于张家，因此，张卫青随了母亲的姓氏。张卫青是长子，因此，父母常对他讲："儿啊，身挑两家的重担，你可不能任性！"这让他从小就有了责任感。

长大后，张卫青进入泰兴市骨干企业泰星减速机厂，做了一名一般人不愿做的翻砂工人。由于张卫青工作积极，技术精湛，董事长张国林任命他为翻砂车间的主任。经过泰星集团历练的张卫青很快便有了自主创业的想法。不久，他辞去工作，回到村里，办起了养猪场。经过一段时间的经营，张卫青的猪厂存栏达到了千头。但是，生猪价格波动大，经营风险大，聪明的张卫青决定改变创业方向。没多久，"兴富机械铸造有限公司"挂牌运营，几年下来，张卫青的公司年产值便达到了 4000 万元。

过去的夏家垈村是一个穷村、落后村，镇上五年中派来了七任支书，也未能让夏家垈村改变面貌，还使这个本来就落后的村欠下了近 40 万元的债务，可谓雪上加霜。有人提议让张卫青干，镇领导经过多次接触考察，决定让他接任村支书。2007 年初，在接到正式任命书的当天，张卫青从村部回到家中，坐又不是，站又不是，很晚了，仍然睡不下。对于村组管理，张卫青没有任何经验，他感受到了从未有过的压力。经过一夜的辗转反侧，第二天，他还是决定走马上任，毅然挑起了村党总支书记的重任。

那一跪，责任上肩

越穷的地方，人们看问题办事情往往越具片面性和局限性。夏家垈村是原北夏村和东夏村合并后的一个大村，张卫青刚上任就碰上了一件头疼事。宁通公路穿越夏家垈村，占用了村民的田地，但 19 万补偿款没有及时公开去向，引起村民不满，他们组成了"上访队"。张卫青走遍了所有上访户，当知道部分补偿款实际上已经用于村里的其他支出后，张卫青从自己厂里拿出钱来，填补了空缺。这一举动，赢得了全体村民的心，得到了全村上下的一致称赞。

"上访队"主动解散后，张卫青立即召开村民大会。他说："有问题，找张卫青，张卫青一定会解决。但如果谁不先找我们解决问题而是越级上访，那我也不会给面子，也不会资助谁。"自此，一个有名的上访村，不再有人上访了。张卫青当了近 8 年的村支书，恪尽职守，夏家垈村连续 6 年被评为泰兴市无访村，成了远近闻名的文明村。

北夏组有一条路，300 米不到，却有 19 个弯，最窄的地方只有 50 厘米宽，人称"弯弯路"。因为宅基地的矛盾，导致这条路 20 年不能成线，并给相关村民的生产生活带来了极大的不便、心理上造成了极大的创伤。村民陈玉兰等人当众跪在了张卫青面前，恳请他修好这条"弯弯路"。那一跪，责任上肩。张卫青含着眼泪将跪在地上的村民一个个扶起来，当场答应解决问题。回答得容易，可解决起来却异常困难。有人发狠话，谁造这条路，家里人死光光。张卫青这才明白人们为什么会把这条路称作"弯弯路"，也真切感受到，有的时候人心要比现实的弯路还要弯！他感到特别委屈，特别伤心，干成一件事为什么这么难？镇领导及时来给他鼓劲："老张，这个时候，更是考验你这位支书工作能力的时候，不能退呀！政府是你坚强的后盾。"有了镇领导的支持，更想到村民们的那一跪，张卫青下定了修好这条路的决心。他用了两年时间去调解，挨骂了不下几百次，有两次差点被不明事理的人打，此间吃了多少苦，受了多少委屈，别人很难体会。终于，在处理完 23 个复杂难题后路修通了。路修通了，出行方便了，更重要的是沉积多年的矛盾解决了！沿路的几十户人家商量一致后，买了锦旗和匾，敲锣打鼓送到村部，"上访队"变成了"送锦旗队"！村民一致要求将新路命名为"卫青路"，但张卫青给新路取名"和谐路"，而在夏家垈村民心中，这条"和谐路"就是"卫青路"。

张卫青善于做群众工作，经他处理的纠纷"回头率"很低。夏国瑞、夏红如叔侄为一棵白果树闹得互不相认，夏国银、夏余林叔侄为了宅基地搞得话都不说。张卫青逼着做侄子的上门叫叔叔，既讲传统伦理，又讲人间亲情，讲得矛盾的双方都不好意思起来，从此和睦相处。

张卫青的企业办得很红火，常常自掏腰包，买来油米、衣服等生活用品，送给困难户。平时，无论谁家有个急事难事，300 元、500 元直接塞到人家口袋里。在张卫青感召下，村里的企业家纷纷捐款捐物，多少不等，皆是心意，这让许多身处困境的村民深受感动。为了从根本上解决困难农户的问题，张卫青将一部分村民安排进自己的工厂，又动员其他企业吸纳本村村民，这样，农民们便有了稳定的收入。夏家垈村有一个组，70% 的家庭年收入超过 15 万元，人称"15 万元组"。这些年下来，张卫青用于资助困难群众生活及困难家庭子女上学的款项等就超过 40 万元。他用两年多的时间还清了村里的欠款，村集体每年还有 30 万元的收入。2014 年，该村农民人均纯收入超过了 2 万元，成了真正意义上的富裕村。

姚王镇党委副书记陈荣军在谈到张卫青时，如数家珍。他说："卫青同志不仅党性强，创先争优意识强，而且想干事、能干事、干成事，他把一个落后村、穷村打造成现在的先进村、富裕村，令人敬佩。他的凡人善举，在老百姓看来，就是活菩萨！他是我们镇村干部学习的榜样。"

此一舍,百家共富

泰兴市鑫隆减速机配件厂法人代表陈金吾，是较早回村办厂的能人,但有段时间经营不得法,亏了。张卫青知道情况后,主动把自己公司的业务让给陈金吾,还借出几台机床,派去懂行的专家,帮着陈金吾将厂子恢复起来,使这家濒临倒闭的厂起死回生。有一天,陈金吾突然感到身体不舒服,还吐起了血,张卫青知道情况后,立即放下手中的事,陪陈金吾去上海检查身体。陈金吾知道自己得的是癌症后决定放弃治疗,不想活了。张卫青“逼”着陈金吾去做了手术,并且自己代缴了10万元费用。经过一段时间的治疗后,陈金吾恢复了健康，又回到了企业开展经营。每每谈到张卫青对自己的关照,陈金吾都会说:“张支书一次救我的企业,一次是救我的生命,他救了我两次命,他是我的大恩人。”张卫青不仅帮助陈金吾，他还帮助十多位在外打拼的企业家回村创业,当有些企业的业务出现困难的时候,他将自己厂里的业务无偿分解给他们，尽可能让他们吃饱开足,他因此损失了数百万元。

家里人不理解，他说:“只顾自己富，就不能当干部;不能带民富,就不配当村干部;只有共同富,才是合格的村干部。”张卫青回村任支书时,村里只有3家小企业,现在已经拥有17家企业,他们是泰兴市康发机械铸造有限公司、鸿森机械制造有限公司、富华装饰材料厂、五星减速机制造有限公司……17家企业的年总销售额超过7000万元,该村年上缴税收款项超过了百万。村副书记陈天林讲:“张支书舍得让出自己公司的利益,此一舍,赢来十几家企业的共富,让数百名村民成了工人。他把村里的土地集中起来,搞高效农业,我们村不仅工业好,农业也成了样板,他呀,真正造福了一方百姓!”

舍了小家为大家,换来百姓齐声夸。夏家垈村除获得“三星级康居示范村”外,还获得了江苏省水美乡村、江苏省民主法治示范村、江苏省卫生村、江苏省生态村等荣誉称号。在圆了自己儿时梦的同时,他本人也获得泰兴市创先争优优秀共产党员、泰兴市优秀共产党员等荣誉称号,并连续六年被评为姚王镇优秀共产党员,连续四年被评为姚王镇优秀村党组织书记。

中国梦需要和谐乡村的铺陈，农村现代化建设需要更多张卫青式的好支书。在美丽乡村夏家垈村,张卫青将带领村民构筑更多更好的梦……

康庄大道上的田园牧歌

——记元竹镇双赵居委会党总支书记蔡圣志

人生感言:*干部自身清廉,群众才会信任。但是,光有清廉是不够的,如果不能为民造福,跟乡亲们“捆绑式”受穷,干部再清白,群众也不会满意。清廉、勤奋、能干,带领乡亲致富,这才是基层党组织书记的“一本真经”。*

哲学告诉我们,世界是矛盾的。的确,在城镇化步伐空前加快的今天,许多人念念不忘“田园牧歌”,深情向往“诗意栖居”。不过在当代人心目中,家园可不能闭塞、落后,最好是闹中取静,既要生活富裕,又要环境优美。

元竹镇双赵居委会，就是一个闹中取静的康居幸福村。党总支书记蔡圣志,带领两千乡亲,步伐铿锵,在康庄大道上唱响一曲新农村建设的田园牧歌。

蔡圣志是土生土长的双赵人,1960年出生,18岁当兵,20岁入党,21岁复员后在村办厂跑营销,23岁任村主任,29岁任村(后更名为居委会)党总支书记。几十年来,他的幸福感、成就感,始终源自于服务家乡、致富家乡、建设家乡。

立竿见影的效率

双赵村传统养殖业发达,民间戏称“百万雄鸡下江南”。2009年春,无锡客商一行三人来双赵洽谈种鸡养殖场投资项目。察看村容村貌、查勘规划场址后,客人问蔡圣志:“你们有没有特别的要求?”蔡圣志答:“只有一条,保护好我村的生态环境。”客人问:“如果现在签约,村建科多长时间能批准?”蔡圣志笑答:“十分钟。”对方一惊,以为他是开玩笑,追问:“国土所呢?”蔡圣志同样回答:“十分钟。”客人又问:“工商所、税务所呢?”蔡圣志还是说:“十分钟。”

十分钟?村建、国土、工商、税务全部定案?简直是天方夜谭。客人认为蔡圣志不严肃,提出要求:“请他们来,现在就请。如果十分钟能到,当场签合同!如果不能,我们拍屁股走人。”蔡圣志二话没说,马上打电话。果然,十分钟内,上述四科室(站所)相关负责人全部到场,手续很快办成,三友畜禽公司就此诞生,当年投资1800万,用地103亩。

原来,双赵与元竹镇区紧挨着。姜八公路、元竹河十字相交,汇于元竹桥,桥北是主镇区,桥南向西就是双赵,镇干部赶来只需几分钟。客商弄清双赵地理位置后,哑然失笑的同时,对蔡圣志心生佩服:一是干事有魄力,看准项目就拍板;二是人格有魅力,一呼百应。

如今,双赵有工业企业9家,其中年产值1000万的4家,产值和利税均列全镇首位。

生态农业的活鱼

"空手套白狼"是创业兴业的大忌,"放水养活鱼"才是招商引资的法宝。

2009年蔡圣志偶然得知,我市新市能人印新平在浙江搞设施大棚种植,事业有成。于是,蔡圣志专门去浙江拜访,请他回泰兴投资兴业。第一次去,对方一口拒绝:干得好好的,何必再麻烦?第二次,蔡圣志带着十二分诚意,拿出国土、工商、税务、信贷等方面优惠条件,请对方慎重考虑。对方思考一番,还是没答应。第三次,蔡圣志空着两手说:"一回生两回熟,三回就是老朋友,请你去做客,看看我村环境。"印新平来了,看了,心中有数了:双赵东临姜八公路,西接宁靖盐高速,地理位置极佳;之前和蔡圣志的接触中,对双赵人兴业致富的耐心、恒心也基本了解。印新平当场答应,来双赵投资。蔡圣志表态说:"我们的宗旨是,客商发财我发展。投资兴业是你的事,搞好服务是我的事。你一心一意搞高效农业,其他一切麻烦都由我解决。"事实上,只要能留住客商,致富百姓是很自然的。印新平在双赵成立了新平水果专业合作社、绿农蔬菜专业合作社,用工全部来自当地,农村大妈、奶奶们,带孩子、顾家庭的同时,在家门前就把钱挣了。一个工最少35元,一年至少有8000元纯收入,还不包括土地流转带来的收益。

现在,双赵的现代农业远近有名,其中有两个项目在泰州地区独占鳌头:弘泰农业科技有限公司,占地450亩,投资5000万元,年养殖品牌生猪"外三元"25000头。泰州市三友畜禽有限公司,投资2500万元,年孵化苗鸡1000万羽。

众多大型项目的落户,在增加赋税、壮大村集体经济的同时,给当地群众带来实实在在的利益。腰包鼓起来的乡亲,打心眼里感谢以蔡圣志为首的村两委会一班人。

"无法复制的奇迹"

从前,"天下第一难"是计划生育,而今,"第一难"变成了拆迁。

2013年5月,西姜黄河截弯取直工程启动,双赵有48户需拆迁,市农产品加工园区、元竹镇联合组成拆迁工作组,进驻双赵。让工作组感到担忧的是,拆迁户集中安置区不在本村,在农产品加工园区。这就意味着48个拆迁户要离开祖居地,住到陌生的地方,而他们的责任田原地不动,劳动生产上的不便是显而易见的。

蔡圣志放下手头其他工作,陪着工作组一家一户去走访商谈。出乎意料的是,5天时间,48户全部签约成功,58天,48户全部拆光。那么,蔡圣志是怎样做谈判工作的?没有任何花言巧语,都是最朴实的话:"我当村干部几十年了,给邻居乡亲添了不少麻烦。如果我做得不公正,你们就找我麻烦,我照认不误。"谈判对象通常都这样回答:"蔡书记,我们认你说话,你说怎么弄就怎么弄。"于是,没有任何废话,签合同,拆房子。还有更奇的:合同签了,至少要两个月才能拿到补偿款,不少回乡签合同的打工者,把如此重大的事项,全权委托给蔡圣志。有不少拆迁户的银行卡,放在蔡圣志身边:"书记你代我们领一下,放在老人身上反而担心。"还有4户更加简而爽:"回家匆忙,没带卡,先打在书记卡上,过年回家再拿。"工作组的同志说:"这不好,不符合财经纪律。"拆迁户说:"反正有底账,我们信得过他。再说,他当干部几十年了,有了名声,儿女都成了家,为了老脸,他不会犯错。"蔡圣志开玩笑:"为了老脸,为了老行当,我就卖老命。"

双赵拆迁工作完成后,农产品加工园区、元竹镇的领导都说:双赵拆迁是真正的和谐拆迁,村民之间、村民和村干之间、村民和工作组之间,没有任何矛盾纠纷;村民搬家,村里派拖拉机、卡车,村民互助,干群齐动手,一切顺利。

面对其他拆迁工作组遇到的困难,区镇领导实事求是说:"拆迁工作确实极其困难,双赵是一个特例,是无法复制的奇迹。"

着眼未来的事业

"孔雀东南飞",而今越来越多的青壮年到城里打工创业,乡村空巢现象比较普遍。为此,有人忧心忡忡地发问:新农村建设谁来建?建给谁?这样的问题,同样也引发蔡圣志的思索。为此,他和两委会一班人,想方设法,双管齐下:吸引人,留住人。

筑巢引凤,招引能人,盘活存量资产,多家企业落户后,拓宽了本村劳力就业途径,安排本村就业人员350人,年工资收入超千万。蔡冬华是双赵织布厂的挡车工,工作满五年,月薪4000元。她说,收入不比外出打工差,何必背井离乡?

双赵和元竹镇中心小学、中心初中隔河相望,学校南边的希望桥建成之后,蔡圣志马上行动,在桥南修筑起贯穿全村的水泥大道,起名"学前路"。孩子在家门口能享受较好的教育,父母就愿意留在本地打工创业,从而留住了村民。如今的学园路,道旁花草散发着芬芳,成片银杏林郁郁苍苍,学童们欢快地来来往往。

从2008年起,双赵想方设法、多方筹措资金300多万元,绿化、亮化干道,疏浚整治河道,兴建农民健身广场,村貌焕然一新,成功创建为江苏省二星级康居示范村。

在培养年轻干部方面,蔡圣志更是不遗余力。目前,双赵两委会成员年龄梯队合理,两位复员军人、一位创业能人被吸纳进队伍,其中一人被镇政府选中,在经济服务中心挂职锻炼。

今天的双赵,经济繁荣,社会和谐,人民安居乐业。在每年“勤廉指数”测评中,双赵群众对蔡圣志一班人的满意率都在97%以上。群众工作不可能绝对化,群众对干部的工作不可能绝对满意。不过,让蔡圣志一班人感到欣慰的是,多年来群众所提意见、建议乃至检举中,没有一份是针对两委会财务问题、作风建设的。为此,双赵居委会被评为泰兴市“廉政文化示范点”、“党务公开示范点”,蔡圣志被评为泰兴市优秀共产党员。

老骥伏枥,志在千里。蔡圣志,这位有着党龄36年的“老马”,在新农村建设的征途上,一路负重前进,昂首奋蹄。

柔肩担重任　跃马自奋进

——记济川街道跃进社区党总支书记李金芳

人生感言:十年支书,体验了委屈、纠结、感动、奋进的心路历程。一肩担着党的信任,一肩担着群众的希望,我不敢有丝毫懈怠,不能被任何困难吓退。只要对工作用心,对群众用情,踏踏实实做事,清清白白做人,心中就有底气。

她,不是跃进村人,却为这方热土奉献了最美好的青春时光,无怨无悔;

她,没有钢精铁骨,却跃马扬鞭自奋进,用柔弱的双肩挑起了党的重任和群众的重托,不负众望;

她,总把挑战当机遇,枕戈待旦谋民生,愣是把一个有名的后进村打造成了江苏省和谐示范社区,叫人叹服。

她就是济川街道跃进社区党总支书记李金芳,一个心中始终装着老百姓利益的基层社区干部,一个三年内为社区赢得几十项荣誉的掌门人。泰州市十佳社区工作者、“巾帼建功”十佳先进个人、群众体育先进个人、优秀共产党员、泰兴市“三八”红旗手、城市建设先进个人、人大代表活动积极分子……每一项荣誉都源于踏实的工作;“江苏省和谐示范社区”、“泰州市绿色社区”、“泰州市‘十化’党建示范社区”、“泰兴市基层党建示范点”、“泰兴市无访社区”、“街道综合目标管理考核一等奖”、“综合经济实力一等奖” ……每一块奖牌后面都有说不完的故事。

“村官也是官,只有带领群众富了,才有资格当这个官”

跃进村地处城郊接合部,过去是有名的矛盾纠纷多、上访告状多、集体债务多的“三多”村。2006年4月,39岁的李金芳临危受命,被镇党委任命为跃进村党总支书记。一位柔弱的女同志,收拾得了这么一个烂摊子吗?不少人表示不看好,更有甚者等着看笑话。

没有豪言壮语,没有畏难退缩。李金芳按照在第一次全村党员干部大会上提出的新班子“十字方针”——为群众着想,从自身做起,迅速带领村“两委”一班人全身心扑到工作上。没有上下班时间,没有正常节假日,经常下午2点多了还没有吃午饭。不到20天,受阻多时的北城初中地块妥善交付使用。

治乱不是目的,发展才是根本。李金芳经常告诫自己和班子成员:“村官也是官,只有带领群众富了,才有资格当这个官。”为兴办企业,招商引资,她记不清受了多少次冷遇,磨坏了多少双鞋子。上任3年,她招引能人兴办了13家企业。通过多渠道创收,除还清村集体90万元的债务外,村集体净增收100多万元,农民人均纯收入达到了8300元。同时,村里每年都拿出部分资金帮扶特困户,资助贫困家庭子女上学或就业。跃进村不仅甩掉了后进村的帽子,还连续3年在全镇三个文明建设百分赛考核中获奖。

“李书记不容易啊!”村民议事组长曹亚东说,“一个外乡女同志,20多年来,村民骂过她、闹过她,但心中还是信服她。”2007年,在村两委会班子改选中,她高票当选村党支部书记、村委会主任。2011年撤村建居后,她又当选跃进社区党总支书记、居委会主任。

“只有群众工作做好了,才能把难事变好事”

征地动迁是“天下第一难事”。李金芳却交出了一份让人惊叹的答卷:2005年,上任不到20天,解决了受阻半年的北城初中 50 亩地块的交付难题;2007 年,她率领村干部完成 120 多户动迁、300 多亩土地征收任务,确保了泰兴城北片区首个重点工程——鼓楼北路北延工程顺利实施;2009 年,仅用 3 个月时间,完成了近千亩土地征收任务……

"动迁的故事,足够写一本书了。"李金芳感叹道。征地动迁之初,群众不信任她这个外乡人,谩骂她"只会卖土地、扒房子"。部分要求得不到满足的村民,纠集 100 多人连续一周把她围堵在办公室,"不给这些补偿就不让她上厕所"。李金芳背过脸去抹一把委屈的泪,回过头来继续和群众讲政策。丈夫心疼她,"你不工作我也养得起你,最多人家吃 1 斤肉我们吃半斤。"骨子里要强的李金芳没有被困难吓退,她认定一个理:征地动迁关乎老百姓的切身利益,只有群众工作做好了,才能把难事变好事。

每天起早出门摸黑回家, 到了家还在打电话安排工作;感冒挂水,针头一拔就去找人谈话;女儿高考,母亲住院,婆婆生病直到去世,她都无暇顾及……"村看村,户看户,群众看干部。"她用自己的工资和奖金购买礼品,到党员、干部家里拜年交心,把班子成员拧成一股绳, 齐心协力做好各项工作。她说服党员干部带头签约,并将补偿结果公布上墙,让村民们明白,动迁标准"一竿子到底"、干部群众一个样。为做通一户村民的工作,她反复上门三个月,找出 10 多个相关人员帮助沟通。

"征地动迁,安置先行。"这是李金芳多年的坚持。有的村民一时找不到过渡房,她动用各种关系帮助解决; 动迁户婚丧嫁娶不方便, 她总是第一时间到场帮忙;一选房户独生女在承租房内意外死亡,她带领社区干部在第一时间赶到现场,历时 10 个小时妥善处理好事件,钝化了矛盾,确保该户顺利按时选房。

"为群众着想,才能得到他们的支持;为群众谋利,才能赢得他们的信赖。"2007 年至 2011 年,跃进村共动迁居民 600 多户,征地 1500 亩,涉及 3000 余人,无一强拆,为城区北片改造打下了坚实的基础。

"社区干部就是要做群众的'暖焐子'"

撤村建居后的跃进社区有 14 个居民小区、3012 户、10034 人。村民变成居民后,生产方式、生活方式的突变让他们产生了种种不适应, 也对社区管理提出了挑战。"喊破嗓子不如做出样子,社区干部就是要做群众的'暖焐子'。"李金芳看在眼里,想在心里,她下定决心从根本上解决群众的后顾之忧。

推进失地农民养老保险!这在当时可是全市唯一,无例可循。一方面,她组织了 6 人工作小组,专门跑相关部门,联系相关事宜;另一方面,她提出将集体资产动迁补偿资金用于奖励补贴参保的世居村民。这一着,"打包"解决了集体资产动迁补偿金的分配问题,村里沉积多年的债权债务、土地纠纷问题,以及集体企业倒闭、停产、歇业后下岗职工的诉求等等问题。

为把好事办得让群众放心、暖心,李金芳又连出两招:晒"家底"、成立村民议事小组。"只有向群众晒出村集体的'家底'、亮出村干部的'箱底',才能取信于民!"村民议事小组由退职干部、现职村班子成员、每组推荐的一名村民代表等 28 人组成。议事小组按照村"两委"提交的议题,反复讨论协商,确定了享受奖励补贴的时间、对象及标准,得到了全体村民代表及党员大会全票通过。经过 1 年半艰难细致的工作,到 2013 年 5 月底,近 1300 名应参保对象共缴费 2000 万余元, 缴费率达 100%, 在全市率先实现社区失地农民养老保险的全覆盖。

"真是做梦都想不到, 我们老百姓也跟城里人一样,老了月月拿到钱了。"一提到这个话题,老人们就乐得合不拢嘴。

"群众都希望的事一定要做到最好"

跃进社区的居民,经历了征地动迁的"阵痛",解除了后顾之忧,都渴望安居乐业、享受和谐幸福的生活。面对新的挑战,李金芳满怀信心。"群众的愿望就是我们的工作方向,群众不想干的事坚决不能干,群众都希望的事,我们一定要做到最好。"

她充分发扬民主,完善居民议事小组制度,凡涉及群众利益的事都让议事小组先"合议"。居民议事小组、居务监委会成为社区事务的参与者、决策者、监督者,分房安置、集体资产分配、社区经济合作社建立、综合服务中心建设、创卫创模等一系列群众关切的问题,都全程参与。"特别有主人翁的荣誉感!"议事小组成员充满自豪。

在办理各项手续的基础上,花了 2 年时间,社区建成了 4000 平方米的综合服务中心。中心就建在安置小区对门,融合了 10 多项服务功能。150 平方米的便民服务大厅, 使居民不出社区就能把要办的事办了。二楼、三楼的老年人居家养老服务中心、图书馆、科技馆、阅览室、文化活动室、网吧、织吧、健身房、卫生室等 20 余项配套设施, 满足了居民不同层次的需求。中心还特地设置了 350 平方米的邻里中心, 配套设施一应俱全,专门供给居民办理"红白喜事"。综合服务中心成了方便群众的"居民之家"。

"特别不容易啊!"提到服务中心的建设,监委会主任孙金伟一脸感慨,"李书记一切都严格按正规程序办,不卖人情,不谋私利,还要求我们规范操作。一栋大楼,各种手续、票据可以装几蛇皮袋,买个拖把都得三四个人签字。”

为把群众希望的事做到最好，李金芳走的是“三民”路线(发扬民主,汇聚民意,推进民生),抓的是社区共治,做的是服务协调。她抓党建,促进党建民生共同发展、和谐共进,“党建民生共和谐”品牌先后被泰州日报、新华日报、中国文明网等20余家新闻媒体报道推广。她的“居民之家”打造的是“文化型社区”,提升的是居民的幸福指数。

雄关漫道真如铁，而今迈步从头越。成绩来之不易,但只能代表过去,跃进社区正站在新的起点上跃马扬鞭、昂首迈进。“我们将进一步完善社区共治模式,努力创成国家级‘和谐示范社区’。”李金芳和她的班子成员踌躇满志。

社区群众的贴心人

——记济川街道三营社区党总支书记王宏

人生感言:基层路,风雨情。和老百姓打交道,既要捧着一颗赤诚的心,更要付诸行动,及时为群众解忧愁、谋福利,让群众真正过上幸福生活。这是我毕生的追求,我将以此为动力,为三营社区的老百姓,在基层的舞台上奋斗终生。

有人说,他遇到棘手问题时,雷厉风行,手段铁腕,不讲情面;有人说,他为老百姓分忧解难时,耐心细致,讲究方法,春风化雨;还有人说,他既镇得住“地痞流氓”,也受得起委屈数落,担得了艰巨重任……

他就是济川街道三营社区党总支书记王宏。近年来,在他的带领下,社区建设成效明显,连续三年被评为市无访村居,连续三年获街道考核综合二等奖,2012年、2013年荣获全市征兵工作先进单位,2012年至2014年连年荣获街道安全生产先进单位,2014年荣获街道平安创建先进集体。个人被评为泰州市优秀社区工作者,多次被评为泰兴市优秀共产党员、市城建工作先进个人。

“大事讲原则,小事讲风格”——带出一流战斗集体

“不要在能吃苦的年龄选择潇洒,现在不要做到了80岁也能做的事情。基层工作你可以选择碌碌无为,也可以选择大干一场。”王宏始终坚信,无论在哪个工作岗位,都要能吃苦、肯吃苦,只有这样,即使是在基层也可以闯出一番新天地。

要求别人做到的,自己必须先做到。王宏深信,班子是否团结、是否有战斗力,是各项中心工作能不能顺利开展的关键因素,而要带好班子,自己首先要树好样子、作出表率。他注重党组织建设和全体党员干部的教育管理,坚持一个党员就是一面旗帜,要求每个党员以身作则。社区工作人员在多年来的征地、动迁工作中,摸爬滚打,得到了锻炼,经受了考验,各项工作均能与上级保持高度一致,起到了较好的示范带头作用。

严格遵守纪律是王宏对社区工作人员的要求之一。每周一是三营社区的晨会时间,除了总结上一周的工作之外,也会布置本星期的工作,同时针对工作中出现的疑难问题,大家共同商议解决的方法、步骤。由于会议比较重要,王宏要求班子成员一个都不许迟到和无故缺席，而他自己一定是最早到达的那一个。有一次因为天气不好,一直持续暴雨,一名队长迟到了20分钟,会后被王宏狠狠批评了一番。

正是戴着这样的“紧箍咒”,三营社区的一班人早已养成了特别能吃苦、特别能干事的习惯。

在2012年动迁工作中，王宏自己也是动迁户之一,没有讨价还价,也没有过多的考虑,在动迁工作正式开始的第一天他就签约了。当时由于手头事情比较多,在他之前已经有一个人签了约,被别人抢走了“第一”，他为此懊恼了好多天。“我们平时总是给别人做思想工作,轮到自己的时候正好是一个以身作则的表现机会,却被人抢了先,总觉得有些遗憾。”王宏说。

正是有了他这样的榜样，在去年兴南路周边地块动迁时,社区党总支副书记刘新元积极配合,第一个就签了约。“大道理大方向都懂,但一开始还是经过了一番思想斗争。前年,我们王书记动迁时带头签字,带了个好头。我们也要向他学习,不能给他拖后腿。不然,以后我们自己怎么开展工作呢？”对于当初自己的选择,刘新元感到很欣慰。近年来,当队伍里有人成为动迁对象时,没有一个人提条件晚签约。

“给人抓糖果,给自己抽鞭子”——创造一流动迁速度

动迁工作是很多人“心中的痛”。“动迁难,难于上青天”早已是众所周知。但是作为动迁工作的核心地带,三营社区目前有75%的居民是动迁户,动迁成为

一个避无可避的现实。

“动迁工作是对干部工作能力、工作方式和方法的考验。如果不能按时交地，不要抱怨群众工作难做，首先要反省自己的方法对不对，耐心够不够。”王宏说，涉及征地动迁，一定要深入细致地做思想工作，不厌其烦地把法律和政策说清楚讲明白，并真正做到公开、透明。动迁工作是发展所需，也是民心所向。坚定地相信群众，紧紧地依靠群众，真正把群众动员起来，这样才能取得群众满意的效果。

自2004年以来，城建工作征地涉及三营社区14个生产小组，征地动迁资金量达2.5亿元。要做好征地款的分配工作，需要做大量的调查、摸底，关键是要确保政策不折不扣地落实到位，才能取得群众的信任和支持。

三太六组村民樊某的女儿几年之前就已嫁出去，但是户口没有转，还有其他多种原因，没有分到田地，政府征地时也拿不到土地征用费。王宏组织代表开会10多次，并且经咨询经管站、计生办等相关部门，多方奔走后，了解到由于政策在不断变化，根据最新政策樊某的女儿可以拿到土地征用费。随后又帮她跑了好几个地方办理完各种手续后，拿到了这笔费用。樊某一家人都很感动，非常配合地交出了自家的田地。

动迁户李某，在签约之前思想摇摆不定，因为听了别人的议论和怂恿，每次即将签约时就反悔，就这样来回反复了21次。

“他搞运输行业，早出晚归，我们几个人晚饭都没吃，就早早地上门等着，前后多次反复、重复做思想工作。”李某反悔了20次，村干部就上门了20次，终于在第21次的时候成功签约。

“他们确实很有耐心，我也不好意思再纠缠，其实我也知道钱没少一分。”李某说。

至今，三营社区已先后征地、交地3000余亩。在征地工作中，耐心细致做好群众工作，严格规范程序，开好每一个大会、小会，做好解释宣传工作，最多的生产组召开小组会、代表会41次。

作为新区建设的主阵地，三营社区承担的城建工作面广、量大，王宏带领社区一班人，一直放弃休息日，工作在一线。“在征地过程中，老百姓经常会因为青菜被踩坏了，萝卜被压了，找到村里讨要说法，周末两天可以积累下好几件这样的小事情。如果我们休息而不及时处理的话，小矛盾就会演变成大问题，所以我不能休息！”为了把矛盾处置在萌芽状态，近三年来王宏基本无休。

目前，中南世纪城、祥生地块、东润路、兴南路、辅南路、羌溪路、三环路两侧绿化带地块施工顺利，较好的完善了征地后续工作，得到了上级领导的高度评价：“只要是王宏答应的事情，肯定会圆满完成，并且走在前列！”

“身边的好干部，群众的贴心人”——酿出一流幸福感

虽然他在工作上雷厉风行，有时甚至不讲情面，但群众也常常看到这位铁汉骨子里流淌着的柔情。

村集体出资为村民深耕“买单”，为120名残疾人缴纳意外伤害保险……凡是能够帮扶解困或是给老百姓带来利益的事情，王宏一定跑在最前头。

早些年，征地后的村民拿到补偿款后有的存了起来、有的就要花掉了，王宏动员他们把这笔钱拿出来办理失地农民保险。但是村民们抱着传统的思想，认为钱放在自己兜里才放心，担心拿出去有去无回。在宣传了很长一段时间后，群众仍旧不信任，基本无人办理。

王宏清楚地知道，对于失地农民来说，办理保险是最好的保障，为此他绞尽脑汁。后来他想出了先行试点的办法，先拿工作最难做的后营五、六组做试点，逐户逐人上门宣传，并邀请人社局的工作人员举办讲座。几个关系不错的老人抱着试试看的态度办理保险后，在第二个月就拿到了一笔可观的“工资”。眼见为实。看到别人家拿到钱后，村民们纷纷行动起来，至今已有1572人办理了失地农民保险。

村民王来庚老夫妻俩，今年都已经70多岁，现在两人每月能拿到1500元左右。每月取钱时都喜笑颜开：“现在不需要种田，每个月还能领到工资，两年就能把钱拿回来，政策确实是有利于我们老百姓，还是党的政策好啊！”

“要不是王书记多次劝我们办这个保险，我肯定不会办理的，现在也就享受不到这么大的好处了。”开心之余，王来庚老人提着刚从家前屋后的地里拔出的青菜送给王宏。看着老人满心的欢喜，王宏也开心地笑了。

“这是对我最好的鞭策，让我时刻牢记要在为老百姓谋福祉的路上继续努力！”王宏感慨地说。

道德论坛

■编辑 鞠志祥

弘扬优秀传统文化 培育社会主义核心价值观

市政协常委 桂轶群

核心价值观承载着一个民族、一个国家的精神追求，体现着一个社会评判是非曲直的价值标准。中华民族五千年的文明史，是一部以文化人、以德治国、崇德向善、自强不息的历史。正如习近平总书记所指出的那样，24个字的核心价值观，"体现了古圣先贤的思想，体现了仁人志士的夙愿，体现了革命先烈的理想，也寄托着各族人民对美好生活的向往"。我们理应重新审视传统文化的当代价值，为培育社会主义核心价值观输送给养，以弘扬优秀传统文化为抓手，不断提高全社会的道德素养。

一、中华优秀传统文化，是培育社会主义核心价值观的重要源泉

中华优秀传统文化有着丰厚的内涵，其中有关仁、义、诚、信、孝、和及爱国、自强、坚毅、勇敢、正直、忠诚、清廉等至理名言，都是社会主义核心价值观的文化基因。不忘本来才能开辟未来，善于继承才能更好创新，培育和弘扬社会主义核心价值观必须立足中华优秀传统文化。只有充分发掘具有本土特色的优秀传统文化，才能使我们感悟先贤忧国忧民的爱国情怀，学习老一辈救国救民、知行合一的道德信仰，给全社会营造一个人人崇德向善、个个积极向上的良好氛围。

*弘扬中华优秀传统文化，泰兴有丰富的人文历史资源。*史料记载在案的泰兴历代名人有千余个，有人们所熟悉的清代《全唐诗》的主要编纂者、藏书甲天下的著名收藏家季振宜，著有《韵史》80卷的清代音韵家何萱，精通六书、音乐、数学、经学的大书法家陈潮，与著名实业家张謇友谊笃深、文才齐名的书法家、诗人、历史学家朱铭盘，还有现代中国地质事业奠基人、地质学家丁文江，著名物理学家和喜剧家丁西林，享誉中外的著名文学史家、传记文学家、教育家、书法家朱东润，水利学家郑肇经，生物学家王德宝，机械工程师、著名画家、黄桥中学创始人韩士元等，这是我们泰兴的文化积淀和弘扬优秀传统文化得天独厚的优势。

*弘扬中华优秀传统文化，泰兴有众多的自然遗存资源。*泰兴历史上兴建和打造了众多的人文自然景观，完整保留了自宋、明以来古县衙遗址，恢复重建了仙鹤湾风光带等。有极富诗韵的"泰兴八景"等自然景观，还有保留、修复的人文自然景观，如庆云寺、城隍庙、襟江书院、宝塔湾的法轮塔等。在古镇黄桥有东寺庙、牛皋洗马池、致富桥、何家祠堂、明清民居建筑群等别具古韵，体现了劳动人民勤劳、智慧和对美好生活的向往和追求。

*弘扬中华优秀传统文化，泰兴有宝贵的不屈精神资源。*十大贤令情系苍生、十大谏臣心念家国、十大廉吏正身守道；女中豪杰深入敌后、外交大使雄辩八方、草鞋司令半生戎马；孝子顾昕，五十载孝行感天动地；

禅林大德，五百年善缘石骨金身。南宋四大家尤袤，标榜一朝文字；东方莫里哀丁西林，调侃半世虚华；地质专家丁文江、严爽、张作人，毕历峥嵘，开辟学术新领域；宇航之勋叶培建、常进、张同星，意气风发，共创航天大未来。他们忧国忧民、刚正执着、勤奋敬业等精神依旧后世典范，青史标功更超前辈先贤。

弘扬中华优秀传统文化，泰兴有重要的革命历史资源。泰兴是大革命时期红十四军的策源地，在土地革命时期开展了艰苦卓绝、可歌可泣的革命斗争；抗日战争时期在泰兴发生了震惊中外的黄桥决战，以少胜多，以弱胜强，展现了顽强的拼搏精神；泰兴境内发生了解放战争中苏中七战七捷的首尾两仗，泰兴杨货郎店诞生了国际主义战士杨根思烈士，这些敢为人先、不怕牺牲、无私奉献的革命精神是泰兴宝贵的精神财富。

二、培育社会主义核心价值观，要把握优秀传统文化的思想精华和道德精髓

培育和践行社会主义核心价值观，要积极借鉴中华优秀传统文化，继承和发展中华优秀传统文化中的思想精华和道德精髓，深入挖掘和阐发中华优秀传统文化讲仁爱、重民本、守诚信、崇正义、尚和合、求大同的时代价值。

(一)以传统文化的爱国思想推动国家富强。忠君爱国、重民族气节，是中国两千多年封建社会培育出的精神资源。明代“靖难”忠臣茅大方是泰兴人“忠君”思想的典型代表。我们要对这种“忠君爱国”进行合理的扬弃，大力倡导热爱祖国和明礼守法。在社会主义核心价值观培育和践行过程中，要通过舆论宣传、教育引导等方式，使公民将自己对祖国的热爱融入社会主义建设中来，共同推动国家的繁荣富强。

(二)以传统文化的仁爱思想实现社会和谐。传统文化中的“仁者爱人”思想，对于指导我们建立和谐的人际关系意义重大。孔子认为，仁爱之道应该从家庭内部做起，否则就会“父子不和，其世破亡；兄弟不和，不能久同；夫妻不和，室家大凶”。在做到了“父慈子孝，兄友弟恭”以后，人们还应该关心和爱护自己父母兄弟之外的人，即“推己及人”、“不独亲其亲，不独子其子”。因此，要大力提倡现代仁爱精神，解决当今社会存在的自我主义、拜金主义、享乐主义等现象。

(三)以传统文化的克己思想加强自我修养。传统文化中的“克己复礼”，是让人身心达到和谐状态的良好方式和主要途径，具备较高的借鉴和继承价值。今天，“克己复礼”就是要求我们要服从法律，服从规矩，服从制度，服从规范。要正确处理道德实践过程中遇到的各种问题，如义与利、情与法、言与行等，克服自私，以小我服从大我，以小家服从大家，以个人利益服从集体利益，切实做到与社会主义核心价值观相一致、相协调。

三、践行社会主义核心价值观，要提高弘扬优秀传统文化的成效

践行社会主义核心价值观，要通过教育引导、舆论宣传、文化熏陶、实践养成、制度保障等措施，使弘扬中华优秀传统文化内化为精神追求，外化为自觉行动。

1.着眼基层，推动入心入脑。弘扬中华优秀传统文化是一项基础性、群众性的工作，需要着眼基层基础，着眼入心入脑。结合本地实际，做好规划、制订方案，明确目标任务、责任分工、行动措施，列出时间表、进度表，一个项目一个项目推进，一个活动一个活动开展，扎扎实实推进各项工作落到实处。要做好抓基层、强基础的工作，把工作的重心和主战场放到村镇、社区、企业、学校，把基层群众和中小学生作为主要对象，支持和引导基层单位和组织开展弘扬中华优秀传统文化工作，使工作真正落细落小落实。要大力搭建群众便于参与、乐于参与的平台，运用群众评议和鲜活事例，让群众听得明白、说得清楚、做得起来，使弘扬传统文化工作更具亲和力、吸引力。

2.突出特色，着力打造品牌。每个地方的独特地域文化、风土人情和历史先贤是地方的名片。要增强特色意识和品牌意识，着力打造地方文化特色和文化品牌，力争做到一地一品牌，一市一特色，以品牌和特色彰显地方文化优势、文化价值和文化魅力。要做大做旺特色文化、品牌项目，推动地方文化产业化，更好地服务经济社会发展大局。教育部门要积极开展有关传统教育的各项活动，让青少年直接感受优秀传统文化的无穷魅力。例如可在报刊、广播、电视等媒体上开设青少年思想道德建设专栏；借鉴外地经验不定期地举办“中华传统经典名篇诵读比赛”、“青少年文化节”等大型活动，让我市青少年从中领略到中华民族固有的道德观念和优秀的传统文化，培养青少年树立正确的人生观和价值观。

3.善用媒体，广泛传播普及。积极运用现代媒体、新兴媒体，开展优秀传统文化传播教育。在主要报刊、电台、电视台开设传统文化教育专题专栏，大力宣传弘扬优秀传统文化、宣传践行传统美德人物的先进事迹，宣传各地各部门开展传统文化普及教育的好经验好做法。要用好新兴媒体，开设传统文化微信、微博，传播经典、诗词歌赋、礼仪、书法美术，播放传统文化小故事、小电影，进一步扩大中华传统文化的影响力。

4.创新机制，增强吸引力。建议出台相关政策，大力推进内容形式创新、方法手段创新、渠道载体创新，增强工作的吸引力感染力。一要紧紧扣住培育和弘扬核心价值观这个主题，紧紧围绕“四个全面”战略布局，以高度的文化自觉，挖掘提炼传统文化中的时代价值和思想价值，更广泛地开展优秀传统文化传播普及工作。二要把宣传普及工作触角延伸到新经济组织、新社会组织，在民营企业、外资企业、社会团体、民办机构、中介组织开展弘扬优秀传统文化活动，不断拓展工作覆盖面，把工作做实做活。三要充分认识家庭在传统文化教育中的重要地位和作用，通过宣传引起家长的重视和支持，引导家庭特别是弱势群体和外来务工家庭进行优秀传统文化教育，帮助子女树立正确的人生观和价值观。

富强、民主、文明、和谐，自由、平等、公正、法治，爱国、敬业、诚信、友善，传承着中国优秀传统文化的基因，寄托着近代以来中国人民上下求索、历经千辛万苦确立的理想和信念，也承载着我们每个人的美好愿景。让我们继承和发扬中华优秀传统文化和传统美德，大力弘扬社会主义核心价值观，做传播正能量的使者。

弘扬中华优秀传统文化　加强党员干部道德建设

市政协常委　马红兰

党员干部是经济社会发展的引领者，其道德素质的高低直接决定着全社会的道德水准。近年来，我市高度重视党员干部道德建设，以贯彻落实国务院《公民道德建设实施纲要》为契机，以宣传刘绍安、何健忠、冯学田等道德模范人物为抓手，通过组建宣讲团、电视台和报社开辟宣传专栏、评选十大“泰兴好人”等活动，以及电影、歌曲、小品、诗歌等文艺形式，广泛开展形式多样的宣传，促进党员干部形成良好的道德风尚。但是，随着经济社会的不断发展，党员干部道德建设仍存在一些亟待解决的问题。下面，我就如何弘扬中华优秀传统文化，加强党员干部道德建设提几点建议：

一、充分认识党员干部道德建设的现实意义

道德作为规范人们行为的准则，代表着社会的价值取向。党员干部的道德水平，则体现着执政党的基本素质。习近平总书记指出，建设一支德才兼备的高素质执政骨干队伍，是我们党事业成功的根本保证。面对纷繁复杂的改革发展局面，党员干部特别是领导干部务必把加强道德修养作为重要的人生必修课，努力以道德的力量去赢得人心、凝聚力量，为事业发展和个人价值实现奠定坚实的人格基础。这一重要讲话精神告诉我们，党员干部特别是领导干部的道德建设始终处于社会道德的核心地位。大量事实证明，很多党员干部走上违法犯罪的道路，都是从道德品质上出问题开始的。因此说党性修养基础是德行修养，没有德行修养，党性修养就是一句空话。

*1.道德是社会稳定和发展的重要基石。*道德是提高人的精神境界、促进人的自我完善、推动人的全面发展的内在动力。道德素养直接影响着一个人的社会公德、职业道德、家庭美德、世界观和荣辱观等。个人道德的培养有利于提高社会公德，一个道德高尚的人，才会自觉遵守和维护社会公共秩序，维护社会的共同利益。一个道德高尚的社会，人与人、人与社会、人与自然的关系才会和谐稳定。个人道德对于树立好的家庭美德有着重要作用，一个道德高尚的人，会自觉遵循道德准则，对家庭有着高度的责任感，家庭才会和谐安宁。道德有利于提高个人职业道德水平，一个道德高尚的人，会始终以高尚的职业道德规范自己，在本岗位上努力做到爱岗敬业，在经济社会发展中发挥着重要的作用。道德对于党员干部来说，是立党为公、执政为民的重要基石。党员干部崇尚道德，体现为有坚定的理想信念，有正确的世界观和荣辱观，能做到“为民、务实、清廉”。

*2.崇尚道德是中华民族的优良传统。*中华民族历来重视以德修身，为政以德，立德是立身做人之本，官德是为官从政之基，并把“不患位之不尊，而患德之不崇；不患禄之不厚，而患知之不博”作为判断官德人品的价值标准，这是中国传统文化的精华，至今仍具有时代意义和不朽价值，是党员干部加强道德建设用之不竭的营养源泉。党员干部特别是领导干部要努力学习和掌握中华优秀传统文化，善于从中汲取思想精华和道德精髓，为自身道德修养提供丰厚的滋养，以此来陶冶情操，升华思想境界。

*3.党员干部道德建设是时代发展的要求。*我们党经过长期的实践，已经形成了一系列优良传统。毛泽东、刘少奇等老一辈无产阶级革命家，一生为共产主义远大理想不懈奋斗，生活上严以律已，为党的事业鞠躬尽瘁，留下了《为人民服务》、《论共产党员的修养》等一大批关于加强党员干部思想道德修养的光辉著作，从理论与实践的结合上为后人指明了努力方向。历史证明正是由于我们党在不同时期注重开展不同内容的干部从政道德教育，重视党员干部从政道德规范建设，才保证绝大多数党员干部经受住了各种复杂情况严峻考验。当前，少数党员干部不崇尚道德，甚至丧失道德，不该做的事做了，不该拿的钱拿了，最后蜕化变质，沦为阶下囚，损害社会风气，也损害党和政府的形象。

二、党员干部道德建设方面存在的问题及原因

近年来，随着我国改革开放的不断深化，党员干部队伍中出现了不容忽视的道德滑坡、道德缺失甚至道德败坏等现象，严重损害了党在人民群众中的形象和威信。具体表现为：

*一是少数党员干部理想信念动摇。*受经济利益的驱动，少数党员干部的理想信念发生了动摇，价值观念扭曲，拜金主义、享乐主义、极端个人主义盛行；官僚主义、形式主义、虚报浮夸、渎职失职现象严重，侵占群众利益的行为时有发生；以权谋私、权钱交易、行贿受贿甚至买官卖官等腐败现象屡禁不止。

*二是少数党员干部服务意识淡化。*在现实生活中，少数党员干部忘记了党章中规定的"坚持党和人民的利益高于一切，个人利益服从党和人民的利益，吃苦在前，享受在后，克己奉公，多做贡献"的要求，背离了全心全意为人民服务的宗旨，道德滑坡的问题突出。

*三是少数党员干部享乐主义严重。*随着经济的发展，物质的丰富，少数党员干部头脑中渐渐淡化了艰苦奋斗思想，办事大手大脚、铺张浪费的现象在许多地方存在。对此，有的党员干部不但看不到是危险的信号，还错误地认为吃喝是生活小事，无碍大局。这些错误认识，与党员干部的人生观、价值观是完全背道而驰的。

造成上述问题的原因是多方面的，概括起来说主要有以下几点：

*一是价值观念多元化带来的影响。*改革开放后，西方文化对人们的道德观念也产生了前所未有的冲击，人们的价值取向呈现出多元化发展态势，导致少数党员干部道德价值取向的紊乱和道德缺失，抵挡不住物质利益特别是金钱的诱惑，开始利用手中的权力进行权钱交易，谋取私利，最后走向腐化堕落。

*二是少数党员干部放松思想改造。*近年来，少数党员干部放松了自身世界观、人生观和价值观的改造，忘记了党的根本宗旨，丧失了理想和斗志，追求享乐，成为名利、地位、金钱、美色的俘虏，严重败坏了党在人民群众心目中的地位和形象。

*三是党员干部道德建设自身滞后。*近年来，在以经济建设为中心的大背景下，党员干部道德建设方面的有所欠缺，从而导致了部分党员干部缺乏基本的道德知识，因而不能自觉地按照党员干部道德规范约束自己的行为，从而导致了一些"吏无吏德"、"官无官责"的消极现象。

三、用优秀传统文化提高党员干部道德水平

*1.党员干部要学习优秀传统文化，加强修养，陶冶情操。*中国传统文化蕴含着极为丰富的道德营养和道德力量，学习和掌握其中的精华，对于党员干部加强道德修养很有益处。古人所说的"先天下之忧而忧，后天下之乐而乐"的政治抱负，"苟利国家生死以，岂因祸福避趋之"的报国情怀，"富贵不能淫，贫贱不能移，威武不能屈"的浩然正气，"人生自古谁无死，留取丹心照汗青"的献身精神等，都体现了中华民族的优秀传统文化和优秀道德品格，党员干部要从中汲取精华，加强道德修养，提高道德认识，陶冶道德情操，锻炼道德意志，提升道德境界，筑牢道德防线，忠于职守，甘于奉献，做社会道德的示范者，诚信风尚的引领者，公平正义的维护者，以高尚的道德品格影响和感染身边的群众，崇德向善、见贤思齐，推动社会形成良好的道德风尚。

*2.党员干部要学习优秀传统文化，以德修身，为政以德。*在我国历史上，注重修身立德是许多思想家倡导的政治主张，也是正直的士大夫终身恪守的为官准则。孔子曰："为政以德，譬如北辰，居其所而众星拱之"，儒家"德治"理论的核心内容就是"为政以德"，强调"修身、齐家、治国、平天下"。将以德修身视为做人为官的首要问题，强调做官必须先做人，做人必须先立德；德乃为官之本，为官须先修德。纵观中国历史，凡是盛世都有着吏治清明、政风清正的良好社会风尚。相反，凡是乱世都是官德不彰，政风不正，最终导致民怨沸腾。总之，悠久的中国历史，既蕴涵着重视道德修养的优良传统，也饱含着道德建设的治乱教训，这些都是需要今天认真吸取和借鉴的。作为执政党的党员干部，要弘扬中华优秀传统文化的"德政"思想，树立以民为本的意识，以仁爱之心对待老百姓，坚定理想信念，牢记党的宗旨，增强自己的事业心和责任感。

3.党员干部要学习优秀传统文化，淡泊名利，清正廉洁。"淡泊以明志，宁静以致远"，对党员干部来说，名和利是与党和人民的事业联系在一起的，无数革命先烈和先进模范人物默默地奉献，从不考虑索取，从而受到人民的尊敬和爱戴。县委书记的好榜样焦裕禄、领导干部的楷模牛玉儒等就是他们的代表，从他们身上我们看到，只有淡泊名利才能无私奉献。当前，我国正处于深化改革的关键时期，现代化建设的宏伟目标要求党员干部不计较个人的名利得失，以敢为人先的勇气去创造性地开展工作，忠诚于党和人民的事业，为老百姓办实事、办好事。"道德当身，不以物惑"，党员干部要警钟长鸣，拒腐防变，自觉接受党和人民的监督，做到清正廉洁，自觉抵制腐败的侵蚀，不为私心所扰，不为名利所累，不为物欲所惑，坚持权与责的统一，牢固树立责任意识，真正为人民掌好权、执好政。

突出重点　抓住关键　致力建设诚实守信社会

市政协委员　王　兰

诚实守信,最本质最原始的含义源于“诚信”二字,“诚,从言、成声;信,从人、从言”,意思是说人要不欺诈,对别人说的话要圆满兑现。现在,诚实守信的外延已有所扩大,所谓诚实,就是忠诚老实,诚恳待人,秉公执法,光明磊落,不弄虚作假,说实话、办实事、求实效。所谓守信,就是信守诺言,说话算数,讲信誉、重信用,严履职。诚信是做人的基本准则,也是社会公德、职业道德和家庭美德的基本规范。党的十八大以来,党中央、国务院高度重视社会诚信体系建设,并分别发文做出专题部署。诚信是为政之法、经商之魂、做人之基,在当前我市实施“三大战役”的关键时期,研究诚信社会建设问题,具有十分重要的现实意义。在此,我就“诚信社会建设”子课题做一个发言,主要突出政府诚信、企业诚信两个方面,不当之处敬请批评指正。

一、把握内涵,充分认识诚实守信的现实意义

1.从大道理小道理结合上看,政府诚信,是政府施政理民的根本。《左传》云:“信,国之宝也。”指出诚信是治国的根本法宝。孔子在“足食”“足兵”“民信”三者中,宁可“去兵”“去食”,也要坚持保留“民信”。因为孔子认为“民无信不立”,如果人民不信任统治者,国家朝政根本立不住脚。正如王安石所言:“自古驱民在信诚,一言为重百金轻。”加强政府诚信建设,是促进政风建设的有效途径。诚信是一切作风的立足点和生长点,缺乏诚信就谈不上道德。道德对人的约束力是内在而深远的,一旦公务员把诚信内化为自身的道德规范,他们就会深刻透视自己的思想,虽不至于“吾日三省吾身”,但却有助于他们有意识地规范自身的言行和思想,以诚信为荣 ,以虚伪、浮躁、表里不一、言而无信为耻,从而脚踏实地、勤政为民,不断提高自身素质,不断充实完善自己。加强政府诚信建设,可以增强政府工作人员为民服务意识。全心全意为人民服务是党的根本宗旨。人民是衣食父母,民心顺,百业兴。诚信可以促使政府工作人员认清自身的权力来源,领会自己的责任义务,坚持以民为本,时刻关心群众疾苦,深入群众,从而取得群众的敬仰与信赖,实现干群同心,共克时艰。

2.从利己更利他关系上看,互诚互信方能互利共赢。今年7月1日起,我国加入WTO保护期已过,国门大开、真正的市场经济时代已经到来。市场经济是交换经济、竞争经济,又是一种契约经济。确保契约双方履行自己的义务是维护市场经济秩序的关键。一方面我们强调市场经济是法治经济,用“法律”的手段来维护市场的“秩序”,同时我们还必须用道德的力量以“诚信”的道德觉悟来维护正常的经济秩序。市场经济的健康运行不仅靠对违法者的惩处,更重要的是要使大多数参与竞争的人能够成为竞争中的守法者,成为一个有道德的人。如果没有道德教育没有荣辱观念没有羞耻之心,大家都信奉“自私自利”、“损人利己”的价值观念,人们就会想方设法以各种手段获取利益,人和人之间的交往就无法进行。如果企业失去“诚实守信”的道德基石,失去“诚实守信”为荣、“背信弃义”为耻的舆论氛围,这样的企业永远做不大、做不强,更做不长久。

3.从事关当前有利长远战略上看,诚信政府,是最优的投资环境,是客商最值得信赖的投资首选。政府诚信建设,可以从根本上促进商业诚信。市场经济需要商业诚信,只有确立商业诚信原则,才能保证市场经济健康稳定发展。政府的诚信、公正是商业诚信的最根本保证,只有政府的诚实守信,才能促进商业诚信原则的最终建立。企业诚信,是最强的竞争手段,是企业家一张真正的“金质名片”。当前,我市正处于跨越发展的关键时期,要打赢“三大战役”,实现市委、市政府提出的“工业国税开票三年三个1000亿”的奋斗目标,园区是主战场,企业是主阵地,政府诚信在其中起着基础性、支撑性、引领性作用。在国门大开、市场经济真正来临、新常态的新形势下,要把企业做大做强做长久,加强政府诚信、企业诚信建设意义重大,刻不容缓。

二、明确要求,认真践行诚实守信的基本规范

诚信政府建设,是社会诚信体系建设的“定心盘”,在社会诚信体系建设中具有基础性、引领性作用。建设诚信政府,需要政府及其职能部门在四个方面再着力:一要公平。要强化从政道德教育,政府职能部门应加快制定符合实际又切实可行的工作人员道德规范,引导机关干部树立全心全意为人民服务的宗旨意识,正确认识和对待权力、地位、自身利益,真正做到把“人民拥护不拥护、满意不满意、高兴不高兴、答应不答应”作为办任何事情的根本标准。二要公正。要有效约束行政权力,完善各类制度保障。认真梳理现有各项行政事项、服务事项,建立负面清单、责任清单制度,致力打造阳光政府、透明政府,进一步进行工作流程的优化,能

省则省、能减则减,不断提高政府办事效率,以各类操作性强的制度实施,确保诚信意识在全体党员干部的思想中生根发芽。三要公开。要加强群众监督力度,在全市上下真正落实政务公开,迫使政府工作人员遵守信用原则,规规矩矩按法定程序以及党和人民的意志办事;降低领导干部工作的随意性,增强其工作规范性,提高工作透明度,杜绝“暗箱操作”现象的发生;加快两个政务中心建设,加快推进电子政务建设,逐步推行网上办公,以让广大市民能迅速、准确、真实地了解政府实际工作情况及其服务绩效,从而为评估政府信用度提供质和量的依据。四要全心全意为人民服务。能否自觉践行全心全意为人民服务的宗旨,是检验政府及其公职人员对党和人民是否忠诚的试金石。政府的一切工作,在执行上级党委政府决策部署的同时,都应该结合泰兴的实际,以便民利民、惠民富民为出发点和落脚点。政府公职人员要切实转变工作作风,多深入基层、深入群众、深入一线,摸实情、出实招、办实事,努力锻炼成为想干事、能干事、干成事的群众满意的好干部。

诚信企业建设,是社会诚信体系建设的重点和突破口。建议市委市政府要把市内规上企业“诚信企业创建”工作适时摆上重要议事日程,政府相关职能部门在组织实施过程中,至少应在六个方面指导企业加强信用建设。一是不做假账。企业在财务方面应遵守财务信用制度,在与金融机构、税务机构、供应商、客户交往时应按合同约定及时支付应付账款。二是良心做产品。企业应不生产假冒伪劣产品,这是最基本的原则,也是一个法制化市场经济下的必然结果;严格按照规定的生产程序生产产品,控制产品质量,保障生产出的产品符合约定的质量;严格按照产品装卸、运输的要求对产品进行地点上的转移;对上市产品严格控制产品的保质期限,确保产品是在保质期内进行销售;对发现存在缺陷的产品及时处理与调换,保证客户购买的产品都是符合约定质量的产品。三是不做虚假信息。企业应不做虚假、夸大其词的广告,不做虚假、伪劣的销售促进活动。四是重承诺,更重践诺。企业必须提供与其所宣称的服务标准相一致的服务,按约定准时提供产品,按约定对产品进行售后服务,按约定实现产品的换、退货,提供与约定相符合的服务态度,提供与约定相符合的服务速度。五是善待员工。要按约定准时支付员工的薪资,按约定的计量方法计算员工的薪资,为员工提供约定的工作环境,为员工提供约定的公平的竞争、晋升机会,为员工提供约定的个人发展机会(培训与发展)。六是有益社会,有利大众。企业的公众行为以及行为的影响应与其所应有的身份、所宣称的标准以及所应负的责任相一致,企业应保护环境,积极控制环境污染;企业的日常行为不能影响周边居民的正常生活;企业实际积极完成其宣传的公益行为,积极参与公益活动,承担其应承担的社会责任。企业只有积极参与到各种公益活动中去,在社会中承担自己应承担的责任,才能使企业的“诚信”形象树立得更加醒目,才能保障企业具有一个“诚信”的公众形象。在市场经济形势之下,企业唯有上述六个方面做到,企业才能做好,才能做得长久。

三、多措并举,致力建设诚实守信的社会体系

社会诚信体系建设,是一项系统工程。建议市委市政府在扎实抓好政府诚信、企业诚信建设的同时,适时开展以下五个方面的诚信建设活动。一是存好心。在全社会开展诚信公民建设活动,通过建立公民诚信档案,强化社区诚信管理,在全社会培育以责任意识、法制意识、民主意识、公德意识为主要内涵的公民诚信意识。二是读好书。在全市上下广泛开展职业诚信建设,探索将诚信教育纳入职业培训、职业教育体系,引导社会各阶层人士每年有计划地读几本道德教育、法律宣传方面的书籍,并组织开展心得交流、征文竞赛、演讲比赛等展示成果。三是定好规。在全社会倡导正确的“家风”“家规”“家教”;在各行各业制定行业规范和行为约束,加强行业自律;制定社区(村居)居民诚信公约,以社区(行政村)为单位,制定针对性强、特色明显的“居民(村民)公约”,促进居民(村民)养成诚实守信的行为规范。四是做好事。定期组织机关干部、企业职工、中小学生,广泛开展进社会、进社区、进农村、进敬老院、进医院、进单亲离异等残缺家庭和流动人口家庭等特殊困难家庭,开展志愿服务活动,并探索通过开设“道德银行”的方式加以记载和褒奖。五是当好人。诚实守信是做好人的最低标准,诚实守信是做好人的最高境界。要定期组织开展各类“好人”评选活动,进行较高层次的表彰奖励,通过市内各类媒体广泛宣传他们的先进事迹,努力做到家喻户晓、妇孺皆知,使全市各阶层人士在诚信建设方面每人都能学有榜样、赶有标兵,以促进我市诚信社会体系建设早日建成。

以优秀传统文化引领青少年思想道德建设

市政协委员　夏　琰

青少年是国家的未来,民族的希望,是社会主义现代化事业的接班人和建设者。“戊戌变法”领袖之一、中国近代维新派代表人物梁启超先生在《少年中国说》中写道:“少年智则国智,少年富则国富,少年强则国强,少年独立则国独立,少年自由则国自由,少年进步则国进步……”像这样的思想和理念,有其永不褪色的时代价值,但在新的形势下,青少年思想道德建设仍然存在许多不适应的地方和亟待解决的问题。在不少人眼中,“智育”是硬指标,“德育”是软任务,把“德育”放在可有可无的地位。教育责任上脱节模糊,成长环境复杂不佳,家庭教育失误欠缺,等等,造成德育教育目标上的偏颇和理念上的扭曲。我想,社会需要不断输送新鲜血液来适应日新月异的发展,而青少年是每个家庭、每个国家的潜力股,在对青少年的教育中,尤其是德育教育,要全方位优化育人环境,形成学校、家庭、社会三个序列教育同向并进的局面,才能获得最佳教育效果。学校要紧紧把握“以德树人”的根本,着力以优秀传统文化加强对青少年的思想道德教育。

一、抓住优秀传统文化与学科的结合点,充分发挥学校教育的主渠道作用

认真落实学科“情感、态度、价值观”的学校教育目标,在教学实践中将优秀传统文化与当前学科教学相结合,在注重知识传授的同时,将教学与德育有机融合,让学生更加真切地感受传统文化的现实性,激发学生传承与弘扬优秀传统文化的主动性。

一是突出课堂教育。充分发挥学校课堂的德育功能,将优秀传统文化的精髓和社会主义核心价值观的内容、要求细化落实到各学科课程的德育目标之中,加强品德与社会、思想品德、思想政治课程的教育教学。只要坚持传统文化进课堂的教育意识,就可以更多地找到教学过程中的思想道德教育结合点,让“仁爱”“正义”“担当”“明辨是非”“自强不息”等优秀传统文化的道德元素,渗透到教育教学的全过程,

二是突出学科育人。语文、历史、地理等学科注重对学生进行祖国历史文化、基本国情、民族团结和爱国主义、社会主义教育;数学、物理、化学、生物、自然等学科注重利用历代科学家的执着精神,对学生进行科学精神、科学态度、科学方法和辩证唯物主义世界观的教育;音乐、美术充分发挥学科美育作用,提高学生对人类历史艺术美的感受力,培养学生传承和发扬健康积极的审美情趣;体育学科发挥历史模范人物的引导作用,培养学生不怕困难、奋力拼搏的顽强意志以及遵守纪律、团结协作的团队精神。

三是突出文化熏陶。将弘扬优秀传统文化、社会主义核心价值观融入校园物质文化、精神文化、制度文化、行为文化之中。加强图书馆建设,提升藏书质量,开展经常性的读书活动。利用升国旗、入党入团入队等仪式和重大纪念日、民族传统节日等契机,开展主题教育活动,传播主流价值。加强校风班风学风建设,组织开展丰富多彩、生动活泼的文艺活动、体育活动、科技活动,支持学生社团活动,充分利用板报、橱窗、走廊、校史陈列室、广播电视网络等设施,营造体现主流意识、时代特征、学校特色的校园文化氛围。

二、积极探索弘扬优秀传统文化的形式,拓展思想道德教育的有效载体

一是大力利用重要时间节点。抓住我国传统节日的时间节点。如,“清明节”祭英烈活动,引导青少年了解革命历史和革命烈士的献身精神,树立热爱祖国、热爱人民、热爱中华民族的人生信念;“六一”争做美德少年活动,引导少年儿童学好身边榜样、讲好身边故事,崇德向善、见贤思齐,养成良好道德行为习惯;“七一”宣传党的历史和革命英雄人物,引导青少年熟知并背诵核心价值观,增强心向党、跟党走的理想信念;“十一”向国旗敬礼活动,引导青少年懂得国家好、民族好、大家才会好的道理。

二是大力组织经典诵读活动。普遍开展“普通话进校园,书法进课堂,诵读进教材”等活动,组织“经典诗文诵读”比赛、“我与经典有约”征文、师生书法比赛等,提升青少年的人文素养。继续开展“师生同品经典”系列活动,组织“好书伴我成长”征文比赛、“读书之星”评选、“书香家庭”评选、教师读书演讲比赛,引领师生深入感受阅读魅力,加深对中华优秀传统文化的了解和热爱,增强继承和弘扬中华文化的自觉性,提高思想道德水平和文化品位。

三是大力开展传统礼仪教育。在继承弘扬中华优秀传统文化、学习借鉴国外文明成果的基础上,重点开展仪表之礼、餐饮之礼、言谈之礼、待人之礼、行走之礼、观赏之礼、游览之礼、仪式之礼等基本文明礼仪规

范养成教育，融入“爱、善、诚、勤、俭、美”六种理念和价值取向，引导青少年从小做起，继承传统，学礼仪、知礼仪、行礼仪，努力成为品德高尚、富有理想、文明有礼、快乐健康、全面发展的新一代泰兴人。

四是大力推动社会实践育人。大力开展以诚实守信、文明礼貌、遵纪守法、勤劳好学、节约环保、团结友爱等为主题的传统文化教育系列行动，组织青少年积极参加“学雷锋”等志愿服务和社会公益活动，教育青少年主动承担家务劳动，组织青少年每半年至少参加一次军政训练、农村实践、民防教育或社会考察。通过广泛开展的社会实践活动，让广大青少年在探究和实践中感悟传统文化的精髓，主动践行中华优秀传统文化。

三、营造弘扬优秀传统文化的良好环境，促进青少年思想道德健康成长

一是要精心打造校园文化环境。作为一种特殊的教育形式，文化建设特别是校园文化建设对青少年思想有着潜移默化的影响。从传统文化中汲取精华，充分利用校园物质资源，把古典音乐、古典书画以及把古代先贤的事迹、语录引入校园，结合墙面主题文化，让每一处景观蕴含深意、每一面墙壁说话，让每一个角落都成为育人的基点。结合学生社团活动，传递优秀传统文化信息，介绍文化遗产，普及优秀传统文化知识，提高青少年的文化素质，增强他们的民族自信心。

二是要推进家庭教育的责任。要充分利用优秀传统文化贴近群众生活，贴近社会生活的规律，易于为学生家长所接受的特点，发挥优秀传统文化特有的价值引导、力量凝聚、行为规范、利益协调等功能，以普及家庭美德教育为重点，开展形式多样的学生家长会，引导学生家长学习传统文化，领悟传统文化精华，提高家长利用优秀传统文化开展家庭教育的能力。

三是要提升社会阵地教育效果。一方面要充分利用好现有的各类博物馆、纪念馆和爱国主义教育基地的育人作用；另一方面要开辟新的阵地，完善各类场馆设施，在全市形成爱国主义教育、科普、法制和社会实践等门类较为齐全的教育基地。通过举办报告会、读书会、图片展、演讲、征文等形式，对广大青少年进行爱国主义、集体主义、社会主义和革命传统教育。

传承“敢为人先、勇立潮头”精神　彰显“团结争先、务实守信”道德

市政协委员　冯锦涛

市委、市政府提出新一轮“渡江战役”。泰兴人以什么样的精气神来推进这一战略实施？以什么样的行为准则来不折不扣执行？这就需要我们对沿江地区文化尤其是道德文化加以研究与挖掘，为成功实施这一战略提供理论支撑、精神支持与路径选择。

一、沿江地区历史文化的精神内涵

翻开沿江地区历史，历史虽短暂，但文化积淀深厚、精神内涵独特，道德层次鲜明。

1.历史文化积淀而成的“大禹治水”精神。

当我们翻开沿江地区的历史，“移民”、“洲圩”、“坍江”、“江堤”、“上河工”等耳熟能详的词汇就会映入脑海，久久挥之不去，变成我们独特的记忆。总结沿江地区的历史，最具特质的文化就是沿江人民为保江堤，自古至今形成的“人在堤在、堤毁家亡”的经验与教训，以及由此形成的“大禹治水”的精神。这种精神在道德方面具体体现在：万众一心、众志成城的团结精神，不怕苦、不怕累、舍小家保大家的奉献精神，统筹兼顾、堵疏结合的科学治水精神，战天斗地、屡败屡战的永不服输的精神。

2.革命文化孕育而成的奋勇争先精神。

翻阅沿江人民革命史，在渡江战役中，全市人民特别是沿江人民奋勇支前的感人故事历历在目、荡气回肠。大军渡江时，泰兴人民特别是沿江人民一切为了前线，一切为了胜利。要粮出粮，要船出船，要人出人，解放大军打到哪里，支前工作就做到哪里。他们卸门板、抬寿材、砍树、筑路、修桥、做饭等，只要战争需要，一切服从调度，决不计较个人利益得失。我市滨江镇贫苦渔民丁广田，在渡江战役中，他第一个把先头部队送到对岸，他驾驶的木船成为“扬子江上第一帆”（泰兴段），当晚，又送出第二批部队。从1949年4月21日到4月29日，他日夜护送大军渡江。有关部门授予他“全国渡江支前特等功臣”光荣称号，他驾驶的木船荣获“扬子江上英雄船”的光荣称号。“扬子江上第一帆”，就成为泰兴人民奋勇当先的精神旗帜。这种精神在道德层次方面的具体体现：爱党爱军的光荣传统，争当模范的支前决心，不怕牺牲的无畏勇气，克己奉公的表率作用。

3.建设与改革文化蕴藏的创业创新精神。

翻阅沿江地区人民改革史，其实就是一部创业创新史，无数个创业故事至今还被人们传诵，他们激励着

一代又一代泰兴人民通过创业创新走上共同致富之路。1958年,七圩人民从家里送来砖头,肩挑手推,拿出压箱底的钱办起了玻璃厂。20世纪70年代末,87名员工,为改变一穷二白的现状,以愚公移山的精神,战天斗地,不畏艰难,建起了七圩化工厂。1983年暑假,洋思中学“先学后教,当堂训练”的教学模式走向全国,引起了教育界的高度关注。1992年腊月二十,城乡年意已浓,化工开发区工程却在呼呼西北风中动了工,上千民工将传统春节丢在一旁,日夜奋战在工地,住的是工棚,吃的是大锅饭。一幕幕感人场景,让人想起了电影《创业》的镜头……这种创业创新的精神具体体现在道德层次方面:敢闯敢冒敢试的首创精神;大干、苦干、实干与巧干的务实精神,领导身先士卒、廉洁奉公的律己精神,服从命令、协调配合的大局精神。这些精神道德是沿江人民赶超苏南,勇立潮头,发财致富的永恒秘密。

二、传承“三种精神”、彰显“四项道德”

市委、市政府提出新一轮“渡江战役”,是指为更高水平推进沿江转型升级,在思想观念、思路措施上率先“跨过长江去”,用五年左右的时间,努力在资源配置、产业布局和经济结构上与苏南地区实现互补联动、融合发展,把沿江地区打造成为泰兴转型发展的示范区、特色发展的引领区、融合发展的先行区。如何为成功实施新一轮“渡江战役”提供精神支撑与道德支持。我们认为应该传承“三种精神”、彰显“四项道德”。

1.传承“三种精神”,打好“渡江战役”。

总结历史,就是要从中获得正能量。我们认真总结沿江地区文化,提炼其中的精神因素,就是因为精神文化对一个地区的经济社会发展起着较大的促进作用。沿江地区本身有着比较丰富而独特的文化,这些都为夺取新一轮渡江战役新胜利提供更多更好的精神支持。

一要继续发扬大禹治水精神。现在,水患问题虽然解决了,但泰兴人民治理水患的精神不能丢。这是因为,水患虽不存在了,但如何用好水、用活水,做好“水”的文章等方面,我们还做得很不够。例如,长江岸线资源的整合与开发利用、港口码头仓储物流建设、天星洲的开发利用、沿江立体化交通、生态环境与旅游等方面,还需要我们永远继承与发扬大禹治水的精神。

二要继续发扬奋勇当先精神。现在,战争的威胁虽然离我们远去了,但泰兴人民奋勇当先的精神不能丢。这是因为,虽然我们近几年各项经济指标居泰州前列,特别是2014年,我市GDP、公共财政收入、税占比增幅和质量均列泰州三市第一。工业国税开票、规上工业产值总量与增量在泰州市继续保持领先。但我们也要清醒地认识到,经济增长下行压力加大,部分企业生产经营困难增多,转型升级任务相当艰巨;资源要素、生态环境约束加剧;项目招引实施难度加大等。面对这些困难与挑战,迫切需要全市广大党员干部带领人民继续发扬奋勇当先的精神,把责任多承担一点,把困难多估计一点,把精气神多提振一点,把思路与措施多考虑一点,力争2015年沿江地区工业国税开票销售实现一千亿目标。

三要继续发扬创业创新精神。我市要实现“全面领先苏中,加快融入苏南”新目标,建设“产业结构优、经济实力强、人民群众富、生态环境美、社会治理好、文明程度高”的新泰兴,迫切需要全市干部群众继承发扬创业创新精神。为鼓励与激励全民创业,我市今年出台了《关于进一步推进大众创业的实施意见》,制定了鼓励和激励全民创业的30多条政策和措施,力争2015年至2019年度,实现创业培训3万人,新增创业5万人,创业带动就业10万人,新增创业孵化基地30个的目标。我们要在市委号召下,动员全市广大干部群众继续发扬敢闯敢冒敢试的首创精神,继续保持与发扬大干、苦干、实干与巧干的精神。

2.彰显“四项道德”,践行“三严三实”。

大力实施新一轮“渡江战役”,要求我们要把沿江地区精神具体转化为广大党员干部的道德行为准则。正确处理好与党与国与军的关系、人与人的关系、人与社会的关系、人与自然的关系,以及人与内心的关系等等。

一要爱党拥军。爱党拥军是我市的光荣传统。在战争年代,泰兴人民心向共产党,毅然参加新四军、解放军,牺牲了8000多名英雄儿女。如果说淮海战役的胜利是山东、江苏人民用手推车推出来的,那么渡江战役的胜利就是沿江人民用手摇船摇出来的。现在,市委、市政府提出新一轮渡江战役,我们同样需要响应市委的号召,全力支持实施新一轮“渡江战役”。无论是招引项目、投身创业、引进人才、献计献策、征地拆迁等等,都迫切需要全市广大党员干部以及人民群众的信任与支持。

二要务实守信。沿江地区能够取得今天如此辉煌的成就,靠的是沿江人民苦干、实干加巧干的务实精神,讲的是一诺千金的铮铮誓言。虹桥镇刘绍安就是沿江人民务实守信的杰出代表。50多年来他与战友之间“生死诺言”的至真友情、与亲人之间“老吾老,以及人之老”的至广亲情以及与妻子之间同甘共苦、执手偕老的至纯爱情,这些深深打动和震撼着人们的内心。为此,他荣获全国道德模范提名奖,受到胡锦涛同志的亲切接见,这是全市人民的光荣,更是沿江人民的骄傲。现在,市委、市政府提出新一轮渡江战役,能否夺取新一轮“渡江战役”新胜利,关键是招商引资工作能否取得重大突破。因此,以诚招商,以务实的作风营造亲商、安商、富商的政务环境,就成为我们招商工作的重中之重。广大党员干部要按照谋事要实、创业要实、做人要实的要求，从本地本部门本单位实际出发谋划事业、推进工作，敢于担当，开拓创新，奋力夺取新一轮渡江战役新胜利。

三要团结争先。追忆400多年前，蒋、华二姓合造浮桥，方便百姓，后人称之为蒋华桥。因此，蒋华桥就成为沿江人民团结的象征。今天，我们漫步在长江堤岸，200多平方公里的圩区做到涵、闸、站听人调控，江堤赛城墙，一派江南风光。这得益于全市百万人民，为确保堤防安全，手挽手、肩并肩，筑起的牢不可破的"人墙"。今天的江堤不仅是全市人民团结的象征，更是争先的最好见证。每当我们走过大生桥与天星桥的时候，我们是否还记得这两座桥的来历。在历史传说中，此地的百姓为方便河两岸人们的交通和耕作，相约比赛建桥，场面异常火热，"大生"桥首先建成，因为另一座晚一天建成，人们提议在"大生"桥名上头各加"一"、"日"，"天星"桥故得此名。两座桥如同俩兄弟，共同见证了沿江人民奋勇争先、不甘落后的冲天豪情。现在，市委、市政府提出新一轮渡江战役，我们要高举"团结"、"争先"的大旗，党群同心、干群同德、全民同向，为完成这样一个光荣而又艰巨的任务，发扬"人心齐、泰山移"精神，扬起风帆，勇立潮头，奋力夺取新一轮渡江战役新胜利。

四要克己奉公。大军渡江时，粮草供应非常紧张，全市广大党员干部带头节衣缩食，将大米供应给华野主力。泰兴县政府曾规定：地方党政人员及家属分配大米1/4，粗粮3/4，有时甚至县以下党政军吃杂粮。但华野主力兵团，全部配给细粮。这就是我市广大党员干部克己奉公的真实写照。榜样的力量是无穷的。共产党人的无私换来的是人民群众的大爱。抗日战争，他们舍生忘死；解放战争，他们奋勇支前；建国时期，他们艰苦奋斗；而到了改革开放时期，为了开发区和园区建设，他们更是舍小家，顾大家，眼下吃点亏，造福后来者。现在，市委、市政府提出新一轮渡江战役，完成这项任务神圣而有艰巨，这是一场新的考试，大考面前，迫切需要全市广大党员干部带领人民群众继续发扬特别能吃苦、特别能战斗、特别能奉献的精神。唯有这种精神，才能够向党和人民交上一份满意的答卷。

三、传承弘扬沿江地区精神的三点建议

美国现在有两本最热的书，一本是《创造阶层的崛起》，主要观点是，所有有创意的人会集中在一个很有文化的地方，就是一个很有文化的城市，或者含有文化的小镇子、一个地区。为什么？从那个地方他们会产生很多的灵感。还有一本书叫《造城艺术》。论述一个城市要有生命力需要什么？需要文化遗产，否则这个城市是不会有人来的，没有创意的人来，这个城市就死亡了。文化遗产起到什么作用呢？就是沟通古代和现代的一座桥梁。为此，我们建议：

*一是提炼"沿江人精神"。*在虹桥新城建设与开发区规划布局中，要高度重视文化建设的作用，要留得住绿水蓝天，系得住乡愁。应该组织相关专家学者、文化亲历者加强沿江地区文化研究、整理与挖掘，提炼出"沿江人精神"。

*二是展示"沿江人精神"。*虹桥镇、滨江镇在打造优质建筑的同时，还要重视各种非物质文化遗产的传承，特别是小城镇所具有的优良的传统习俗、风尚、理念，要通过其他各种手段大力挖掘、整理、展现、标榜、弘扬，使其不断传承下去，润心育人，泽被后世。可否考虑在沿江地区建一些小型纪念馆，例如，陆文夫、刘绍安等名人纪念馆、"中安轮"、"渡江第一帆"纪念馆。可否考虑在虹桥新城建设中，融入民俗文化，建立沿江民俗文化一条街，将沿江人民长期形成的民俗、小吃、技能、文艺等融入其中，这样，既能扩大就业，增加经济总量，又能陶冶市民的情操，是一举多得的好事。

*三是宣传"沿江人精神"。*建议虹桥镇、滨江镇在充分挖掘当地文化的基础上，精选故事性强、趣味性浓、启发性深的材料编写《沿江人故事会》，发放到千家万户。组织一套宣讲班子讲好沿江人的故事，以弘扬正能量、提振精气神。

弘扬黄桥决战精神　激发跨越发展动力

市政协委员　马宏飞

75年前，陈毅、粟裕等老一辈革命家在古镇黄桥指挥打响了著名的黄桥战役。这场战役不仅成为我军战史上一场以少胜多的辉煌战例，更催生了"胸怀理想、坚定信念，自强不息、无坚不摧，实事求是、勇闯新路，依靠群众、敢于胜利"的黄桥决战精神。这一精神根植于泰兴大地，鼓舞着黄桥老区及全市人民奋勇前进。在推进新时期"黄桥决战"的伟大实践中，全市上下要了解认知黄桥决战精神的本质和内涵，增进对这一精神的理解和情感，从而激励广大干部群众进一步传承好、弘扬好、实践好这一伟大的革命精神，凝聚起打响打赢新时期“黄桥决战”的强大力量,为加快老区乡镇“推进富民强镇、建设全面小康”进程,促进全市“全面领先苏中、加快融入苏南”作出积极的贡献。

一、深刻了解黄桥决战精神的本质和内涵,做到把握精髓、自发认同、增进情感

黄桥决战精神,是在抗日战争时期形成的革命精神。1940年秋,江南新四军主力在陈毅、粟裕同志率领下,建立了以黄桥为中心的苏中抗日根据地,通过发动群众、依靠群众,建立政权、消除摩擦,艰苦奋斗、抗击日伪,取得了决战的最后胜利。这一精神对全国人民的抗日战争胜利产生了广泛而深刻的影响。

黄桥决战精神充分体现了坚定信念、艰苦奋斗的政治本色。一个人、一支队伍和一个民族没有远大而坚定的理想信念就没有精神支柱,就缺失支撑其奋发向上、追求进步的精神动力。黄桥决战期间,面对敌强我弱的力量悬殊,新四军将士和老区人民怀着对中国革命光明前途的坚定信念和不懈追求,在党的坚强领导下,不畏困难、不怕牺牲、英勇杀敌,造就了我军史上以少胜多的光辉范例。

黄桥决战精神充分体现了实事求是、开拓创新的本质特征。黄桥决战的胜利,是在政治条件极为复杂、经济状况极为困难的条件下取得的。面对敌强我弱的形势,陈毅、粟裕等老一辈革命家展示了高超的政治智慧和军事才能,采取“发展进步势力、争取中间势力、反对顽固势力”的策略,创造性地坚持政治仗与军事仗一起打,书写了以弱胜强的壮丽篇章。

黄桥决战精神充分体现了相信群众、依靠群众的根本路线。紧紧依靠人民群众,与人民群众血肉相连、同甘共苦是黄桥决战精神的重要内容,也是我党我军克敌制胜的力量源泉。黄桥决战期间,我军坚持同广大人民群众紧紧站在一起,为了人民的利益和革命事业的需要,无数革命者甘愿奉献自己的青春和生命。同时,老区人民舍小家为大家,镇上10多家磨坊、60多家烧饼店和80多辆小车为支前通宵忙碌,冒着敌人的炮火封锁将物资转送到前线,为决战胜利提供了有力的保障,充分展示了老区人民顾全大局、勇于奉献的精神风貌。

应该说,黄桥决战精神不仅属于黄桥老区,更是全市人民精神风貌的集中体现。全市各级组织要通过形式多样的主题宣传教育活动,使大家充分认识到:黄桥决战精神是一杆旗帜,是全国人民求解放、求发展的旗帜;黄桥决战精神是一面镜子,可以帮助人们洗去思想上的尘埃,净化灵魂;黄桥决战精神是一本书,是用本土历史文化和现实写成的大书,是推动黄桥老区及全市科学跨越发展的百科全书。进而在这一精神的影响、熏陶和感染下,切实增强政治意识、大局意识和责任意识,自觉用黄桥决战精神激励自己,做无愧于时代的传承者、实践者。

二、充分认识弘扬黄桥决战精神的现实意义,做到坚定信念、激发斗志、促进发展

伟大的时代需要伟大的精神,光辉的实践需要不竭的动力。近年来,在省市各级的大力扶持和全市人民的共同努力下,黄桥老区东部乡镇的经济总量、城乡面貌、居民收入等方面有了明显提升,但整体发展、农民生活水平与全市和周边相比还有很大差距。截至今年5月份,东部老区乡镇的国税开票销售、工商税收收入分别仅占全市的16.4%和11.43%,农民人均可支配收入比全市平均水平低了1260元,建档立卡的低收入人群尚有5650人。为了让老区人民分享改革发展成果,在市十二次党代会第二次年会上,市委、市政府审时度势,提出打一场老区加快崛起的新时期“黄桥决战”,加快黄桥老区“富民强镇、全面小康”步伐。在实施这一战略部署过程中,全市上下必须大力弘扬黄桥决战精神,从而进一步坚定信念、激发斗志、促进发展。

*1.弘扬黄桥决战精神,就是要进一步坚定信念、奋发进取。*坚定的共产主义信念是黄桥决战精神的灵魂。革命需要坚定的共产主义信念,建设同样需要坚定共产主义的理想信念。全市各级组织要组织广大党员干部和群众重温黄桥决战历史,引导大家彻底革除“因循守旧、墨守成规,小进即满、小富即安”的惰性思想,焕发不等不靠、自强不息、奋发进取的精神面貌,主动投身新时期“黄桥决战”的伟大实践。

*2.弘扬黄桥决战精神,就是要进一步顾全大局、主动担当。*面对老区发展的现状,我们要辩证看待老区发展的差距和潜力,站在全局和战略的高度,充分认识到“没有黄桥老区的小康,就没有全市真正意义上的高水平全面小康;全市发展的短腿在老区,空间和潜力也在老区”,进而顾全大局、主动担当,带着责任和感情,将各类资源要素向老区倾斜,以更大的力度扶持、推动老区加速崛起振兴。

*3.弘扬黄桥决战精神,就是要进一步深化改革、激发活力。*当前,改革进入深水区,如何提高改革的“含金量”,让人民群众有更多的获得感,我们必须大力弘扬黄桥决战精神,坚持问题导向,发动群众参与,在遵循客观规律的前提下,以攻坚克难的胆识和智慧,深化行政管理体制、行政审批制度、社会管理体制等重点领域的改革,以此激发发展的活力,提升全市经济社会发展水平。

*4.弘扬黄桥决战精神,就是要进一步牢记宗旨、服务群众。*历史充分表明,只有相信群众,依靠群众,始终保持同人民群众的血肉联系,全心全意为人民服务,我们党才能永远立于不败之地。各级领导干部要自觉践行好党的群众路线,多深入基层、深入群众、深入实际,与广大工人、农民坐在一条板凳上,倾听群众的呼声,

关心群众的疾苦，切实解决人民群众最关心、最直接、最现实的利益问题，进一步凝聚起广大人民群众的力量，共同为全面建成小康社会而努力奋斗。同时，要发动群众积极投身“全民创业、万众创新”的大潮中，用自己的勤劳和智慧创造美好生活，体现人生价值。

三、大力弘扬和实践黄桥决战精神，做到传承基因、扩张影响、激励前行

黄桥决战精神是人民的精神。全市各级组织、各行各业要充分发挥人民群众的主体作用，将这一精神教育纳入社会主义核心价值体系建设，纳入精神文明建设和全社会道德建设的全过程，宣传好、组织好广大干部群众继承和发扬黄桥决战精神，共同推动黄桥老区跨越赶超，加快推进全市“全面领先苏中、加快融入苏南”进程。

1.要做好“基因传承、固化记忆”文章。一要加强阵地建设。市委、市政府要加大政策、资金的扶持支持力度，组织人力进一步整合利用我市境内的革命遗址遗存、旧址故居等红色文化资源，结合发展红色旅游，扩建改造一批红色景点景区，加快新四军黄桥战役纪念地迁建工程建设，并常年免费向市民开放。二要发挥“两会”作用。重视发挥新四军研究会、黄桥历史文化研究会等团体的作用，搜集、整理、充实革命前辈英雄业绩的内容。定期组织开展黄桥决战精神专题理论研讨会、座谈会以及黄桥红色文化论坛，推出一批理论水准高、实践价值大、应用功能强的研究成果。三要拓展育人功能。组织编写《黄桥决战精神读本》，纳入全市各中小学校德育教学计划，推进黄桥决战精神进学校、进课堂、进教材、进学生头脑。利用名家讲坛、道德讲堂等阵地，让黄桥决战精神走进千家万户、深入百姓人家。

2.要做好“拓展凝炼、打造精品”文章。一要加强理论研究。政治思想理论研究部门要围绕如何发挥黄桥决战精神对新时期加强党的建设的“重要启示作用”，着眼于提高党的建设科学化水平，深入研究和探讨弘扬黄桥决战精神与加强党的思想、组织、作风、制度、反腐倡廉建设的关系，提出加强和改进党的建设的对策建议，不断提升黄桥决战精神的理论层次和实践价值。二要创作主题力作。宣传文化广电部门要充分挖掘反映黄桥决战精神的革命故事、英雄人物、典型事迹等素材，创作推出一批具有泰兴黄桥特色、反映时代风采、思想性和艺术性俱佳的文学、影视、戏曲等精品力作。三要加强宣传推介。要重视扩大黄桥决战精神的宣传推介，积极参加中央、省有关方面举办的相关研讨会、座谈会、论坛等活动，利用各类媒体和网络，宣讲和刊发黄桥决战精神研究成果，不断扩大黄桥决战精神的影响力。

3.要做好“选树典型、激励前行”文章。革命战争年代，在黄桥决战精神的感染下，诞生了杨根思、沈毅为代表的无数可歌可泣的英雄儿女；改革开放以来，涌现出了何健忠、丁雪其等一批劳动模范、道德模范典型。这些英模人物和先进典型，集中体现了黄桥决战精神的时代内涵，体现了全市人民弘扬这一革命精神的良好风貌。大力培养和选树各类先进典型，是新时期弘扬黄桥决战精神的重要途径。一要精心培植典型。市镇村各级党组织以及工青妇等群团组织要注重从党员、干部、工人、农民中发现和培植一批自强不息、自主创业的典型，善于创新、敢于担当的典型，顾全大局、扶贫济困的典型。二要广泛宣传典型。要在各个主流媒体和网站开设专栏、设立专题，利用公益广告、电子显示屏等阵地，广泛宣传先进典型的事迹。选取重大典型，组织报告团，进行巡回报告，用一批身边的典型激励广大干部群众在新时期“黄桥决战”中当好“先行军”、“急先锋”。

总之，黄桥决战精神是我们泰兴的宝贵政治优势和政治品牌，各级党委、政府一定要大力弘扬，丰富内涵，进一步凝聚共识，鼓舞士气，在全社会共同唱响新时期“黄桥烧饼歌”，为建设“产业结构优、经济实力强、人民群众富、生态环境美、社会治理好、文明程度高”的新泰兴作出不懈的努力。

统计资料

■编辑 鞠志祥

综合类

主要年份国民经济和社会发展指标

表 60

指标	单位	2006	2007	2008	2009	2010	2011	2012	2013	2014	2015
年末总人口	万人	121.31	120.06	119.70	119.72	119.62	120.21	119.83	119.95	119.88	119.53
地区生产总值	亿元	202.97	250.13	290.17	337.07	407.58	486.39	543.55	610.61	675.84	740.77
第一产业	亿元	23.37	25.46	26.82	27.01	33.66	39.23	42.80	44.75	46.93	49.10
第二产业	亿元	115.03	142.22	165.60	193.23	224.45	264.88	291.15	322.56	348.68	357.97
# 工业	亿元	93.24	117.18	138.73	164.75	194.40	230.79	253.82	281.79	303.84	311.06
第三产业	亿元	64.57	82.45	97.75	116.83	149.47	182.28	209.60	243.30	280.23	333.70
人均地区生产总值	元	18713	23302	27113	31490	37982	45267	50537	56735	62775	68781
固定资产投资	万元	1092080	1454813	1867869	2506844	1688636	2137813	2610963	3237519	4545292	5606223
# 房地产开发	万元	75786	95855	106202	95591	193966	266239	332043	394758	550701	591876
财政收入	万元	278871	395406	402930	508245	714931	891700	1024129	1187982	1854855	1576719
# 一般公共预算收入	万元	108905	152559	158904	188300	227256	279040	326121	382003	450818	527888
财政支出	万元	214205	322641	333205	434883	623772	784845	911107	1168160	1640276	1554464
# 一般公共预算支出	万元	145448	193227	226199	271220	353166	418759	505795	554795	612013	674479
金融机构各项存款余额	万元	1597906	1802385	2190763	2835018	3382490	3880093	4661280	5644721	6446301	7542927
# 住户存款	万元	1174319	1248771	1603711	1875061	2181126	2506309	2945372	3409073	3831843	4286037
金融机构各项贷款余额	万元	804691	911691	1052468	1467583	1846976	2280092	2721908	3233354	3883588	5022357
乡村从业人员	万人	53.12	53.96	54.51	54.66	55.11	55.65	56.39	56.46	56.58	56.45
# 农林牧渔业	万人	15.24	14.08	12.89	12.43	11.56	10.70	9.59	10.00	9.02	8.81
耕地面积	千公顷	68.96	69.10	69.14	69.06	68.94	66.93	66.95	66.89	66.87	66.67

续表 60

指　　标	单位	2006	2007	2008	2009	2010	2011	2012	2013	2014	2015
农林牧渔业总产值(现价)	亿元	36.81	40.68	46.41	49.56	56.21	65.68	71.26	76.30	79.67	83.47
粮食产量	万吨	53.47	56.83	64.65	65.94	66.43	68.57	69.43	70.37	70.56	71.30
规上工业总产值(现价)	亿元	280.40	402.27	533.01	687.57	896.65	1125.02	1407.59	1756.12	2075.41	2541.88
规上工业主营业务收入	亿元	257.95	369.23	501.17	660.67	872.29	1110.42	1381.83	1723.48	2037.49	2508.42
规上工业利税总额	亿元	23.72	33.87	49.79	78.18	109.74	144.44	244.01	257.50	307.19	392.94
建筑业总产值	亿元	145.31	175.88	204.19	230.57	258.83	293.85	346.86	395.23	471.67	544.65
社会消费品零售总额	万元	568638	670950	839533	925102	1085807	1266749	1429524	1511693	1707461	1915236
进出口总额	万美元	49488	73968	109971	82376	124817	177900	203580	248812	267462	243391
# 出口	万美元	31882	44997	67999	49048	65618	93137	107710	116724	132543	125441
实际利用外资	万美元	13255	16228	17594	15418	26055	22126	25235	27299	23843	32433
# 外商直接投资	万美元	13255	16228	17594	15418	26055	22126	25235	27299	23843	32433
在岗职工平均工资	元	16535	20355	23956	27893	32148	36339	40703	45417	52135	57514
城镇常住居民人均可支配收入	元	11138	13694	15995	17849	20026	23391	26338	28423	31038	33800
城镇常住居民人均消费支出	元	7461	9110	10735	11561	12596	14531	16456	18393	19644	21117
农村常住居民人均可支配收入	元	5722	6477	7355	8179	9338	11047	12505	13610	15066	16392
农村常住居民人均消费支出	元	3747	4163	4829	5299	6203	7296	8209	8678	9681	10630

说明:1.人均地区生产总值依据常住人口计算;2006～2008年地区生产总值依据第二次经普资料重新修正。

2.2008年,泰兴市胡庄镇、宣堡镇的原孔桥镇划归泰州市的高港区,2002～2008年财政与金融指标为老区划口径,2009年以后为新区划;其他指标均为新区划口径

3.2006年至2009年,固定资产投资指标为"全社会固定资产投资"口径

4.2010年及以前,耕地面积指标取自农业年报。自2011年起,耕地面积指标取自国土部门

5.自2013年起,农林牧渔服务业由第一产业调至第三产业,2013年社会消费品零售总额依据第三次经普资料重新修正

6.2006～2012年城镇(农村)常住居民人均可支配收入为老口径,2013年起为城乡一体化新口径

地区生产总值构成项目

表 61　　(2015年)　　单位:亿元

项　　目	增加值	劳动者报酬	生产税净额	固定资产折旧	营业盈余
地区生产总值	740.77	356.34	106.05	78.97	199.41
农、林、牧、渔业	50.62	51.32	-1.99	1.29	—
农、林、牧、渔服务业	1.52	1.45	-0.14	0.21	—
工业	311.06	98.99	74.43	28.32	109.32
开采辅助活动	—	—	—	—	—
金属制品、机械和设备修理业	0.02	0.02	—	—	—
建筑业	46.93	36.77	4.75	0.89	4.52
批发和零售业	57.65	23.98	9.78	3.34	20.55
批发业	30.18	10.83	5.74	1.60	12.01
零售业	27.47	13.15	4.04	1.74	8.54
交通运输、仓储和邮政业	39.50	25.03	2.71	4.00	7.76
住宿和餐饮业	21.62	12.14	1.19	1.37	6.92
住宿业	1.66	0.94	0.10	0.14	0.48
餐饮业	19.96	11.20	1.09	1.23	6.44
金融业	32.68	11.35	3.17	1.11	17.05
房地产业	47.04	3.50	7.59	24.12	11.83

续表 61

项　目	增加值	劳动者报酬	生产税净额	固定资产折旧	营业盈余
房地产业(K 门类)	23.45	3.50	7.59	0.53	11.83
自有房地产经营活动	23.59	—	—	23.59	—
其他服务业	133.67	93.26	4.42	14.53	21.46
营利性服务业	60.29	29.82	4.03	8.19	18.25
非营利性服务业	73.38	63.44	0.39	6.34	3.21
第一产业	49.10	49.87	-1.85	1.08	
第二产业	357.97	135.74	79.18	29.21	113.84
第三产业	333.70	170.73	28.72	48.68	85.57

说明:人均地区生产总值 68781 元(按常住人口计算)

农　　业

全社会农作物播种面积与产量

表 62

农作物名称	2015年			2014年			2015年与2014 年总产量相比±%
	播种面积(亩)	平均亩产(千克)	总产量(吨)	播种面积(亩)	平均亩产(千克)	总产量(吨)	
农作物总播种面积	2083832	—	—	2063660	—	—	—
一、粮食大豆合计	1435350	497	712973	1435454	492	705590	1.05
(一)夏收粮食	670950	404	271089	670904	401	269249	0.68
1.小麦	637650	411	262124	631693	410	258977	1.22
2.元麦	8550	299	2559	9505	301	2861	-10.56
3.大麦	9450	342	3231	10539	334	3520	-8.21
4.蚕豌豆	15300	208	3175	19167	203	3891	-18.40
(二)秋收粮食大豆	764400	578	441884	764550	571	436341	1.27
1.水稻	655050	623	408065	649500	620	402691	1.33
2.玉米	25950	471	12221	25950	469	12171	0.41
3.薯类	26400	430	11352	29550	399	11800	-3.80
4.高粱	—	—	—	—	—	—	—
5.大豆	53700	177	9506	56550	160	9040	5.15
6.其他秋粮	3300	224	740	3000	213	639	15.81
二、经济作物	216795	—	—	216453	—	—	—
(一)油料	215187	201	43333	215378	197	42398	2.21
1.油菜籽	134628	182	24502	135232	178	24071	1.79
2.花生	79504	235	18683	79070	230	18186	2.73
3.芝麻	1055	140	148	1076	131	141	4.96
(二)麻类	—	—	—	—	—	—	—
(三)药材	1608	—	—	1075	—	—	—
三、其他农作物	431687	—	—	411753	—	—	—
其中:蔬菜	397395	2322	922786	380103	2302	875135	5.44
附:常年蔬菜地	105537	—	—	105523	—	—	—

注:1 市亩≈0.067 公顷

全社会农业机械年末拥有量

表63

项　　目	计量单位	数　量	项　　目	计量单位	数　量
农业机械总动力	万千瓦	61.95	其他收获机械	台／千瓦	2217/3220
1.柴油发动机动力	万千瓦	31.52	四、植保机械		
2.汽油发动机动力	万千瓦	1.61	机动喷雾(粉)机	台／千瓦	5545/8023
3.电动机动力	万千瓦	28.82	五、渔业机械		
一、耕作机械			增氧机	台／千瓦	1489/4801
大中型拖拉机	台／千瓦	2239/130005	六、农产品加工机械		
小型拖拉机	台／千瓦	7000/63700	粮食加工	台	2320
二、农田排灌动力机械			饲料加工	台／千瓦	1775/6841
柴油机	台／千瓦	31/576	轧花机	台	—
电动机	台／千瓦	5809/83083	油料加工	台	394
农用水泵	台	—	七、运输机械		
三、收获机械			农用运输车	台／千瓦	1742/47478
联合收割机	台／千瓦	1509/58285	手扶变型运输机	台／千瓦	1380/11819

蚕茧、水果、坚果及水产品生产情况

表64

项　　目	计量单位	数　量	项　　目	计量单位	数　量
一、蚕茧产量	吨	21.3	四、水产品产量	吨	25326
二、水果产量	吨	12077	1.海水产品	吨	—
1.苹果	吨	—	2.淡水水产品	吨	25326
2.梨	吨	650	①鱼类	吨	20799
3.桃子	吨	1400	②甲壳类	吨	3009
4.枇杷	吨	780	③贝类	吨	1466
5.其他水果	吨	9247	④其他	吨	52
三、食用坚果			在淡水水产品种：人工育珠	公斤	1000
白果	吨	6000			

生猪、羊、家兔、家禽情况

表65

项　　目	计量单位	2015年	2014年	2015年比2014年±％
一、生猪饲养量	头	1669000	1679100	-0.60
1.全年肥猪出栏数	头	1080700	1079200	0.14
2.年末圈存数	头	588300	599900	-1.93
在年末圈存中能繁殖的母猪	头	67800	74100	-8.50
二、羊年末存栏数	只	48900	48827	0.15
羊年内出栏数	只	71300	70462	1.19
三、家禽年末实有数	只	4061000	4066471	-0.13
家禽年内出栏数	只	5280700	5271700	0.17
四、家兔年末存栏数	只	50400	50100	0.60

续表 65

项　　目	计量单位	2015年	2014年	2015年比 2014年±%
家兔年内出栏数	只	115000	98200	17.11
五、年末养蜂数	箱	1136	1136	0.00
六、肉类总产量	吨	90674	89237	1.61
其中:猪肉	吨	80700	79429	1.60
羊肉	吨	1070	1058	1.13
禽肉	吨	8321	8233	1.07
兔肉	吨	226	196	15.31
其他	吨	357	321	11.21
七、禽蛋产量	吨	24486	24517	-0.13

工　业　能　源

规模以上工业主要经济指标

表 66　　　　单位:万元

单位名称	现价总产值	产品销售收入	利润总额
全市总计	25418777	25084213	2351209
经济开发区	10254629	10332704	1118226
珊瑚镇	532025	523539	38970
分界镇	292860	291337	10628
古溪镇	1150041	1140913	102556
元竹镇	230004	205032	18800
黄桥镇	1581683	1553662	118098
其中:黄桥工业园区	1042657	1028972	98441
广陵镇	562295	557868	51861
曲霞镇	571644	560499	11591
张桥镇	286598	282917	16040
河失镇	440099	416391	27190
姚王镇	162717	157945	11233
新街镇	145492	143248	5014
根思乡	236253	226525	18541
宣堡镇	181135	177766	8676
虹桥镇	5103407	4884353	500504
济川街道	2693980	2646894	231974
城东高新园区	641946	643220	44572
农产品加工园区	388370	364801	23295

说明:本表为定报数据,统计对象为2015年定报企业610家

表 67

规模以上工业企业能源购进、消费及库存

能源名称	计量单位	年初库存量	2015年购进量	2015年消费量					年末库存量
			实物量	合计	1.工业生产消费	用于原材料	2.非工业生产消费	合计中:运输工具消费	
甲	乙	1	2	4	5	6	7	8	9
原煤	吨	22143.45	1341715.09	1405366.56	1404710.86	574642	655.7	0	17850.51
其中:无烟煤	吨	390	3090.4	3379.4	3379.4	0	0	0	159
一般烟煤	吨	20121.45	1338624.69	1401987.16	1401331.46	574642	655.7	0	15119.51
其他洗煤	吨	0	46.24	46.24	46.24	0	0	0	0
焦炭	吨	165.17	8905.72	9057.99	9057.99	1086	0	0	12.9
天然气	万立方米	0	5789.44	5789.44	5788.73	0	0.71	0	0
液化天然气	吨	0	8417.43	8417.43	8414.93	0	2.5	0	0
天然原油	吨	0	11	11	11	0	0	0	0
汽油	吨	7.81	858.48	858.67	502.02	1	356.65	145.48	5.71
煤油	吨	0	79.61	74.48	74.48	0	0	0	0
柴油	吨	155.06	6303.35	6293.44	5894.9	147.5	398.54	298.18	130.74
燃料油	吨	2	7497.68	7494.68	7494.68	207	0	0	5
液化石油气	吨	5.02	3303.3	3303.3	3280.3	2409	23	0	0
润滑油	吨	0	13	13	13	0	0	0	0
溶剂油	吨	525.93	847.92	867.41	867.41	867.41	0	0	506.44
石油焦	吨	32.42	2615	2422	2422	696	0	0	225.42
石油沥青	吨	0	0	0	0	0	0	0	0
其他石油制品	吨	14	237.57	243.57	243.57	198	0	0	8
热力	百万千焦	0	4720092.07	4973392.07	4836387.76	0	137004.31	0	0
电力	万千瓦时	0	381623.16	393314.16	390290.33	0	3023.82	4.8	0
煤矸石用于燃料	吨	0	0	20.77	20.77	0	0	0	0
生物质废料用于燃料	吨	0	41.16	41.16	41.16	0	0	0	0
能源合计	吨标准煤	0	0	1690573.12	1680557.85	0	10015.27	0	0

表 68

科技成果情况

项目	单位	2015年	2014年
一、获得各级政府科技进步奖项目	项	69	51
其中:国家级	项	—	—
省级	项	2	1
泰州级	项	20	17
二、专利申请受理数	件	5786	4951
三、列入国家、省“火炬”“星火”计划项目	项	—	—
1.“火炬”计划	项	6	5
其中:国家级	项	6	5
2.“星火”计划	项	6	6
其中:国家级	项	6	6

项目	单位	2015年	2014年
四、新增国家级高新技术企业	个	23	10
新增国家级高新技术企业	个	12	6
五、实施国家重点新产品计划	项	—	2
实施省科技支撑计划	项	1	1
实施科技型中小企业创新基金项目	项	—	1
农业科技支撑计划(科技基础设施建设——公共技术服务平台)	项	—	2

交通运输　邮电通信　电力

公路、航道、桥梁情况

表 69

项　　目	计量单位	2015年	2014年	项　　目	计量单位	2015年	2014年
一、公路总里程	千米	2145.2	2109.2	二、公路桥梁	座	1020	1008
1.按等级分 高速公路	千米	74	74	桥梁总长度	米	40209.6	39690.7
一级公路	千米	150.4	150.4	三、年末实有公共汽车	辆	256	273
二级公路	千米	203.2	203.2	公共汽车客运量总数	万人	1028	994
三级公路	千米	320.2	322.2	四、航道总里程	千米	558.8	558.8
四级公路	千米	1397.4	1359.4	1.干线航道	千米	166.3	166.3
等外公路	千米	—	—	2.专线航道	千米	392.5	392.5
2.按行政等级分 国道	千米	45.8	45.8	五、交通部门公路客运量	万人	1763	1688.5
省道	千米	159.3	168.2	交通部门公路旅客周转量	万人千米	524697	479345
县道	千米	373	373.2	六、交通部门营运客车	辆	611	533
乡道	千米	683.3	687.2	交通部门营运客车座位数	座	24196	22822
村道	千米	883.8	834.8	七、全市拥有出租车	辆	592	592
专用公路	千米	—	—				

邮电通信情况

表 70

项　　目	单位	2015年	2014年	项　　目	单位	2015年	2014年
一、电信局(所)	处	34	34	3.联通业务收入	万元	5206	6007
邮政局(所)	处	39	39	4.移动业务收入	万元	40110	41417
二、邮政业务总量	万元	12215	10770	四、本地固定用户数(电信公司)	户	254383	278972
报纸累计份数	万份	1825	2039	#城市电话用户数	户	68796	86599
杂志累计份数	万份	80	72	五、住宅电话用户数(电信公司)	户	206274	231422
三、邮电业务收入	万元	93324	88939	#农村电话用户数	户	185587	169342
1.电信业务收入	万元	33850	29759	六、移动用户电话(电信+移动+联通)	户	813370	904660
2.邮政业务收入	万元	14158	11756	七、宽带用户数(电信+移动+联通+广电)	户	239827	214706

供电设备情况

表 71

项　　目	单　位	2015年	2014年
一、公用变电站	个	30	29
公用变压器		—	—
1、35千伏及以上合计	座/台/千伏安	29/47/3065500	29/47/3080500
220千伏	座/台/千伏安	6/10/1620000	6/10/1620000

续表 71

项目	单位	2015年	2014年
110 千伏	座/台/千伏安	18/25/1260500	17/25/1275500
35 千伏	座/台/千伏安	6/12/185000	6/12/185000
2、10 千伏	台/千伏安	6618/1873160	5910/1578875
3、20 千伏	台/千伏安	1/200	5/9000
二、企业自备变压器			
1、35 千伏及以上合计	座/台/千伏安	13/35/710750	13/29/470750
220 千伏	座/台/千伏安	1/1/180000	1/1/180000
110 千伏	座/台/千伏安	3/12/389000	3/6/149000
35 千伏	座/台/千伏安	9/22/141750	9/22/141750
2、20 千伏及以下合计	台/千伏安	2778/1196340	2788/1161980
10 千伏	台/千伏安	2770/1172590	2780/1138230
20 千伏	台/千伏安	8/23750	8/23750
三、线路长度			
1、35 千伏及以上合计	条/千米	84/757.965	77/759.239
220 千伏	条/千米	16/269.84	17/295.883
110 千伏	条/千米	42/348.67	35/312.841
35 千伏	条/千米	26/139.455	25/150.515
2、20 千伏及以下合计	条/千米	16713.26	12493.002
10 千伏	条/千米	3684.65	3374.1
不足 6 千伏	千米	13028.61	9118.902

用电情况

表 72

项目	单位	2015年	2014年	同比±%
一、供电最高负荷	万千瓦	77	83.2	-7.45
二、供电量	万千瓦时	475825	494875	-3.85
三、用电量	万千瓦时	461455	480625	-3.99
四、线路损失电量	万千瓦时	14370	14250	0.84
五、线路损失率(%)		3.02	2.88	0.14
六、平均日负荷率(%)		89.21	89.98	-0.77
七、全社会用电量总计	万千瓦时	519354	542615	-4.29
(一)农林牧渔水利业	万千瓦时	6424	5768	11.37
(二)工业	万千瓦时	411808	444735	-7.40
1. 轻工业	万千瓦时	64478	57752	11.65
2. 重工业	万千瓦时	347330	386983	-10.25

续表 72

项　　目	单　位	2015年	2014年	同比±%
(三)建筑业	万千瓦时	7572	4769	58.78
(四)交通运输、仓储和邮政业	万千瓦时	2497	2355	6.03
(五)信息传输、计算机服务和软件业	万千瓦时	2881	2417	19.20
(六)商业、住宿和餐饮业	万千瓦时	8713	8421	3.47
(七)金融、房地产、商务及居民服务业	万千瓦时	7484	7179	4.25
(八)公共事业及管理组织	万千瓦时	6915	6443	7.33
(九)城乡居民生活合计	万千瓦时	65060	60528	7.49
城镇居民	万千瓦时	19223	17495	9.88
乡村居民	万千瓦时	45837	43033	6.52

国　内　贸　易

社会消费品零售总额

表 73　　单位:万元

指　标　名　称	2015年	2014年	2015年比 2014 年±%
社会消费品零售总额	1915236.5	1707460.6	12.2
一、按销售单位所在地分			
1.城镇	1489638.1	1348092.8	10.5
其中:城区	1095352.7	1008992.9	8.6
2.乡村	425598.4	359367.8	18.4
二、按行业分			
(一)批发和零售业小计	1541415.3	1374118.1	12.2
限额以上	486560.8	422360.2	15.2
个体经营户(大个体)	13736	10238.5	34.2
限额以下	1054854.5	951757.9	10.8
限下企业	175354.5	—	—
限下个体户	879500	951757.9	-7.6
1.批发业	436167	229540.9	90
限额以上	97454.9	76518.4	27.4
个体经营户(大个体)	—	—	-100
限额以下	338712.1	153022.5	121.3
限下企业	20805.3	—	—
限下个体户	317906.8	153022.5	107.8
2.零售业	1105248.3	1144577.2	-3.4

续表 73

指　标　名　称	2015年	2014年	2015年比 2014 年±%
限额以上	389105.9	347856.2	11.9
个体经营户(大个体)	13736	10238.5	34.2
限额以下	716142.4	796721	-10.1
限下企业	154549.2	—	—
限下个体户	561593.2	796721	-29.5
(二)住宿和餐饮业小计	373821.2	333342.5	12.1
限额以上	41195.2	38552.8	6.9
个体经营户(大个体)	7771.2	5169.3	50.3
限额以下	332626	294789.7	12.8
限下企业	19122.7	—	—
限下个体户	313503.3	294789.7	6.3
1. 住宿业	33844.3	31917.4	6
限额以上	14545.4	14496.7	0.3
个体经营户(大个体)	—	—	-100
限额以下	19298.9	17420.7	10.8
限下企业	431.5	—	—
限下个体户	18867.4	17420.7	8.3
2. 餐饮业	339976.9	301425.1	12.8
限额以上	26649.8	24017.2	11
个体经营户(大个体)	7771.2	5169.3	50.3
限额以下	313327.1	277407.9	12.9
限下企业	18691.2	—	—
限下个体户	294635.9	277407.9	6.2
三、按规模分			
(一)限额以上小计	527756	460861.1	14.5
1. 企业(单位)	506248.8	445453.3	13.6
2. 个体经营户(大个体)	21507.2	15407.8	39.6
限额以上小计中去年本月后开业	—	—	—
批零业	—	—	—
住餐业	—	—	—
限额以上可比口径	527756	449690.4	17.4
批零业	486560.8	411292.8	18.3
住餐业	41195.2	38397.6	7.3
(二)限额以下小计	1387480.5	1246599.5	11.3
1. 限下企业	194477.2	—	—
2. 限下个体户	1193003.3	1246599.5	-4.3

固定资产投资　建筑业

固定资产投资完成情况

表74　　单位:万元

指标名称	本年累计	增幅%	指标名称	本年累计	增幅%
一、固定资产投资	5606223	23.3	工业投资	3677425	28.3
规上固定资产投资	5014347	25.5	第三产业	1288152	29.2
产业投资	4632404	31.8	服务业投资	1880028	21.4
第一产业	25809	-36.2	二、房地产投资额	591876	7.5
第二产业	3700386	25.2			

商品房开发面积及销售情况

表75　　单位:平方米、万元

指标名称	合计	住宅		办公楼	商业营业用房	其他
			别墅、高档公寓			
一、房屋施工面积	4408622	3604038	101965	37174	570278	197132
其中:新开工面积	1044129	914295	35562	25786	73219	30829
二、房屋竣工面积	1067391	734379	21560	1726	302402	28884
三、竣工房屋价值	320029	228982	21838	602	83053	7392
四、商品房销售面积	1189357	1111264	20915	4221	69491	4381
其中:现房销售面积	333746	307069	973	0	26327	350
期房销售面积	855611	804195	19942	4221	43164	4031
五、商品房销售额	737798	671298	20661	2334	63051	1115
其中:现房销售额	188714	168921	1275	0	19653	140
期房销售额	549084	502377	19386	2334	43398	975
六、待售面积	686001	477837	39748	0	183175	24989

全市资质上建筑施工企业主要经济技术指标

表76

指标名称	计量单位	合计	房屋工程建筑	土木工程建筑	建筑安装业	建筑装饰业和其他建筑业
企业个数	个	128	69	19	28	12
建筑业总产值	千元	54465430	48963412	2845008	2211485	445525
竣工产值	千元	42327518	37767130	2317353	1865913	377122
房屋建筑施工面积	平方米	48683406	48428636	204510	49370	890
从业人员平均人数	人	159533	141739	9178	7432	1184
营业收入	千元	44118402	38108906	2491096	3118007	400393
利润总额	千元	2023816	1559431	192639	250397	21349

财政　金融　保险

财政收支情况(一)

表 77　　单位:万元

项　　目	2015年	2014年	2015年比2014年±%	项　　目	2015年	2014年	2015年比2014年±%
财政总收入	1576719	1854855	-15.0	企业所得税	46198	54020	-14.5
一、中央级收入	299344	296412	1.0	个人所得税	13100	14774	-11.3
消费税	450	588	-23.5	营业税等	242854	188546	28.8
增值税	209948	192632	9.0	2.契耕两税	40427	40277	0.4
企业所得税	69296	81030	-14.5	3.行政性收费、罚没收入	29736	37962	-21.7
个人所得税	19650	22162	-11.3	4.专项收入	46305	18874	145.3
二、一般公共预算收入	527888	450818	17.1	5.其他各项收入	13703	19282	-28.9
1.工商税收、企业所得税	397717	334423	18.9	三、政府性基金收入	749487	1107625	-32.3
增值税	95565	77083	24.0				

财政收支情况(二)

表 78　　单位:万元

项　　目	2015年	2014年	2015年比2014年±%	项　　目	2015年	2014年	2015年比2014年±%
财政总支出	1554464	1640276	-5.2	8.医疗卫生与计划生育	68270	63862	6.9
一、一般公共预算支出	674479	612013	10.2	9.节能环保	16754	29520	-43.5
1.一般公共服务	65263	61428	6.2	10.城乡社区	33279	31951	4.2
2.国防	543	345	57.4	11.农林水事务	131034	119854	9.3
3.公共安全	35558	28919	23.0	12.交通运输	9716	9264	4.9
4.教育	130321	109080	19.5	13.资源勘探信息等	20156	28383	-28.8
5.科学技术	23555	6628	255.4	14.其他支出	55111	43816	25.8
6.文化体育与传媒	9572	8808	8.7	二、基金支出	879985	1028263	-14.4
7.社会保障和就业	75347	70155	7.4				

说明:1.原"医疗卫生"改为"医疗卫生与计划生育"

2.原"资源勘探电力信息等事务"改为"资源勘探信息等支出"

银行人民币信贷收支情况

表 79　　　　单位:万元

项　　目	2015年	2014年	项　　目	2015年	2014年
年末各项存款合计	7542927	64463300	固定资产贷款	—	—
一、单位存款	3241428	2495100	3.普通并购贷款	—	—
活期存款	2168221	992621	4.银团贷款	—	—
定期存款	1073207	791668	5.贸易融资	—	—
通知存款	—	23168	6.境外筹资转贷款	—	—
保证金存款	—	347160	二、中长期贷款	2338642	1591000
二、个人存款	4286037	3888318	1.个人贷款	1050824	871521
储蓄存款	4286037	3831843	其中:个人消费贷款	922235	761543
保证金存款	—	346	2.单位普通贷款	1287818	643492
结构性存款	—	—	其中:经营贷款		14412
三、财政性存款	12957	5489	固定资产贷款	1287818	629080
四、临时性存款	—	1867	3.普通并购贷款	—	—
五、委托存款	—	15672	4.银团贷款	—	—
六、其他存款	2505	44982	5.贸易融资	—	—
年末各项贷款合计	5022357	3883588	6.境外筹资转贷款	—	—
一、短期贷款	2332053	2045829	三、融资租赁	—	—
1.个人贷款及透支	493977	364800	四、票据融资	350319	276343
其中:个人消费贷款	95326	36109	其中:贴现		276300
2.单位普通贷款及透支	1838076	1555192	五、各项垫款	1343	343
其中:经营贷款	1838076	1547896			

保险业务情况

表 80　　　　单位:万元

项　　目	2015年		2014年		项　　目	2015年		2014年	
	保费收入	赔款	保费收入	赔款		保费收入	赔款	保费收入	赔款
一、财产保险合计	21394	12515	17520	11450	1.普通寿险	15568	12936	19079	14147
1.财产保险	910	1731	917	2780	2.年金保险	16145	0	6056	0
2.机动车辆保险(含交强险)	10784	4841	8573	3876	3.人身意外伤害保险	2088	778	1636	511
3.船舶保险	3582	3583	2847	2603	4.健康保险	5519	751	4584	634
4.货物运输保险	69	15	67	39	5.分红保险	20179	0	22232	0
5.其他(含农险)	2807	1242	2326	1013	6.万能保险	—	—	—	—
二、人身保险合计	59499	14465	53587	15292					

注:本资料仅包括中国人民保险公司泰兴支公司和中国人寿保险公司泰兴支公司

科技　教育　文化　卫生　体育

教育事业情况

表 81　　单位：所、个、人

项　　目	学　校	班　级	毕业生人　数	招　生人　数	毕业班学生数	在　校学生数	教　职员工数
合计	147	3200	36360	31810	35209	124044	11539
一、中等专业技术学校	2	103	3289	1816	2060	5245	607
二、普通中学	46	1047	16399	13859	15905	44005	5560
1. 初中	36	680	9361	8615	9682	27169	3343
市镇	20	532	7471	6957	7666	21761	2492
农村	16	148	1890	1658	2016	5408	851
2. 高中	10	367	7038	5244	6223	16836	2217
市镇	10	367	7038	5244	6223	16836	2217
农村	—	—	—	—	—	—	—
三、小学	43	1400	8615	7993	9222	50556	3182
市镇	27	1042	6673	6169	7140	38361	2361
农村	16	358	1942	1824	2082	12195	821
四、幼儿园	55	637	8024	8112	7970	24064	2163
市镇	37	495	6041	6373	6076	18662	1665
农村	18	142	1983	1739	1894	5402	498
五、特殊教育学校	1	13	33	30	52	174	27

注：高校录取学生数 7555 人，其中：本科 4929 人(含民办)

文化广播电视事业情况

表 82

项　　目	单位	2015年	2014年	项　　目	单位	2015年	2014年
一、文化事业				二、广播事业			
文化馆个数	个	1	1	节目	套	1	1
职工人数	个	18	17	每日播音时间	小时	17	17
组织文艺活动	次	18	32	制作节目时间	小时/天	14	14
举办培训班	人次	5000	1200	三、电视事业			
图书馆个数	个	2	2	电视转播台	座	2	2
职工人数	人	15	16	发射机	部	8	8
藏书量	千册	318496	311118	电视覆盖率	%	100	100
阅览室座位数	张	330	330	有线电视户数	户	398613	396780

卫生事业情况

表 83

项　　目	单位	2015年	2014年	项　　目	单位	2015年	2014年
卫生机构数	个	387	390	其中:执业医师、执业助理医师	人	1970	2152
其中:医院	个	4	4	注册护士	人	1697	1628
卫生院(社区卫生服务中心)	个	33	33	卫生防疫人员	人	141	133
疾病预防控制中心(防疫站)	个	1	1	医院、卫生院技术人员	人	3970	3919
妇幼保健院(所、站)	个	1	1	其中:执业医师、执业助理医师	人	1640	1813
村卫生室	个	258	230				
卫生机构床位数	张	4809	4119	注册护士	人	1535	1517
其中:医院	张	3350	2470	5岁以下儿童死亡率	‰	4.2	5.2
卫生院(社区卫生服务中心)	张	1459	1649	婴儿死亡率	‰	2.9	3.5
卫生工作人员	人	5806	5802	产妇住院分娩比例	%	100	100
卫生技术人员	人	4477	4661				

体育事业情况

表 84

项　　目	单　位	2015年	2014年	项　　目	单　位	2015年	2014年
一、年末工作人员	人	29	28	参加人数	人次	600	700
二、业余体育学校	所	1	1	五、国家运动健将	人	1	2
在校学生数	人	124	70	国家一级运动员	人	2	10
三、体育场馆数	个	15	15	国家二级运动员	人	5	10
8000座标准田径场(含标准足球场)	个	1	1	六、村级体育健身工程	个	345	325
体育馆、综合训练馆	个	6	9	乡镇体育健身中心	个	16	16
全民健身中心、游泳馆	个	1	1	全民健身点	个	836	724
室外游泳池	个	7	4	七、社会体育指导员	人	3841	3516
四、市运动会	次	6	1	其中:国家级	人	23	34
其中:田径运动会	次	1	1	一级	人	248	252

城乡居民生活

居民消费价格分类指数

表 85　　　　单位:%

项目名称	权数	上年同期(2014年)=100	2010年=100	项目名称	权数	上年同期(2014年)=100	2010年=100
居民消费价格总指数(CPI)	1000	101.9	115.8	一、食品	304	106.0	134.9
生活费用价格总指数	430	102.5	119.3	二、烟酒	39	101.9	104.8
低收入居民生活费用指数		102.5	119.4	三、衣着	95	101.9	125.4
非食品价格指数	696	99.9	107.5	四、家庭设备用品及维修服务	58	101.7	112.0
服务项目价格指数	268	101.0	108.9	五、医疗保健和个人用品	80	101.4	114.6
工业品价格指数	428	99.2	106.6	六、交通和通信	117	96.9	95.8
扣除食品烟酒和能源价格指数	657	100.5	108.1	七、娱乐教育文化用品及服务	126	98.9	98.4
扣除鲜菜鲜果总指数	960	101.7	115.1	八、居住	181	99.3	108.0
消费品价格指数	732	102.2	118.4				

商品零售价格分类指数

表 86　　　　单位:%

项目名称	权数	上年同期(2014年)=100	2010年=100	项目名称	权数	上年同期(2014年)=100	2010年=100
商品零售价格总指数	1000	100.5	110.6	九、交通、通信用品	112	98.0	83.0
一、食品	274	106.1	134.0	十、家具	12	93.9	91.3
二、饮料、烟酒	125	102.7	106.1	十一、化妆品	22	102.3	122.7
三、服装、鞋帽	65	102.2	126.3	十二、金银珠宝	9	95.5	92.8
四、纺织品	9	97.4	118.6	十三、中西药品及医疗保健用品	28	99.7	119.3
五、家用电器及音像器材	54	98.6	96.0	十四、书报杂志及电子出版物	21	104.8	117.0
六、文化办公用品	22	99.6	93.6	十五、燃料	72	83.4	93.7
七、日用品	67	101.4	108.7	十六、建筑材料及五金电料	100	95.1	94.7
八、体育娱乐用品	8	100.2	107.0				

附　录

■编辑　鞠志祥

荣　誉　榜

2015年国家级(含条线)表彰的先进集体

荣誉称号	获奖单位	授予单位
中国重要农业文化遗产	泰兴市	国家农业部
全国一村一品示范村镇	泰兴市宣堡镇郭寨村	国家农业部
全国拘留所“三项重点工作”推进落实活动先进单位	泰兴市拘留所	国家公安部
一级科学技术室	泰兴市公安局刑侦大队	国家公安部
全国三八红旗集体	泰兴市交警大队女子班	中华妇女联合会
全国残疾人体育先进单位	泰兴市残疾人联合会	中国残疾人联合会 国家体育总局

2015年省级(含条线)表彰的先进集体

荣誉称号	获奖单位	授予单位
全省发展现代高效农业成效显著县	泰兴市	江苏省农委
现代民政示范市	泰兴市	江苏省民政厅
全省高标准厂房建设与使用先进地区	泰兴市	江苏省国土资源厅
江苏省青年文明号	泰兴市环境监察大队	共青团江苏省委
“文明江苏”志愿服务行动创新案例二等奖	泰兴市人民检察院	江苏省文明办
全省检察机关反渎部门“精品案件”	泰兴市人民检察院	江苏省人民检察院
全省法院司法警察先进集体	泰兴法院司法警察大队	江苏省高级人民法院
全省法庭文化建设示范单位	泰兴法院黄桥法庭	江苏省高级人民法院
江苏省“五一劳动奖状”	泰兴市国家税务局	江苏省总工会
江苏省第三批“省级法治文化建设示范点”	泰兴市国家税务局第二税务分局	江苏省司法厅
江苏省国税系统纳税服务规范化管理示范单位	泰兴市国家税务局	江苏省国家税务局
江苏省国税系统模板和指引示范单位	泰兴市国家税务局	江苏省国家税务局
江苏省农业推广奖三等奖	泰兴市农科所	江苏省政府

荣誉称号	获奖单位	授予单位
江苏省农业丰收奖	泰兴市畜牧兽医中心	江苏省农委
江苏省卫生镇	泰兴市滨江镇	江苏省爱国卫生运动委员会
全省安全生产宣传工作先进单位	泰兴经济开发区	江苏省安全生产监督管理局
巾帼文明岗	泰兴市滨江镇	江苏省妇女联合会
家风家训主题一等奖	泰兴经济开发区	江苏省妇女联合会
江苏省和谐社区建设示范单位	泰兴市滨江镇	江苏省民政厅
江苏省园区知识产权试点优秀单位	泰兴经济开发区	江苏省知识产权局
江苏省部门统计示范点	泰兴市教育局	江苏省统计局
全省学生资助工作绩效评价优秀奖	泰兴市教育局	江苏省教育厅
江苏省教育宣传工作先进单位	泰兴市教育局	江苏省教育厅
省阳光体育节优秀组织奖	泰兴市教育局	江苏省教育厅
江苏省促进义务教育均衡发展先进集体	泰兴市教育局	江苏省教育厅
江苏省教科研先进单位	泰兴市教育局	江苏省教育厅
安康关爱行动先进集体	泰兴市民政局	江苏省老龄办
老龄宣传工作先进集体	泰兴市民政局	江苏省老龄办

2015年泰州市委、市政府表彰的先进集体

荣誉称号	获奖单位	授予单位
泰州市林业绿化一等奖	泰兴市	泰州市委、市政府
泰州市文明单位标兵	泰兴市环保局	泰州市委
泰州市文明单位	泰兴市环境监察大队	泰州市委
泰州市文明单位	泰兴市环境监测站	泰州市委
泰州市文明单位	泰兴市人民检察院	泰州市委
泰州市文明行业	泰兴市国家税务局	泰州市委
泰州市文明单位标兵	泰兴市国家税务局	泰州市委
泰州市文明单位	泰兴市国家税务局稽查局	泰州市委
泰州市文明单位	泰兴市国家税务局第一税务分局	泰州市委
泰州市文明单位	泰兴市国家税务局第二税务分局	泰州市委
泰州市文明单位	泰兴市国家税务局第四税务分局	泰州市委
泰州市文明单位	泰兴市国家税务局第五税务分局	泰州市委
泰州市文明单位	泰兴市国家税务局第六税务分局	泰州市委
泰州市科学技术进步二等奖	泰兴市农科所	泰州市政府
泰州市科学技术进步三等奖	泰兴市农科所	泰州市政府
社会治安综合治理先进集体	泰兴市古溪镇人民政府	泰州市委
泰州市“平安乡镇(街道)”	泰兴市滨江镇人民政府	泰州市委
泰州市文明乡镇	泰兴市滨江镇人民政府	泰州市委、市政府
泰州市绩效管理先进开发区奖	泰兴经济开发区	泰州市委、市政府

2015年国家级(含条线)表彰的先进个人

姓名	工作单位	荣誉称号	授予单位
吴小平	泰兴市环保局	全国环境信访工作先进个人	国家环保部
朱筱乐	泰兴市公安局	第五届全国公安系统美术、书法、摄影作品展览书法类作品优秀奖	国家公安部

姓　名	工作单位	荣誉称号	授予单位
张　鹏	泰兴法院曲霞法庭	敬业奉献中国好人	中央文明办
侯明泉	泰兴法院法警大队	全国法院司法警察先进个人	最高人民法院
沈向云	泰兴市滨江镇	计划生育工作者荣誉证书	国家卫计委
赵国余	泰兴市滨江镇	计划生育工作者荣誉证书	国家卫计委
周　宁	泰兴市国土资源局	全国国土资源管理系统推进依法行政及“六五”普法先进个人	国土资源部

2015年省级(含条线)表彰的先进个人

姓　名	工作单位	荣誉称号	授予单位
焦玉平	泰兴市公安局国保大队	个人二等功	江苏省公安厅
焦玉平	泰兴市公安局国保大队	江苏最美警察提名奖	江苏省公安厅
丁海波	泰兴市公安局珊瑚派出所	个人二等功	江苏省公安厅
丁海波	泰兴市公安局珊瑚派出所	江苏好人	江苏省文明办
吴佳妮	泰兴市交警大队	个人二等功	江苏省公安厅
吴佳妮	泰兴市交警大队	江苏省杰出女警提名奖	江苏省公安厅
黄丽丽	泰兴市公安局指挥中心	全省公安机关抗战胜利70周年纪念活动安全保卫工作成绩突出个人	江苏省公安厅
张　伯	泰兴市公安局治安大队	“雷霆风暴”食盐安全专项行动先进个人	江苏省公安厅
栾锁章	泰兴市公安局审计室	全省公安审计业务考核竞赛优秀审计个人	江苏省公安厅
王祥林	泰兴市人民检察院	减刑、假释、暂予监外执行专项检查活动先进个人	江苏省人民检察院
蔡云珍	泰兴市人民检察院	民事行政检察先进个人	江苏省人民检察院
陆　波	泰兴市人民检察院	刑事执行检察业务能手	江苏省人民检察院
张　鹏	泰兴法院曲霞法庭	江苏“最美法治人物”	江苏省委宣传部
张　鹏	泰兴法院曲霞法庭	江苏“人民满意政法干警”个人一等功	江苏省委、省政府
严洪斌	泰兴法院研究室	全省法院援藏援疆援青海工作先进个人	江苏省高级人民法院
朱　炜	泰兴市滨江镇	优秀预备役军官	江苏陆军预备役高射炮兵第一师
田佑君	泰兴经济开发区	江苏省园区知识产权试点工作先进个人	江苏省知识产权局
吕晓文	泰兴经济开发区	全省开发区信息工作先进个人	江苏省开发区协会
沙静波	泰兴市安监局	烟花爆竹安全生产监督管理工作先进个人	江苏省安监局
钱春建	泰兴市安监局	全省安全生产宣传工作先进个人	江苏省安监局
孙红东	泰兴市国土资源局	全省国土资源工作优秀等次	江苏省国土资源厅
栾　俊	泰兴市国土资源局	全省国土资源工作优秀等次	江苏省国土资源厅
成建新	泰兴市国土资源局	全省矿产资源补偿费征管工作先进个人	江苏省国土资源厅
周　宁	泰兴市国土资源局	全省推进依法行政工作先进个人	江苏省国土资源厅
张建荣	泰兴市残疾人联合会	全省残联系统先进工作者	江苏省人社厅 江苏省残疾人联合会

2015年泰州市委、市政府表彰的先进个人

姓　名	工作单位	荣誉称号	授予单位
吴　斌	泰兴市人民检察院	全市社会综合治理个人三等功	泰州市委

姓　名	工作单位	荣誉称号	授予单位
肖光辉	泰兴市安监局	安全生产工作先进个人	泰州市政府
徐　凯	泰兴市安监局	安全生产工作先进个人	泰州市政府
杨　娟	泰兴市安监局	安全生产工作先进个人	泰州市政府
金　锋	泰兴市安监局	安全生产工作先进个人	泰州市政府
陆爱明	泰兴市安监局	安全生产工作先进个人	泰州市政府

重要文件题录(选)

· 市委文件 ·

编　号	标　题
泰委发〔2015〕10	印发《贯彻执行泰州市委〈关于落实党风廉政建设责任制防止“挂帅不出征”的九项规定〉实施细则》的通知
泰委发〔2015〕12	关于进一步简政放权加快转变政府职能的实施意见
泰委发〔2015〕25	关于印发《泰兴市安全生产“党政同责、一岗双责”暂行规定》的通知
泰委发〔2015〕28	关于推进项目大突破的实施意见
泰委发〔2015〕33	关于印发《泰兴市人民政府职能转变和机构改革实施意见》的通知
泰委发〔2015〕34	印发服务业发展意见
泰委发〔2015〕36	关于 2015 年乡镇(街道)和园区目标管理考核的意见
泰委发〔2015〕37	关于印发《泰兴市农业农村“十大工程”(2015-2016 年)推进计划》的通知
泰委发〔2015〕38	关于进一步推进大众创业的实施意见
泰委发〔2015〕51	关于加快推进“人才强企”的政策意见

· 政府文件 ·

编　号	标　题
泰政发〔2015〕13 号	关于深化行政审批制度改革加强事中事后监管的意见
泰政发〔2015〕15 号	关于转发省政府关于清理规范税收等优惠政策的通知
泰政发〔2015〕28 号	关于印发《泰兴市企业上市三年行动计划》的通知
泰政发〔2015〕41 号	关于印发全市服务业重大项目三年推进计划(2015-2017)的通知
泰政发〔2015〕43 号	关于进一步促进房地产市场平稳健康发展的补充意见
泰政发〔2015〕47 号	关于印发《市政府关于实行行政审批责任追究制度的意见(试行)》的通知
泰政发〔2015〕58 号	关于加快旅游业发展的意见
泰政发〔2015〕63 号	关于印发《泰兴市优秀教育人才奖励基金实施意见》的通知
泰政发〔2015〕65 号	关于印发《泰兴市综合行政执法体制改革试点实施方案》的通知
泰政发〔2015〕69 号	关于印发《市政府关于实行行政权力事项清单管理的意见》的通知

索　引

■编辑　辛　仕

主题分析索引说明

1. 本索引主要采用主题分析法提取,部分则选用关键词。

2. 本索引按首字汉语拼音字母顺序排列。

3. 索引名称后的数字表示内容所在的页码。

4. 彩页未作索引;文件选编、统计资料、附录等类目只索目题。

5. 为便于读者检索,在泰兴市境内的企事业单位和发生的事件名称,除易产生歧义者外,略去"泰兴市"或"泰兴"。

A

B

C

D

E

F

G

H

J

K

L

M

N

P

Q

R

S

T

W

X

Y

Z